Informationstechnik
und
Datenverarbeitung

Kenneth L. Bowles

Pascal für Mikrocomputer

Übersetzt aus dem Englischen
von A. Kleine

Mit 107 Abbildungen

Springer-Verlag
Berlin Heidelberg New York 1982

Kenneth L. Bowles
Department of Applied Physics and Information Sciences,
University of California at San Diego, La Jolla, CA 92039/USA

Übersetzer:

Almut Kleine
Fallmerayerstraße 26, 8000 München 40

ISBN 978-3-540-11391-1 ISBN 978-3-642-96690-3 (eBook)
DOI 10.1007/978-3-642-96690-3

CIP-Kurztitelaufnahme der Deutschen Bibliothek.
Bowles, Kenneth L.:
Pascal für Mikrocomputer / Kenneth L. Bowles.
[Übers.: Almut Kleine]. – Berlin; Heidelberg; New York: Springer, 1982.
(Informationstechnik und Datenverarbeitung) Engl. Ausg. u.d.T.:
Bowles, Kenneth L.: Microcomputer
ISBN 978-3-540-11391-1

2145/3140-543210

Vorwort

Dieses Buch ist für Anfängerkurse bestimmt und soll helfen, Probleme mit Hilfe des Rechners zu lösen. Es ist für Schüler der oberen Klassen und Studenten wie auch zum Selbststudium geeignet. Eine frühere Version dieses Buches wurde bereits siebenmal in Einführungsklassen an der University of California San Diego (UCSD) als Unterrichtsmaterial verwendet. Mit diesem Vorwort wenden wir uns an Lehrer und Dozenten und an alle jene, die über ausreichende Kenntnisse in der heutigen Datenverarbeitung verfügen, um angehende Studenten beratend unterstützen zu können.

Das vorliegende Material wurde von ca. 55% aller Studenten, die an der UCSD einen Kurs mit 10 Wochenstunden pro Quartal belegt hatten, erfolgreich durchgearbeitet. Alle Kursteilnehmer wurden in "Keller's Personalized System of Instruction" (PSI) unterwiesen, obgleich der Aufbau dieses Buches die Anwendung dieser Methode eigentlich nicht erforderlich macht. Mit Hilfe der PSI-Methode können die Studenten etwas mehr Material verarbeiten als mit der herkömmlichen Unterrichtsmethode, die aus Vortrag und anschließender Abfragung besteht. PSI erlaubt eine Leistungseinstufung entsprechend der erfolgreich abgeschlossenen Kapitelanzahl. Man kann in etwa davon ausgehen, daß so gut wie alle Studenten eines UCSD Kurses die ersten zehn wichtigen Kapitel mit den zugehörigen Übungen erfolgreich abschließen. Nach der konventionellen Lehrmethode sollten im Semestersystem etwa 15 Kapitel zu schaffen sein; im Quartalsystem dagegen darf man ohne besondere Voraussetzung nicht mehr als 12 Kapitel erwarten.

Die meisten Lehrbücher für Anfänger wenden sich an Schüler und Studenten, die ihre Programmtests auf den unterschiedlichsten Wirtsrechnern und Betriebssystemen durchführen. Dies ist bei dem vorliegenden Buch nicht der Fall, wenigstens vorerst nicht. Wir wollen in erster Linie die große Anzahl jener Schüler ansprechen, die ohne ausgeprägte mathematische Vorkenntnisse auf weiterbildende Schulen oder auf die Universität überwechseln. Wir haben nämlich festgestellt, daß diese Schüler genau so befähigt sind, Programme zu schreiben und Probleme mit Hilfe des Rechners zu lösen, wie Schüler mit fundierten mathematischen Kenntnissen. Die Programmiermethoden unterscheiden sich nur unwesentlich in den unterschiedlichen Anwendungsgebieten wie Naturwissenschaft und Technik auf der einen Seite und Wirtschaft und Geisteswissenschaften auf der anderen Seite. Wir haben herausgefunden, daß die Studenten aller Fakultäten aufgeschlossen und bereit sind, Probleme mit Hilfe des Rechners zu lösen, wenn man ihnen nichtnumerische Problembeispiele anbietet. In früheren Versionen dieses Buches haben wir daher, wenn irgendmöglich, Textketten verwendet, um das Interesse unserer Studenten anzuregen. In der vorliegenden Ausgabe versuchen wir es nun mit graphischen Darstellungen, die größtenteils von "Turtle Graphics" entliehen wurden und von Seymour Papert vom MIT (Massachusetts Institute of Technology) angefertigt wurden.

Programmieranfänger können aber nur dann mit Daten-Beispielen, die auf Graphiken und Textketten basieren, angesprochen werden, wenn die von ihnen verwendete PASCAL-Version über eingebaute Prozeduren und Funktionen verfügt. "Standard-PASCAL" Implementierungen, d.h. im allgemeinen solche PASCAL-Versionen, die sich eng an die im "User Manual and Report" von Jensen und Wirth (Springer-Verlag, 1975) gegebenen PASCAL-Definitionen halten, verfügen nicht über die notwendigen eingebauten Prozeduren und Funktionen.

An der UCSD haben wir eine komplette Einzelbenutzer-Betriebssoftware implementiert, die auf Standard-PASCAL basiert und die erforderlichen Erweiterungen wie eingebaute Funktionen und Prozeduren für Graphiken und Textketten enthält. Ansonsten lehnt sich diese Betriebssoftware eng an Standard-PASCAL an. Unsere UCSD-Betriebssoftware ist übersetzerbezogen und für den Dialog mit den meisten der immer stärker angebotenen Mikrorechner geeignet. Wir sind davon ausgegangen, daß die meisten

Studenten mit Mikrorechnern arbeiten werden, die über eine graphische Anzeigemöglichkeit verfügen, sei es auch nur über eine Bit-Karte in Verbindung mit einem normalen Fernseh-Bildschirm. Zu dem Zeitpunkt, da dieses Buch im Handel erhältlich sein wird, werden bereits Kopien dieser Betriebssoftware auch für den kleinen Digitalrechner LSI-11 (oder jedes kleine PDP11 Gerät), für den Zilog Z80 und für einige Geräte, die auf den 8080 Mikrorechner aufgebaut sind, von UCSD erhältlich sein. Wahrscheinlich werden auch für die weitverbreiteten 6800 und 6502 Mikrorechner solche Implemetierungen bis Anfang 1978 zur Verfügung stehen. Kopien der Betriebssoftware für die bereits angepaßten Rechner können jederzeit gerne vom Autor angefordert werden.

Die PASCAL-Erweiterungen, die erforderlich sind, damit dieses Buch auch für die größeren gemeinsam genutzten Rechner verwendet werden kann, sind ziemlich einfach vorzunehmen. Die meisten Erweiterungen können ohne allzu komplizierte Übersetzer-Änderungen durchgeführt werden. Der Autor und sein Team sind gern bereit, im Rahmen der gegebenen Möglichkeiten, mit anderen Gruppen, die diese PASCAL-Änderungen für andere Betriebssysteme implementieren möchten, zusammenzuarbeiten.

Bei uns an der UCSD wird der Kurs, dessen Arbeitsgrundlage dieses Buch bildet, immer mehr durch gegenseitige Denksportaufgaben, selbstentwickelte Kursleiter-Software und durch zusätzliches schriftliches Material gefördert. Wir sind gern bereit, dieses Material auch anderen Universitäten zur Verfügung zu stellen.

Ich möchte an dieser Stelle den etwa 50 Absolventen und Studenten der höheren Semester der UCSD meinen Dank sagen für ihre Hilfe und Unterstützung bei meiner Arbeit. Ihrer Mitarbeit verdanke ich ganz wesentlich, daß die hier vorliegende Betriebssoftware zu einem Erfolg wurde, und ihre Bemühungen und Vorschläge haben den PSI-Kurs für alle Teilnehmer so erfolgreich werden lassen. Besonderen Dank schulde ich Mark Overgaard, der mir während des gesamten Projekts als Kollege zur

Seite stand und Robert Hofkin, Richard Kaufmann, Keith Schillington, Roger Sumner und John Van Zandt, die mir alle überaus geholfen haben. Dank auch an Shawn Fanning für ihre Hilfe bei der Anfertigung des Glossars und Indexes und an Dale Nader, der mich bei der Erstellung sehr vieler Dateien und graphischer Darstellungen unterstützt hat. Keinen von ihnen trifft eine Schuld für evtl. Fehler, die sich ganz unvermeidbar in diese erste Ausgabe eingeschlichen haben werden. Ich allein trage hierfür die Verantwortung und ebenfalls für evtl. Herstellungs- und Drucksatzfehler, denn ich habe den gesamten Druck mit Hilfe einer Textverarbeitung, die unter demselben Betriebssystem wie das Lehrmaterial läuft, allein durchgeführt. Wie so oft, war die zur Verfügung stehende Arbeitszeit etwas zu kurz für diese Aufgabe.

August 1977

Kenneth L. Bowles
Universitiy of California
San Diego
La Jolla, California 92093

Inhaltsverzeichnis

Einführung

Wichtigstes Ziel des vorliegenden Buches ist es, Sie mit der Methodik vertraut zu machen, Probleme mit Hilfe eines Rechners zu lösen. Ein weiteres, nicht minder wichtiges Ziel ist es, daß Sie lernen, Rechnerprogramme zu schreiben. Mit der Beschreibung bzw. den vielfältigen Anwendungsmöglichkeiten eines Rechners befassen wir uns hier nur am Rande.

Das vorliegende Arbeitsmaterial wurde so ausgewählt, daß es für alle Schüler der höheren Klassen sowie alle Studenten gut verständlich ist. Abgesehen von Grundkenntnissen in Algebra sind keine weiteren Mathematikkenntnisse erforderlich. Obgleich wir an die Lösung der Probleme nicht mathematisch herangehen, sind die Methoden doch dieselben wie bei der Lösung mathematischer Probleme. Schüler der höheren Klassen und Studenten, gleich welcher Studienrichtung, werden mit Hilfe dieses Buches ausreichend gut vorbereitet, um in ihrem speziellen Fachgebiet mit dem Rechner arbeiten zu können. Aber auch diejenigen, die später nicht mit dem Rechner arbeiten werden, sollten von der hier allgemein verwendeten Methodik ausreichend profitieren, um auch Probleme in anderen Zusammenhängen leichter lösen zu können.

In diesem Kapitel befassen wir uns mit dem Umfeld, in dem Sie als Schüler oder Student wahrscheinlich arbeiten werden. Das Fundament, auf dem wir unsere Problemlösung aufbauen, ist im großen und ganzen für eine breitgefächerte Rechneranwendung auf vielen verschiedenen Gebieten wie z.B. der Naturwissenschaft, Wirtschaft und Handel, Industrie, Geisteswissenschaft, Kommunikation und anderen mehr geeignet. Aus praktischen Gründen läßt es sich nicht vermeiden, daß bei unserem Vorgehen viele spezifische Einzelheiten behandelt werden, die Sie später in Ihrem Arbeitsumfeld so nicht mehr antreffen werden. Die Rechnerentwicklung ist noch so ungeheuer im Fluß, daß Sie als Student oder Schüler davon ausgehen können, nach Beendigung Ihrer Studien ganz andere Bedingungen anzutreffen, als zu Beginn. Wir stellen aber immer wieder fest, daß Studenten, die dieses Buch sorgfältig durcharbeiten, kaum Schwierigkeiten haben, sich auf andere Programmiersprachen oder andere Kommunikationsmethoden mit dem Rechner umzustellen.

1. Problembeispiele

Das Lösen von Problemen ist eine unexakte Kunstfertigkeit, die ein hohes Maß an Technik erfordert. Diese Technik kann nur dadurch erlernt werden, daß man in der Praxis sehr viele Standardprobleme durcharbeitet. In diesem Buch werden daher viele "Übungen" gegeben, die größtenteils mit Hilfe des Rechners erarbeitet werden sollen. "Probleme" werden am Ende fast eines jeden Kapitels als Aufgabe gegeben und sollen mit Papier und Stift gelöst werden. Im Text versuchen wir, Ihnen Lösungsempfehlungen zu geben, die anderen sehr geholfen haben. Jedoch, nur wenn Sie die meisten Übungen selbständig am Rechner erarbeiten, werden Sie das eigentliche Ziel dieses Buches nicht verfehlen.

Die "Übungen" und "Probleme" befassen sich in den ersten Kapiteln vornehmlich mit der Verarbeitung von Strichzeichnungen und "Ketten" englischen Textes, zwei sehr häufigen Rechneranwendungen. Bei beiden wird im großen und ganzen dieselbe Grundtechnik angewendet wie bei der Rechnerlösung mathematischer Probleme. Zeichnungen und Textbeispiele sind allen Schülern und Studenten vertraut. Viele Studenten, die mit dem Rechner arbeiten müssen, und dies auch gern tun, hatten in der Schule Schwierigkeiten in Mathematik. Die Beispiele in diesem Buch sind so ausgewählt, daß Sie im weiteren Verlauf die Mathematik weitgehendst vergessen können.

Am Anfang des Buches geben wir Ihnen einen Überblick über das notwendige Rüstzeug, über welches Sie verfügen müssen, wenn Sie Probleme mit Hilfe eines Rechners lösen wollen. In den ersten "Übungen" geben wir Ihnen viele detaillierte Lösungsvorschläge. Wir wollen dadurch erreichen, daß Sie erst einmal Vertrauen zu Ihrem Rüstzeug finden, indem Sie einfach damit arbeiten. Später geben wir dann immer weniger Lösungsvorschläge und die "Übungen" werden zunehmend schwieriger. Schließlich sollten Sie dann in der Lage sein, vollständige Lösungswege allein anhand der Spezifikation der notwendigen Schritte, die vorher aufgestellt wurde, zu finden.

Wenn die Probleme dann komplexer werden, werden Sie feststellen, daß es am besten ist, jedes Problem in einzelne Teilschritte zu unterteilen, die jeweils unabhängig von den anderen durchgeführt werden können. Nach dieser Methode "teile und herrsche" wird in diesem Buch immer wieder verfahren u.z. in den verschiedensten Zusammenhängen. Hin und wieder werden Sie merken, daß es empfehlenswert ist, die Teilschritte des Hauptproblems nochmals zu unterteilen, um sie in noch kleineren Schritten leichter bewältigen zu können.

Es ist erforderlich, unser Begriffssystem mit seinem Aufbau in abstrakte Begriffe zu übertragen. Nur so können Probleme mit Hilfe eines Rechners gelöst werden. Einige Studenten scheinen zu glauben, daß das Arbeiten mit abstrakten Begriffen der Mathematik gleichzusetzen und daher zwangsläufig schwierig ist. Es mag Ihnen vielleicht helfen, wenn Sie die in der Rechnerarbeit notwendigen Abstraktionen besser mit denen vergleichen, die Sie in Ihrer täglichen Umgangssprache verwenden, statt mit denen in der Mathematik.

Wir verwenden in unserer Umgangssprache ständig abstrakte Begriffe, um eine komplexe Aussage zu machen, die wir unserem Zuhörer nicht näher erklären müssen. Zum Beispiel der Begriff "Kino": Sie planen, mit einem Freund ins "Kino" zu gehen. Sie müssen ihm nicht erst erklären, was mit dem Begriff "Kino" gemeint ist, daß da eine Leinwand und ein Projektor verwendet werden, daß die Filmbilder, die gezeigt werden, nur Beispiele der Geschichte sind, die da erzählt wird, und so fort. In diesem Beispiel steht der Begriff "Kino" für eine Fülle von Informationen, die Sie bei Ihrem Zuhörer als bekannt voraussetzen. Genauso verhält es sich, wenn Sie Probleme mit Hilfe eines Rechners lösen wollen. Sie werden sich hierfür Begriffe ausdenken, die Sie für voneinander unabhängige Teilprobleme verwenden. Wenn Sie sich nun mit einem Teilproblem befassen, hilft es Ihnen weitaus mehr, wenn Sie sich auf ein anderes Teilproblem nur mit dessen Begriff beziehen und sich um die Details nicht weiter kümmern.

2. Algorithmus, Daten und Programme.

Ein "Algorithmus" ist eine geordnete Kette von Anweisungen, die man durchlaufen kann, um eine bestimmte Aufgabe zu lösen. "Daten" sind die Informationen mit Hilfe derer ein Algorithmus arbeitet, d.h. die Informationen, die für die Kette von Anweisungen erforderlich sind, um das gewünschte Ergebnis zu erhalten. Man kann einen Algorithmus mit einem Küchenrezept vergleichen, die "Daten" entsprechen dabei den Rezeptzutaten. Beim Algorithmus verhält es sich allerdings etwas anders als beim Küchenrezept. Hier ist es oft sinnvoll, mit demselben Algorithmus viele verschiedene Daten mit ähnlicher Formulierung zu "verarbeiten".

Ein "Programm" ist die abstrakte Formulierung eines Algorithmus und eine Beschreibung der Daten, die vom Algorithmus verarbeitet werden sollen. Ein Programm wird gewöhnlich so ausgedrückt, daß es ohne weiteres Zutun des Menschen vom Rechner interpretiert werden kann.

Wie eine natürliche Sprache, z.B. Englisch oder Deutsch, so besteht auch die "Programmiersprache" aus einem Vokabular von Begriffen und einer Reihe von Übereinkünften, diese Begriffe so zu verbinden, daß sie unsere Gedanken allgemein verständlich ausdrücken. Aufgabe der Programmiersprache ist es im allgemeinen, die Details eines Programmes dem Rechner mitzuteilen. Nicht selten allerdings wird die Programmiersprache auch dazu verwendet, sich anderen Menschen gegenüber verständlich zu machen. Mit den meisten Programmiersprachen kann man z.B. einen Algorithmus viel knapper und präziser ausdrücken als mit einer natürlichen Sprache.

In den ersten Kapiteln ist es für Sie vollkommen ausreichend, wenn Sie eine ungefähre Vorstellung vom Unterschied zwischen einem Algorithmus und einem Programm haben. Etwa ab Kapitel 6 werden Sie dann feststellen, daß es manchmal ganz brauchbar ist, einen Algorithmus in Form eines Diagramms zu beschreiben, um ihn für einen Menschen besser verständlich zu machen, allerdings nicht für einen Rechner.

3. Warum wir uns für PASCAL als Programmiersprache entschieden haben.

BASIC, COBOL und FORTRAN sind zur Zeit die am häufigsten verwendeten Programmiersprachen, gefolgt von APL und PL/1 und mit etwas Abstand ALGOL. Warum nun haben wir uns in unserem Buch, das ja für Anfänger bestimmt ist, für die Programmiersprache PASCAL entschieden?

PASCAL wurde erst nach den oben genannten Programmiersprachen entwickelt, u.z. mit der Absicht, möglichst viele der Fehler und Fallen, die sich bei der Anwendung der anderen Programmiersprachen in den späten 60-iger Jahren herausstellten, zu vermeiden. PASCAL wurde von Nikolaus Wirth von der Eidgenössischen Hochschule Zürich (ETH) entwickelt und ist als Grundlage zum systematischen Erlernen des Programmierens und der Problemlösung mit Hilfe eines Rechners gedacht. Darüberhinaus ist PASCAL hervorragend für die Verarbeitung komplexer Daten geeignet. Diese Fähigkeit hat dazu geführt, daß PASCAL in zunehmendem Maße in der Industrie für große Programmierprojekte verwendet wird.

Mitte 1977 wurde PASCAL bereits an ungefähr 400 Universitäten und Colleges für Lehrzwecke verwendet und seine Anwendung breitet sich immer weiter aus. Zumindest eine der großen Staatsuniversitäten in den USA, die seit etwa 4 Jahren ständig mit PASCAL arbeitet, berichtet, daß PASCAL inzwischen mindestens ebenso beliebt ist, wie FORTRAN. Darüberhinaus wurde kürzlich bekannt, daß PASCAL mittlerweile auf mindestens 50 verschiedenen Rechnertypen verschiedenster Hersteller implementiert ist.

PASCAL ist heute ganz eindeutig die geeignetste Programmiersprache, um Anfängern die in der Industrie als strukturierte Programmierung bekannt gewordene Programmiermethode beizubringen. Die strukturierte Programmierung soll dem Programmierer helfen, mit möglichst geringem Aufwand logische Fehler im Programm zu finden und zu korrigieren. Noch positiver ausgedrückt, mit Hilfe dieser Methode können mit geringem Programmieraufwand korrekte Programmergebnisse erzielt werden. Die meisten Großunternehmen bestehen heute darauf, daß ihre Programmierer aus Produktivitätsgründen mit der strukturierten Programmiermethode arbeiten. Die strukturierte Programmierung kann auch bei den anderen, schon erwähnten Programmiersprachen verwendet werden, muß dann aber spezielle Elemente dieser Sprachen vermeiden, die häufig zu Fehlern führen.

Wir haben festgestellt, daß Studenten, die ihre ersten Programmierversuche mit PASCAL machen, kaum Schwierigkeiten haben, auf FORTRAN überzuwechseln. Natürlich werden diese Studenten dann die "strukturierte Programmierung" auch in FORTRAN anwenden. Der Übergang zu COBOL dagegen hat mehrere Wochen in Anspruch genommen, diese Zeit hätten die Studenten allerdings auch dann benötigt, wenn sie direkt mit COBOL angefangen hätten, da in dieser Sprache noch kompliziertere Regeln als in PASCAL eingehalten werden müssen, um brauchbare Programm zu erhalten. Der Schritt von PASCAL zu BASIC ist innerhalb weniger Stunden möglich. Allerdings werden die Studenten sehr schnell feststellen, daß BASIC häufig nicht über die gleichen Möglichkeiten verfügt, so leicht und einfach zu arbeiten, wie PASCAL.

In der Praxis empfiehlt es sich, erst mit PASCAL anzufangen und dann, falls aus praktischen Gründen erforderlich, in eine andere Programmiersprache überzuwechseln. Einer solcher Gründe kann z.B. sein, daß man bei seiner Programmiertätigkeit mit anderen kommunizieren möchte, die schon seit längerem intensiv in einer anderen Programmiersprache arbeiten. Versucht man, die strukturierte Programmierung gleichzeitig mit einer anderen Programmiersprache als PASCAL zu erlernen, so wird einen dabei ein ähnliches Gefühl beschleichen, wie bei einem Spaziergang in unwegsamem Gelände, wo ein falscher Schritt leicht zu einem Absturz führen kann.

Die PASCAL-Version in dem vorliegenden Buch berücksichtigt im wesentlichen alle von Prof. Wirth entwickelten Spracheigenschaften. Da Prof. Wirth für Studienanfänger keinerlei Hilfen für Strichzeichnungen und Textketten vorsieht, auf die wir in unserem Buch das Hauptmerkmal richten, haben wir zur Erleichterung entsprechende PASCAL-Erweiterungen vorgenommen. Sollten Sie später einmal auf einem anderen Rechner als Ihrem heutigen arbeiten, empfehlen wir Ihnen, Anhang A noch einmal durchzuarbeiten. Wir erklären Ihnen dort die Unterschiede zwischen unserer erweiterten PASCAL-Version (UCSD-PASCAL) und der ursprünglichen Version von Prof. Wirth (Standard-PASCAL).

4. Gerätetypen - Mikrorechner, Minirechner und Großrechner

Folgende drei Bezeichnungen haben sich in der Fachsprache für die unterschiedlichen Rechnertypen durchgesetzt. "Mikrorechner" ist ein kleiner Rechner, an welchem jeweils nur ein Benutzer zur gleichen Zeit arbeiten kann und der nur ein paar Tausend Dollar kostet. Der "Minirechner" ist groß genug, daß mehrere Dutzend Anwender ihn gleichzeitig benutzen können, die an Programmen mittlerer Größe arbeiten. Solche Rechner kosten gewöhnlich zwischen $100.000,-- und 200.000,--. "Maxirechner" nennen wir in diesem Buch Geräte, die von mehreren Benutzer gleichzeitig für große Programme benutzt werden können. Der Begriff des dritten Typus ist im Fachjargon weniger genau festgelegt als der des Mikro- und Minirechners.

Die Entwicklung in der Rechnerindustrie macht es wahrscheinlich, daß Sie sowohl beim Studium wie auch später in der Praxis mit einem Mikrorechner arbeiten werden. Bis vor kurzem war es noch so, daß in den meisten Schulen und Universitäten Maxi- oder Minirechner standen, die von verschiedenen Benutzern gleichzeitig benutzt wurden. Ab Mitte 1977 nahm der Einsatz von Mikrorechnern ungeheuer zu, und man kann beruhigt davon ausgehen, daß dieser Aufwärtstrend anhalten wird. Heute, Mitte 1980, ist ganz klar ersichtlich, daß die meisten Anwender ihr Augenmerk auf Mikrorechner und weniger auf Mini- oder Maxirechner richten. Der Grund dieses Aufwärtstrends liegt in der Entwicklung neuer Techniken für die Herstellung elektronischer Bauteile und der damit verbundenen kostengünstigen Massenfertigung.

Die für dieses Buch vorgenommenen PASCAL-Erweiterungen können theoretisch ohne Einschränkungen auf jeden Rechner angewendet werden, der für PASCAL eingerichtet ist. In der Praxis ist es allerdings sehr aufwendig, die PASCAL-Erweiterungen in größere Geräte zu implementieren. An der UCSD hat man aber festgestellt, daß es mit geringem Aufwand möglich ist, die PASCAL-Erweiterungen in jeden z.Zt. existierenden Mikrorechner zu implementieren. Falls Sie nicht unsere UCSD-PASCAL-Version verwenden, sollten Sie sehr gut auf die Unterschiede zwischen Ihrer und unserer Version achten.

5. Graphische Sichtgeräte

Bei den meisten Abbildungen in diesem Buch handelt es sich um Kopien von Strichzeichnungen, die mit Hilfe eines PASCAL-Programmes auf einem Mikrorechner erstellt wurden. Es gibt die verschiedensten Geräte, mit denen man die Ausgabe eines Rechners graphisch darstellen kann, u.z. deshalb, weil man nur mit sehr kostspieligen Geräten, die einige tausend Dollar kosten, wirklich hochqualifizierte Bilder erhält. Einfache Annäherungen an diese Bildqualität kann man dagegen schon mit einem ganz normalen Fernsehbildschirm und der entsprechenden elektronischen Ausrüstung die nur vergleichsweise wenig kostet (einige hundert Dollar), erhalten. Zusätzlich zu diesen beiden Möglichkeiten gibt es noch viele verschiedene Sichtgeräte, deren Bildqualität für Lehrzwecke vollkommen ausreicht und die im Preis zwischen den beiden oben genannten Möglichkeiten liegen. Darüberhinaus gibt es noch eine ganze Reihe anderer Geräte, die z.B. von den Bildern Kopien erzeugen, d.h. die Bilder werden auf Papier ausgegeben.

Bei allen Illustrationen in diesem Buch handelt es sich um solche Kopien, die auf Papier ausgedruckt wurden, u.z. von zwei unterschiedlichen Geräten der Firma Tektronix Corporation. Bei dem einen Gerät handelt es sich um ein Zeichengerät, welches Linien mit Tinte und Stift zeichnet, während das andere Gerät das Bild, welches auf dem interaktiven Bildschirm eines Sichtgeräts dargestellt ist, auf Papier kopiert. Viele der Tektronix Sichtgeräte werden an Lehrinstituten verwendet. Wir danken der Firma Tektronix, daß sie uns diese Geräte für die Dauer unserer Arbeit an diesem Buch überlassen hat.

Die Wiedergabe der Strichzeichnungen auf Ihrem Rechnertyp kann leicht von der in diesem Buch abweichen. In Abb. 0-1 können Sie den Grund hierfür sehen. Viele Geräte zeichnen die Linien nicht direkt auf den Bildschirm, sondern simulieren eine Linie, indem sie in regelmäßigen Abständen eine Reihe von Punkten setzen. Diese Punkte können gewöhnlich nur an den Schnittpunkten der Rasterlinien eines imaginären Millimeterpapiers gesetzt werden. Abb. 0-1 zeigt beides, sowohl die Punkte, die die Linien simulieren, wie auch die Einteilung der Rasterlinien. Es ist sehr viel kostengünstiger, ein Zeichengerät herzustellen, welches nur an den Schnittpunkten der Rasterlinien Punkte setzt, als ein Gerät, welches die Punkte beliebig setzen kann. Das Ergebnis ist allerdings eine treppenförmige Linie. Je gröber das imaginäre Zeichenpapier, desto treppenförmiger erscheint die Linie, die von Ihrem Rechner gezeichnet wird. Mit etwas Phantasie sollte es Ihnen jedoch gelingen, die Treppenform Ihrer Linie zu ignorieren und sie als stetig anzusehen.

6. Aufbau dieses Buches.

Es scheint keine ideale Reihenfolge zu geben, in welcher das zum Programmieren notwendige Grundrüstzeug vermittelt werden kann. Erst dann, wenn Sie soweit sein werden, einfache Rechnerprogramme selbst zu schreiben, werden Sie den Sinn der strukturierten Programmierung verstehen. In dem vorliegenden Buch sind wir folgendermaßen vorgegangen: wir beginnen mit ganz einfachen Programmbeispielen, die mit Hilfe einiger Grundwerkzeuge gelöst werden können. In den dann folgenden Kapiteln werden die Beispiele zunehmend schwieriger. So sollen Sie Übung bekommen, komplette Problemlösungen aufzubauen. Wir gehen in jedem Kapitel davon aus, daß Sie alle vorhergegangenen Kapitel erfolgreich durchgearbeitet haben. Allein aus diesem Grunde empfehlen wir Ihnen unbedingt, das Buch in der hier vorgegebenen Reihenfolge durchzunehmen und nicht aus persönlichen Präferenzen diese Reihenfolge zu ändern.

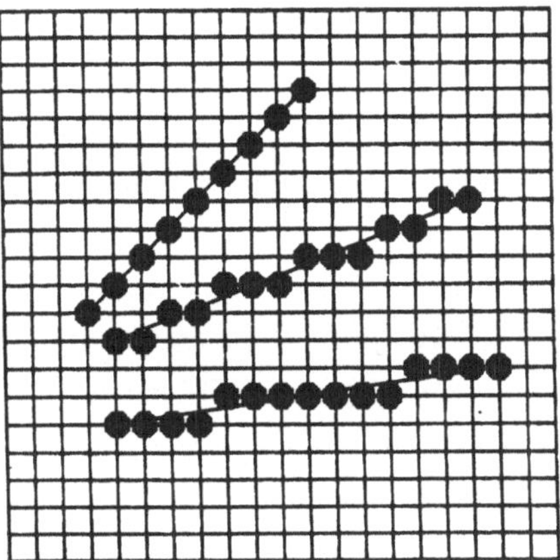

Abbildung 0–1

Viele Studenten stoßen sich daran, daß sie beim Erlernen des Rechnerhandwerks viele Einzelheiten über das Arbeitsumfeld lernen müssen, aber in ihren Lehrbüchern darüber meist kaum etwas nachlesen können. In Kapitel 1 dieses Buches gehen wir daher etwas mehr als allgemein üblich auf dieses Thema ein, wobei wir davon ausgehen, daß Sie mit irgendeiner Variante der UCSD PASCAL-Version arbeiten werden. Sollte dies nicht der Fall sein, so gibt es sicher einen entsprechenden Ersatz für Kapitel 1 auch für Ihr Betriebssystem.

In den Kapiteln 2 bis 6 stellen wir Ihnen das Grundwerkzeug vor, mit welchem Sie Programme schreiben und Algorithmen formulieren können. Kapitel 7 bis 10 befaßt sich dann mit dem zusätzlichen Werkzeug zur Datenübermittlung von peripheren Geräten zum Rechner und für den Umgang mit komplexen Daten. In Kapitel 11 wird die umstrittene GOTO-Anweisung und von dieser abgeleitete Anweisungen behandelt. In den Kapiteln 12 bis 15 werden schließlich Illustrationen komplexer Probleme gezeigt, mit denen sich die Programmierer immer wieder befassen müssen. In Anhang A bis E geben wir Ihnen dann verschiedene Bezugshinweise und Erläuterungen.

7. Fachjargon

Beim Umgang mit dem Rechner haben sich im Laufe der Zeit für viele vertraute Begriffe Namen und Abkürzungen gefunden, die jedem bekannt sind. Häufig ähneln diese Namen oder Ausdrücke denen für gleiche Vorgänge in der Umgangssprache. Mit Hilfe dieser Fachausdrücke können sich die Fachleute sehr viel kürzer und prägnanter ausdrücken als sonst. Wir haben hierzu bereits das Beispiel "Kino" angeführt.

Wir haben uns bemüht, alle Fachausdrücke in diesem Buch in Anführungsstriche zu setzen und zu unterstreichen, u.z. jeweils dann, wenn ein Fachausdruck zum erstenmal im Text erscheint. Sollten Sie später im Text einmal die Bedeutung eines dieser Ausdrücke vergessen haben, so können Sie ihn hinten im Glossar in Anhang B nachschlagen.

Im Glossar wird die Bedeutung des Ausdrucks kurz definiert und ein Hinweis gegeben, auf welcher Seite er zum erstenmal erscheint. Die einmal erklärten Ausdrücke werden im weiteren Verlauf des Textes frei verwendet. Einige Studenten sind mit dieser Methode nicht einverstanden, da sie gezwungen werden, sich in kurzer Zeit viele neue Ausdrücke zu merken. Das ist zwar unbequem aber wichtig. Denn würden wir diese Fachausdrücke nicht verwenden, müßte das Buch sehr viel umfangreicher ausfallen und wäre schwieriger zu lesen.

8. Zielsetzung

Jedes Kapitel in diesem Buch beginnt mit einem kurzen Überblick über die jeweilige Zielsetzung. Erst wenn Sie dieses vorgegebene Ziel erreicht haben, sollten Sie zum nächsten Kapitel übergehen. Viele Studenten verrennen sich in Einzelheiten ohne die Hauptziele eines Buches oder Kurses verstanden zu haben. Gewöhnlich dient die Einteilung eines Buches in Kapitel und Abschnitte als Rahmenaufbau. Die Zielangaben in unserem Buch unterscheiden sich nur unwesentlich von diesem Aufbau, sie zählen gewissermaßen alle wichtigen Schritte auf, die dann in den Unterabschnitten des jeweiligen Kapitels erarbeitet werden. Die meisten Studenten, die mit früheren Ausgaben dieses Buches gearbeitet hatten, fanden die Zielangaben besonders hilfreich. Wir empfehlen Ihnen daher, sich erst einmal die Zielsetzung eines Kapitels zügig durchzulesen. Anschließend lesen Sie dann das gesamte Kapitel durch und erarbeiten sich die Problembeispiele. Bevor Sie dann zum nächsten Kapitel übergehen, blättern Sie noch einmal zurück und lesen sich die Zielsetzung des gerade durchgearbeiteten Kapitels nochmals durch. Das soll Ihnen helfen, sich die Verknüpfungen der verschiedenen Einzelpunkte in dem jeweiligen Kapitel mit dem Gesamtthema klarzumachen.

9. Studiergewohnheiten

Um ein Problem mit Hilfe des Rechners zu lösen,bedarf es sowohl schöpferischer Eigeninitiative als auch der Bereitschaft, genau festgelegte unumgängliche Regeln einzuhalten. Es gibt immer Studenten, denen es schwer fällt, sich an diese Regeln zu halten, zumal sie das Gefühl haben, der Rechner müßte sie auch ohne strikte Einhaltung der Regeln verstehen. Falls Sie zu dieser Gruppe ungeduldiger Studenten zählen sollten, denken Sie immer daran, daß der Rechner selbst über keinerlei Intelligenz verfügt. Alles was er kann ist, eine Reihe logischer Schritte (einen Algorithmus) auszuführen, die ihm vorher eingegeben wurden. Im fortgeschrittenen Stadium werden Sie feststellen, daß es unmöglich ist, selbst für eine ganz einfache Aufgabe alle gangbaren Wege, die der Mensch mit Hilfe des Rechners zur Lösung eines Problems einschlagen kann, vorauszusagen. Ein Programm,das mit den vielfältigen Möglichkeiten des menschlichen Hirns schritthalten will, müßte so umfangreich und vielschichtig sein, daß es sehr schnell schon nicht mehr faßbar wäre. Solange es uns nicht gelingt, "intelligentere" Rechner mit geringerem Programmieraufwand zu entwickeln, müssen wir uns notwendigerweise strikt an die vorgegebenen Regeln halten, wenn wir die Möglichkeiten des Rechners wirklich nutzen wollen.

Eine der Konsequenzen aus dieser unumgänglichen Genauigkeit ist, daß wir in diesem Buch gezwungen sind, sehr viele wesentliche Einzelheiten auf relativ wenigen Seiten abzuhandeln. Ein Buch wie dieses, kann nicht wie ein Roman gelesen werden, indem man nach der Schnellesemethode die Seiten überfliegt und dann glaubt, daß das bloße Durchlesen genügt, um das Geschriebene wirklich zu verstehen.

In manchen Fällen werden Verstöße gegen Programmierregeln sehr schnell durch das große Übersetzungs-Programm (es wird "Übersetzer"-Programm genannt) entdeckt. Dieses Übersetzer-Programm dient dazu, den Text in einer Programmiersprache so zu übersetzen, daß er vom Rechner verstanden wird. Anders ausgedrückt bedeutet das Nichteinhalten der Programmierregeln, daß unkorrekte und unerwartete Programmabläufe erfolgen. Diese Fehler sind relativ leicht zu beheben, da der Übersetzer Ihnen Angaben macht, aus denen Sie ersehen können, was Sie falsch gemacht haben. Fehler in der Programmlogik dagegen sind sehr viel schwieriger zu finden und werden meist nur durch systematisches Vorgehen entdeckt. Eines der Hauptziele dieses Buches soll es sein, Ihnen diese Systematik zu vermitteln.

Psychologen, die sich mit der Rechnerprogrammierung eingehend beschäftigt haben, haben verschiedene Wege für die Programmentwicklung vorgeschlagen, die für viele Studenten ausgesprochen gut waren. Aber Vorsicht: Es gibt ganz einfach keinen Weg, der für alle Studenten gleichermaßen der beste ist. Einige der nachfolgenden Vorschläge werden besser verständlich, wenn sie nach Durcharbeit mehrerer Kapitel noch einmal durchgelesen werden.

9 a. Problemlösung in Teamarbeit

Wenn Sie dabei sind, ein Programm zu entwickeln, sollten Sie mit einem Freund über die Problematik sprechen, bevor Sie sich schließlich an den Rechner setzen. Dabei werden Sie es wahrscheinlich sein, der mitten in der Erklärung Fehler entdeckt und nicht Ihr Freund, der vielleicht über fundierte Kenntnisse der Materie verfügt. Mit dieser Methode werden Sie wahrscheinlich sehr viel schneller Fehler aufspüren, als wenn Sie ihre Ergebnisse direkt auf dem Rechner prüfen. Vergessen Sie nämlich nie, daß der Rechner nur genau das macht, was Sie ihm befehlen und nicht unbedingt das, was Sie eigentlich damit meinten.

9 b. Programmkonzept

Bevor Sie ein Programm schreiben, sollten Sie sich erst einmal mit ein paar Worten aufschreiben, was Ihr Programm eigentlich ausführen soll. Zeichnen Sie Diagramme oder Tabellen zu Ihrem "Programmkonzept", das hilft bei den Erklärungen. Selbst wenn Ihr Konzept nur aus kurzen Notizen besteht, die Ihnen als Gedankenstütze dienen, lohnt sich dieser Aufwand und hilft Ihnen von Anfang an,die Programmlogik korrekt herauszuarbeiten.

9 c. Prüfen und nochmaliges Überprüfen Ihrer Arbeit

Schreiben Sie sich ihre erste Lösung für die Programmierung Ihres Problems auf, und legen Sie sie für ein paar Tage beiseite. Bevor Sie sich dann an den Rechner setzen, gehen Sie Ihre Aufzeichnungen noch einmal durch, um zu prüfen, ob Sie die Logik auch verstehen. Dabei werden Sie wahrscheinlich ziemlich häufig logische Widersprüche entdecken, die Sie leicht mit Papier und Stift korrigieren können. Versuchen Sie dagegen, solche Programmierfehler direkt mit dem Rechner zu finden, so dauert es manchmal Tage, bis Sie sie endlich gefunden haben.

9 d. Das Spielen am Rechner

Wenn Ihnen ein Programmkonzept nicht klar verständlich ist, scheuen Sie sich nicht, Beispiele (mit ganz einfachen anschaulichen Programmen) auszuprobieren, denn eine Beschreibung, die für alle Studenten frei von irgendwelchen Mißverständnissen ist, müßte so lang und umfangreich sein, daß kaum ein Student sie durchlesen würde. Sie können aber im allgemeinen anhand sehr einfacher eigener Beispiele prüfen, was eine bestimmte Beschreibung tatsächlich darstellt. Es spart Ihnen im Endeffekt Zeit, wenn Sie ein oder zwei Beispiele durchgehen und sich nicht damit begnügen, einfach nur zu vermuten, wie eine Sache wohl ablaufen wird und diese Vermutung dann in ein kompliziertes Programm einbauen.

9 e. Anfertigung von Strukturdiagrammen

Um Algorithmen und Programme zu entwerfen, sollte man mit in sich geschlossenen Teilproblemen, d.h. "blockstrukturiert" arbeiten. Diese Methode wird im vorliegenden Buch immer wieder aufgegriffen. Achten Sie unbedingt darauf, daß jeder einzelne Block richtig aufgebaut ist, bevor Sie die einzelnen Blöcke dann zu einer Gesamtstruktur zusammensetzen. Sie werden manchmal gezwungen sein, sich Testdaten auszudenken, um die einzelnen Blöcke zu prüfen. Dieser kleine zusätzliche Aufwand erspart Ihnen aber möglicherweise sehr viel Ärger beim Testen des Gesamtprogramms.

9 f. Analysieren - nicht nur vermuten

Versuchen Sie bitte nicht, Schwierigkeiten in einem komplexen Programm dadurch zu lösen, daß Sie vergeblich versuchen, verschiedene mutmaßliche Lösungswege zu gehen. Dieses Vorgehen nennen wir "Zielscheibenversuch" und kostet ungeheuer viel Zeit. Analysieren Sie Ihr Programm, um festzustellen, ob es wirklich die gewünschten Ergebnisse bringt. Änderungen am Programm sollten Sie nur dann vornehmen, wenn Sie logische Gründe dafür haben. Prüfen Sie, ob Ihre Änderung dann auch das erwartete Ergebnis gebracht hat.

1. Der erste Anfang

1. Zielsetzung

In diesem Kapitel möchten wir Sie in erster Linie mit dem Rechner vertraut machen, d.h. wie wir ihn anwenden und nach welcher Methode wir diese Anwendung beschreiben.

1a. Lassen Sie das TURTLE-Programm laufen und Bilder auf den Bildschirm zeichnen.

1b. Lernen Sie, mit dem Editor des Rechners die Programme GRAPH1 und STRING1 zu lesen und abzuändern.

1c. Lassen Sie die Musterprogramme aus Schritt 1b. mehrmals übersetzen und ablaufen, bis Sie eine ungefähre Vorstellung davon haben, was diese Programme eigentlich machen und wie Sie sie abändern können, um unterschiedliche Ergebnisse zu erzielen.

1d. Lernen Sie mit den Syntaxdiagrammen umzugehen. Sie stellen die Regeln dar, die Sie beachten müssen, wenn Sie Programme mit Hilfe der Programmiersprache PASCAL erstellen wollen. Lernen Sie erst einen <Bezeichner> und dann ein ganzes <Programm> aus mehreren <Anweisungen> zu erstellen.

1e. Lassen Sie nun eines der bereits von Ihnen getesteten Programme vom Debugger (Austester) gesteuert ablaufen. Führen Sie jeweils eine Anweisung nach der anderen aus und beobachten Sie, wie die Durchführung sich zu dem schon ausgeführten Teil des Programmes verhält.

2. Befehle an den Rechner

Die "Hardware", darunter versteht man das Rechnergerät, das Sie sehen und berühren können, kann nur ganz einfache Aktivitäten durchführen, durch welche die in ihm gespeicherten Daten irgendwie verändert werden. Allein seine Fähigkeit, Folgen von Anweisungen speichern zu können, wobei jede einzelne Anweisung ihn irgendeine einfache Handlung ausführen läßt, befähigt den Rechner, sehr komplexe Handlungsabläufe durchzuführen. Diese gespeicherten Anweisungsfolgen nennt man "Programme". Daten wie auch Programme sind im Speicher des Rechners gespeichert. Auf die einfachen Anweisungen, die die Rechner-Hardware selbst verstehen kann, gehen wir in diesem Buch nur am Rande ein. Wir werden uns vielmehr ausführlich mit den großen "System"-Programmen hier befassen, die bereits zu Ihrer Verfügung im Rechner gespeichert sind. Diese bereits implementierten Programme lassen leicht den Eindruck entstehen, die Rechner-Hardware sei in der Lage, komplexe und anspruchsvolle Anweisungen ausführen zu können. Doch auch diese großen Programme können relativ leicht abgeändert werden, man muß nur wissen, wie. Deshalb sind sie als "Software" in die Fachsprache eingegangen. Die meisten Menschen, die mit einem Rechner arbeiten, müssen nicht wissen, wie die Hardware arbeitet. Sie sind froh darüber, daß sie die Software verwenden können, die einige mit der Hardware vertraute Spezialisten ihnen zur Verfügung stellen.

Die Software in diesem Buch wurde so erstellt, daß sie es Ihnen ermöglicht, mit Ihrem Rechner einen "Dialog zu führen". Damit Sie erst einmal sehen können, was das bedeutet, sollte Ihnen jemand, der mit dieser Software vertraut ist, zeigen, wie man das Betriebssystem startet. Wir werden diesen Begriff "Betriebssystem" häufig verwenden und meinen damit immer die großen Software-Programme, die bereits im Rechner gespeichert sind. Bei den meisten Rechnertypen ist es erforderlich, diese System-Software über ein Plattenspeicherwerk oder ein ähnliches angeschlossenes Gerät in den Speicher des Rechners zu laden und zu starten. Dieses "Starten" erfolgt bei den verschiedenen Rechnertypen unterschiedlich. Falls Ihnen niemand behilflich sein kann, müssen Sie mit Hilfe Ihrer Bedienungsanleitung vorgehen.

Wenn das Betriebssystem zum erstenmal läuft, werden auf Ihrem Bildschirm (oder Ihrer angeschlossenen Schreibmaschine) die folgenden Zeilen erscheinen:

```
COMMAND: E(DIT), R(UN), F(ILE), C(OMPILE), X(ECUTE)

U.C.S.D. PASCAL SYSTEM II.3B
```

Die zweite Zeile informiert Sie hier lediglich darüber, daß das Betriebssystem läuft und Ihre Befehle erwartet. Die erste Zeile nennt man "Aufrufzeile" und soll Ihnen anzeigen, welcher Softwareteil z.Zt. läuft (in diesem Fall: "Command:") und mit welchen "Befehlen" Sie von diesem Punkt aus das Betriebsprogramm starten können. Sie drücken dann die entsprechende Taste mit dem Anfangsbuchstaben Ihres Befehls auf der Rechnertastatur. Um zum Beispiel ein Programm, das MYRPROG genannt wird, ablaufen zu lassen (wir werden in unserem Buch die Ausdrücke "ablaufen lassen" und "starten" in den meisten Fällen gleichbedeutend verwenden), drücken Sie die Taste "X". Das Programmsystem antwortet mit der Aufforderung, den Namen des gewünschten Programms einzugeben. Nach Eingabe des Namens drücken Sie dann die Taste RETurn (Zeilenumschalter) und beenden so Ihre Eingabe. Ist das gewünschte Programm im Rechnersystem vorhanden, wird es nun gestartet, d.h. es fängt an abzulaufen.

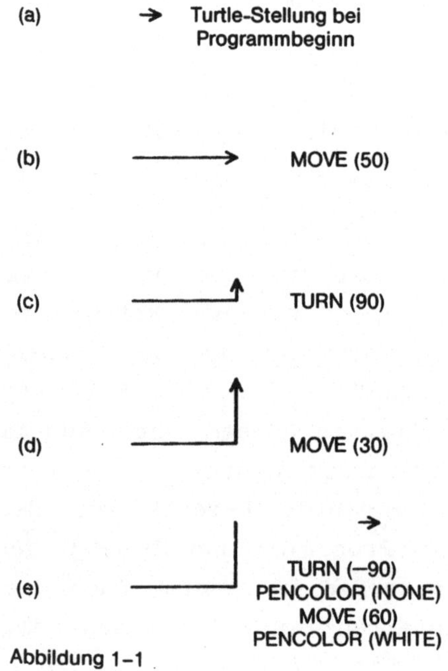

Abbildung 1–1

Etwas später werden wir Ihnen noch weitere Erklärungen zu den einzelnen Befehlen, die oben in der "Command:"-Zeile aufgeführt sind, geben. Hier geht es erst einmal nur darum, zu verstehen, daß der Rechner selbst keinerlei Intelligenz besitzt. Sie veranlassen ihn lediglich, bestimmte Handlungen auszuführen, indem Sie ihm den Befehl geben, ein entsprechendes Programm oder einen Teil davon ablaufen zu lassen. Im interaktiven Betriebssystem, das Sie hierbei benutzen, werden Sie dazu einen von mehreren Befehlen, die in das System einprogrammiert sind, auswählen. Um dem System mitzuteilen, welchen Befehl Sie ausgewählt haben, drücken Sie die entsprechende Taste auf der Rechnertastatur.

3. Befehle zum Zeichnen einfacher Bilder

Wenn Ihr Rechner in der Lage ist, Linien zu zeichnen, dann finden Sie in der Bibliothek, die zu Ihrem Betriebssystem gehört, das hierzu erforderliche TURTLE-Programm. (Falls Ihr Rechner keine Linien zeichnen kann, studieren Sie sorgfältig den nachfolgenden Text und versuchen Sie die Beispiele mit Hilfe des in Abschnitt 11 dieses Kapitels beschriebenen Musterprogrammes durchzuarbeiten.) Von der Zeile "Command:" aus starten Sie das Programm folgendermaßen: Drücken Sie die Taste "X" (für eX(ecute)(ausführen), "E" ist für E(dit)(editieren) reserviert) und geben Sie dann:

```
TURTLE
```

ein und drücken anschließend die Taste RETurn. Das Programm tauscht nun die Zeile "Command:" gegen eine eigene Zeile aus und ein pfeilförmiger Markierer wird etwa in der Bildmitte erscheinen. In Abb. 1-1 Zeile (a) finden Sie einen solchen Markierer abgebildet. Dieser Markierer wird "Turtle" (Schildkröte) genannt, weil man mit ihm ähnlich umgehen kann, wie mit der vor mehreren Jahren von einer Forschungsgruppe des Massachusetts Institute of Technology entwickelten mechanischen Turtle, die durch einen Rechner gesteuert wird. Die Anzeigerichtung der Turtle wird auf einigen Bildschirmen aufgrund schlechter Bildqualität vielleicht etwas schwierig auszumachen sein. Denken Sie dann immer daran, daß die Turtle bei Programmbeginn horizontal steht und zur rechten Seite des Bildschirms zeigt.

Wollen Sie auf dem Bildschirm eine Zeichnung anfertigen, müssen Sie eine Reihe bestimmter Befehle eingeben, auf welche das TURTLE-Programm anspricht. Diese Befehle werden anders eingegeben, als die im vorhergegangenen Abschnitt beschriebenen Befehle für die Betriebsart "Command:" und für andere Teile des Betriebssystems. Die Befehle für das Betriebssystem werden durch entsprechenden Tastendruck auf der Rechnertastatur eingegeben, nicht so beim TURTLE-Programm. Hier müssen die Befehle als ganze Worte eingegeben werden. Damit wollen wir erreichen, daß Sie möglichst rasch genügend Erfahrung sammeln, um schon bald selbständig Rechnerprogramme in PASCAL erstellen zu können. Als Beispiel hierfür geben Sie Ihrem Rechner folgenden Befehl ein (nachdem Sie das TURTLE-Programm durch den Befehl "X" gestartet haben):

```
MOVE(50)<RET>
```

<RET> bedeutet, daß Sie die RETurn-Taste drücken sollen. Das erwartete Ergebnis ist in Zeile (b) der Abb. 1-1 dargestellt. Nachfolgend werden wir bei MOVE oder anderen TURTLE-Befehlen nicht mehr ausdrücklich an die RETurn-Taste erinnern, um die Darstellungen nicht unübersichtlicher zu machen als notwendig.

Bei einem Tippfehler während der Eingabe teilt Ihnen das Programm über den Bildschirm mit, daß es Ihren Befehl nicht versteht. Das TURTLE-Programm verzeiht Ihnen Ihren Fehler, und Sie können Ihren Befehl neu eingeben, ohne dem Programm Schaden zuzufügen. Das Programm gibt nämlich Ihren Befehl erst an das System weiter, nachdem Sie die Taste <RET> gedrückt haben.

Mit Hilfe der Tasten <Backspace> (Rücktaste) oder <Rubout> (Löschtaste) können Tippfehler korrigiert werden. Beginnen Sie bei der Korrektur immer bei dem zuletzt eingetippten Buchstaben. Mit der Taste <Backspace> können Sie einen Buchstaben nach dem anderen löschen, während Sie mit der Taste <Rubout> (manchmal auch <DELete> (löschen) bezeichnet) den gesamten Befehl löschen.

Die Zahl 50 teilt dem TURTLE-Programm mit, wie lang die Linie auf dem Bildschirm sein darf. Je größer die Zahl desto länger die Linie. Die exakte Länge, die sie mit der Zahl 50 erreichen können, hängt von der Beschaffenheit Ihres Bildschirmes ab und ist bei jedem Rechnertyp unterschiedlich. Durch Ausprobieren an Ihrem Rechner werden Sie feststellen,ob Sie die hier angegebenen Zahlen ein wenig nach oben oder unten verändern müssen, damit Sie brauchbare Linien auf Ihrem Gerät erhalten. Die Zahlenangaben für die Länge Ihrer Linien müssen in runde Klammern gesetzt werden.

Mit dem Befehl TURN können Sie jederzeit die Richtung der Turtle (siehe dazu Zeile (c) der Abb. 1-1) ändern. Geben Sie anschließend den Befehl MOVE ein und die Turtle wird sich in der neuen Richtung bewegen (siehe dazu Zeile (d) der Abb. 1-1). Die Zahlenangabe für den Befehl TURN wird in Grad gemessen und gibt den Winkel zwischen der alten und der neuen Richtung, immer gegen den Uhrzeigersinn, an. Wenn Sie also eine Rechtsdrehung um 45 Grad wünschen, d.h. eine Drehung im Uhrzeigersinn, dann müssen sie den Befehl TURN(-45) eingeben. Der Befehl TURN(180) oder TURN(-180) bewirkt, daß sich die Turtle genau in die entgegengesetzte Richtung bewegen wird. TURN(270) entspricht dem Befehl TURN(-90). Es ergibt keinen Sinn, eine Zahl über 359 einzugeben. Der Befehl TURN(360) würde die Turtle veranlassen, sich einmal voll im Kreis zu drehen und in ihre Ausgangsstellung zurückzukehren. Sollte Ihnen die Kompasseinteilung nicht mehr ganz geläufig sein oder nie gewesen sein, so lassen Sie sich durch die Turtle einmal zeigen, was geschieht, wenn Sie Zahlen von -180 bis +180 eingeben.

Es gibt noch zwei weitere TURTLE-Befehle für dieses Programm. Beim ersten Befehl stellen Sie sich z.B. eine mechanische Turtle mit einem Kugelschreiber versehen vor, der auf einem am Boden liegenden Stück Papier Linien zeichnet. Auf Ihrem Bildschirm wird die Turtle wahrscheinlich eine helle ("weiße") Linie auf einen schwarzen Untergrund zeichnen. Wollen Sie die Turtle an eine andere Stelle bewegen, ohne daß sie dabei eine Linie zeichnet, so geben Sie den Befehl

```
PENCOLOR(NONE)
```

ein und anschließend die Befehle MOVE und TURN. Soll die Turtle dann während ihrer Bewegung wieder Linien zeichnen, geben Sie folgenden Befehl ein:

```
PENCOLOR(WHITE)
```

(auch dann, wenn Ihr Bildschirm grüne Linien zeichnet!). Bei einigen Bildschirmen können Sie bereits auf den Bildschirm gesetzte Punkte durch den Befehl:

```
PENCOLOR(BLACK)
```

wieder löschen.

Bei dem zweiten TURTLE-Befehl handelt es sich um den Befehl:

```
CLEARSCREEN
```

durch den alles bisher gezeichnete wieder gelöscht wird und anschließend neu begonnen werden kann.

Übung 1.1:

Siehe Abbildung 1-2. Zeichnen Sie mit Hilfe des TURTLE-Programmes und seinen entsprechenden Befehlen die abgebildeten Figuren. Probieren Sie solange herum, bis Sie die gewünschten Ergebnisse erhalten.

Abbildung 1-2

4. Ein PASCAL-Programm mit Turtle-Befehlen

Es ist nicht unbedingt notwendig, daß die TURTLE-Befehle, wie im vorhergegangenen Abschnitt, im Dialog angewendet werden. Man kann ein Programm mit einer Reihe von TURTLE-Befehlen genausogut aufschreiben und im Speicher des Rechners speichern. Weiter unten geben wir Ihnen ein Beispiel dazu. Es handelt sich um das Programm "PROGRAM GRAPH1". Eine Kopie dieses Programmes finden Sie wahrscheinlich in der Bibliothek Ihres Betriebssystems. Versuchen Sie das Programm zu starten, indem Sie in der Betriebsart "Command:" den Befehl "X" eingeben. Verlangt der Befehl "X" einen Programmnamen, dann geben Sie

```
GRAPH1<RET>
```

ein. Auf dem Bildschirm müßte dann eine der in Abb. 1-2 gezeigten Figuren erscheinen. Es dürfte für Sie nicht allzu schwer sein, die aufeinanderfolgenden Befehle in dem Programm mit den dargestellten Figuren auf dem Bildschirm zu verbinden, wenn das Programm abläuft.

```
1: PROGRAM GRAPH1;
2: BEGIN
3:    MOVE(100);
4:    TURN(120);
5:    MOVE(100);
6:    TURN(120);
7:    MOVE(100);
8:    READLN  (*VERHINDERT,DASS DIE  ANZEIGE VOR EINGABE*)
9:            (*VON  <RET> GELOESCHT WIRD*)
10:END
```

Der erste ausgeführte "Befehl" in diesem Programm ist MOVE in Zeile 3. Anschließend werden dann der Reihe nach die Befehle 4,5,6,7 und 8 ausgeführt. Jeden Befehl in einem Programm nennen wir eine "ausführbare Anweisung". Die Anweisung READLN wird hier verwendet, um das Programm anzuweisen, in Zeile 8 stehenzubleiben bis die Taste <RET> gedrückt und damit das Ende einer Zeile bestimmt worden ist. Dies ist notwendig, damit das auf dem Bildschirm gezeigte Bild solange durch das Programm erhalten bleibt, bis Sie das Programm beenden und zur Betriebsart "Command:" des Betriebssystems zurückgehen wollen. Um bei weiteren Befehlen ein Verwirrspiel auf dem Bildschirm zu vermeiden, löscht das System nach Beendigung des Programmes den Bildschirm.

Achten Sie bitte darauf, daß in diesem Programm jede Anweisung durch ein Semikolon von der nächsten Anweisung getrennt wird. Die Wirkung ist in etwa dieselbe, wie wenn Sie im TURTLE-Programm nach jedem Befehl die Taste <RET> drücken.

Die Zahlen links von jeder Zeile gehören nicht zum Programmtext. Sie dienen lediglich als Hinweishilfen für die Programmdarstellung und erlauben eine leichte Bezugnahme auf spezielle Punkte. Im Programm GRAPH1 sind die Bemerkungen zwischen den Symbolen "(*" und "*)" in Zeile 8 und 9 als "Kommentar" zu den angegebenen Anweisungen gedacht und gehören nicht zum ausführbaren Programm.

5. Veränderung eines Programms mit Hilfe des Editors

Als nächstes drücken Sie die Taste "E" für E(ditor) der Betriebsart "Command:" und starten damit das Editor-Programm des Betriebssystems. Der "Editor" wird Sie dann nach dem Namen der "Datei" fragen, die Sie benutzen wollen. Geben Sie GRAPH1 ein und drücken Sie anschließend wie immer die Taste <RET>. Der Text des Programms GRAPH1 wird nun in den Rechnerspeicher geladen und anschließend erscheint die Aufrufzeile des Editor-Programms auf dem Bildschirm gefolgt von sovielen Zeilen des Programms GRAPH1, wie auf Ihrem Bildschirm Platz haben.

Der Editor verwendet einen Stellenmarkierer, der "Positionsanzeiger" genannt wird und in gewisser Hinsicht der Turtle ähnelt. Durch bestimmte Befehle können Sie den Positionsanzeiger so bewegen, daß er auf jeden gewünschten Buchstaben im Programmtext zeigt. Die meisten Tastaturen verfügen über vier verschiedene Richtungsanzeigetasten, deren Pfeil nach rechts, links, oben oder unten zeigt. Falls Ihr Rechner keine solche Richtungstasten besitzt, werden Sie in Ihrer Rechnerdokumentation entsprechende Befehle für die notwendigen Richtungsanzeigen finden. Wollen Sie den Positionsanzeiger um eine Zeile nach unten verrücken, drücken Sie die Richtungstaste mit dem nach unten zeigenden Pfeil. Soll er um eine Position weiter nach rechts verrückt werden, so drücken Sie die Taste mit dem nach rechts zeigenden Pfeil, usw. Befindet sich der Positionsanzeiger ständig in der obersten oder untersten Zeile auf dem Bildschirm, drücken Sie die entsprechende Taste mit dem Richtungspfeil nach oben oder unten. Der Text, den Sie auf dem Bildschirm wie durch ein Fenster sehen, wird dadurch soweit nach oben oder unten verschoben, daß der Positionsanzeiger auf dem Bildschirm bleibt.
Bei manchen Tastaturen können Sie den Positionsanzeiger schnell über mehrere Zeilen oder Buchstaben laufen lassen, indem Sie einfach die entsprechende Richtungstaste drücken und solange festhalten, bis der Positionsanzeiger dort angelangt ist, wo Sie ihn haben wollen. (Andere Tastaturen sind mit einer gesonderten Wiederholungstaste ausgestattet, die man drückt, bevor man dann die Taste drückt, deren Befehl wiederholt werden soll.) Verfügt Ihr Rechner über keine der beiden Möglichkeiten so können Sie die Wiederholung eines Befehls dadurch erreichen, daß Sie vor der Befehlseingabe eine Zahl eingeben, die bestimmt, wie oft der Befehl wiederholt werden soll.

Es gibt noch zwei weitere Befehle, mit denen Sie jedes Programm ändern, d.h. "editieren" können. Die erste Möglichkeit, drücken Sie die Taste "I" für I(nsert) (einfügen) und fügen Sie dann neue Zeilen oder Buchstaben irgendwo in den Text, der vor dem Positionsanzeiger steht, ein. Die Einfügung erfolgt sofort nach Eingabe des Befehls "I". Der Textteil, der nach dem Positionsanzeiger folgt, wird auf dem Bildschirm weitergeschoben und Sie können weitere Buchstaben einfügen. Nachdem Sie alle gewünschten Ergänzungen eingegeben haben, beenden Sie den Befehl I(nsert), indem Sie die Taste <Control> und gleichzeitig die Taste "C" drücken. Dadurch wird die Neueingabe in den Programmtext gespeichert. Wollen Sie aus irgendeinem Grund die eingegebenen Änderungen nicht speichern, drücken Sie die Taste <ESCape> und Sie erhalten wieder den ursprünglichen Text.

Der zweite Befehl, mit dem Sie eine Programmänderung vornehmen können, ist der Befehl "D" für D(elete). Nach Eingabe des Befehls D(elete) können die normalen Positionsbefehle für den Positionsanzeiger gegeben werden. Gelöscht wird der Textteil, der zwischen den beiden Positionsanzeigen liegt, bei Tastendruck D(elete) und RETurn. Nachdem Sie D(elete) gedrückt haben, bestimmen Sie durch Steuerung des Positionsanzeigers welche Buchstaben aus dem Text gelöscht werden sollen. Genau wie beim I(nsert)-Befehl können Sie auch D(elete) mit <ESCape> abschließen und erhalten so den ursprünglichen Text wieder.

Bei beiden Befehlen, I(nsert) und D(elete), können Sie mit Hilfe der automatischen Korrekturtaste die Buchstaben einzeln, von rechts nach links (rückwärts also), löschen. Die genaue Umkehrung ihrer vorhergegangenen Aktivität.

Übung 1.2:

Ändern Sie das Programm GRAPH1 mit Hilfe des Editors so ab, daß statt der in Abb. 1-2 gezeigten Figuren ein Quadrat, Kreuz, Stern oder irgendeine andere Figur gezeichnet wird.

6. Das geänderte Programm laufen lassen

Wollen Sie ein Programm, das mit dem Editor geschrieben oder geändert wurde, starten (oder besser aktivieren), müssen Sie zuerst wieder in die Betriebsart "Command:" zurückkehren. Dazu benutzen Sie den Befehl "Q", Editorbefehl Q(uit) (verlassen). Gleich darauf muß die Zeile "Command:" wieder erscheinen. Drücken Sie nun die Taste "R" für R(un) (ablaufen), und warten Sie, bis die Mitteilung "compiling..." auf dem Bildschirm erscheint.

Damit Sie verstehen können, was anschließend geschieht, müssen Sie wissen, daß das PASCAL-Programm, das Sie mit Hilfe des Editors geändert haben, in eine der Rechner-Hardware verständliche Maschinensprache übersetzt werden muß. Dies geschieht durch ein Übersetzerprogramm, das zum Betriebssystem gehört und in der Fachsprache "Übersetzer" genannt wird. Bevor Ihr Rechnerprogramm laufen kann, muß es vom PASCAL-Übersetzer in die Maschinensprache übersetzt werden. Wenn Sie die Taste R(un) drücken, prüft das System erst einmal, ob Sie Ihr Programm geändert haben. Wenn dies der Fall ist, gibt es dem Übersetzer den Befehl, die Änderungen in Maschinensprache zu übersetzen. Der Übersetzer informiert Sie über den Bildschirm, welche Schritte er gerade ausführt. Bei unserem kurzen GRAPH1-Programm dürfte der Übersetzungsvorgang nicht mehr als 2 bis 3 Sekunden dauern. Die meiste Zeit davon wird dazu benötigt, den Übersetzer erst einmal von der Diskette in den Rechnerspeicher einzulesen.

Findet der Übersetzer in Ihrem geänderten Programm keine Fehler, wird das Programm sofort nach dem Übersetzungsvorgang vom System gestartet. Auf dem Bildschirm erscheint die Mitteilung "running...". Der weitere Ablauf hängt dann von Ihrem Programmaufbau ab.

Es ist leider leicht möglich, Änderungen ins Programm einzubringen, die der Übersetzer nicht versteht. In Abschnitt 8 zeigen wir Ihnen, wie Sie feststellen können, ob Ihre Änderungen korrekt sind oder nicht. Obgleich es sich bei dem Übersetzer-Programm um eines der großen intelligenten Programme handelt, ist es doch nicht so intelligent, bei Fehlern, die der Mensch sofort überblicken würde, Ihre eigentliche Absicht zu erkennen. Stößt der Übersetzer auf einen Fehler, muß er erst warten, bis Sie diesen Fehler behoben haben, bevor er mit seinem Übersetzungsvorgang fortfahren kann. Auf dem Bildschirm erscheint eine ungefähre Beschreibung des gefundenen Fehlers. Das Betriebssystem führt Sie automatisch zum Editor zurück und zeigt auf dem Bildschirm den fehlerhaften Textteil an, wobei der Positionsanzeiger auf die Fehlerstelle deutet. Wenn Sie etwas später mit größeren Programmen arbeiten, sollten Sie auf jeden Fall einmal ein Programm mit mehreren Fehlern erstellen, um dann mehrmals diese E(dit) - R(un) - Folge mit der automatischen Rückführung zum Editor durchzuspielen. Für bereits erfahrene Anwender gibt es eine Methode, nach welcher der Übersetzer alle Fehler in einem Programm finden kann, u.z. durch eine bestimmte Anwendung des Befehls R(un).

<u>Übung 1.3:</u>

Ändern Sie das GRAPH1-Programm so ab, daß es eine andere Figur zeichnet als die in Übung 1.2 gezeigte. Geben Sie anschließend den Befehl R(un) ein und starten Sie so das GRAPH1-Programm, um das Ergebnis zu prüfen. Wiederholen Sie diese Übung mit verschiedenen Figuren.

7. Magnet-Platte, Inhaltsverzeichnis und Arbeitsdatei

Das Betriebssystem gibt Ihnen die Möglichkeit, Programme auf einem an den Rechner angeschlossenen Magnetspeicher-Laufwerk zu speichern und später wiederzufinden. (Als Alternative zur Magnetplatte können Sie auch eine Magnetbandkassette oder einen Plattenstapel verwenden). Das, was auf einer Magnetplatte gespeichert wird, nennt man eine "Datei". Wenn der Editor nach der gewünschten Datei fragt oder der Befehl "X" nach einem Programmnamen, wird aufgrund Ihrer Antwort die entsprechende Datei im Inhaltsverzeichnis der Magnetplatte gesucht und in den Rechnerspeicher geladen.

Wollen Sie eine bereits mit einem Namen versehene Datei mit Hilfe des Editors ändern, so wird vorübergehend eine Arbeitskopie des Programmes angefertigt und in einer speziellen Datei, genannt "Arbeitsdatei" auf der Magnetplatte gespeichert. Wenn sich bereits eine andere Arbeitsdatei auf der Magnetplatte befindet, wird der Editor, nachdem Sie den Befehl "E" gegeben haben, den ersten Teil dieser Arbeitsdatei auf dem Bildschirm zeigen und nicht etwa nach dem Namen der gewünschten Datei fragen.

Nachdem sie nun etwas über die Arbeitsdatei wissen, wird es Ihnen nicht schwer fallen, den Unterschied zwischen den Befehlen R(un) und X(ecute) zu verstehen. Befindet sich keine Arbeitsdatei auf der Magnetplatte, erscheint nach Eingabe des Befehls R(un) eine Fehlermeldung auf dem Bildschirm. Der Befehl X(ecute) verlangt immer von Ihnen, daß Sie den Namen des gewünschten Programmes eingeben und geht davon aus, daß dieses Programm bereits erfolgreich übersetzt wurde, d.h. ohne Fehler übersetzt und dann unter einem geeigneten Namen in der Bibliothek gespeichert wurde. Ein erfolgreich übersetztes und in der Arbeitsdatei gespeichertes Programm kann jederzeit durch den Befehl R(un) aktiviert werden, ohne daß eine neue Übersetzung notwendig wird.

Wenn Sie ein Programm der Arbeitsdatei unter einem bestimmten Namen in der Bibliothek speichern wollen, müssen Sie in der Betriebsart "Command:" die Taste "F" für F(ile) (Datei) drükken. Nach kurzer Zeit erscheint die Aufrufzeile für F(ile)-Befehle auf dem Bildschirm. Dann können Sie den Befehl "S" für S(ave) (speichern) geben. Anschließend werden Sie gefragt, welchen Namen Sie dem Programm geben wollen.

Eine Liste der bereits in der Bibliothek gespeicherten Dateien erhalten Sie, wenn Sie in der Zeile "File:" den Befehl L(ist) (auflisten) eingeben. Achten Sie bitte darauf, daß die meisten Dateien als Nachsilbe ".TEXT" oder ".CODE" anfügen.Die ".TEXT"-Dateien können mit Hilfe des Übersetzers gelesen oder geändert werden. Die ".CODE"-Dateien dagegen sind das Übersetzungsergebnis der entsprechenden ".TEXT"-Dateien in die Maschinensprache.

In der Betriebsart "File:" erscheinen noch einige weitere nützliche Befehle für den Umgang mit dem Inhaltsverzeichnis der Daten. Mit dem Befehl R(emove) (entfernen) können z.B. bereits benannte Dateien aus dem Inhaltsverzeichnis der Bibliothek gelöscht werden. Durch den Befehl N(ew) (neu) kann eine neue Arbeitsdatei angelegt werden, mit der Sie, mit Hilfe des Editors, ein neues Programm starten können. Soll die gerade laufende Arbeitsdatei durch eine andere bereits benannte Kopie in der Bibliothek ausgetauscht werden, geben Sie den Befehl G(et) (holen) ein. Der Befehl C(hange) (ändern) wiederum ermöglicht Ihnen die Umbenennung einer Datei. Bei den meisten Befehlen müssen sie den Namen der jeweiligen Datei eingeben. Wird durch einen Befehl die laufende Arbeitsdatei gelöscht, erscheint auf dem Bildschirm eine entsprechende Mitteilung. Sie werden dann gefragt, ob Sie diesen Befehl auch wirklich ausführen möchten oder nicht. Wenn ja, geben Sie "Y" für Y(es) ein. Jede andere Antwort wird als "Nein" verstanden.

Übung 1.4:

Prüfen Sie erst einmal, ob das Programm in Ihrer Arbeitsdatei die gewünschten Ergebnisse auf dem Bildschirm anzeigt, wie in Übung 1.3, und speichern Sie dann dieses Programm in Ihrer Bibliothek unter einem geeigneten Namen. Anschließend prüfen Sie anhand des Platten-Inhaltsverzeichnisses, ob das gewünschte Ergebnis erzielt wurde. Legen Sie nun eine neue Arbeitsdatei an, editieren Sie ein neues kleines Programm und lassen Sie es ablaufen. Anschließend gehen Sie wieder in die Betriebsart: "File:" zurück, löschen das neue Programm von der Magnetplatte und prüfen dann in der Betriebsart: "Command:", ob der Befehl R(un) auch wirklich verweigert wird.

8. Syntax-Diagramme

Bisher sind wir davon ausgegangen, daß Sie soweit in der Lage sein sollten, unter Zuhilfenahme des Musterprogramms GRAPH1 ein fehlerfreies Programm schreiben zu können. Jetzt sollten Sie jedoch langsam soweit sein, PASCAL-Programme auch ohne Vorlage von Musterprogrammen schreiben zu können. Wenn Sie bisher auch noch nicht sehr viele Programmierwerkzeuge kennengelernt haben, werden Sie nun doch schon ohne weiteres neue Programme in PASCAL erstellen können, u.z. mit größter Wahrscheinlichkeit fehlerfreie Programme. Es ist also erforderlich, daß Sie sich nicht länger an Musterprogramme halten, sondern bessere und genauere Methoden kennenlernen, um "gesetzmäßig richtige" oder "korrekte" Programme zu entwickeln. Dazu werden "Syntax-Diagramme" benötigt.

Im Englischen, wie in allen anderen natürlichen Sprachen auch, gibt es bestimmte Grammatikregeln, nach denen ein "korrekter" Satz gebildet wird. Diese Regeln nennt man "Syntaxregeln". Sie bestimmen die Reihenfolge, in der verschiedene Wortgruppen (wie Substantiv, Prädikat, Adjektiv, Adverb etc.) und ebenso Satzzeichen angeordnet werden. Die Regeln, nach denen ein Rechnerprogramm aufgebaut werden muß, werden ebenfalls Syntaxregeln genannt. In der englischen Sprache kann man diese Regeln verletzen und wird trotzdem noch verstanden. Beim Rechner ist dies mit wenigen Ausnahmen nicht der Fall. Er ist nicht intelligent und flexibel genug, um Programmanweisungen mit Regelverletzungen verstehen zu können. Wenn wir Menschen also mit einem Rechner arbeiten, müssen wir lernen, unsere Gedanken so auszudrücken, daß die Syntaxregeln der entsprechenden Programmiersprache eingehalten werden.

PASCAL, wie auch andere Programmiersprachen, hat den Vorteil, daß man seine Syntaxregeln klar und deutlich mit Hilfe von Syntax-Diagrammen beschreiben kann. Wir beginnen in diesem Kapitel mit einigen Beispielen, die uns helfen werden, die Musterbeispiele zu erklären. Einige dieser Beispiele sind eine vereinfachte Version der im Anhang dieses Buches dargestellten Syntax-Diagramme.

Für ein PASCAL-Programm können Sie verschiedenen Speicherzellen des Rechners Namen geben, denen der Rechner dann einfach Nummern zuordnet. Für uns Menschen ist es dagegen hilfreicher, den einzelnen Zellen aussagekräftige Namen zu geben, die als Gedankenstütze dienen und uns außerdem helfen können, den Ablauf eines Programmes zu verstehen. Aufgabe des Übersetzers ist es dabei, eine Liste dieser Namen anzulegen und jeden einzelnen Namen in die Nummer seiner entsprechenden Speicherzelle zu übersetzen und so eine ausführbare "CODE"-Datei anzulegen. Diese Namen nennt man in der Fachsprache "Bezeichner". Wenn man die Syntaxregeln für einen Bezeichner mit Worten ausdrücken will, so bestimmen sie für einen Bezeichner folgenden Aufbau:

1) Beginnen Sie mit irgendeinem Buchstaben von "A" bis "Z".

2) Lassen Sie dem ersten Buchstaben eine beliebige Buchstaben- (A...Z) oder/und Zahlenkette (0...9) folgen.

Wir zeigen Ihnen hier einige Beispiele für Zeichenketten, die Sie in einem PASCAL-Programm als Bezeichner verwenden können.

```
X
ABC
SHORT
BIGLONGIDENTIFIER
P27
L914PDK
```

Die folgenden Zeichen sind als Bezeichner nicht zulässig, da sie nicht mit den Syntaxregeln übereinstimmen.

```
3RD
(714)452-4050
UNIT-1
I 12.34
TWO  WORDS
KLEINBUCHSTABE
```

In Abb. 1-3 werden Syntaxregeln für einen Bezeichner in Form eines Diagrammes dargestellt. Aus dem Diagramm geht nicht hervor, daß nur die ersten 8 Zeichen eines Bezeichners für den PASCAL-Übersetzer von Bedeutung sind. Sie können zwar Bezeichner mit mehr als 8 Zeichen benutzen, der Übersetzer wird jedoch nur die ersten 8 Zeichen verwenden. Für den Übersetzer sind z.B. die beiden nachfolgenden Bezeichner gleich, obgleich sie unterschiedlich sind:

```
TURBOINCABULATOR   TURBOINCINERATOR
```

Im weiteren Verlauf des Buches werden wir häufiger durch spitze Klammern, z.B. <Bezeichner>, auf einen Begriff hingewiesen, der durch Syntaxregeln bereits beschrieben wurde. Wenn Sie auf einen solchen Begriff in spitzen Klammern stoßen, finden Sie eine Erklärung dieses Begriffs jeweils in den Syntax-Diagrammen. Innerhalb der Kästchen eines Syntax-Diagrammes lassen wir grundsätzlich immer die spitzen Klammern weg. Für Begriffe, die bereits in anderen Syntax-Diagrammen erklärt wurden, ver-

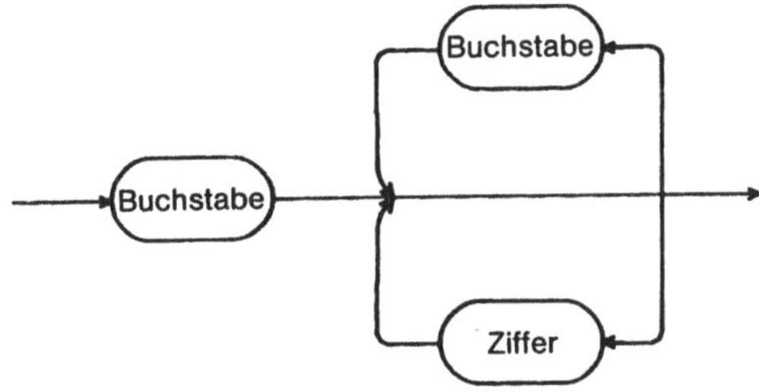

Abbildung 1-3 Syntax-Diagramm für <Bezeichner>

wenden wir Kleinbuchstaben. Wörter, die im Syntax-Diagramm in Großbuchstaben geschrieben werden, nennt man "reservierte Wörter".

Diese Wörter haben für den Übersetzer eine ganz bestimmte Bedeutung. Ein reserviertes Wort muß in einem Programm immer gleich geschrieben und verwendet werden, u.z. so wie im Syntax-Diagramm beschrieben. Satzzeichen mit einer festen Syntax-Bedeutung werden im Diagramm in einem Kreis dargestellt.

9. Syntax für Programm und Block

In Abb. 1-4 sehen Sie ein Syntax-Diagramm für <Programm> und <Block> in vereinfachter Form dargestellt. Vergleichen Sie einmal Programmbeispiel GRAPH1 mit diesem Diagramm. Sie werden befriedigt feststellen, daß Sie den Zusammenhang zwischen Programm und Diagramm verstehen. Zur Wiederholung sei noch einmal darauf hingewiesen, daß in diesem Buch die Zeilenziffern in den Musterprogrammen nicht zu den Programmen gehören, sondern lediglich als Hinweishilfen innerhalb des geschriebenen Textes dienen. Sie erscheinen somit selbstverständlich nicht im Syntax-Diagramm. In den folgenden Erörterungen verweisen die Zeilenziffern auf Textteile des Programms GRAPH1.

Aus dem Diagramm ersehen wir, daß jedes Programm mit folgender Zeile beginnen muß:

```
PROGRAM <BEZEICHNER> ;
```

wie in Zeile 1 des Diagramms dargestellt. Der <Bezeichner> versieht das Programm mit einem Namen, unter welchem der Übersetzer dieses dann übersetzt, hat aber keinen Einfluß auf den Namen, unter dem die Programmdatei abgespeichert wird. Sie können jeden zulässigen <Bezeichner> als Programmnamen verwenden.

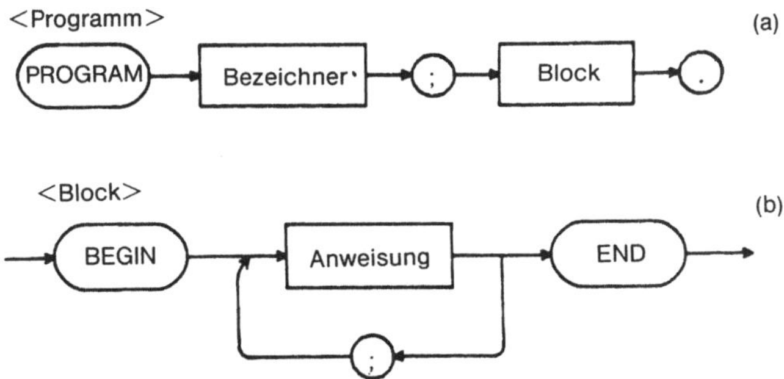

Abbildung 1–4 a, b

<Anweisung>

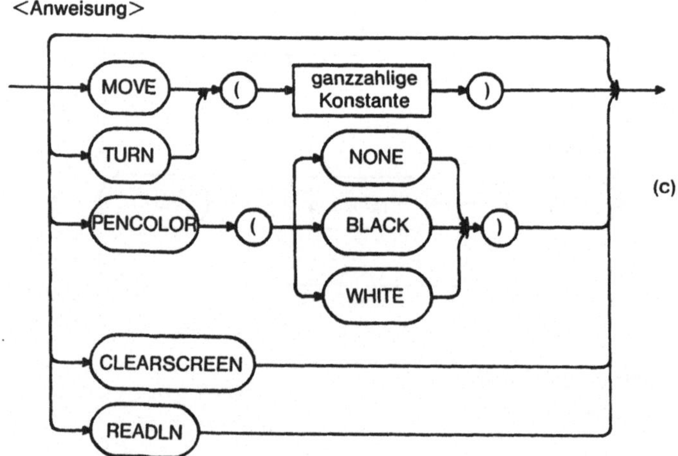

Abbildung 1–4 c

Das Diagramm zeigt uns weiterhin, daß ein Gesamtprogramm aus der PROGRAM-Zeile besteht, die durch ein Semikolon (";") beendet wird, gefolgt von einem <Block>, an dessen Ende ein Punkt (".") steht. Dieser Punkt ist ungeheuer wichtig. Wie Sie schon bald sehen werden, kann END in einem Programm häufiger vorkommen. Ein Punkt hinter END teilt dem Übersetzer mit, daß es sich hier um das endgültige END, d.h. um das Ende des Programmes handelt.

Um zu verstehen, was unter <Block> zu verstehen ist, verweisen wir auf Teil (b) der Abb. 1-4. Sie sehen, daß das Diagramm für <Block> mit dem reservierten Wort BEGIN anfängt und mit dem reservierten Wort END endet. Zwischen beiden reservierten Wörtern können beliebig viele Anweisungen gegeben werden, die jeweils durch ein Semikolon voneinander getrennt werden.

In Abb. 1-4 Teil (c) sehen Sie die vereinfachte (nur als Zwischenlösung gedachte) Darstellung einer <Anweisung>. Sie sehen hier, daß alle reservierten Wörter wie MOVE, TURN, PENCOLOR, CLEARSCREEN, oder READLN als <Anweisung> dienen können oder aber, daß eine <Anweisung> auch "leer" bleiben kann. Diese Leeranweisung scheint deshalb erfunden zu sein, um das Semikolon direkt nach der letzten <Anweisung> eines <Blockes> vor der END-Anweisung zu setzen oder zu vergessen. Ohne diese Leeranweisung wären die PASCAL-Regeln etwas einfacher zu verstehen. Programmierern, die sich in der älteren aber ähnlichen Programmiersprache ALGOL gut auskennen, erleichtert diese Leeranweisung das Programmieren in PASCAL.

Übung 1.5:

Verändern Sie einige Ihrer bereits laufenden Programmversionen von GRAPH1, indem Sie bewußt einige Syntaxfehler hineinbringen. Geben Sie dann in der Betriebsart.

"Command:" den Befehl R(un) ein und beobachten Sie, was Ihnen der Übersetzer mitteilt, nachdem er einen Fehler entdeckt hat. Lassen Sie z.B. die rechte oder linke Klammer in einer MOVE- oder PENCOLOR-Anweisung weg; schreiben Sie eines der reservierten Wörter falsch; vergessen Sie die Anweisung BEGIN; lassen Sie den Punkt nach END weg; etc. Sie werden feststellen, daß der Übersetzer nicht unbedingt immer die Fehlerursache anzeigen wird, die Sie erwarten. Es gibt zig-tausend Möglichkeiten, Syntaxfehler in einem Programm zu machen, aber nur für ungefähr 300 Fehlermeldungen Platz. Der Programmierer des Übersetzers konnte unmöglich alle speziellen Syntaxfehlermöglichkeiten voraussehen.

10. Der Debugger

Wenn einem Programmierer ein Fehler unterläuft, der bei ausführbaren Programmen zu falschen Ergebnissen führt, so sagen wir in der Fachsprache ein "Bug"(logischer-Programmierfehler) ist im Programm. Um diese Bugs aus dem Programm zu entfernen, muß man es "debuggen" (austesten), d.h. eventuelle Fehler aufspüren und entfernen. Da es kein Programm gibt, mit dem Sie Ihr Programm auf korrektes Arbeiten hin prüfen können, wie z.B. der Übersetzer auf Syntaxfehler prüft und Sie auf diese Fehler dann aufmerksam macht, müssen Sie also einen anderen Weg gehen, um Ihr Programm zu debuggen. Sie werden schon sehr bald feststellen, daß es ungeheuer viele Möglichkeiten gibt, wie ein Programm ablaufen kann, und daß Ihre Zeit nie ausreichen wird, um alle diese Möglichkeiten zu debuggen. Deshalb empfiehlt es sich, Programmteile getrennt zu testen und dann im Baukastenverfahren zusammenzufügen, um ein Gesamtergebnis zu erhalten. Wenn diese einzelnen Bausteine richtig arbeiten, kann man davon ausgehen, daß das gesamte Programm richtig abläuft, vorausgesetzt, die Bausteine wurden korrekt zusammengefügt.

Das von uns verwendete Betriebssystem ist mit einem Programm ausgestattet, welches in der Fachsprache "Debugger" genannt wird. Mit diesem Debugger-Programm können Sie logische Fehler in Ihrem Programm ausfindig machen. In diesem Abschnitt wollen wir uns nur mit einer einfachen Anwendung des Debuggers befassen und erst später dann auf andere Anwendungsmöglichkeiten übergehen.
Wenn Sie in der Betriebsart "Command:" statt R(un) den Befehl "D" für D(ebug) eingeben, können Sie ein vom Debugger gesteuertes Programm ablaufen lassen. In diesem Fall erscheint dann nicht die Zeile "running..." auf dem Bildschirm sondern die Aufrufzeile des Debugger-Programmes mit einigen ergänzenden Erklärungen zu Ihrem Programm. Wenn Sie anschließend den Befehl "J" für J(ump) (springen) als Debugger-Befehl eingeben, können Sie Ihr Programm weiterlaufen lassen. Jedesmal wenn J(ump) eingegeben wird, wird eine Programmanweisung ausgeführt, die auf dem Bildschirm erscheint. In den meisten Fällen können Sie die Anweisungsausführung zusammen mit dem Rechenvorgang auf dem Bildschirm beobachten. Es ist meist sehr hilfreich, ein Programm nach dieser "Einzelschritt"-Methode durchlaufen zu lassen, um zu verstehen, wie ein Programm arbeitet.

Bei den einfachen Musterprogrammen in diesem Kapitel können Sie diese wirkungsvolle Einzelschritt-Methode sehr gut anhand Ihrer schriftlichen Aufzeichnungen des Gesamtprogramms verfolgen. Solange der Debugger betätigt wird, kann das Gesamtprogramm nicht auf dem Bildschirm "ausgelistet" werden, da der dazu erforderliche Platz für andere Informationen benötigt wird. Bei den größeren Programmen wird es später wichtig sein, daß Sie eine ausgedruckte "Liste" des jeweiligen Programmes zuhilfenehmen können, um sich am Rande Notizen zu machen. Diese Notizen helfen Ihnen, wenn Sie wieder in den Editor zurückgekehrt sind. Während Sie mit diesem Buch arbeiten, sollte Ihnen ein geeigneter Drucker zur Verfügung stehen. Die Drucker sind von Rechner zu Rechner verschieden, und Sie sollten sich deshalb von kompetenter Seite in den von Ihnen benutzten Drucker einweisen lassen.

Übung 1.6:

Versuchen Sie einmal Ihr Glück, und lassen Sie eines Ihrer Programme mit dem Befehl D(ebug) ablaufen. Vergewissern Sie sich, daß die auf dem Bildschirm gezeigten Anweisungen auch richtig ausgeführt werden. (In den meisten Fällen wird sowohl die alte wie auch die neue Anweisung auf dem Bildschirm gezeigt.)

11. Musterprogramm für Ketten

Falls Ihr Rechner keine Strichzeichnungen wiedergeben kann, wird Ihnen das folgende Musterprogramm helfen, die wichtigsten Punkte dieses Kapitels zu verstehen. Dieses Musterprogramm zeigt Ihnen "Ketten" von Zeichen, so wie wir Sie in unserer Umgangssprache antreffen. Wir werden hier in unserem Buch sowohl mit Textketten wie auch mit Strichzeichnungen arbeiten, denn beide sind in der praktischen Rechneranwendung wichtig. Wenn Sie mit beiden Informationsarten arbeiten und zusätzlich noch mit Zahlen, auf die wir in Kapitel 5 zu sprechen kommen werden, wird Ihnen die Problemlösung mit Hilfe des Rechners sehr viel leichter fallen, als wenn Sie nur eine dieser Informationsarten verwendeten.

```
PROGRAM STRING1;
BEGIN
  WRITE('HI');
  WRITE(' ','THERE');
  WRITELN;  (*GEHT ZUR  NAECHSTEN  ZEILE*)
  WRITE('HI  THERE');
  WRITELN(' THIS IS  A  DEMONSTRATION ');
  WRITELN('OF  PROGRAM  EXECUTION' )
END.
```

Ein vereinfachtes Syntax-Diagramm für die WRITE- und WRITELN-Anweisungen in diesem Programm finden Sie in Abb. 1-5. Aufgrund dieser Anweisungen erscheinen die Daten in Klammern gesetzt als Mitteilungen auf Ihrem Bildschirm. Die Zeilen 3 und 4 ergeben zusammen das gleiche Ergebnis wie die Zeilen 6, d.h. die "Anzeige":

```
HI  THERE
```

Wir führen diese beiden Zeilen getrennt auf, um zu zeigen, daß durch die Anweisung WRITE die Mitteilungen hintereinander erscheinen. Die Daten jeder Mitteilung, die auf den Bildschirm gesandt werden (Zeilen 3...8, außer Zeile 5), bestehen aus einer oder mehrerer <Kettenkonstanten>. Das Syntax-Diagramm für eine <Kettenkonstante> zeigen wir Ihnen in Abb. 1-5. Eine <Kettenkonstante> besteht aus einer beliebigen Kette von darstellbaren Zeichen, die insgesamt in Anführungszeichen (') (in Form eines Apostrophs) gesetzt sind. Diese Anführungszeichen "begrenzen" die Kettenkonstante und werden deshalb "Begrenzer" genannt. Beachten Sie, daß die Anführungszeichen selbst nicht durch WRITE- oder WRITELN-Anweisungen wiedergegeben werden und sie auch nicht Teil der Daten innerhalb der Kettenkonstante sein dürfen. Außerdem achten Sie darauf, daß die Kettenkonstante nur ein einziges Leerzeichen ' ' beinhaltet. Wollen Sie ein Leerzeichen anzeigen, so müssen Sie den Rechner entsprechend anweisen.

Bevor Sie weiterlesen, überlegen Sie sich bitte, wie Sie eine Mitteilung mit nur einem Anführungszeichen, d.h. mit einem Apostroph ('), wiedergeben könnten.

Die Anweisungen WRITE und WRITELN unterscheiden sich nur darin, daß eine WRITE-Anweisung, die einer WRITELN-Anweisung folgt, immer am Anfang einer neuen, d.h. der nächstunteren Zeile beginnt. Das Musterprogramm STRING1 muß also folgende vollständige Mitteilung anzeigen:

```
HI  THERE
HI THERE THIS  IS A DEMONSTRATION
OF PROGRAM  EXECUTION
```

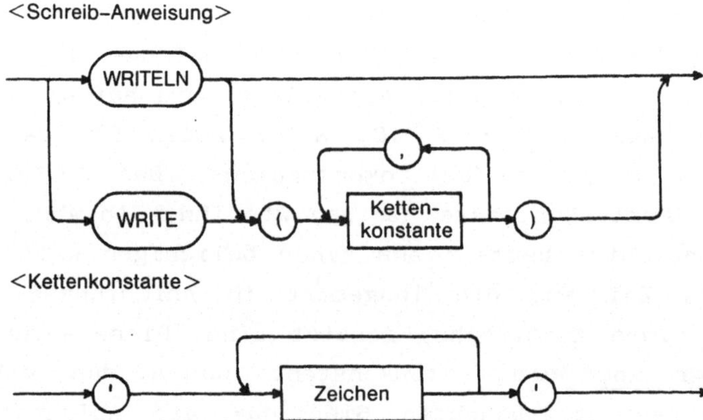

Abbildung 1-5 Vereinfachte Syntax für WRITE und WRITELN

Des Rätsels Lösung bei der Frage nach dem Anführungszeichen oder dem Apostroph ist die, daß Sie für <u>jedes</u> Anführungszeichen, das Sie wiedergeben möchten, <u>zwei</u> Anführungszeichen hintereinander setzen müssen. Zum Beispiel: Die Anweisung WRITE ('''') wird nur einmal Anführungszeichen setzen, denn die beiden mittleren Zeichen stehen nur für das Zeichen, das angezeigt werden soll. Beim ersten und letzten Anführungszeichen handelt es sich wie immer um die Begrenzer.

<u>Übung 1.7:</u>

Ändern Sie das Programm STRING1 ab und lassen Sie es anschließend ablaufen. Es soll folgendes darstellen:

```
HI  THERE FRIEND
THIS IS A  DEMONSTRATION
OF  'PASCAL'  PROGRAM  EXECUTION
```

2. Prozeduren und Variable

1. Zielsetzung

In diesem Kapitel geht es für Sie darum zu lernen, wie man ein Programm in einfache Unterprogramme aufteilt, die man "Prozeduren" nennt und Speicheradressen im Rechner mit Namen zu versehen, in denen Daten, sogenannte "Variable", gespeichert werden können.

1a. Vereinbaren Sie Prozeduren, die einfache Figuren wie Dreiecke, Quadrate, Sterne etc., zeichnen und lassen Sie diese dann ablaufen. Anschließend zeichnen Sie dann komplexere Figuren, indem Sie die Prozeduren mehrmals aufrufen.

1b. Steuern Sie die Größe der Figuren und ihre Lage auf dem Bildschirm mit Hilfe von Parametern.

1c. Vereinbaren und verwenden Sie Variable vom Typ CHAR, INTEGER und STRING, um verschiedene Daten zu speichern und später wieder zu aktivieren.

1d. Lernen Sie mit Hilfe eingebauter Funktionen und Prozeduren rechnerisch Zeichenketten zu verändern.

1e. Errechnen Sie mit Hilfe einfacher arithmetischer Ausdrücke neue ganzzahlige Werte, indem Sie ganzzahlige Variable und Konstante verbinden.

1f. Machen Sie sich weiter mit den Syntaxregeln in PASCAL vertraut, indem Sie versuchen, in verschiedenen Programmbeispielen Fehler zu lokalisieren.

2. Hintergrund

Sie haben inzwischen schon genügend Programmiererfahrung, um zu wissen, daß es recht langweilig sein kann, ein Programm für komplexe Figuren erstellen zu müssen. Wie die meisten anderen Programmiersprachen bietet auch PASCAL Möglichkeiten, ein Programm in kleine Schritte zu unterteilen, die leicht zu bewältigen sind und falls erforderlich, sehr oft wiederholt werden können. In diesem und dem folgenden Kapitel wollen wir Sie mit den wichtigsten Möglichkeiten vertraut machen.

Wie notwendig es ist, ein Programm in kleine Schritte aufzuteilen, wollen wir Ihnen an folgendem Beispiel demonstrieren. Versuchen Sie, sich die nachfolgenden zwei Ketten aus jeweils 10 Zeichen zu merken:

BIGTENTEAM   YCSHWMCDTE

Konzentrieren Sie sich einen Moment auf diese beiden Ketten und lassen Sie dann anschließend Ihren Blick über diese Buchseite schweifen. Prüfen Sie nun, wie lange Sie sich jede der beiden Ketten merken können. Sie werden sich wahrscheinlich ohne Schwierigkeiten die erste Kette leicht merken können. Bei der zweiten dagegen dürften Sie große Mühe haben, es sei denn, Sie haben eine ausgesprochen visuelle Erinnerungsgabe.

Sollten Sie zufällig Psychologie studieren, so können Sie aus den nachfolgenden Erklärungen über das Kurzzeit- und Langzeitgedächtnis, sowie über die Anzahl der verschiedenen Dinge, mit denen wir uns gleichzeitig gedanklich befassen können, sicher einiges Interessantes lernen. Eine einfache Erklärung hierzu ist folgende: Aufgrund der Methode, nach welcher Sie lesen gelernt haben, werden Sie die erste Kette automatisch in eine zweite mit drei Ihnen vertrauten kleineren Folgen unterteilen.

Diese zweite Kette besteht aus drei Wörtern, die Sie gut kennen. Bei unserer zweiten Zeichenkette dagegen, will es mit dem besten Willen nicht gelingen, sie in kleinere Ketten aufzuteilen, die uns als Gedankenstütze dienen könnten, wie bei der ersten. Sie können diese Ketten natürlich folgendermaßen aufteilen:

Keine dieser drei neuen Zeichenketten hat aber für Sie irgendeine Bedeutung und wird Ihnen daher kaum als Erinnerungshilfe dienen können.

Wir lernen also, daß es angebracht ist, ein Programm in mehrere kleine Gruppen von Anweisungen aufzuteilen (diese Gruppen werden auch "Moduln/Bausteine" oder "Unterprogramme" genannt). Jede dieser Gruppen muß jeweils eine bestimmte Teilaufgabe selbständig ausführen können. Innerhalb einer solchen Gruppe müssen verschiedene Anweisungen durchgeführt werden, damit die gewünschte Teilaufgabe ausgeführt wird. Wenn eine Gruppe erst einmal aufgestellt ist, können Sie sie als eine Programmeinheit betrachten und vergessen, daß sie in Wirklichkeit aus verschiedenen unabhängigen Anweisungen besteht. Umfaßt Ihr Programm mehr als 25 oder 50 Zeilen und paßt somit nicht mehr auf eine Seite, dann dürfte es Ihnen etwas schwer fallen, es noch als Einheit anzusehen. Das Programm muß dann in mehrere Moduln aufgeteilt werden.

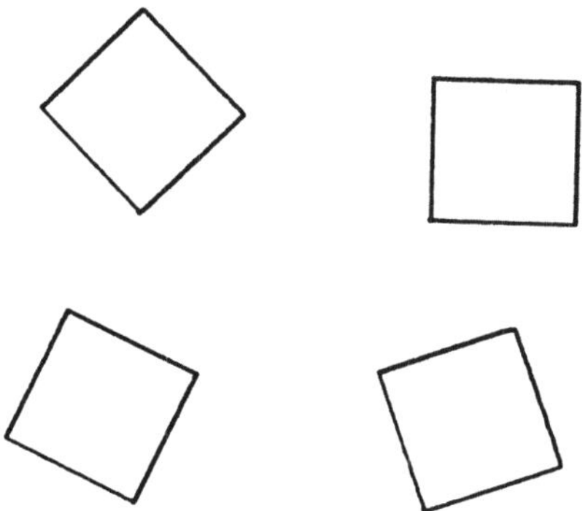

Abbildung 2–1

3. Prozeduren

Eine "Prozedur" ist imgrunde ein Unterprogramm eines Programmes. Bevor Sie weiterlesen, sehen Sie sich einmal die vier Quadrate in Abb. 2-1 an und überlegen Sie sich, wie Sie mit Hilfe der in Kapitel 1 kennengelernten Methode ein Programm für diese vier Quadrate schreiben würden. Spätestens wenn Sie die Anweisungen für das zweite oder dritte Quadrat schreiben, werden Sie feststellen, daß sich die Anweisungen immer wiederholen. Sehen Sie sich jetzt bitte das Musterprogramm SQUARES an, in welchem immer wieder gleiche Schritte durchgeführt werden. Mit diesem Programm haben wir die Graphik in Abb. 2-1 gezeichnet. Die Zeilen 3 bis 15 umfassen die Prozedur ONESQUARE.

Hätte man diese Zeilen als Grundlage eines Gesamtprogrammes verwendet und dabei das Wort PROCEDURE in PROGRAM geändert, so hätte das Programm nur ein Quadrat auf den Bildschirm gezeichnet, wie Sie sicher erkennen können. (Sollte es Ihnen immer noch nicht ganz klar sein, warum eigentlich ein Quadrat gezeichnet wird, ist es höchste Zeit, daß Sie ein kleines Experiment durchführen, um den Ablauf zu beobachten).

Sehen Sie sich jetzt die Zeilen 17 bis 31 an, die das eigentliche Programm SQUARES darstellen. In Zeile 20 wurde die Turtle um 150 Bildschirmpunkte nach rechts und um 150 Bildschirmpunkte aufwärts von der Bildschirmmitte bewegt. Die Anweisung MOVETO ähnelt der Anweisung MOVE insoweit, als sie die Turtle zu einem neuen Punkt auf dem Bildschirm bewegt. Für die Anweisung MOVETO werden immer zwei Zahlen benötigt, eine für die Rechtsbewegung der Turtle auf dem Bildschirm, die andere für die Aufwärtsbewegung vom Mittelpunkt aus. Ist die erste Zahl, wie in Zeile 22, negativ, dann bewegt sich die Turtle nach links (d.h. in der Gegenrichtung zu rechts). Ist die zweite Zahl, wie in Zeile 28, negativ, so bewegt sich die Turtle vom Mittelpunkt aus abwärts (d.h. in der Gegenrichtung zu aufwärts). Die Anweisung MOVE veranlaßt die Turtle, sich um die angezeigte Anzahl an Bildschirmpunkten von ihrem gegenwärtigen Standpunkt fortzubewegen.Bei der Anweisung MOVETO dagegen bewegt sie sich um die angezeigte Anzahl an Bildschirmpunkten vom Bildschirmmittelpunkt weg. (Sollte Ihnen diese Erklärung nicht ausreichen, so empfehlen wir Ihnen, mit dem TURTLE-Programm aus Kapitel 1, Abschnitt 3 und der Anweisung MOVETO etwas zu üben).

```
PROGRAM SQUARES;

PROCEDURE ONESQUARE;
BEGIN
  PENCOLOR(WHITE);
  MOVE(150);
  TURN(90);
  MOVE(150);
  TURN(90);
  MOVE(150);
  TURN(90);
  MOVE(150);
  TURN(90);
  PENCOLOR(NONE);
END  (*ONESQUARE*);

BEGIN  (*MAIN PROGRAM*);
(*NOTE:MOVE VALUES APPLY TO TEKTRONIX4006*)
(*    CHANGE  FOR  OTHER  TERMINALS      *)
  MOVETO(150,150);
  ONESQUARE;
  MOVETO(-150,150);
  TURN(45);
  ONESQUARE;
  MOVETO(-150,-150);
  TURN(20);
  ONESQUARE;
  MOVETO(150,-150);
  TURN(-45);
  ONESQUARE;
END.
```

Nachdem wir in Zeile 20 die Turtle in die obere Hälfte des Bildschirmes bewegt haben, werden wir nun in Zeile 21 die Prozedur ONESQUARE "aufrufen". Zeile 21 weist den Rechner an, die Ausführung von Anweisungen in Zeile 5 fortzusetzen. Dies ist die erste "ausführbare" Anweisung der Prozedur. Unter "ausführbar" versteht man, daß in dieser Zeile zum ersten Mal eine Aktion aufgerufen wird, deren Verarbeitung bis einschließlich Zeile 14 läuft, d.h. bis in Zeile 15 END erreicht wird. Die Anweisungen in den Zeilen 5 bis 14 bestimmen, daß das Quadrat in der oberen Hälfte des Bildschirmes gezeichnet wird, wie in Abb. 2-1 dargestellt.

Zeile 15 beendet dann die Prozedur ONESQUARE, wie sie es auch bei einem vollständigen Programm getan hätte. Jetzt kehrt die Programmsteuerung allerdings zu der Anweisung zurück, die dem Aufruf der Prozedur unmittelbar folgt, d.h. in die Zeile 22. Zeile 21 weist den Rechner an, die Prozedur solange durchzuführen, bis sie beendet ist. Wie üblich, wird anschließend die nächste Anweisung ausgeführt.

In Zeile 22 wird die Turtle in die obere Hälfte des Bildschirmes bewegt, um dann in Zeile 23 um 45 Grad gedreht zu werden und für die Ausführung weiterer Anweisungen vorbereitet zu sein. Die nächste Anweisung besteht aus einem neuen Aufruf von ONESQUARE, für ein weiteres Quadrat. Wie schon zuvor, kehrt auch jetzt die Programmsteuerung wieder von Zeile 24 in Zeile 5 zurück. Ist diese Prozedur dann beendet, läuft das Programm in der Zeile nach dem Aufruf der Prozedur, Zeile 25 weiter.

Wir haben jetzt die Anweisungen der Prozedur ONESQUARE zweimal im Programm ablaufen lassen. Im Gesamtprogramm geschieht dies insgesamt viermal, für jedes der vier in Abb. 2-1 dargestellten Quadrate einmal. Beachten Sie bitte, daß diese Prozedur im PASCAL-Programm vor dem Hauptteil des Programmes geschrieben wird. Es ist vielleicht hilfreich für Sie zu wissen, daß der

Übersetzer bei der Übersetzung Ihres Programmes in die Maschinensprache genau so vorgeht, wie Sie beim Lesen. Er liest Zeile für Zeile von oben nach unten. Die eigentliche Programmverarbeitung fängt erst nach der Zeile BEGIN im <Block> des Hauptprogrammes, d.h. in unserem Musterprogramm erst in Zeile 17, an. Für den Übersetzer ist es notwendig, alles über die Prozedur ONESQUARE zu wissen, bevor er in Zeile 21 ankommt, damit von ihm entsprechende Vorbereitungen für die Weiterverarbeitung in der Prozedur vorgenommen werden können. Dies ist einer der Gründe, warum in PASCAL eine Prozedur vor dem Programmhauptteil erscheint. Man sagt dazu, eine Prozedur wird in den Zeilen 3 bis 15 "vereinbart", d.h. es wird im voraus genau beschrieben, was innerhalb einer Prozedur geschieht, wenn Sie vom Hauptprogramm aufgerufen wird oder werden sollte.

Hier ist es jetzt zum ersten Mal wichtig für Sie, unterscheiden zu lernen, wann ein Programm übersetzt und wann es zu einem späteren Zeitpunkt verarbeitet wird (d.h. "gestartet" oder "ablaufen gelassen"). Vergessen Sie nicht, daß der Übersetzer die PASCAL-Anweisungen ja erst in eine dem Rechner verständliche Sprache, die Maschinensprache, übersetzen muß. Da der Übersetzer die einzelnen Programmteile nach eigenen Gesetzmäßigkeiten überwacht, müssen diese Teile nach einer bestimmten Reihenfolge ins Programm aufgenommen werden.

Erst wenn das Programm erfolgreich übersetzt worden ist, kann es gestartet werden. Wenn in einem Programm Prozeduren verwendet werden, läuft das Programm nicht unbedingt in derselben Reihenfolge ab, in welcher die Anweisungen erscheinen. Im nächsten Kapitel zeigen wir Ihnen verschiedene Möglichkeiten, die Ablauffolge zu verändern.

Fassen wir noch einmal zusammen, was Sie in diesem Abschnitt erfahren haben. Mit einer Prozedur können folgende Dinge erreicht werden. Erstens kann man mit ihrer Hilfe einfache Teilausführungen vom Hauptprogramm abtrennen (z.B. ein Quadrat zeichnen wie im Musterprogramm). Während Sie sich mit der Prozedur befassen, können Sie sich überlegen, wie die einzelnen Teilausführungen zusammenpassen werden. Wenn Sie dann mit diese Einzelheiten vergessen. Es reicht, wenn Sie ungefähr wissen, was eine Prozedur ausführt. Es ist daher auch ratsam, der Prozedur einen aussagekräftigen <Bezeichner> als Namen zu geben, aus welchem Sie sofort ersehen können, was die Prozedur leistet.

Zweitens dient eine Prozedur dazu, den Schreibaufwand zu verringern. In unserem Musterprogramm SQUARES mußten wir z.B. nur einmal die Anweisungen für ein Quadrat schreiben, um bei vier verschiedenen Gelegenheiten ein Quadrat zeichnen zu können. Eine einzeilige Anweisung genügte, um die Prozedur aufzurufen.

4. Aufruf einer Prozedur aus einer anderen

Es ist oft sinnvoll, eine Prozedur aus einer anderen Prozedur aufrufen zu können. Dabei ist wichtig, daß beim Aufruf der Prozedurname dem Übersetzer bereits bekannt ist. Anhand des Musterprogrammes PROCDEMO können Sie sehen, wie dies vor sich geht. Folgende Anzeige wird auf dem Bildschirm erscheinen:

```
START MAIN PROGRAM
PROC-P
BACK FROM P
START PROC-Q
PROC-P
STOP PROC-Q
STOP MAIN PROGRAM
```

Das wichtigste ist auch in diesem Programm, daß Sie die genaue Ablauffolge aufschreiben, wenn eine Prozedur eine andere aufruft, ähnlich wie im vorhergegangenen Beispiel, wo die letzte Prozedur im Hauptteil des Programmes aufgerufen wurde. Mit Hilfe der Anweisung WRITELN können Sie den Ablauf der Ausführungen sehr gut "verfolgen". Wenn Sie sich über die Ablauffolge Ihres Programmes nicht ganz sicher sind, sollten Sie WRITELN-Anweisungen und informativen Text an entscheidenden Punkten in Ihr Programm einfügen, um sich jederzeit über den gegenwärtigen Programmablauf informieren zu können.

Wenn das Programm debugged ist, können Sie diese Hilfsanweisungen wieder aus dem Programm nehmen, um das gewünschte Endergebnis zu erhalten.

Beachten Sie, daß hier der Aufruf P in der zweiten Zeile des Hauptprogrammes die gleiche Wirkung hat wie die Aufrufe der Prozedur ONESQUARE im vorhergegangenen Abschnitt. Das führt dazu, daß eine Information "PROC-P" auf dem Bildschirm erscheint. Als nächste Anweisung erfolgt dann der Aufruf der Prozedur Q, und auf dem Bildschirm erscheint eine Mitteilung, daß die Prozedur gestartet wurde. Danach wird in Zeile 11 wieder P aufgerufen, u.z. diesmal in der Prozedur Q. P besteht wiederum aus einer einzigen ausführbaren Zeile: auf dem Bildschirm erscheint wieder der Text "PROC-P". Wenn dieser Aufruf beendet ist, kehrt die Programmsteuerung diesmal in die Zeile 12 zurück, die Zeile, die dem Aufruf von P unmittelbar folgt. Die nächste Anweisung wird in Zeile 12 ausgeführt. Es erscheint auf dem Bildschirm der Hinweis, daß die Prozedur Q beendet wird. Nach Beendigung der Prozedur Q bleibt nur noch eine Anweisung in Zeile 20 übrig, die im Hauptteil des Programmes ausgeführt werden wird.

Wichtig ist, daß Sie sich merken, daß die Reihenfolge der Prozeduren P und Q im Programm PROCDEMO nicht geändert werden darf, wenn nicht gleichzeitig auch einige andere Punkte geändert werden. Wird die Reihenfolge der Prozeduren geändert, erscheint der Aufruf P innerhalb der Prozedur Q bevor der Übersetzer die Vereinbarung für "P" als Namen für eine andere Prozedur gesehen hat. Das würde den Übersetzer verwirren. Er würde einen Syntaxfehler melden mit dem Hinweis, daß der Bezeichner "P" nicht vereinbart worden ist.

```
PROGRAM PROCDEMO;

PROCEDURE P;
BEGIN
  WRITELN('PROC-P');
END (*P*);

PROCEDURE Q;
BEGIN
  WRITELN('START PROC-Q');
  P;
  WRITELN('STOP PROC-Q')
END  (*Q*);

BEGIN(*HAUPTPROGRAMM*)
  WRITELN('START  HAUPTPROGRAMM');
  P;
  WRITELN('BACK FROM P');
  Q;
  WRITELN('STOP HAUPTPROGRAMM');
END.
```

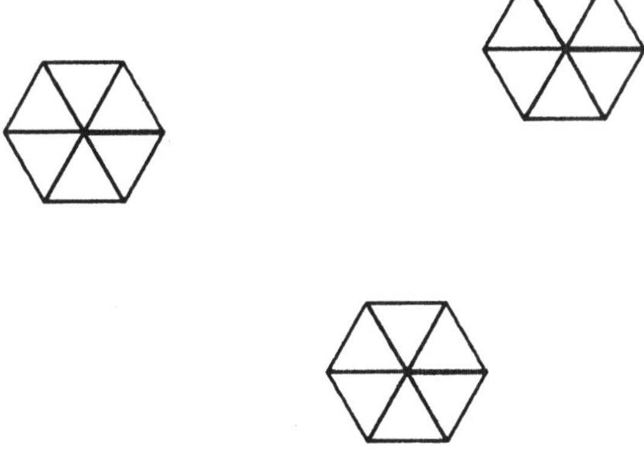

Abbildung 2-2

Übung 2.1:

Sehen Sie sich die Abb. 2-2 an. Schreiben Sie für die hier abgebildeten Figuren ein Programm und testen Sie es anschließend. Hinweis: Schreiben Sie zuerst eine Prozedur TRIANGLE, mit welcher Sie eines der sechs Dreiecke in jedem der drei sechseckigen Figuren zeichnen. Anschließend schreiben Sie eine Prozedur HEXAGON, mit der Sie dann eine dieser drei Figuren zeichnen, indem Sie die Prozedur TRIANGLE sechsmal aufrufen. Jedesmal, bevor Sie die Prozedur TRIANGLE aufrufen, müssen Sie die Turtle um 60 Grad drehen. Bevor Sie das Programm beenden, sollten Sie noch prüfen, ob die Prozedur HEXAGON planmäßig abläuft. Sie können jetzt das Hauptprogramm zuende schreiben, müssen dann aber jedesmal, bevor Sie die Prozedur HEXAGON aufrufen, die Turtle in einen anderen Teil des Bildschirmes bewegen.

5. Parameter

Sie werden sicher schon überlegt haben, daß es wesentlich interessanter wäre, wenn man der Prozedur mitteilen könnte, wie groß sie eine Figur zeichnen soll. Im Musterprogramm GRAFPROCS stellen wir Ihnen einen sogenannten "Parameter" vor, der dies möglich macht. Eigentlich gibt es zwei Arten von Parametern, aber mit dieser Tatsache wollen wir Sie erst in Kapitel 4 näher bekannt machen. Die in Abb. 2-3 dargestellten Figuren wurden vom Musterprogramm GRAFPROCS gezeichnet.

Zum besseren Verständnis dieses Programmes richten wir erst einmal unsere Aufmerksamkeit auf die Prozedur SQUARE, Zeile 14 bis 26, die der Prozedur ONESQUARE im Musterprogramm SQUARES sehr ähnlich ist. Der Unterschied besteht nur darin, daß die Länge der Quadratseiten jetzt in jeder MOVE-Anweisung (Zeilen 17,19,21 und 23) durch den Bezeichner SIZE und nicht durch eine bestimmte Zahl angegeben wird. SIZE verweist auf einen Speicherplatz im Rechner, in welchem vorher ein Zahlenwert gespeichert wurde.

Beachten Sie, daß SIZE bereits in Zeile 14, der ersten Zeile der Prozedur, erwähnt und gespeichert wurde. Die Bezeichnung "SIZE: INTEGER" ist in runde Klammern gesetzt und der Übersetzer erfährt dadurch, daß es sich bei dem <Bezeichner> SIZE um einen Parameter handelt. Durch die Bezeichnung "INTEGER" weiß der Übersetzer, daß dieser Parameter einen Wert vom "Typ" INTEGER speichern kann, d.h. er kann ganze Zahlen (keine Brüche oder Dezimalstellen) speichern. Bei einem Mikrorechner, wie Sie ihn wahrscheinlich verwenden werden, kann es sich dabei um eine ganze Zahl zwischen -32767 und +32767 handeln, auch um die Zahlen -1, 0, 1, 2, 3 usw. Bei Maxirechnern kann die größt- oder kleinstmögliche ganze Zahl aus noch mehr Ziffern bestehen.

Sehen Sie sich jetzt bitte Zeile 38 an, hier wird die Prozedur zum erstenmal vom Hauptprogramm aufgerufen. Die "ganzzahlige Konstante", d.h. die ganze Zahl 200 veranlaßt den Übersetzer, das Programm so vorzubereiten, daß SIZE beim Aufruf der Prozedur SQUARE der Wert 200 zugewiesen wird. Bei allen vier MOVE-Anweisungen innerhalb der Prozedur wird statt SIZE dieser Wert verwendet.

Da der Begriff "Parameter" sowohl bei der Prozedurvereinbarung, Zeile 3 und 14 des Programmes GRAFPROCS, wie auch beim Aufruf, Zeile 31 und 38, verwendet wird, sollte man für diese verschiedenen Anwendungen auch unterschiedliche Begriffe verwenden.

```
PROGRAM  GRAFPROCS;

PROCEDURE  TRIANGLE(SIZE:INTEGER);
BEGIN
  PENCOLOR(WHITE);
  MOVE(SIZE);
  TURN(120);
  MOVE(SIZE);
  TURN(120);
  MOVE(SIZE);
  TURN(120);
  PENCOLOR(NONE);
END (*TRIANGLE*);
PROCEDURE  SQUARE(SIZE:INTEGER);
BEGIN
  PENCOLOR(WHITE);
  MOVE(SIZE);
  TURN(90);
  MOVE(SIZE);
  TURN(90);
  MOVE(SIZE);
  TURN(90);
  MOVE(SIZE);
  TURN(90);
  PENCOLOR(NONE);
END (*SQUARE*);
BEGIN  (*MAIN PROGRAM*)
(*ANMERKUNG:  PARAMETER SIND  FUER TEKTRONIX 4006 BILDSCHIRME   *
(*  AUSGELEGT. FUER ANDERE  GERAETE NOTFALLS AENDERN            *
  MOVETO(200,200);
  TRIANGLE(100);
  TURN(120);
  TRIANGLE(150);
  TURN(120);
  TRIANGLE(50);
  MOVETO(-250,-50);
  TURNTO(0);
  SQUARE(200);
  MOVETO(150,-200);
  TURN(30);
  SQUARE(120);
END.
```

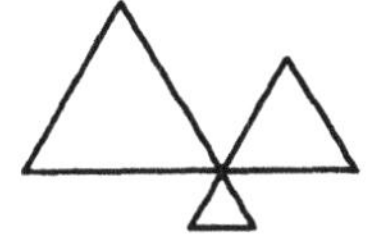

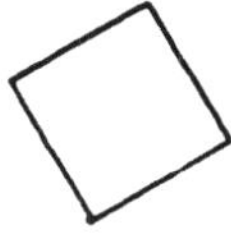

Abbildung 2–3

In den Zeilen 3 und 14 wird SIZE als sogenannter "Formalparameter" verwendet, d.h. statt des Wertes, den er darstellt, erhält er einen Bezeichner. In den Zeilen 31 und 38 (auch 33,35 und 41) werden die Werte, die der Prozedur "übergeben" wurden, "Aktualparameter" genannt. Der Formalparameter wird dabei tatsächlich auf den Wert gesetzt, der ihm während des Prozedurablaufs zugeordnet wurde.

6. Syntax für Prozeduren

In Abb. 2-4 zeigen wir Ihnen ein verbessertes Syntax-Diagramm für einen <Block> unter Berücksichtigung aller Schritte, die wir bisher mit Prozeduren durchgeführt haben. Der Hinweis auf den <Typ-Bezeichner> in der <Parameter-Liste> wird in Abb. 2-5 ausführlich dargestellt. Wir werden in den nächsten Abschnitten auf die Typen STRING und CHAR näher eingehen. Beachten Sie, daß das Syntax-Diagramm für einen <Block> verlangt, daß alle Prozeduren vereinbart sein müssen, bevor der Teil BEGIN...END des Hauptteils des <Blockes> anfängt. Beachten Sie darüberhinaus, daß der Hinweis auf <Block> als Teil einer Prozedurvereinbarung bedeutet, daß es möglich ist, eine Prozedur innerhalb einer anderen Prozedur zu vereinbaren. In Kapitel 4 werden wir auf dieses Thema noch zu sprechen kommen.

Das Syntax-Diagramm zeigt, daß innerhalb einer Parameterliste mehrere Bezeichner vom selben Typ gemeinsam aufgelistet sein können, durch Kommata (",") jeweils voneinander getrennt. Jeder Bezeichner bildet jeweils den Namen eines Parameters. Genauso können in derselben "Kopfzeile" einer Prozedur Parameter verschiedener <Typs> vereinbart werden. Wir werden später noch, nachdem wir die Verwendung von STRING und CHAR kennengelernt haben, auf dieses Thema zurückkommen. Es ist wichtig, noch darauf hinzuweisen, daß die Syntax für Prozeduren auch "leere" Parameterlisten erlaubt, wobei sogar die runden Klammern weggelassen werden können, wie z.B. in unserem Musterprogramm SQUARES, wo keine Parameter verwendet werden.

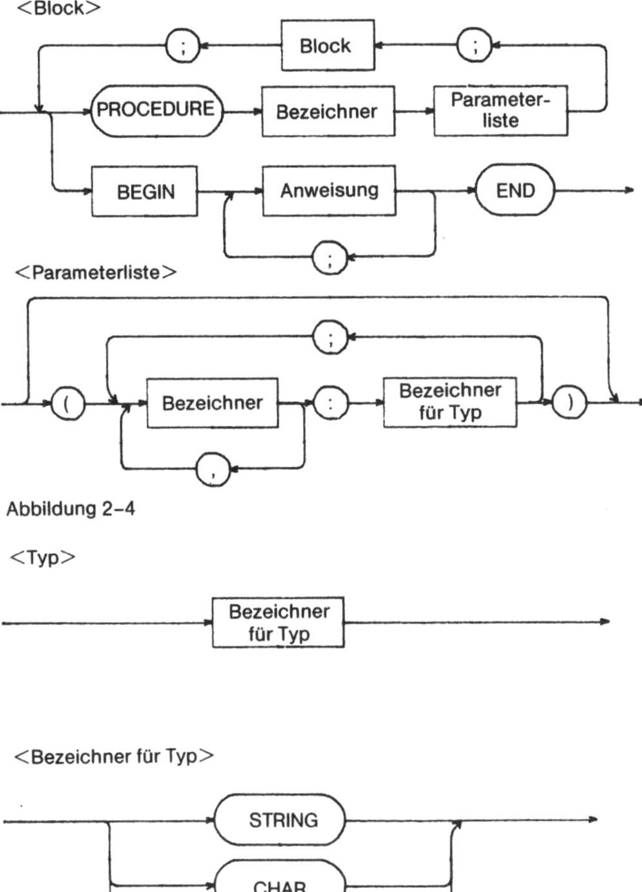

Abbildung 2-4

Abbildung 2-5

Übung 2.2:

Überarbeiten Sie Ihr Programm aus Übung 2.1 folgendermaßen, und prüfen Sie dabei, ob Sie allgemeine Schlüsse aus dem Syntax-Diagramm ziehen können: Verändern Sie das Programm so, daß es jedes Sechseck mit verschieden langen Dreiecksseiten zeichnet. Verwenden Sie im Hauptprogramm nicht die Anweisungen MOVE und MOVETO, um die Turtle in ihre entsprechende Stellung auf dem Bildschirm zu bringen, sondern bestimmen Sie zwei zusätzliche Parameter für die Prozedur HEXAGON, um die Lage der Sechsecke auf dem Bildschirm festzulegen. Die beiden Anweisungen MOVE und MOVETO sollten jetzt besser in die Prozedur und nicht ins Hauptprogramm eingearbeitet werden. Die beiden Parameter, die den Ausgangspunkt der Sechseckszeichnung bestimmen, können sich entweder aus einer kreisförmigen Entfernung vom Bildschirmmittelpunkt und einem Winkel zusammensetzen oder aus einem horizontalen oder vertikalen Entfernungswert von der Bildschirmmitte Ihr Programm von Übung 2.1 wird durch diese Änderungen kürzer, da die wiederholte Festlegung des Ausgangspunktes der Zeichnung nun durch die Parameter vorgenommen wird.

7. Variable

Unter dem Begriff "Variable" versteht man eine Adresse im Rechnerspeicher, in welcher ein Datenwert (in manchen Fällen auch eine Gruppe von Datenwerten) für den späteren Aufruf gespeichert wird. Eine Variable muß immer in Verbindung mit einem Daten<Typ> vereinbart werden, ähnlich wie ein Parameter, nur erfolgt bei der Variablen keine automatische Wertzuweisung bei Prozeduraufruf. Jede dieser Speicheradressen für einfache Variable, wie wir sie in diesem Kapitel verwenden, kann nur einen Wert zur Zeit speichern. Sie können sich die Variable etwa wie einen Briefkasten vorstellen, der nur für jeweils einen Brief Platz bietet.

Im Musterprogramm STARS zeigen wir in vereinfachter Form die Anwendung einer Variablen. Mit diesem Programm wurden die Figuren in Abb. 2-6 gezeichnet. Die Variable SCALE wird hier in Zeile 2 vom Typ INTEGER vereinbart, das bedeutet bei einem Mikrorechner, daß SCALE eine ganze Zahl zwischen -32767 und +32767 speichern kann (bei größeren Geräten ist die Werteskala entsprechend größer).

Im Programm STARS wird in Zeile 24 der Variablen SCALE der Wert 30 "zugewiesen". Das Symbol (":=") bedeutet, daß der Wert auf der rechten Seite der links stehenden Variablen zugeweisen werden muß. In Zeile 24 sehen Sie ein Beispiel für eine solche "Zuweisungsanweisung". Wo immer der Bezeichner SCALE im Programm auftaucht, hat er den Wert 30, also in Zeile 28, 29, 33, 34, 38 und 39, es sei denn, es wurde zwischenzeitlich ein anderer Wert vereinbart. Wurde tatsächlich irgendwann ein anderer Wert vereinbart, so wird der Wert 30 durch diesen neuen Wert ersetzt, denn die Variable hat ja nur Platz für jeweils einen Wert. Bei jeder Zuweisungsanweisung wird also der alte Wert durch einen neu vereinbarten Wert ersetzt. Der alte Wert steht nicht länger zur Verfügung.

In unserem Beispiel bestimmt SCALE die Länge der Linien nach Bildschirmpunkten. Der hier verwendete Wert 30 ist für den Tektronix 4006 Bildschirm geeignet. Bei einem anderen Bildschirm werden Sie wahrscheinlich einen anderen Wert zuweisen müssen. Beim Terak Modell 8510A z.B. müssen Sie statt 30 den Wert 10 nehmen, um ein vergleichbares Bild zu erhalten. Dieser Unterschied erklärt sich dadurch, daß die einzelnen Bildschirme unterschiedlich viele Rasterpunkte pro Zentimeter (oder per inch) benötigen, um eine Linie zu simulieren, wie bereits in Abb. 0-1 dargestellt.

```
PROGRAM STARS;
VAR  SCALE:INTEGER;

PROCEDURE STAR(SIZE:INTEGER);
BEGIN
  TURN(-18); (*STERN AUF AST BALANZIEREN*)
  PENCOLOR(WHITE);
  MOVE(SIZE);
  TURN(144);
  MOVE(SIZE);
  TURN(144);
  MOVE(SIZE);
  TURN(144);
  MOVE(SIZE);
  TURN(144);
  MOVE(SIZE);
  TURN(144);
  PENCOLOR(NONE);
  TURN(18);
  (*TURTLE IN DIE URSPRUENGLICHE RICHTUNG DREHEN*)
END(*STAR*);

BEGIN (*HAUPTPROGRAMM*);
  SCALE:=30; (*30 FUER TEKTRONIX  4006,*)
             (*10 FUER TERAK,   ?? FUER ANDERE*)
  PENCOLOR(WHITE);
  TURN(45);
  MOVE(SCALE*8);
  STAR(SCALE*4);
  MOVETO(0,0);
  TURNTO(165);
  PENCOLOR(WHITE);
  MOVE(SCALE*4);
  STAR(SCALE*8);
  MOVETO(0,0);
  TURN(150);
  PENCOLOR(WHITE);
  MOVE(SCALE*6);
  STAR(SCALE*6);
END.
```

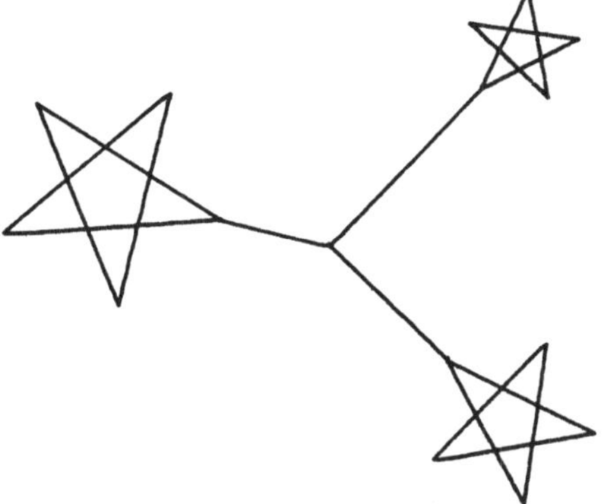

Abbildung 2–6

Wäre der Wert von SCALE als solcher interessant, könnte er allein als Aktualparameter erscheinen oder auch in anderem Zusammenhang. Im Musterprogramm STARS verwenden wir SCALE, um den Wert einer "ganzzahligen Konstanten" (d.h. einer eindeutig zugewiesenen ganzen Zahl) so zu ändern, daß er die durch diese Zahl bestimmte Linienlänge steuert. In Zeile 28 z.B. soll sich MOVE über 30 mal 8, das sind 240 Bildschirmepunkte bewegen. Das "Sternchen" ("*") bedeutet, daß SCALE mit 8 multipliziert werden soll. Hier haben wir ein Beispiel für einen "arithmetischen Ausdruck". Auf diesen Begriff werden wir später noch ausführlich zu sprechen kommen.

8. Syntax-Diagramm für Variable

Das erweiterte Syntax-Diagramm für einen <Block> in Abb. 2-7 kann Ihnen als erster Schritt dienen, um das Syntax-Diagramm für eine Variable verstehen zu lernen. Das Syntax-Diagramm zeigt Ihnen, daß ein Block mit einer Reihe von Variablen-Vereinbarungen beginnen kann, die durch den reservierten Bezeichner "VAR" eingeführt werden,der nur ein einziges Mal erscheint. Alle Variablen in einem Block müssen vor Aufruf der ersten Prozedur innerhalb dieses Blockes vereinbart sein. Sie können z.B. vereinbaren, daß alle Bezeichner in einer Liste (durch ein Komma getrennt) einem einzigen <Typ> zugewiesen werden, wie in einer"Parameterliste".

Wenn Sie innerhalb eines <Blockes> eine Variable vereinbaren, die VAR folgt und Teil einer Prozedurvereinbarung ist, so sagt man, diese Variable ist "lokal" für einen <Block>. Vom Hauptprogramm oder irgendeiner anderen Prozedur hat man keine Zugriffsmöglichkeit zu dieser Variablen. Wir werden in Kapitel 4 noch auf dieses Problem eingehen. Wird eine Variable dagegen innerhalb eines <Blockes> des Hauptprogrammes vereinbart, so spricht man von einer "globalen" Variablen. Sie kann sowohl

<Block>

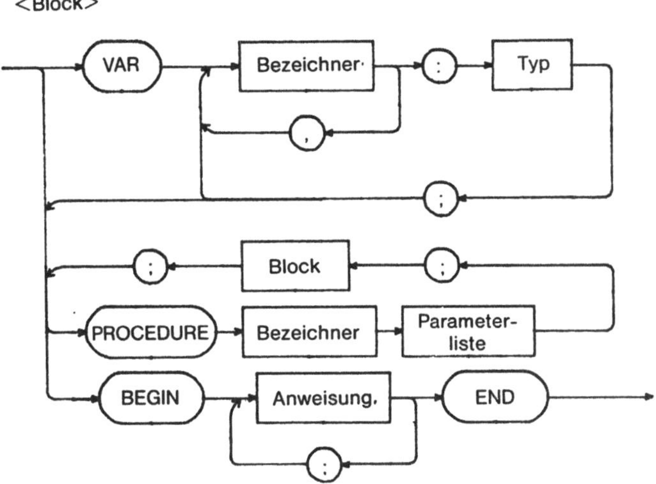

Abbildung 2–7

vom Hauptprogramm wie auch von fast jeder beliebigen Prozedur aufgerufen werden. Eine globale Variable kann nur dann nicht innerhalb einer Prozedur verarbeitet werden, wenn innerhalb dieser Prozedur bereits für eine lokale Variable der gleiche Name vereinbart wurde.

In Abb. 2-8 zeigen wir Ihnen ein vereinfachtes Syntax-Diagramm für eine <Zuweisungsanweisung>. Aus diesem Diagramm ist allerdings nicht eindeutig zu ersehen, daß die Größe rechts vom "Zuweisungsoperator" (":=") vom selben Typ sein muß, wie die Variable auf seiner linken Seite. Diese Regel wird ab Kapitel 5 etwas lockerer gehandhabt, wenn wir nämlich anfangen, mit Zahlen verschiedener Datentypen zu arbeiten. Im Moment sollten Sie allerdings erst einmal davon ausgehen, daß im Syntax-Diagramm für <Zuweisungsanweisung> vor jeder Datengröße "ganzzahlig" stehen muß. In den folgenden Abschnitten werden wir dann auf die Syntax für <Ausdrücke> zu sprechen kommen.

9. Verwendung von STRING-Variablen

Bisher haben wir uns nur mit dem Ausschreiben von Buchstabenfolgen befaßt, die aus <kettenkonstanten> Werten bestanden, wie in Kapitel 1 beschrieben. Nachdem wir das Konzept für eine Variable dargelegt haben, können wir nun mit Variablen arbeiten, die ganze Ketten und mit solchen, die nur jeweils einen Buchstaben speichern können. Bevor wir Ihnen jedoch einige interessante Rechenvorgänge mit Ketten zeigen, ist es notwendig, Ihre Kenntnisse noch etwas zu vertiefen und Ihnen die Beziehung zwischen den Variablen vom Typ CHAR und STRING zu zeigen. Lassen Sie uns dazu mit dem Musterprogramm POINT beginnen. Das Programm muß folgende Zeilen auf dem Bildschirm anzeigen:

<Zuweisungs-Anweisung>

Variable

:=

Konstante

Variable

eingebaute Funktion

Ausdruck

<Konstante>

ganzzahlige Konstante

Ketten-konstante

<ganzzahlige Konstante>

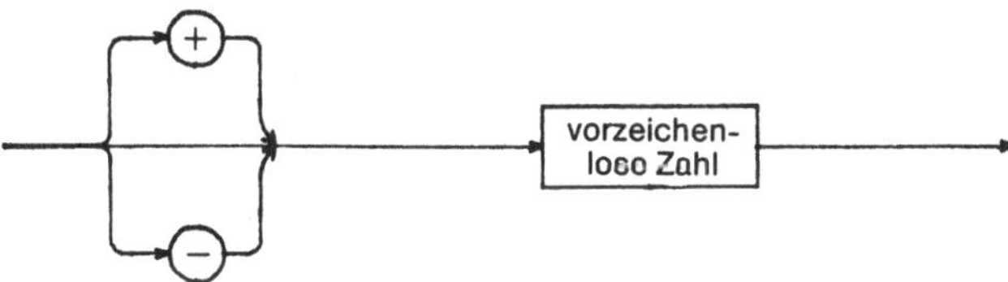

Abbildung 2–8

```
PROGRAM POINT;
(*ZEIGT AUF SONDERZEICHEN IN  EINER  KETTE*)
VAR S:STRING;
    CH:CHAR;
     I:INTEGER;
BEGIN
  S:='EVEN  IF  HE SAW ME';
  WRITELN(S);   (*SPUR*)
  CH:=S[7]; (*SIEBENTES ZEICHEN VON S*)
  WRITELN(CH);
  I:=12;
  WRITELN(S[I],S[12]);
      (*SOLLEN DIESELBEN SEIN!*)
  CH:='X';
  S[4]:=CH;
  WRITELN(S);   (*SPUR NACH DER ERSTEN AENDERUNG*)
  CH:=S[I-3];
  WRITELN('S[', I-3, ']=', CH;
END.
```

Die Variable CH in diesem Beispiel kann irgendeinen darstellbaren Zeichenwert haben. (Eine Variable vom Typ CHAR kann auch einen Zeichenwert haben, der nicht auf dem Bildschirm darstellbar ist. Damit sollten Sie sich aber nur wenn Sie sehr mutig sind, schon jetzt befassen, besser warten Sie noch eine Weile damit). In Zeile 14 wird der Variablen der Wert "X" zugewiesen, d.h. das einzelne Zeichen "X". Bei der Konstanten auf der rechten Seite in Zeile 14 handelt es sich um eine Kettenkonstante, die aus einem einzelnen Zeichen besteht. CH muß also ein Wert vom Typ CHAR zugewiesen werden.

In Zeile 7 wird der STRING-Variablen S ein Wert <Kettenkonstante> zugewiesen. Eine STRING-Variable kann aus einem Wert von 0 bis 80 Zeichen bestehen. Es ist möglich, den "vorgegebenen" Wert, d.h. den Annahmewert der maximalen Zeichenanzahl zu ändern. Doch darüber später mehr.

Jedes einzelne Zeichen innerhalb einer STRING-Variablen ist in Wirklichkeit selbst eine Variable vom Typ CHAR. Deshalb können wir auch, wie in Zeile 9, auf ein bestimmtes Zeichen innerhalb der Variablen S hinweisen. Auf welches Zeichen wir hinweisen wollen, bestimmen wir, indem wir die Zeichen innerhalb einer STRING-Variablen nummerieren, das erste Zeichen erhält dabei die Zahl 1, und die Zahl des gewünschten Zeichens der STRING-Variablen in eckige Klammern hinter den Bezeichner setzen. Z.B. S[1] wäre in unserem Beispiel das Zeichen 'E'. Wird also S[7] angegeben, so bedeutet dies, daß das siebente Zeichen in S gewünscht wird. Die in Klammern angegebene Größe muß nur einen Wert vom <Typ> INTEGER haben, dabei muß es sich nicht unbedingt um eine ganzzahlige Konstante handeln, wie der Wert "7". In Zeile 11 z.B. weisen wir der Variablen I vom <Typ> INTEGER den Wert 12 zu und sehen dann, daß sich in Zeile 12 S[I] und S[12] auf dasselbe Zeichen innerhalb der STRING-Variablen S beziehen, da der Wert von I in dieser Zeile weiterhin der Zahl 12 entspricht.

Wie bei anderen Variablen, so kann man auch hier, entweder den in einer bestimmten Stelle innerhalb einer STRING-Variablen gespeicherten Wert verwenden oder dieser Speicheradresse einen neuen Wert zuweisen. In Zeile 15 z.B. wird der bisher in CH gespeicherte Wert der Speicheradresse 4 innerhalb der STRING-Variablen S zugewiesen. Die Anweisung WRITELN in Zeile 16 zeigt uns, daß diese Änderung vorgenommen und das vierte Zeichen in ein "X" geändert wurde.

In den Zeilen 17 und 18 zeigen wir Ihnen dann die Verwendung eines <arithmetischen Ausdrucks>. In diesem Fall handelt es sich um den Ausdruck "I-3", d.h. der Wert 3 wird vom Wert I subtrahiert, wobei sich der Wert 9 ergibt und dann der ganzzahlige Wert 9 verwendet wird. In Zeile 17 weist dieser Wert somit auf den Speicherplatz 9 innerhalb der STRING-Variablen S hin. In Zeile 18 wird der Wert des <arithmetischen Ausdrucks> direkt angezeigt.

Beachten Sie, daß hier zwei in Anführungszeichen gesetzte <Kettenkonstanten> verwendet werden, um zu verdeutlichen, daß sich die angezeigte Zeile auf "S[9]=" bezieht.

10. Erste Einweisung in arithmetische Ausdrücke

In diesem und den beiden folgenden Kapiteln werden wir Gelegenheit haben, des öfteren mit einfachen <arithmetischen Ausdrükken> zu arbeiten. Da man mit Hilfe arithmetischer Ausdrücke Zahlen auf dem Rechner manipulieren kann, wollen wir uns erst in Kapitel 5 eingehender mit diesem Thema beschäftigen. Die vorläufige Einweisung, die wir Ihnen in diesem Abschnitt geben, dürfte ausreichen, damit Sie für die Musterbeispiele bis Kapitel 5 mit einfachen arithmetischen Ausdrücken arbeiten können.

<arithmetischer Ausdruck>

+
−
+
−
vorzeichen-
lose Konstante
ganzzahlige
Variable
ganzzahlige eingebaute
Funktion
Term
vorzeichenlose
Konstante

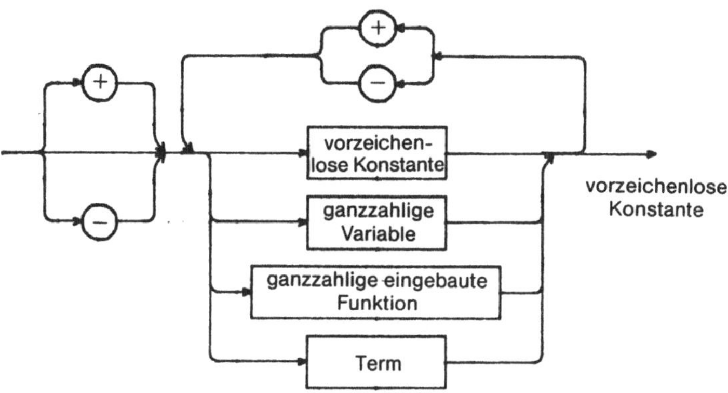

<Term>

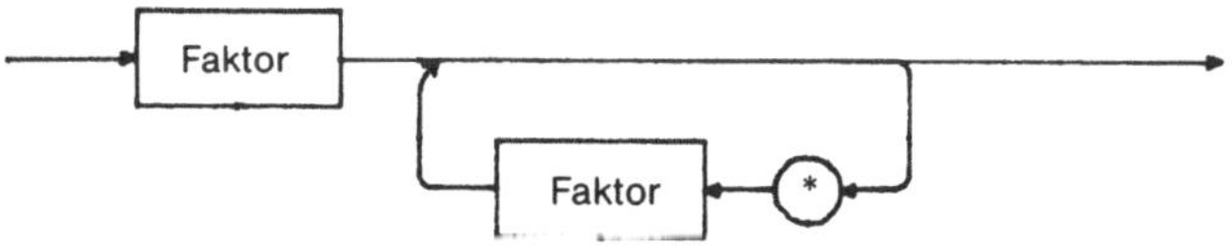

Faktor
Faktor
*

<Faktor>

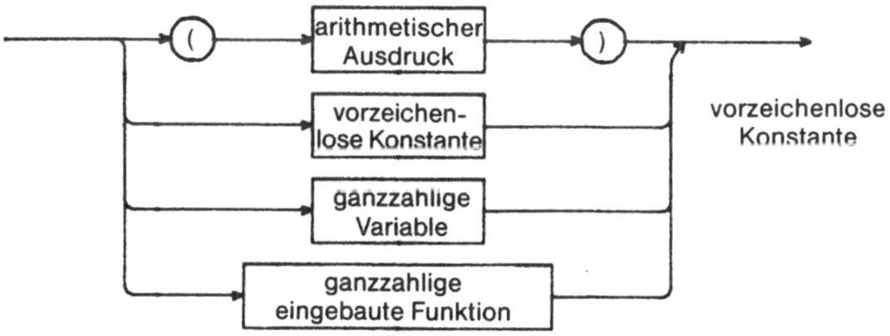

(
arithmetischer
Ausdruck
)
vorzeichen-
lose Konstante
ganzzahlige
Variable
ganzzahlige
eingebaute Funktion
vorzeichenlose
Konstante

Abbildung 2-9

<Variable>

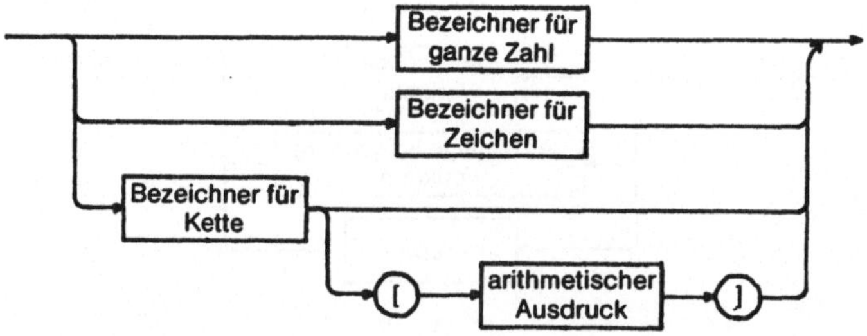

Bezeichner für ganze Zahl

Bezeichner für Zeichen

Bezeichner für Kette

[

arithmetischer Ausdruck

]

Abbildung 2-10

In den Abbildungen 2-9 und 2-10 finden Sie vereinfachte Syntax-Diagramme für <arithmetische Ausdrücke> und ihre zugehörigen Bausteine. Das Feld mit der Beschriftung <ganzzahlige eingebaute Funktion> brauchen Sie erst im nächsten Abschnitt zu beachten. Das Syntax-Diagramm zeigt, daß Sie in einem arithmetischen Ausdruck an jeder beliebigen Stelle sowohl eine ganzzahlige Konstante wie auch eine ganzzahlige Variable oder einen <Begriff> verwenden können. Die einzelnen Positionen sind dabei durch "+" oder "-" voneinander getrennt. Der "Operator" "+" bedeutet, daß die beiden Größen rechts und links von diesem Symbol addiert werden, der Operator "-" dagegen, daß die zweite Größe von der ersten subtrahiert wird. Vor der ersten Größe eines arithmetischen Ausdrucks können die Symbole "+" und "-" nach eigenem Ermessen gesetzt oder weggelassen werden. Wenn sie gesetzt werden, bedeutet dies, daß die ganzzahlige Konstante 0 auf der linken Seite des Symbols steht, d.h."-10" ist gleichbedeutend mit der Schreibweise "0-10". Leerzeichen können zwischen aufeinanderfolgenden Symbolen ebenfalls nach eigenem Ermessen gesetzt oder weggelassen werden, nicht allerdings innerhalb eines Bezeichners oder einer ganzzahligen Konstanten.

Die Größe, die wir in unserem Syntax-Diagramm <Begriff> nennen, muß zusammen mit dem Multiplikations-Symbol "*" verwendet werden (später dann mit dem Divisions-Symbol). Der <Begriff> setzt sich aus einem, zwei oder mehreren <Faktoren> zusammen. Besteht er aus mehreren Faktoren, müssen die einzelnen Faktoren durch das Symbol "*" voneinander getrennt werden. Bei dem <Begriff> "A*B" z.B. muß die Variable A mit B multipliziert werden. Durch diese Multiplikation erhält der <Begriff> einen Wert. Beim <arithmetischen Ausdruck>

A * B + C * D - E

bedeutet dies, daß für die Wertbestimmung zuerst die Multiplikationen durchgeführt werden und anschließend die Addition, dann die Subtraktion. Die Datenverarbeitung erfolgt von links nach rechts, wobei zuerst der Operator "*" und danach die Operatoren "+" und "-" innerhalb eines <Begriffs> verarbeitet werden. Man sagt, der Multiplikations-Operator "*" hat "Priorität" vor den Additions- und Subtraktions-Operatoren, da er zuerst verarbeitet wird. Anders ausgedrückt, innerhalb eines <arithmetischen Ausdrucks> muß die Multiplikation vor der Addition und der Subtraktion ausgeführt werden.

Wir weisen darauf hin, daß durch die Definition von <Faktor> Möglichkeiten geboten werden, Additionen und Subtraktionen vor der Multiplikation auszuführen u.z. durch die Verwendung runder Klammern. Wenn Sie einen Teil eines Ausdrucks in runde Klammern setzen (rechts und links eine Klammer) wird der in Klammern gesetzte Teil zuerst ausgewertet. Sehen Sie sich hierzu das folgende einfache Beispiel an:

Wenn A den Wert 1 hat, B den Wert 2 und C den Wert 3, dann hat

A + B * C den Wert 7

(A + B) * C den Wert 9

Im ersten Fall wurde zuerst B mit C multipliziert und anschließend aufgrund der Prioritätsregel das Ergebnis zu A addiert. Im zweiten Fall wurde erst der Wert A zu B addiert, da dieser Rechenvorgang in Klammern gesetzt ist, und anschließend dann das errechnete Ergebnis mit C multipliziert.

Übung 2.3:

Die Graphik in Abb. 2-11 kann durch ein Hauptprogramm mit den folgenden vier Anweisungen und mit einem weiteren

Programm, in welchem die Größen- und Entfernungswerte in Bildschirmpunkten ausgedrückt werden, gezeichnet werden:

```
RECT(5,5);
RECT(10,3);
RECT(3,10);
RECT(2,12);
```

RECT ist eine Prozedur, die ein Rechteck zeichnet, dessen Höhe durch den ersten und dessen Breite durch den zweiten Parameter bestimmt wird.

Schreiben Sie für diese Graphik ein vollständiges Programm mit Hilfe der Prozedur RECT und testen Sie anschließend Ihr Programm auf Ihrem Rechner. Achten Sie darauf, daß Sie dem Größenfaktor verschiedene Werte zuordnen, damit Sie gleiche Figuren von unterschiedlicher Größe erhalten. Dies bedeutet, daß die relative Größe aller Teile der Gesamtgraphik durch eine Variable SIZE gesteuert werden muß. Durch die Änderung einer einzigen Anweisung wird also die gesamte Graphik geändert.

11. Eingebaute Prozeduren und Funktionen für Ketten

Eine "Funktion" ist (in der Fachsprache) eine besondere Art einer Prozedur. Eine Funktion wird aufgerufen, indem man ihren Bezeichner zusammen mit irgendeiner Liste von Aktualparametern in einen Ausdruck hineinbringt. Wenn die Werteberechnung eines Ausdrucks den Funktionsbezeichner erreicht, läuft die Auswertung der Funktion ab. Am Ende des Funktionsablaufs erhält der Funktionsbezeichner im Ausdruck einen bestimmten Wert, und die Wertberechnung des Ausdrucks wird weiter fortgesetzt. Man sagt in der Fachsprache, daß die Funktion einen Wert "zurückgibt", der dann im Ausdruck benutzt wird. Die <Typ>-Zuordnung des zurückgegebenen Wertes hängt von der Funktionsvereinbarung und der Art der Funktionsberechnungen ab. In Kapitel 4 zeigen wir Ihnen, wie Sie sowohl eigene Funktionen wie auch eigene Prozeduren selbst vereinbaren können.

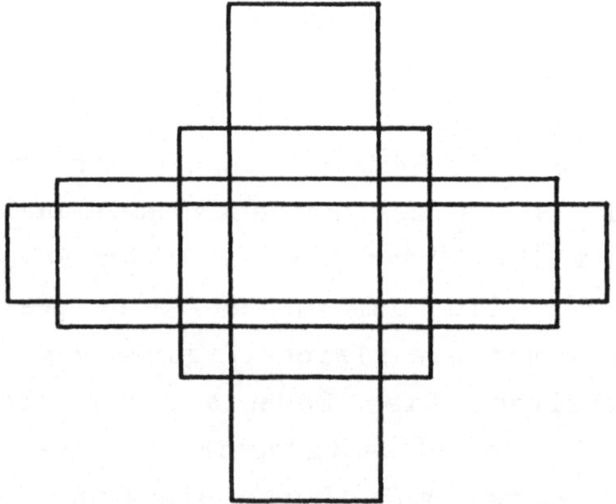

Abbildung 2–11

Der PASCAL-Übersetzer ermöglicht es Ihnen, verschiedene sogenannte "eingebaute" Funktionen und Prozeduren aufzurufen, die Teil des Betriebssystems sind und nicht mehr vereinbart werden müssen. Wir haben bereits die eingebauten Prozeduren MOVE, TURN, MOVETO, PENCOLOR und CLEARSCREEN kennengelernt, die alle für Turtle-Graphiken entwickelt wurden. Wir lernen in diesem Abschnitt nun zwei weitere eingebaute Prozeduren und vier eingebaute Funktionen kennen, die bei der Verwendung von STRING-Variablen erforderlich sind. Die Syntax-Diagramme hierzu finden Sie in den Abb. 2-12, 2-13 und 2-14.

Zuerst einmal wollen wir Ihnen anhand des Musterprogrammes INTRINSIC zeigen, wie jede dieser Prozeduren und Funktionen arbeitet. Anschließend zeigen wir Ihnen dann einige Beispiele mit etwas interessanteren Daten. Folgende Programmanzeige erhalten wir:

```
POSITION OF SAW IS:12
LENGTH OF PATTERN IS:3
BEFORE DELETE:EVEN IF HE SAW ME
AFTER DELETE:EVEN IF HE ME
AFTER INSERT:EVEN IF HE HEARD ME
AFTER CONCAT:EVEN IF HE HEARD MEI WILL DENY IT
1ST COPY:EVEN IF HE HEA
2ND COPY:RD MEI WILL DENY IT
```

In Zeile 9 sucht die Funktion POS innerhalb der Kettenvariablen DEST nach einer Zeichenfolge, die dem Inhalt der "Mustervariablen" PAT entspricht. Der Rückgabewert ist ganzzahlig und gibt die Stelle des ersten Zeichens der gewünschten Kette an. Wenn Sie die Zeichen auf dem Bildschirm zählen, werden Sie leicht feststellen können, daß "SAW" an der zwölften Stelle der Kettenvariablen DEST mit einem "S" beginnt. Wird keine mit der Musterkette übereinstimmende Zeichenfolge gefunden, dann gibt die Funktion POS den WERT 0 (Null) zurück, der keiner zulässigen Zeichenposition innerhalb der STRING-Variablen entspricht.

<eingebaute Funktion>

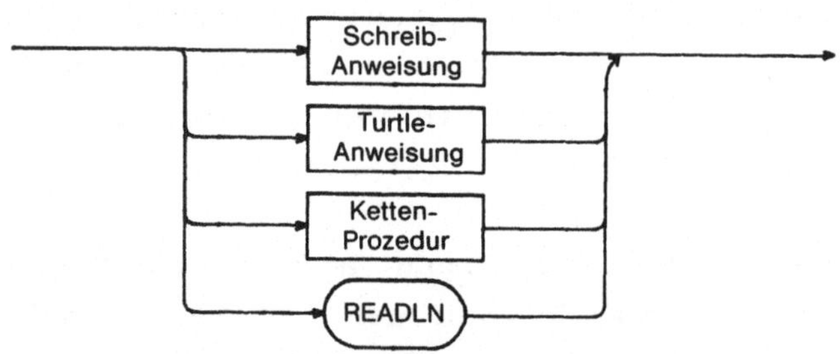

<Ketten-Prozedur>

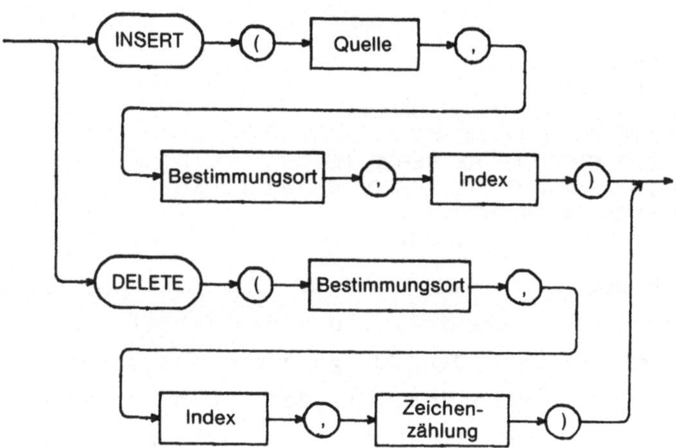

Abbildung 2–12

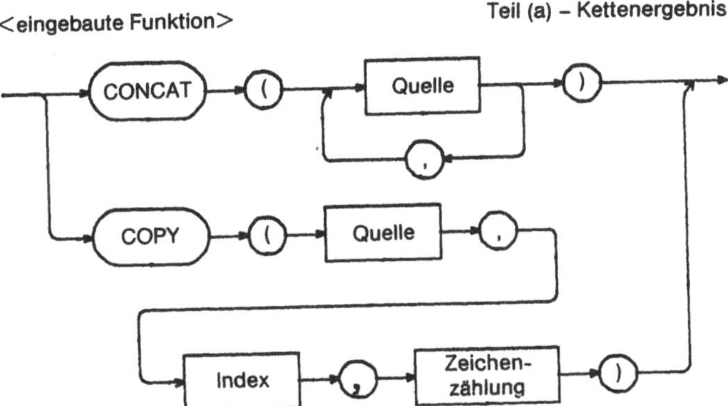

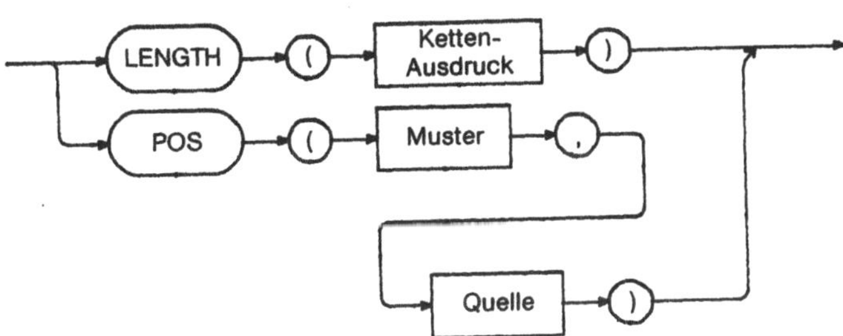

Abbildung 2–13

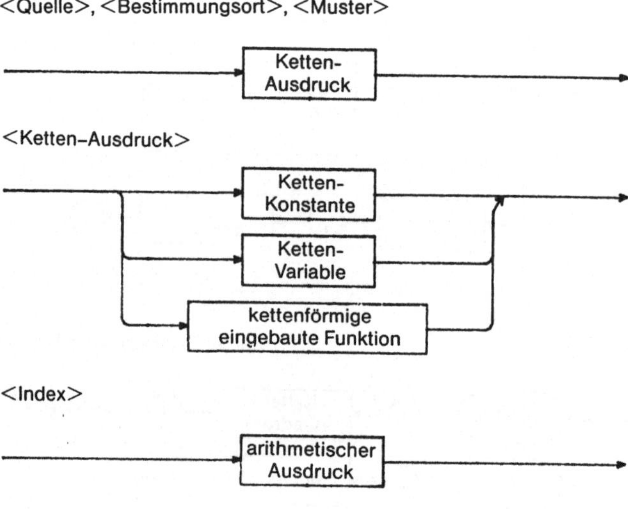

Abbildung 2-14

```
PROGRAM INTRINSIC;
(*EINGEBAUTE FUNKTIONEN  UND PROZEDUREN  DARSTELLEN*)
 VAR SRC,DEST,PAT,SCRATCH: STRING;
     LP,NB,NE: INTEGER;
BEGIN
  DEST:='EVEN IF HE SAW ME';
  PAT:='SAW';
  (*POSITION VON  PAT IN  DEST FINDEN*)
  NB:=POS(PAT,DEST);
  WRITELN('POSITION OF ', PAT, ' IS:
        (*DIENT ZUR SPURVERFOLGUNG*)

  (*WIEVIELE ZEICHEN SOLLEN GELOESCHT WERDEN*)
  LP:=LENGTH(PAT);
  NE:=NB+LP;
        (*ENDE  DER MUSTERVARIABLEN IN   NE  ZWISCHENSPEICHERN*)
  WRITELN('LENGTH OF PATTERN IS',LP);
  WRITELN('BEFORE DELETE:',DEST);

  (*VOR  DEM EINFUEGEN MUSTERVARIABLE  LOESCHEN*)
  DELETE(DEST,NB,LP);
  WRITELN('AFTER  DELETE:',DEST);
  INSERT('HEARD', DEST, NB);
  WRITELN('AFTER INSERT:',DEST);

  (*NEUE KETTE ANS ENDE VON  DEST ANHAENGEN*)
  SRC:='I  WILL DENY  IT';
  DEST:=CONCAT(DEST,SRC);
  WRITELN('AFTER CONCAT:',DEST);

  (*KOPIEN VOM ANFANG UND ENDE VON DEST  ANFERTIGEN*)
  SCRATCH:=COPY(DEST,1,NE-1);
  WRITELN('1ST  COPY:',SCRATCH);
  SCRATCH:=COPY(DEST,NE,LH(DEST)-NE+1);
  WRITELN('2ND COPY:',SCRATCH);
END.
```

In Zeile 14 gibt die Funktion LENGTH die Anzahl der in der Kettenvariablen PAT gespeicherten Zeichen zurück. Wie Sie auf dem Bildschirm erkennen können, besteht das Wort "SAW" aus drei Zeichen.

In Zeile 21 werden LP-Zeichen (d.h. der Wert, der in LP gespeichert ist) durch die Prozedur DELETE aus der Kettenvariablen DEST gelöscht, beginnend bei der Zeichenstelle NB. Die Funktion DELETE reduziert die Anzahl der im <Bestimmungsort> gespeicherten Zeichen. Versuchen sie, DELETE eine größere Zeichenanzahl zu melden als tatsächlich gerade im <Bestimmungsort> der Variablen STRING gespeichert ist, wird das Programm aussteigen und eine entsprechende Mitteilung erscheint auf dem Bildschirm.

Die Prozedur INSERT stellt in Zeile 23 ab Zeichen NB (d.h. ab dem in NB gespeicherten Wert) einen Speicherplatz innerhalb der <Bestimmungsort> Variablen DEST zur Verfügung und rückt dann die Kette 'HEARD' in diesen Speicherplatz ein. Wie wir aus dem Syntax-Diagramm in Abb. 2-14 sehen können, könnte es sich bei der <Quelle> um eine <Kettenkonstante> handeln, wie in diesem Fall, um eine <Kettenvariable> oder um eine <kettenförmige eingebaute Funktion>, d.h. entweder CONCAT oder COPY. Mit der Prozedur INSERT können mehr Zeichen in eine STRING-Variable (<Ziel>) gespeichert werden als ursprünglich darin enthalten waren (LENGTH).

In Zeile 28 bildet die Funktion CONCAT eine neue Ketten-Variable mit den aktuellen Inhalten von DEST und daran anschließend von SRC. Den Inhalt dieser neuen Variablen, der durch das System verborgen bleibt, weist sie dann DEST zu und ersetzt dadurch den ursprünglich in DEST gespeicherten Wert durch den neuen. Das Syntax-Diagramm zeigt Ihnen, daß Sie mit Hilfe von CONCAT auch mehr als zwei Ketten miteinander "verketten" können. Wenn z.B. DEST, BEFORE und AFTER Ketten-Variable sind, dann:

```
BEFORE:='THIS ';
AFTER:=' LIFE';
DEST:=CONCAT(BEFORE, 'IS THE' , AFTER);
```

bleibt nach der Verkettung für DEST.

```
'THIS IS THE LIFE'.
```

In Zeile 32 gibt die Funktion COPY einen Ketten-Wert bestehend aus den Zeichen (NE-1) von DEST zurück und beginnt dabei mit der Zeichenstelle 1. Ähnlich in Zeile 34. COPY gibt alle in DEST gespeicherten Zeichen zurück, beginnend bei der Zeichenstelle NE bis hin zum Ende der Kette. Hier ein kleines Anschauungsbeispiel als Übung:

```
LENGTH(DEST)-NE+1
```

Überzeugen Sie sich, daß diese Anweisung tatsächlich soviele Zeichen erzeugt, wie nach "2ND COPY:" auf dem Bildschirm angezeigt werden.

Achten Sie darauf, daß bei der Anwendung von CONCAT zwei Wörter ohne Zwischenraum wiedergegeben werden, d.h. "MEI", was ursprünglich sicher nicht beabsichtigt war. Das Programm läuft zwar richtig ab, erbringt aber nicht ganz das gewünschte Ergebnis. Können Sie das Programm so abändern, daß es hier die richtige Anzeige "ME I" wiedergibt?

12. Musterprogramme für Verwendung von Ketten

Sehen Sie sich das Musterprogramm CHOP an, das folgende Zeilen auf dem Bildschirm zeigt:

```
EVEN IF HE SAW ME, I WILL DENY IT
IF HE SAW ME, I WILL DENY IT
HE SAW ME, I WILL DENY IT
SAW ME, I WILL DENY IT
ME, I WILL DENY IT
I WILL DENY IT
```

```
PROGRAM CHOP;
VAR SUBJ:STRING;
     NSPACE: INTEGER;

PROCEDURE CHOPAWORD;
BEGIN
  NSPACE:=POS(' ',SUBJ);
  DELETE(SUBJ,1,NSPACE);
  WRITELN(SUBJ);
END  (*CHOPAWORD*);

BEGIN   (*HAUPTPROGRAMM*)
  SUBJ:='EVEN IF  HE SAW ME, I WILL  DENY IT';
  WRITELN(SUBJ);
  CHOPAWORD;
  CHOPAWORD;
  CHOPAWORD;
  CHOPAWORD;
  CHOPAWORD;
END.
```

In diesem Programm wird bei jedem Aufruf am Anfang der Ketten-Variablen SUBJ jeweils ein Wort weggelassen durch die Prozedur CHOPAWORD. Als erstes wird die Prozedur die Ketten-Variable nach Leerzeichen abtasten. In Zeile B werden dann alle Zeichen vor dem ersten Leerzeichen und das erste Leerzeichen selbst gelöscht.In Zeile 9 wird der neue Inhalt der Ketten-Variablen SUBJ wieder angezeigt.

Übung 2.4:

Schreiben Sie das Programm CHOP noch einmal neu und zwar so, daß bei jeder Zeile, die dem ursprünglichen Inhalt von SUBJ folgt, das erste noch verbliebene Leerzeichen entfernt wird. Nach dem ersten Aufruf der Prozedur würde SUBJ also folgenden Inhalt haben:

```
EVENIF HE SAW ME, I WILL DENY IT
```

Jetzt ändern sie das Programm so, daß statt eines Leerzeichens im Original zwei erscheinen. Also:

```
EVEN  IF  HE  SAW  ME,  I  WILL  DENY  IT
```

Wir zeigen Ihnen nun das Musterprogramm CHANGE. Hier wird durch die Prozedur SUBST eine Kette, der erste Parameter, durch eine andere, den zweiten Parameter, ersetzt. Das sieht dann folgendermaßen auf dem Bildschirm aus:

```
TOO WISE YOU ARE
TOO SMART YOU ARE

TOO SMART YOU BE
```

In Zeile 7 sucht POS nach einer der Musterkette entsprechenden Kette. Findet sie diese, wird die Musterkette gelöscht, findet sie sie nicht, steigt Ihr Programm aus. Was in einem solchen Fall zu tun wäre, werden wir im folgenden Kapitel untersuchen. Gehen wir davon aus, das Muster wurde gefunden, dann wird dieses durch die neue Kette SNEW ersetzt und dort eingefügt,

```
PROGRAM CHANGE;
VAR SUBJ:STRING;

PROCEDURE SUBST(PAT,SNEW:STRING);
VAR NP: INTEGER;
BEGIN
  NP:POS(PAT,SUBJ);
  DELETE(SUBJ,NP,LENGTH(PAT));
  INSERT(SNEW,SUBJ,NP);
  WRITELN(SUBJ);
END  (*SUBJ*);

BEGIN  (*MAIN PROGRAM*)
  SUBJ:='TOO WISE YOU ARE';
  WRITELN(SUBJ);
  SUBST('WISE', 'SMART');
  WRITELN;  (*LEERZEILE IN DER ANZEIGE EINFUEGEN*)
  SUBST('ARE', 'BE');
END.
```

wo das Muster gelöscht wurde. Anschließend wird das Ergebnis auf dem Bildschirm angezeigt.

Übung 2.5:

Ändern Sie das Programm CHANGE, so daß die ersten beiden Zeilen auf dem Bildschirm folgendermaßen aussehen werden:

```
TOO WISE YOU ARE, TOO WISE YOU BE
I SEE YOU ARE TOO WISE FOR ME
```

und daß es anschließend das Wort "WISE" jeweils durch "SMART" (oder CLEVER oder DUMB oder irgendein anderes Wort, das Ihnen gefällt) ersetzt und die geänderten Zeilen auf dem Bildschirm angezeigt werden. Für diese Programmänderung sollten Sie eine Prozedur wie SUBST verwenden. Aber bitte wählen Sie nicht die faule Tour, indem Sie einfach die zwei neuen Zeilen dadurch bilden, daß Sie der Ketten-Variablen SUBJ die entsprechenden neuen Werte eingeben.

Probleme

Problem 2.1:

Das nachfolgend abgedruckte Programm BLEWIT soll folgende vier Zeilen auf dem Bildschirm anzeigen:

```
   X
  XXX
 XXXXX
XXXXXXX
```

```
PROGRAM BLEWIT
VAR: S,XS,X2; STRING;
     N; INTEGER;
BEGIN
  S='          ';    (*ZEHN LEERZEICHEN*)
  XS:='X';
  X2:='XX';
  S:=CONCAT(S,XS).
  WRITELN(S);
  XS:=CONCAT(X2,XS);
  INSERT(XS,S,N);
  WRITELN(S);
  XS:=CONCAT(XS,XS);
  INSERT(XS,S,N-2);
  WRITELN(S);
  XS:=CONCAT(X2,XS);
  INSERT(XS,S,N-3);
END.
```

Das Programm wurde leider von einem Studenten vorbereitet, der seine Hausaufgabe zeitlich nicht ganz geschafft hat und außerdem auch noch ein paar Fehler hineingebracht hat. Ihre erste Aufgabe soll es daher sein, erst einmal die Syntaxfehler zu beseitigen. 9 Fehler müssen Sie ohne Hilfe des Übersetzers finden. Bei allen Syntaxfehlern liegt klar auf der Hand, wie das Programm nach Fehlerbeseitigung weiterlaufen muß.

Aber auch nach der erfolgreichen Fehlerbeseitigung, wird das Programm nicht ganz das oben gezeigte Ergebnis anzeigen. Ihre zweite Aufgabe ist es daher, festzustellen, was das Programm tatsächlich tut und sein Ergebnis aufzuschreiben, u.z. ohne Hilfe des Rechners. In den meisten Fällen findet man auf diese Weise die Programmfehler am schnellsten.

Als letzte Aufgabe ändern Sie das Programm so ab, daß es das gewünschte Ergebnis anzeigt. Falls Sie einen Rechner zur Verfügung haben, können Sie die verbesserte Programmversion auf Ihrem Rechner ablaufen lassen. Ein Programm von diesem Schwierigkeitsgrad sollte erst korrekt auf dem Papier stehen, bevor es in den Rechner eingegeben wird. Benötigen Sie zwei Versuche für Ihre Programmerstellung, erhalten Sie von uns die Note "ausreichend",bei mehr als zwei Versuchen die Note "ungenügend".

Problem 2.2:

Bei einigen Texteditionsprogrammen kann man eine Textzeile für Änderungszwecke auf einem TV-ähnlichen Bildschirm anzeigen, wahrscheinlich einen Bildschirm wie Sie ihn verwenden. Es gibt dabei verschiedene Möglichkeiten, die Textstelle, die geändert werden soll, anzuzeigen. Z.B. kann man die entsprechende Textzeile dort teilen, wo sich der logische Textanzeiger gerade befindet. Dann wird aus:

```
THE QUICK BROWN FOX
```

die Zeile:

```
THE QUICK
          BROWN FOX
```

Die Stelle, an welcher die Textzeile springt, könnte die mögliche Änderungsstelle sein. Das unten abgebildete Programm soll Ihnen dieses veranschaulichen. Zur Vervollständigung des Programmes fügen Sie weitere PASCAL-Anweisungen und -Vereinbarungen zusätzlich zu den bereits gegebenen ein. Beseitigen Sie eventuell vorhandene Syntaxfehler in diesem Programmteil. Das Programm muß schließlich eine geteilte Zeile als Ergebnis anzeigen:

```
PROGRAM TRANSFER;
VAR TOP,BOTTOM,BLANKS,PT:STRING;
BEGIN
   BLANKS:='            ';         ';
   TOP:="THE QUICK BRUWN FOX";
   PAT:='BROWN';
   NP:=POS(PAT,TOP);
   BOTTOM:=COPY(TOP,NP,LENGTH(TOP)-NP+1);
       . . . .
       . . . .
```

Problem 2.3:

Typische amerikanische Namen setzen sich folgendermaßen zusammen:

<erster Name> <LZ> <mittlere Initialen> <SP> <letzer Name>

Zum Beispiel: John Q. Public. Es handelt sich hierbei um eine ganz einfache Syntax. LZ steht hier jeweils für ein Leerzeichen. Um die Namen alphabetisch besser ordnen zu können, wird oft auch der letzte Name an den Anfang gesetzt, das sieht dann folgendermaßen aus:

<letzter Name>, <erster Name> <LZ> <mittlere Initialen>

Public, John Q. Das nachfolgende Programm ist so erstellt, daß es alle amerikanischen Namen aus der ersten Namensanordnung in die zweite ordnet. Durch die Anweisung einer Wertzuweisung für SOURCE müssen Sie nicht extra einen Namen über die Tastatur oder ein anderes Peripheriegerät einlesen. (Dazu geben wir Ihnen in Kapitel 7 eine nähere Beschreibung). Beseitigen Sie alle Syntaxfehler, die Sie finden, und schreiben Sie das restliche Programm dann so, daß der Name in DEST in der gewünschten Form erscheint. Anschließend muß das Programm dann den in DEST verbliebenen Wert anzeigen.

```
PROGRAM LASTFIRST;
VAR SOURCE,DEST,PATTERN:STRING;
  NL:INTEGER;
BEGIN
  SOURCE:='MARY W. JONES';
    (*SOLL FUER JEDEN NAMEN  VERWENDBAR SEIN!*)
  PATTERN:=(. ';
  NL:=POS(PATTERN,SOURCE);
  DEST:=SOURCE;
    .  .  .
    .  .  .
```

<u>Problem 2.4:</u>

Beantworten Sie die folgenden Fragen:

Was ist eine Prozedur?

Geben Sie drei Gründe an, warum man für ein allgemein verwendbares Programm Prozeduren verwenden könnte.

Was versteht man unter einem Parameter und wie wird er angewendet?

Was versteht man unter einer Variablen und wie wird sie angewendet?

Was versteht man unter einem <Typ>? Nennen Sie drei verschiedene <Typen>, die wir in diesem Kapitel verwendet haben.

Wozu verwendet man einen <arithmetischen Ausdruck>?

Problem 2.5:

Nehmen Sie an, daß folgende Variablenvereinbarungen im Kopf eines Programmes erscheinen:

```
VAR I,J:INTEGER;
    CH1,CH2:CHAR;
    SA,SB:STRING;
```

Welche der folgenden Anweisungen verletzen die PASCAL-Regeln und welche sind "legal":

```
I:=-1;
J:=I;
J:='3';
I:=LENGTH(SA);
I:='123';
CH1:=1;
CH1:='Q';
CH2:=SA[J];
CH2:=27;
CH1:=CH2;
SA:='BELIEBIGE KETTE';
SA:=5;
SB:=CH2;
SA:=I;
SB:=SA;
SB:=CONCAT(SB,SA);
SA:='R';
```

Geben Sie an, was an den von Ihnen als nicht "legal" herausgefundenen Anweisungen falsch ist.

3. Steuerung des Programmflusses, Wiederholung

1. Zielsetzung

In diesem Kapitel zeigen wir Ihnen, wie Sie mit Hilfe bestimmter Daten ein Programm so erstellen können, daß einzelne Programmabläufe beliebig oft wiederholt werden können, und das Programm selbst entscheidet, ob gewisse Abläufe ausgeführt werden müssen oder nicht.

1a. Lernen Sie mit Hilfe der WHILE- und REPEAT-Anweisungen aufgrund bestimmter Datenwerte die Häufigkeit der Wiederholungen bestimmter Anweisungen zu steuern.

1b. Bestimmen Sie, wie oft eine Wiederholung durchgeführt werden soll, und steuern Sie die Wiederholung mit Hilfe der FOR-Anweisung. Verwenden Sie außerdem die FOR-Anweisung, um einer Laufvariablen, die sich an jeder Schleife um 1 erhöht (oder vermindert), leichter neue Werte zuweisen zu können.

1c. Lernen Sie, die IF-Anweisung mit einer oder zwei Verzweigungen so anzuwenden, daß sie selbständig entscheidet, ob eine Anweisung (oder eine Reihe von Anweisungen), aufgrund von Ihnen bestimmter Datenwerte, durchgeführt werden soll oder nicht.

1d. Wenden Sie eine Verbundanweisung für Steuerungszwecke so an, daß zusammengehörige Anweisungsgruppen wie eine einzelne Anweisung behandelt werden.

1e. Verwenden Sie boolesche Variable, um die Werte von TRUE und FALSE, mit denen die Anweisungen IF, WHILE und REPEAT gesteuert werden, zu speichern und zu reaktivieren.

1f. Lernen Sie einfache Flußdiagramme für Programmabschnitte mit Verzweigungen und Schleifen zu lesen.

1g. Führen Sie einfache Datenwerte in Ihr Programm ein, und versuchen Sie mit Hilfe von READ- und READLN-Anweisungen diese Daten zu erhalten, die über die Tastatur eingegeben werden.

1h. Verwenden Sie möglichst viele der hier neu eingeführten Programmierwerkzeuge, um kompliziertere Graphiken und umfangreichere Ketten als vorher zu verarbeiten, bzw. anzufertigen.

1i. Strukturieren Sie Ihre Programmdarstellungen, indem Sie mit Zeileneinrückungen arbeiten.

1j. Debuggen Sie Programmbeispiele, um festzustellen, in welchen Beispielen Laufvariable nicht auf die korrekten Anfangswerte gesetzt sind oder nach Beendigung der Wiederholung nicht die korrekten Endwerte anzeigen.

2. Hintergrund

In Kapitel 2 kam es häufiger vor, daß wir ein und dieselbe Anweisung oder Anweisungsgruppe mehrmals wiederholten. So wurde z.B. die Prozedur ONESQUARE im Programm SQUARE mehr als einmal aufgerufen, ebenso die Prozedur CHOPAWORD im Programm CHOP. Bei dessen Programmen handelte es sich um ganz einfache Programme und Sie werden sich sicher gefragt haben, wie wohl ein Programm aussieht, in welchem eine einzige Prozedur hunderte (ja sogar Millionen) Male aufgerufen werden muß. Wir stellen Ihnen in diesem Kapitel die Anweisungen WHILE, REPEAT und FOR vor, mit denen dieses Problem ohne viel Schreibaufwand leicht bewältigt wird.

Sie werden sich wahrscheinlich auch gefragt haben, wie das Programm wohl mit bestimmten Situationen fertig wird, die nur ganz selten bei wiederholten Rechenabläufen auftreten, dann aber besondere Berechnungen erforderlich machen. Ein Beispiel: Bei einem Programm für einen Jahreskalender mit allen Monaten und Tagen, beginnend beim 1. Januar, muß in einem Schaltjahr Ende Februar eine besondere Berechnung erfolgen. Ähnlich muß bei einem Programm für eine Strichzeichnung, wie etwa dem TURTLE-Programm, vom Programm entschieden werden, ob eine bestimmte Linie gezeichnet wird oder nicht, und es muß berechnet werden, ob die Linie in ihrer vorgesehenen Länge auch auf den Bildschirm paßt. Solche Entscheidungen werden ganz einfach mit Hilfe der IF-Anweisung getroffen.

Es wird Ihnen sicher oft sinnvoll erscheinen, nicht nur eine Anweisung durch eine REPEAT-, WHILE- oder FOR-Anweisung zu steuern, sondern gleich eine ganze Anweisungsgruppe. Die Syntaxregeln von PASCAL sehen vor, daß eine solche Anweisungsgruppe in einer "Verbundanweisung" zusammengefaßt wird.

Die IF-, WHILE-, REPEAT- und FOR-Anweisungen setzen alle voraus, daß ein Rechner so programmiert ist, daß er Sprünge ausführen kann, d.h. daß er gegebenenfalls von einer Stelle des Programmes zu einer anderen springen kann. Meist wird den Studenten schon bei ihrer Einführung in eine Programmiersprache gezeigt, wie sie mit Hilfe der GOTO-Anweisung solche Sprünge unmittelbar steuern können. Wir empfehlen Vorsicht, da diese GOTO-Anweisungen sehr leicht zu logischen Fehlern im Programm führen und dann nur sehr zeitraubend wieder entfernt werden können. Die vier oben erwähnten Anweisungen ermöglichen es Ihnen, die Sprungeigenschaften der Rechner-Hardware softwaremäßig auszunutzen, ohne allzu großes Fehlerrisiko. Die wenigen wirklich sinnvollen GOTO-Anwendungen werden wir Ihnen in Kapitel 11 zeigen und dort helfen sie uns auch tatsächlich, Fehler zu vermeiden. Bis Kapitel 11 wird unser PASCAL-System keine GOTO-Anweisung erfordern.

3. Die WHILE-Anweisung

Aus dem Programm WHILEPLOT können Sie die Anwendung der Anweisung WHILE erkennen. Mit diesem Programm wurde die Abb. 3-1 erstellt.

Vom Bildschirmmittelpunkt aus wird eine Linie in der Ausgangsrichtung der Turtle 10 Bildschirmpunkte lang gezeichnet. Dann - erfolgt eine Richtungsänderung von 89 Grad und die Variable DISTANCE vergrößert sich von 10 auf 13 Bildschirmpunkte, und eine neue Linie wird mit dem neuen Wert von DISTANCE gezeichnet. Wiederum erfolgt dann eine Richtungsänderung um 89 Grad usw. Wenn der Wert für DISTANCE schließlich mehr als 600 Bildschirmpunkte ausmacht, wird der Zeichenvorgang beendet. So wird verhindert, daß die Linien der Zeichnung möglicherweise den Bildschirmrahmen sprengen.

Die WHILE-Anweisung in Zeile 20 untersucht erst einmal, ob der Wert für DISTANCE weniger oder gleich 600 Bildschirmpunkte ist. Wenn dies der Fall ist, wird die Prozedur NEXTLINE aufgerufen. Da die Prozedur NEXTLINE auf DISTANCE Einfluß haben kann, und es auch hat, vergleicht die Kopfzeile der WHILE-Anweisung DISTANCE wiederum mit den 600 Punkten. Liegt der Wert für DISTANCE weiterhin unter 600 oder ist gleich 600, wird die Prozedur NEXTLINE wieder aufgerufen. Dies setzt sich fort, bis der Wert für DISTANCE mehr als 600 Punkte ausmacht, die Prozedur NEXTLINE nicht mehr aufgerufen und somit der Zeichenvorgang beendet wird.

Im Programm WHILE1 wird die Anwendung der WHILE-Anweisung, der Verbundanweisung und, in vereinfachter Form, der READLN-Anweisung gezeigt. In Zeile 4 wird der Benutzer aufgefordert, eine beliebige Zeichenkette über die Tastatur einzugeben. Wenn dann die Taste <RET> gedrückt wird, weist die Anweisung READLN diese Zeichen (die auch auf dem Bildschirm zu sehen sind) der STRING-Variablen S zu. Als letztes Zeichen wird

```
PROGRAM WHILEPLOT;
VAR
  DISTANCE,ANGLE:INTEGER;
  CHANGE:INTEGER;

PROCEDURE NEXTLINE;
BEGIN
  MOVE(DISTANCE);
  TURN(ANGLE);
  DISTANCE:=DISTANCE+CHANGE;
END  (*NEXTLINE*);

BEGIN (*HAUPTPROGRAMM *)
  PENCOLOR(WHITE);
  DISTANCE:=10;
  ANGLE:=89;
  CHANGE:=3;
(* DISTANCE UND CHANGE STIMMEN FUER TEKTRONIX 4006 *)
(* FUER TERAK 8501A 4 UND 1 VERWENDEN; FUER ANDERE ?? *)
  WHILE DISTANCE<=600 DO NEXTLINE;
END.
```

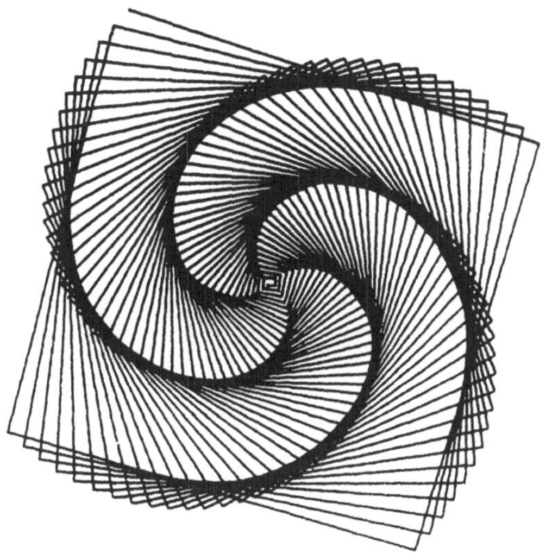

Abbildung 3-1

```
PROGRAM WHILE1;
  VAR S:STRING;
BEGIN
  WRITELN('IRGENDEINE KETTE GEFOLGT VON <RET> EINGEBEN');
  READLN(S);
  WRITELN(S);
  WHILE LENGTH(S)>0 DO
  BEGIN
    DELETE(S,1,1);   (*ERSTES ZEICHEN ENTFERNEN *)
    WRITELN(S);
  END (*WHILE*);
END.
```

der Variablen S das Zeichen zugewiesen, welches unmittelbar vor Tastendruck <RET> eingegeben wurde.

Lassen Sie uns einmal davon ausgehen, daß Sie die Aufforderung in Zeile 4 mit der Eingabe der Kette "GOING AWAY" beantworten. Als Ergebnis müssen Sie die nachfolgende Anzeige auf dem Bildschirm erhalten:

```
GOING AWAY
OING AWAY
ING AWAY
NG AWAY
G AWAY
 AWAY
AWAY
WAY
AY
Y
```

Beachten Sie bitte, daß auch weiterhin die Aufrufzeile auf dem Bildschirm zu sehen ist. In Zeile 7 wird dann der Wert von LENGTH(S) mit der Zahl 0 (Null) verglichen. Ist der Wert größer als 0, werden die Zeilen 8 bis 11 durchgeführt. Zum besseren Verständnis der WHILE-Anweisung sehen Sie sich das "Flußdiagramm" in Abb. 3-2 Teil (a) an. Hier wird ganz allgemein erklärt, wie die WHILE-Anweisung arbeitet. Bei dem <booleschen Ausdruck> handelt es sich um einen Ausdruck, der einen von zwei möglichen Werten annehmen kann, u.z. TRUE oder FALSE. In der ersten WHILE-Anweisung wird erst einmal geprüft, ob der <boolesche Ausdruck> den Wert TRUE hat. Ist dies der Fall, wird die <Anweisung> einmal ausgeführt.
Diese Anweisung kann von jedem bereits kennengelernten oder noch kennenzulernenden Typ sein. Die <Anweisung> wird solange immer wieder geprüft und ausgeführt, bis der Wert des <booleschen Ausdrucks> FALSE ergibt. Die WHILE-Anweisung ist dann beendet. Anweisungen, die eine oder mehrere Handlungen ausführen, sind im Flußdiagramm in rechteckige Kästchen gesetzt. Boolesche Ausdrücke, die in Verbindung mit den oben genannten Tests ausgeführt werden, sind in rautenförmige Kästchen gesetzt.

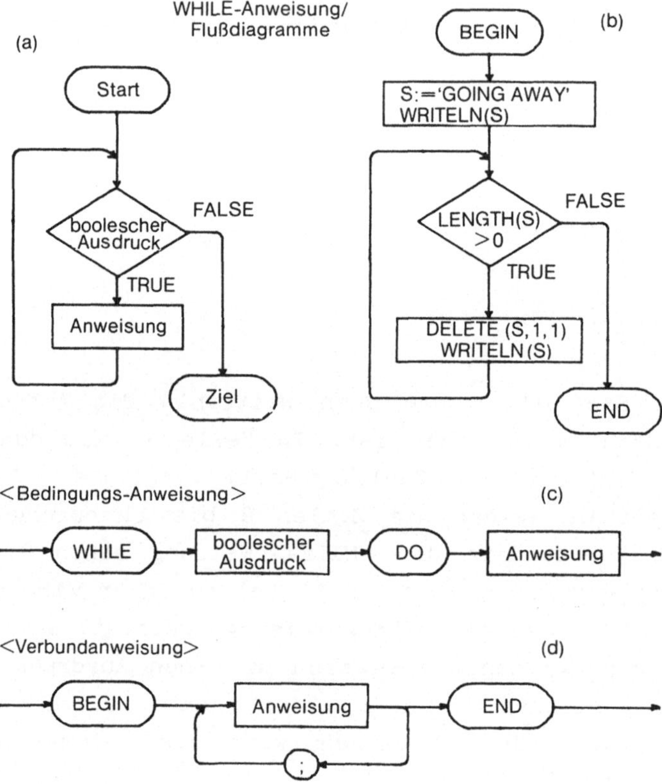

Abbildung 3–2

Teil (b) der Abb. 3-2 zeigt das Flußdiagramm des Programmes WHILE1 mit einer kleinen Änderung. Im ersten Ausführungskästchen wird S eine besondere Kettenkonstante zugewiesen. Es handelt sich hierbei um denselben Wert für S, den wir auch in Teil (a) verwendet haben. Sie können jetzt das Programm so wie es ist verwenden, indem Sie verschiedene Kettenwerte auf der Tastatur eingeben.

In beiden Teilen der Abbildung 3-2 bekommen wir einen kleinen Einblick in den Umgangsjargon der Fachleute. Folgen Sie den Pfeilen vom Kästchen "Start" abwärts durch das rautenförmige Prüfkästchen zu dem darunterliegenden Ausführungskästchen. Der Pfeil kommt aus dem Ausführungskästchen heraus, beschreibt eine Schleife und trifft dann wieder auf einen bereits durchlaufenen Teil. Diese Art der Programmsteuerung nennen die Fachleute eine "Schleife".

In Teil (c) der Abb. 3-2 zeigen wir Ihnen ein Syntax-Diagramm für die WHILE-Anweisung. In diesem Fall ist außer "WHILE" auch "DO" ein reservierter Bezeichner, der dem Übersetzer bekannt ist. Die <Anweisung>, die hier von der Anweisung WHILE gesteuert wird, ist eine "Verbundanweisung".

Ein Syntax-Diagramm für <Verbundanweisungen> zeigen wir Ihnen in Teil (d) der Abb. 3-2. Wie Sie hier sehen können, besteht der ausführbare Teil eines <Blockes> tatsächlich aus einer <Verbundanweisung>.

Die Symbole BEGIN und END, die ja auch reservierte Bezeichner sind, können wir hier gewissermaßen als Klammern ansehen, die eine Gruppe von Programmanweisungen einschließen. Wenn es mehr Symbole gäbe, würde PASCAL sicher andere Symbole als BEGIN und END verwenden. Eine Verbundanweisung ist überall dort im Programm möglich, wo auch die Verwendung irgendeiner anderen Anweisung zugelassen ist. Sie empfiehlt sich immer dann, wenn mehrere Anweisungen gemeinsam ausgeführt werden sollen, wenn überhaupt eine von ihnen ausgeführt wird.

```
PROGRAM WHILE2;
VAR S:STRING;
    L,N:INTEGER;
BEGIN
  WRITELN('TYPE ANY STRING FOLLOWED BY <RET>');
  READLN(S);
  N:=1;   (*N SOLL AUF DEN ANFANG VON S WEISEN  *)
  L:=LENGTH(S);
  WHILE N<L DO
    BEGIN
      WRITE(S[N],'-');
      N:=N+1;
    END;
  WRITELN(S[L]);
      (*LASSEN SIE DAS LETZTE ZEICHEN OHNE STRICH ERSCHEINEN  *)
 END.
```

Im Programm WHILE2 lernen wir noch eine weitere Anwendung der WHILE-Anweisung wie auch der Verbundanweisung kennen. Analysieren Sie erst einmal selbst das Programm, bevor Sie dann beim Weiterlesen Näheres erfahren werden. Auch beim Programm WHILE2 kann eine Zeichenkette über die Tastatur eingegeben werden, die dann der STRING-Variablen S zugewiesen wird. Nehmen wir an, Sie geben als Antwort auf die Kopfzeile "DASHITALL" ein. Dann würde folgende Anzeige auf dem Bildschirm erscheinen:

```
D-A-S-H-I-T-A-L-L
```

Wissen Sie, warum nach dem letzten "L" kein Gedankenstrich erscheint?

4. Die IF-Anweisung

Sehen Sie sich jetzt das Musterprogramm IFDEMO1 an, das im Aufbau dem Programm CHOP von Abschnitt 2-12 gleicht, sich aber doch in vielen Einzelheiten von diesem Programm unterscheidet. Bevor Sie weiterlesen, sollten Sie die beiden Programme einmal miteinander vergleichen.

Die Prozedur ONEWORD wird im Programm IFDEMO1 wiederholt aufgerufen. Die Wortfolge in der Kettenvariablen S wird bei jedem Aufruf um ein Wort reduziert, so daß schließlich beim Aufruf ONEWORD nur noch eine Leerzeile in der Kettenvariablen S bleibt. Wenn wir z.B. in Zeile 16 des Programmes IFDEMO1 folgende Zeile eingeben: "IS NOW THE TIME FOR ACTION?" würde die Anzeige auf dem Bildschirm folgendermaßen aussehen:

```
NOW THE TIME FOR ACTION?
THE TIME FOR ACTION?
TIME FOR ACTION?
FOR ACTION?
ACTION?
```

```
PROGRAM  IFDEMO1;
VAR SPACE,S:STRING;
  N:INTEGER;

PROCEDURE ONEWORD;
BEGIN
  N:=POS(SPACE,S);  (*ERSTES  LEERZEICHEN IN S FINDEN*)
  IF N>0   (*PRUEFEN, OB LEERZEICHEN GEFUNDEN  WURDE*)
     THEN DELETE(S,1,N);
          (*NICHT  LOESCHEN,  WENN KEIN LEERZEICHEN GEFUNDEN WURDE*)
  IF  N=0  THEN DELETE(S,1,LENGTH(S));
  WRITELN(S)
END    (*ONEWORD*)

BEGIN   (*HAUPTPROGRAMM*)
  WRITELN('TYPE ANY STRING FOLLOWED BY  <RET>');
  READLN(S);
  SPACE:=' ';
  WHILE LENGTH(S)>0 DO  ONEWORD;
END.
```

Die eingebene Zeile bleibt auf dem Bildschirm erhalten und steht direkt über der ersten hier abgebildeten Zeile. Bei beiden Programmen wird die Funktion POS einen Wert 0 (Null) wiedergeben, nachdem das letzte Leerzeichen aus der Kettenvariablen gelöscht wurde. Dadurch wird im Programm CHOP verhindert, daß das letzte Wort der Folge gelöscht wird. Wenn CHOPAWORD wieder aufgerufen wird, wird lediglich dieses letzte Wort angezeigt. Beim Programm IFDEMO1 wird durch die IF-Anweisung in Zeile 11 ein Nullwert in der Funktion N aufgespürt und alle noch in der Variablen S verbliebenen Zeichen werden gelöscht (d.h. alle LENGTH(S) - Zeichen). Jetzt ergibt sich in Zeile 8 für N > 0 der Wert FALSE, und die DELETE-Anweisung in Zeile 9 wird nicht mehr ausgeführt. Die Fachleute sagen dazu häufig, die Überprüfung (Zeile 8) läßt das Programm "durchfallen" bis zu der Stelle, die nach dem Ende der IF-gesteuerten Anweisung kommt (Zeile 11).

5. Verzweigte IF-Anweisungen, Syntax für IF-Anweisungen

Sie haben gesehen, daß es im Programm IFDEMO1 notwendig war, den Wert der Funktion N zweimal zu überprüfen, einmal in Zeile 8, um festzustellen, ob er größer als Null ist und ein zweites Mal in Zeile 11, um festzustellen, ob der Wert gleich Null ist. (POS gibt keinen Wert kleiner als Null zurück). Dies erfordert etwas mehr Schreibaufwand und kann außerdem ein etwas komplizierteres Programm unübersichtlich und fehlerhaft machen.

Im Musterprogramm IFDEMO2 zeigen wir Ihnen eine bessere Lösung dieses Problems. Die Logik ist für die Zeilen 8 und 9 dieselbe wie im Programm IFEDEMO1. In Zeile 10 verweist der Bezeichner ebenso wie THEN zurück zur Prüfung in Zeile 8. Wenn das Prüfungsergebnis FALSE ist, wird die nach ELSE folgende Anweisung ausgeführt. Die Programmlogik wurde insoweit leicht abgeändert, als auf dem Bildschirm die Nachricht "NO MORE SPACES" erscheint und dadurch das Ende der Verarbeitung anzeigt.

Abb. 3-3 stellt Syntax- und Flußdiagramme für IF-Anweisungen dar. In Teil (a) der Abbildung sehen wir, daß ELSE mit seinen zugehörigen Anweisungen (d.h. daß die "ELSE-Klausel") innerhalb des Syntax-Diagrammes nicht unbedingt notwendig ist. Wie wir in Teil (b) und (c) der Flußdiagramme sehen können, besteht der wichtigste Unterschied zwischen den beiden IF-Anweisungen darin, daß in der nicht verzweigten IF-Anweisung (Teil (a)) die gesteuerte Anweisung vollständig fehlen kann, in der verzweigten IF-Anweisung (Teil (b)) dagegen, entweder die eine oder die andere Anweisung ausgeführt werden muß. Im weiteren Verlauf dieses Buches werden Sie ausreichend Gelegenheit finden, beide Formen anzuwenden.

Das Musterprogramm PLOTNAME gibt uns ein anschauliches Beispiel, wie man die IF-Anweisung für graphische Darstellungen verwenden kann. Wenn Sie die Aufforderung "TYPE ANY NAME" mit der Eingabe "John Q Public" beantworten und anschließend die Taste <RET> drücken, dann erscheint die in Abb. 3-4 dargestellte Graphik auf dem Bildschirm. Die Graphik ergibt sich aus dem eingegebenen Namen und ist gewissermaßen die Namenssignatur durch den Rechner. Versuchen Sie, Ihren eigenen Namen einzugeben und schauen Sie, welche Graphik daraus entsteht. (Wenn Sie einen Tektronix 4006 als Datenstation verwenden, geben Sie nach der Aufforderung "DELTA:" die ganze Zahl 20 ein). Beim Terak 8510A nehmen Sie statt 20 die Zahl 6. Wenn Sie keine dieser beiden Datenstationen für Ihre graphischen Darstellungen verwenden, müssen Sie einen entsprechenden Wert für Ihr Gerät eingeben).

Das Programm PLOTNAME unterscheidet sich von allen bisher kennengelernten Musterprogrammen dadurch, daß die Daten jetzt über die Tastatur ins Programm eingegeben werden. In Zeile 8 ermöglicht READLN, daß die ganze Zahl, die Sie in das interne "Rechenschema" des Rechners für ganze Zahlen eingeben, übersetzt wird, denn der Übersetzer weiß, daß der <Bezeichner> DELTA vom <Typ> INTEGER ist. Ähnlich erwarten auch die Anweisungen READ in Zeile 11 und 20 einen einzelnen Wert, u.z.

vom <Typ> CHAR. READ und READLN unterscheiden sich nur insoweit, daß bei READ am Ende nicht die Taste <RET> gedrückt werden muß. Im Programm PLOTNAME lernen wir noch die eingebaute Funktion ODD(X) kennen. Wenn der Wert des ganzzahligen Parameters X aus einer ungeraden Zahl besteht, d.h. aus 1, 3, 5, 7.. dann meldet die Funktion ODD(X) den Wert TRUE.

PLOTNAME führt darüberhinaus die Umrechnungsfunktionen für die Zahl-Zeichen ORD und CHR ein. Die Funktion ORD(CH) gibt den entsprechenden ganzzahligen Wert des Zeichenwertes CH wieder, während CHR den entsprechenden Zeichenwert des ganzzahligen Ausdrucks zurückgibt. Jedes darstellbare Zeichen sowie die nicht darstellbaren Steuerzeichen haben einen entsprechenden ganzzahligen Wert. Umrechnungsfunktionen dieser Art erlauben die Berechnung eines neuen Zeichenwertes mit Hilfe <arithmetischer Ausdrücke>. Die Taste <RET> entspricht z.B. der ganzen Zahl 13. Aus Gründen, die wir erst in Kapitel 7 näher erläutern werden, wird aber dem Programm nach Tastendruck <RET> das <Leerzeichen>, das dem ganzzahligen Wert 32 entspricht, zurückgegeben. Es gibt zwar eine Möglichkeit, festzustellen, ob <Leerzeichen> oder <RET> gedrückt wurde, damit wollen wir uns aber auch erst in Kapitel 7 befassen.

Wir vermeiden diese Komplikation und verwenden die Taste <DEL> (auf einigen Tastaturen auch als "RUBOUT" ausgewiesen) als geeignetes Zeichen, um den REPEAT-Vorgang zu beenden. Der entsprechende ganzzahlige Wert von <DEL> ist 127, und dieser Wert wird in Zeile 12 unseres Programmes verwendet. Das Programm wird also beendet, wenn Sie die Taste <DEL> drücken statt <RET>. Weder <DEL> noch <RET> können wörtlich ausgeschrieben in einer <Kettenkonstanten> erscheinen, da beide nicht-druckbare Zeichen sind. Wir können aber mit Hilfe der CHR-Funktion diese und andere "Steuerzeichen" auf dem Bildschirm wiedergeben, indem wir sie in ihre entsprechenden ganzzahligen Werte übersetzen.

```
PROGRAM IFDEMO2;
VAR SPACE,S:STRING;
  N:INTEGER;

PROCEDURE ONEWORD;
BEGIN
  N:=POS(SPACE,S);   (* ERSTES LEERZEICHEN IN S FINDEN  *)
  IF N>0  (* PRUEFEN, OB LEERZEICHEN GEFUNDEN WURDE *)
     THEN DELETE(S,1,N)
     ELSE
       BEGIN
         WRITELN('NO MORE SPACES');
         DELETE(S,1,LENGTH());
       END;
   WRITELN(S)
END  (*ONEWORD*)

BEGIN  (*MAIN PROGRAM*)
  WRITELN('TYPE ANY STRING FOLLOWED BY <RET>');
  READLN(S);
  SPACE:=' ';
  WHILE LENGTH(S)>0 DO ONEWORD;
END.
```

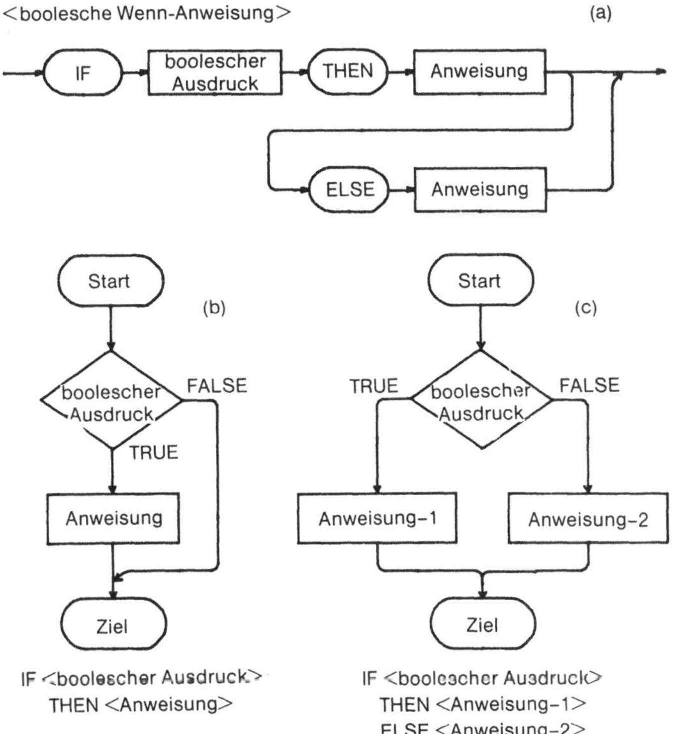

Abbildung 3-3

```
PROGRAM PLOTNAME;
VAR SIZE,DELTA:INTEGER;
  CH:CHAR;
BEGIN
  WRITELN('PLOTNAME');
  PENCOLOR(WHITE);
  WRITE('DELTA');
  READLN(DELTA);
  SIZE:=DELTA;
  WRITE('TYPE ANY NAME:');
  READ(CH);
  WHILE CH<>CHR(127(*DEL*)) DO
    BEGIN
      MOVE(SIZE);
      IF ODD(ORD(CH)) THEN
        TURN(-90);
      ELSE
        TURN(90);
      SIZE:=SIZE+DELTA;
        READ(CH);
    END;
END.
```

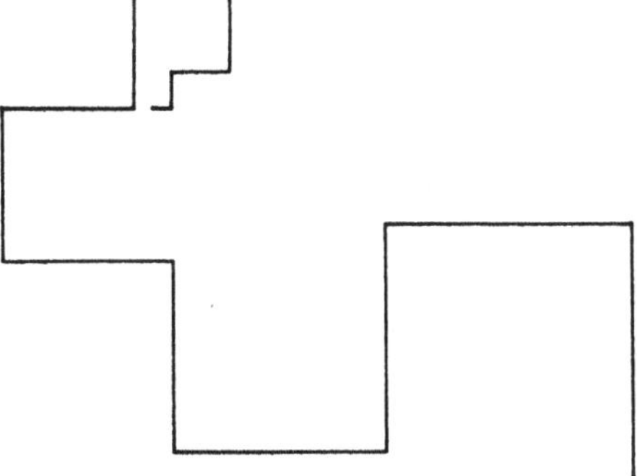

Abbildung 3–4

Übung 3.1.:

So wie das Programm PLOTNAME oben dargestellt ist, hat es keine Möglichkeit, die Turtle daran zu hindern, sich über den Bildschirmrand hinaus zu bewegen. Dies hängt allein von der Zeichenanzahl, aus der der eingegebene Name besteht, ab.

Ändern Sie das Programm PLOTNAME so, daß es beendet wird, bevor sich die Turtle über den Bildschirmrand hinaus bewegt, und daß es die eingegebenen Zeichen und "angezeigten" Zeilen zählt, bis dieser Fall eintritt. Der Zeichenzähler muß vor Programmende aber nach Ausführung der REPEAT-Anweisung angezeigt werden. Machen Sie aus der Eingabe ein Spiel und versuchen Sie, das längstmögliche Wort zu finden, das noch graphisch dargestellt werden kann, d.h. auf den Bildschirm paßt. Vergessen Sie dabei nicht, daß die Turtle ihre Richtung immer um 90 Grad in oder gegen den Uhrzeigersinn ändert. Sie können also jederzeit mit Hilfe sogenannter Positionszähler (in ganzzahligen Variablen) die horizontale und vertikale Turtlebewegung vom Bildschirmmittelpunkt aus verfolgen. Bei jeder neu gezeichneten Linie ändert sich entweder der horizontale oder vertikale Zähler, nie beide gleichzeitig.

6. Syntax der booleschen Ausdrücke

In Abb. 3-5 zeigen wir Ihnen in vereinfachter Form das Syntax-Diagramm für einen <booleschen Ausdruck> in PASCAL. Dieser Ausdruck wurde nach dem bekannten Mathematiker George Boole benannt. Sie können aus der Darstellung ersehen, daß sechs verschiedene Symbole für den Vergleich zweier <einfacher Ausdrücke> verwendet werden können, um das Ergebnis TRUE/FALSE zu erhalten. Beide einfachen Ausdrücke müssen vom selben <Typ> sein, d.h. für uns bisher entweder vom Typ INTEGER oder vom Typ CHAR. Die Symbole werden folgendermaßen erklärt:

=	gleich
<>	nicht gleich
<	kleiner als
>	größer als
<=	kleiner als oder gleich
>=	größer als oder gleich

Bei den beiden letzten Symbolen ist es unbedingt wichtig, daß das Gleichheitszeichen ("=") nach der spitzen Klammer gesetzt wird. Bei "nicht gleich" darf die Reihenfolge der spitzen Klammern nicht verändert werden.

Zwei oder mehr <boolesche Ausdrücke> können durch die Operatoren AND und OR verbunden werden. Zum Beispiel, sei W=1, X=2, Y=3, Z=4 dann erhält

```
(X>0) OR (Y>10)
```

den Wert TRUE, da X größer als Null ist, obwohl Y nicht größer als 10 ist. Der Ausdruck wird TRUE, wenn einer der beiden Vergleiche TRUE wird und FALSE, wenn beide Vergleiche FALSE sind. Ähnlich wird der Ausdruck

```
( (W-X)<0) AND (Z-X)>0 )
```

TRUE, da beide Vergleiche TRUE ergeben. Wäre einer der beiden Vergleiche dagegen FALSE, so wäre auch der Ausdruck FALSE. Aus dem Syntax-Diagramm geht hervor, daß jeder Vergleich in Klammern gesetzt werden muß, wenn AND oder OR verwendet werden, sonst nicht.

Die Syntax für <boolesche Ausdrücke> werden wir am Ende dieses Kapitels zusammen mit booleschen Variablen noch näher beleuchten.

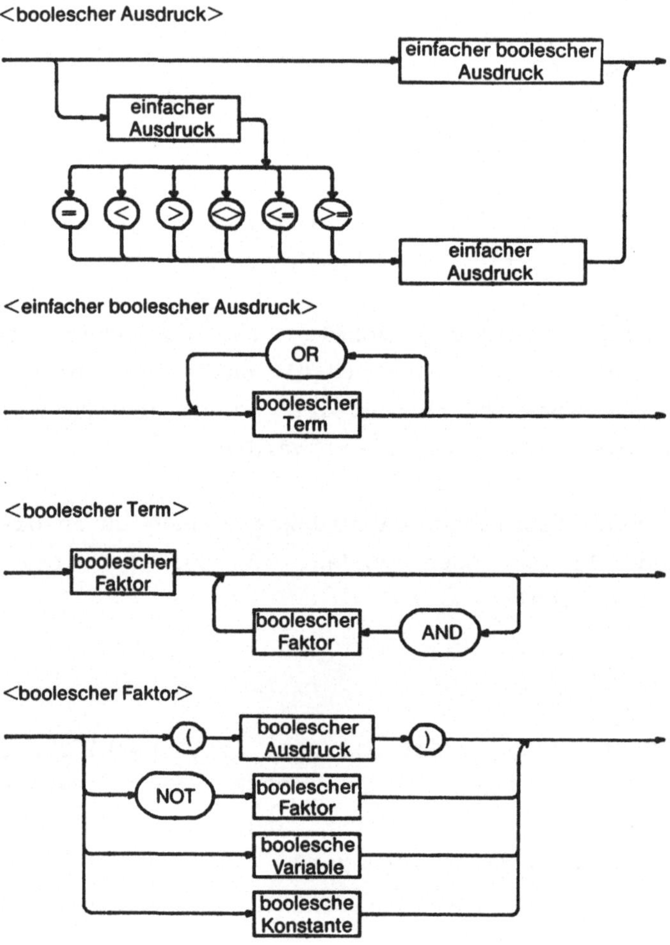

Abbildung 3–5

Übung 3.2:

Ändern Sie das Programm PLOTNAME (entweder die ursprüngliche Programmversion oder die in Übung 3.1 erhaltene) so, daß nur dann Linien gezeichnet werden, wenn Buchstaben eingegeben werden.
Dazu müssen Sie wissen, daß alle Großbuchstaben von "A" bis "Z" größer oder gleich "A" und kleiner oder gleich "Z" sind. Dasselbe gilt für Kleinbuchstaben. Kein Kleinbuchstabe ist kleiner als "a" oder größer als "z".

7. Die FOR-Anweisung

Die WHILE-Anweisung ebenso wie die ihr verwandte REPEAT-Anweisung können als Basis zur Steuerung jeder gewünschten Wiederholung dienen. PASCAL hat zusätzlich die FOR-Anweisung eingeführt, um einen bestimmten sehr häufig angewendeten Wiederholungstyp problemloser steuern zu können. Bei der Programmerstellung haben Sie für die beiden folgenden Vorgänge sicher häufig nach einem einfachen Weg gesucht:

1) Eine Anweisung soll beliebig häufig wiederholt werden
2) Eine Variable vom Typ INTEGER soll bei jeder Wiederholung um 1 größer (oder kleiner) werden

Ein Beispiel: Sie möchten, daß die Variable K die folgenden Werte in einheitlicher Reihenfolge annehmen soll:

1, 2, 3, 4, 5, 6, 7, 8, 9, 10

In den meisten Fällen wird es angebracht sein, bei Kettenvariablen nachzuprüfen, ob jedes Zeichen der Kette eine bestimmte

Bedingung erfüllt. Eine Möglichkeit wäre, die Gesamtanzahl der Vokale ('a', 'e', 'i', 'o' oder 'u') innerhalb einer Textzeile zu zählen. In diesem Fall würden Sie dann der "Laufvariablen" K Werte zuordnen wollen, die aus den möglichen Stellenwerten innerhalb der STRING-Variablen bestehen, beginnend mit 1 bis LENGTH.

Im Musterprogramm POLYGONS wird mit Hilfe der FOR-Anweisung aus geraden Linien eine kreisförmige Graphik angefertigt. Siehe Abb. 3-6. Die Prozedur POLY zeichnet NSIDES Linien, die LGTH lang sind. Wenn Sie die Linien verfolgen, werden Sie feststellen, daß die Turtle ANGLE-Grade beschreibt. Anders ausgedrückt bedeutet dies, daß der Ausgangspunkt für jedes Vieleck bei (X,Y) liegt, u.z. bezogen auf den Mittelpunkt des Bildschirms. X gibt dabei die horizontale Entfernung an und Y die vertikale. Die Kopfzeile der FOR-Anweisung finden wir in Zeile 9 und die Anweisung, die durch FOR gesteuert wird, in den Zeilen 10 bis 13. In diesem Beispiel steuert die einfache Variable I die Anzahl der Wiederholungen, indem sie 1 bis inklusive NSIDES durchläuft. In unserem Fall wird I nicht innerhalb der FOR-gesteuerten Anweisung verwendet, was durchaus möglich wäre und auch häufig erfolgt.

In Abb. 3-7 finden Sie Syntax- und Flußdiagramm für die FOR-Anweisung. Sie sehen, daß die interne Verarbeitung einer FOR-Anweisung der einer WHILE-Anweisung ähnlich ist. Bei der FOR-Anweisung erhält die Laufvariable schon sehr früh einen Anfangswert zugewiesen, d.h. sie wird "initialisiert" und erhält so die Möglichkeit, diesen Wert an jeder Schleife um 1 zu verändern. Wenn zwischen dem <Anfangswert> und dem <Endwert> "TO" erscheint, vergrößert sich der Wert der Laufvariablen in jeder Schleife um 1. Erscheint "DOWNTO", so verringert sich der Wert in jeder Schleife um 1.

Das Musterprogramm GRAPHPAPER zeigt uns eine weitere Mustergraphik für die Verwendung der FOR-Anweisung. Siehe dazu Abb. 3-8. Hier werden die Laufvariablen X und Y innerhalb der FOR-gesteuerten Anweisung verwendet, d.h. sie steuern die Lage

```
PROGRAM POLYGONS;
VAR SCALE:INTEGER;

PROCEDURE POLY(NSIDES,LGTH,ANGLE,X,Y:INTEGER);
VAR I:INTEGER;
BEGIN
  MOVETO(X*SCALE,Y*SCALE);
  PENCOLOR(WHITE);
  FOR I:=1 TO NSIDES DO
  BEGIN
    MOVE(LGTH*SCALE);
    TURN(ANGLE);
  END;
  PENCOLOR(NONE);
END (*POLY*);

BEGIN (*HAUPTPROGRAMM*)
  SCALE:=9;  (*9 FUER TEKTRONIX 4006;*)
             (*3 FUER TERAK,   ?? FUER ANDERE*)
  POLY(5,16,72,-30,-30);
  POLY(10,8,36,20,-30);
  POLY(20,4,18,20,6);
  POLY(40,2,9,-30,6);
END.
```

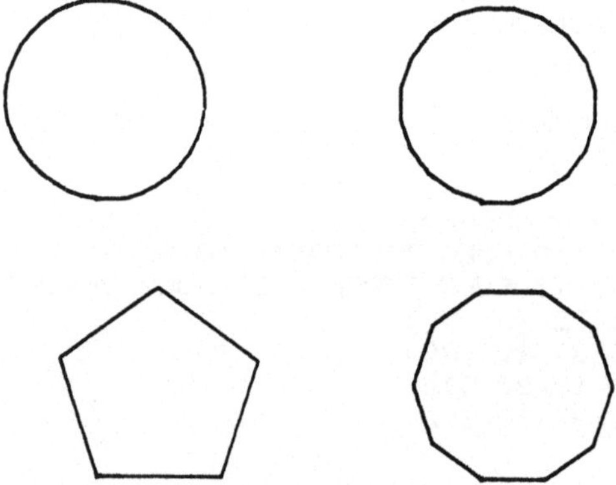

Abbildung 3–6

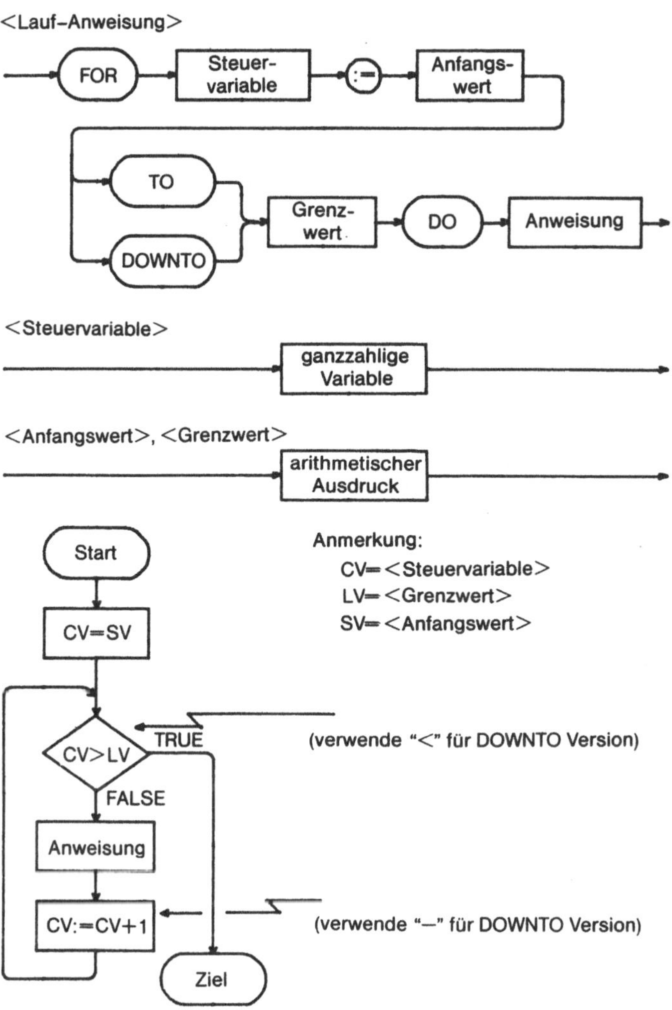

Abbildung 3–7

```
PROGRAM GRAPHPAPER;
VAR SCALE, X, Y:INTEGER;

PROCEDURE HLINE(HGT:INTEGER);
VAR I:INTEGER;
BEGIN
  MOVETO(-100*SCALE, HGT*10*SCALE);
  PENCOLOR(WHITE);
  MOVETO(100*SCALE, HGT*10*SCALE);
  PENCOLOR(NONE);
END (*VLINE*);

PROCEDURE VLIN(XDIST:INTEGER);
VAR I:INTEGER;
BEGIN
  MOVETO(XDIST*10*SCALE, 100*SCALE);
  PENCOLOR(WHITE);
  MOVETO(XDIST*10*SCALE, -100*SCALE);
  PENCOLOR(NONE);
END(*HLINE*);

BEGIN
  SCALE:=3;  (*3 FUER TEKNIX 4006; *)
             (*1 FUER TERAK ODER ANDERE BILDSCHIRME*)
  FOR X:=-10 TO  10 DO VLINE(X);
  FOR Y:=-10 TO  10 DO HLINE(Y);
END.
```

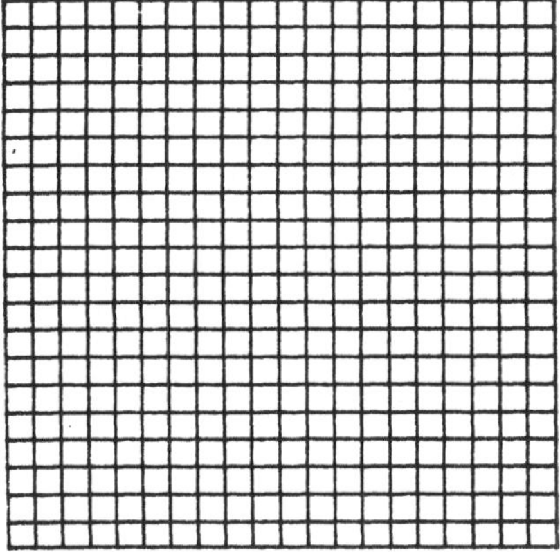

Abbildung 3–8

```
PROGRAM  FOR1;
VAR S,W:STRING;
    N:INTEGER;
BEGIN
  W:='HEAP*';
  S:=W;
  FOR N:=1 TO 6  DO
  BEGIN
    WRITELN(S);
    S:=CONCAT(S,W);
  END;
  WRITELN(S);
END.
```

```
PROGRAM  FOR2;
VAR S:STRING;
  K,N:INTEGER;
BEGIN
  WRITELN('TYPE ANY  STRING FOLLOWED BY <RET>));
  READLN(S);
  N:=LENGTH(S);
  FOR K:=N DOWNTO 1  DO WRITELN('   ':K,S[K]);
END.
```

der Linien, die durch die beiden einfachen Prozeduren gezeichnet werden. Beachten Sie noch, daß in PASCAL die Laufvariablen nicht wie in einigen anderen Programmiersprachen mit 1 beginnen müssen.

Besondere Aufmerksamkeit bei der FOR-Anweisung gilt dem Wert der Laufvariablen, nachdem die FOR-Anweisung beendet ist. Das Flußdiagramm zeigt zwar, daß der Endwert der <Laufvariablen> entweder größer als (die TO-Version) oder geringer als (die DOWNTO-Version) der <Grenzwert> sein wird. Dafür gibt es aber keine Garantie, und die PASCAL-Regeln bestimmen, daß der Wert der Laufvariablen nach Beendigung der FOR-Anweisung "undefiniert" bleibt. Es wäre schlechte Programmierarbeit, wenn man sich darauf verließe, daß der Wert der Laufvariablen nach Beendigung der FOR-Anweisung unbedingt mit dem des Flußdiagrammes übereinstimmt. Bei einigen PASCAL-Systemen wird der Wert sogar ausdrücklich in einen undefinierten Wert geändert, bevor die nächste Anweisung ausgeführt werden kann. Wenn Sie der Laufvariablen einen neuen Wert zuweisen, können Sie diese anderweitig wieder im Programm verwenden.

Die Musterprogramme FOR1 und FOR2 zeigen kettenorientierte Beispiele für die FOR-Anwendung. FOR1 zeigt folgende Zeilen an:

```
HEAP*
HEAP*HEAP*
HEAP*HEAP*HEAP*
HEAP*HEAP*HEAP*HEAP*
HEAP*HEAP*HEAP*HEAP*HEAP*
HEAP*HEAP*HEAP*HEAP*HEAP*HEAP*
HEAP*HEAP*HEAP*HEAP*HEAP*HEAP*HEAP*
```

Zeile 9 des Programmes zeigt alle Zeilen bis auf die letzte an. Durch die Anweisung CONCAT wird bei jeder Schleife am Ende der Kettenvariablen S ein neues "HEAP*" hinzugefügt.

Wenn Sie den Aufruf in Zeile 5 des Programmes FOR2 mit der Eingabe des Wortes "DIAGONAL" beantworten, wird das Programm folgende Zeilen anzeigen (u.z. dort, wo während Ihrer Eingaben aufgrund von READLN die oberste Zeile angezeigt wurde):

```
DIAGONAL
        L
       A
      N
     O
    G
   A
  I
 D
```

Beachten Sie, daß hier die Laufvariable K innerhalb der durch FOR gesteuerten Schleife verwendet wird, ohne daß der Variablen K innerhalb der gesteuerten Anweisung ein neuer Wert zugeordnet wird. Es ist unbedingt darauf zu achten, daß der Laufvariablen K innerhalb der FOR-gesteuerten Anweisung kein neuer Wert zugewiesen wird, denn dann wäre es unmöglich, im voraus zu sagen, wieviele Schleifen ausgeführt werden werden.

In diesem Programm lernen wir auch eine neue Eigenschaft der Anweisungen WRITE und WRITELN kennen. Der Satz '': K bestimmt, daß K-Spalten mit Leerzeichen ausgefüllt werden sollen. Wenn Sie irgendeiner Datengröße innerhalb einer Datenliste, die durch WRITE oder WRITELN angezeigt werden soll, einen Doppelpunkt setzen (":") und diesem einen <arithmetischen Ausdruck> folgen lassen, dann bestimmt der Wert des Ausdrucks die Mindestanzahl der Spalten. Wenn das was angezeigt werden soll keine Leerzeichen sind und nicht mindestens K-Spalten ausfüllt, dann werden links soviele Leerzeichenspalten eingefügt, bis die Datengröße K-Spalten ausfüllt. Füllt es dagegen mehr K-Spalten aus, dann wird diese größere Spaltenanzahl angezeigt, und links werden keine weiteren Leerzeichen angefügt.

Übung 3.3:

Ändern Sie das Programm FOR2 so, daß folgende Zeilen angezeigt werden:

```
                         HEAP*
                    HEAP*HEAP*
               HEAP*HEAP*HEAP*
          HEAP*HEAP*HEAP*HEAP*
     HEAP*HEAP*HEAP*HEAP*HEAP*
HEAP*HEAP*HEAP*HEAP*HEAP*HEAP*
```

Beachten Sie, daß hier in der untersten Zeile nur 6 "HEAP*"-Wiederholungen erscheinen.

Gehen jetzt noch einen Schritt weiter und ändern Sie das Programm mit demselben Ergebnis ab, aber ohne CONCAT, INSERT, COPY oder DELETE. Ein Hinweis: Sie können z.B. eine zweite FOR-Anweisung innerhalb der bereits im Programm vorhandenen FOR-Anweisung verwenden. Anschließend steuern Sie dann WRITE ('HEAP*') mit dieser inneren FOR-Anweisung. Selbstverständlich muß die innere FOR-Anweisung nun eine andere Laufvariable verwenden, als die, die Sie zur Steuerung der äußeren FOR-Anweisung (N im obigen Beispiel), benutzen.

Um die Änderung der beiden Laufvariablen verfolgen zu können, fügen Sie schließlich WRITE-Anweisungen ein. So können Sie jederzeit feststellen, wie und wann die beiden Laufvariablen in diesem Programm ihre Werte ändern. Die äußere Laufvariable (N in FOR1) darf nur einmal pro angezeigter Zeile erscheinen, etwa durch: WRITE ('N:',N). Wird die innere FOR-Anweisung durch die Variable K gesteuert, dann verwenden Sie bei jedem Durchlauf der inneren Schleife etwa folgendes: WRITE ('K:',K). Die Anzeige der Überprüfungen muß in die Wiederholungen von HEAP* eingestreut erscheinen.

8. Die REPEAT-Anweisung

Die Anweisung REPEAT hat große Ähnlichkeit mit der Anweisung WHILE. Sehen Sie sich als Beispiel erst einmal das Musterprogramm REPEAT1 an. Wenn Sie den Aufruf in Zeile 5 mit der Zeichenkette "GROWING BIGGER" beantworten, wird das Programm folgende Zeilen anzeigen:

```
G
GR
GRO
GROW
GROWI
GROWIN
GROWING
GROWING
GROWING B
GROWING BI
GROWING BIG
GROWING BIGG
GROWING BIGGE
GROWING BIGGER
```

In Abb. 3-9 finden Sie Syntax- und Flußdiagramm für die REPEAT-Anweisung. Beachten Sie, daß die gesteuerte <Anweisung> und die Prüfung des <booleschen Ausdrucks> gegenüber der WHILE-Anweisung in umgekehrter Reihenfolge erscheinen. Während in der WHILE-Anweisung zuerst geprüft und dann die gesteuerte <Anweisung> ausgeführt wird, wird in der REPEAT-Anweisung erst die gesteuerte <Anweisung> ausgeführt und anschließend geprüft. Das bedeutet, daß bei REPEAT die gesteuerte <Anweisung> auf jeden Fall einmal ausgeführt wird. Bei WHILE kann dies möglicherweise ausbleiben, wenn sich nämlich beim ersten Prüfvorgang der Wert FALSE ergibt.

Achten Sie einmal darauf, daß der Hauptteil der REPEAT-Anweisung ähnlich wie eine Verbundanweisung aussieht, es fehlt nur BEGIN und END. Der reservierte Bezeichner REPEAT erfüllt zwei Aufgaben; er teilt dem Übersetzer mit, welche Anweisung als nächste ausgeführt werden soll und dient gleichzeitig, wie BEGIN in einer Verbundanweisung, als linke Programmklammer.

```
PROGRAM REPEAT1;
VAR S,SG:STRING;
    L,N:INTEGER;
BEGIN
  WRITELN('BITTE KETTE EINGEBEN UND <RET> DRUECKEN');
  READLN(S);
  N:=1;
  L:=LENGTH(S);
  REPEAT
    SG:=COPY(S,1,N);
    WRITELN(SG);
    N:=N+1
  UNTIL N>L
END.
```

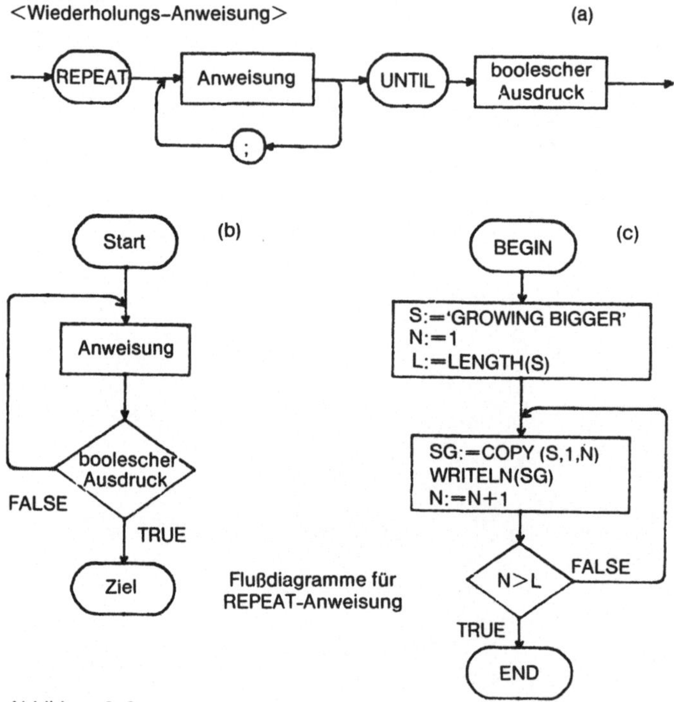

Flußdiagramme für REPEAT-Anweisung

Abbildung 3-9

Ähnlich erfüllt auch UNTIL zwei Aufgaben; es führt den <booleschen Ausdruck> ein, der geprüft werden soll und ersetzt END, das in einer Verbundanweisung notwendig wäre. Merken Sie sich, daß eine Verbundanweisung problemlos durch eine REPEAT-Anweisung gesteuert werden kann, wie z.B.:

```
REPEAT
  BEGIN
    ANWEISUNG-1;
    ANWEISUNG-2;
  END
UNTIL <BOOLESCHER AUSDRUCK>;
```

In diesem Fall sind BEGIN und END überflüssig und können ohne weiteres weggelassen werden, schaden aber auch nicht.

Wir fassen zusammen: eine WHILE-Anweisung kann ganz einfach in eine gleich wirkende REPEAT-Anweisung umgewandelt werden, man muß nur den <booleschen Ausdruck> umkehren. Anders ausgedrückt, wenn der <boolesche Ausdruck> in einer WHILE-Anweisung TRUE ist müßte er in einer REPEAT-Anweisung FALSE sein und umgekehrt. Wir geben Ihnen hier zwei einfache Programme, die beide dasselbe Ergebnis anzeigen:

```
PROGRAM WHILEDEMO;
VAR I:INTEGER;
BEGIN
  I:=1;
  WHILE I<=5 DO
    BEGIN
      WRITELN(I);
      I:=I+1;
    END;
END.
```

```
PROGRAM REPEATDEMO;
VR  I:INTEGER;
BEGIN
  I:=1;
  REPEAT
    WRITELN(I);
    I:=I+1;
    UNTIL I>5;
END.
```

Beide Programme müssen eine Spalte mit den fünf ganzen Zahlen von 1 bis 5 anzeigen. Beachten Sie, daß die Prüfung nach der Anweisung WHILE, d.h. I<=5 die "Umkehrung" oder das Gegenteil von der Prüfung nach der Anweisung UNTIL ist, d.h. I>5.

Als letztes Beispiel für die REPEAT-Anweisung zeigen wir Ihnen das Programm SPIROLATERAL. Die Programme wurden von Martin Gardner in einer seiner regelmäßig erscheinenden Kolumnen "Mathematical Games" in Scientific America, November 1973, vorgestellt. In Abb. 3-10 zeigen wir Ihnen einige Figuren, die denen von Gardner ähneln, und die unser Programm alle mit einem 90 Grad Winkel und Rechtsdrehungen (im Uhrzeigersinn) gezeichnet hat. In Abb. 3-11 und 3-12 werden Figuren dargestellt, die auch mit anderen als 90 Grad Winkeln und mit beliebigen Rechtsdrehungen angefertigt wurden. Einige dieser Figuren ähneln denen von Gardner, andere wiederum sind völlig anders. Alle Figuren wurden mit Hilfe des Programmes SPIROLATERAL gezeichnet.

In Zeile 8 des Programmes wird zunächst ein Größenwert erfragt. Die Werte, die Sie eingeben, hängen natürlich von Ihrer Bildschirmgröße ab. Durch einiges Probieren werden Sie sicher die geeigneten Größenwerte für Ihre Figuren herausfinden. Anschließend fragt das Programm nach dem gewünschten Winkelwert: Bei jedem Schritt wird sich die Turtle um ANGLE-Grad nach links (positiver Winkel) oder nach rechts (negativer Winkel) bewegen. Wenn das Programm schließlich "SEQUENCE:" aufruft, geben Sie eine Zeichenfolge aus den Zeichen "R" und "L" ein, die durch <RET> beendet wird. Die Figur in Abb. 3-10, Teil (a) wurde mit der Folge

RRR

und anschließendem Tastendruck <RET> angefertigt. Das Programm beginnt sofort drei Linien zu zeichnen. Die erste Linie ist SIZE-Punkte lang, die zweite 2*SIZE, die dritte 3*SIZE. Wären mehr als drei Zeichen in SEQUENCE eingegeben worden, wären noch weitere Linien gezeichnet worden, jede von ihnen um SIZE länger als die vorhergegangene.

Wenn das Programm einmal die Folge durchlaufen hat, müssen Sie in Zeile 24 irgendein Zeichen eingeben. Entspricht dieses Zeichen nicht <DEL> macht REPEAT in Zeile 14 wiederum eine Schleife, und die Folge wird von neuem durchlaufen. Diesmal beginnt die Folge dort, wo die Turtle bei der letzten inneren REPEAT-Schleife (Zeilen 16 bis 23) stehengeblieben war. In

```
PROGRAM SPIROLATERAL;
VAR SEQ:STRING;
   SIZE,ANGLE,I:INTEGER;
   CH:CHAR;
   BEGIN
      WRITELN('SPIROLATERALS');
      PENCOLOR(WHITE);
      WRITE('SIZE:');
      READLN(SIZE);
      WRITE('ANGLE:');
      READLN(ANGLE);
      WRITE('SEQUENCE:');
      READLN(SEQ);
      REPEAT
         I:=I+1;
         REPEAT
            MOVE(SIZE*I);
            IF SEQ[I]='R' THEN
               TURN(-ANGLE)
            ELSE
               TURN(ANGLE);
            I:=I+1;
         UNTIL  I>LENGTH(SEQ);
         READ(CH);  (*JEDE TASTE: VERWENDEN SIE <DEL>, UM*)
                    (*ANZEIGE AUF DEM BILDSCHIRM ZU VERMEIDEN*)
      UNTIL CH=CHR(127(*DEL*));
 END.
```

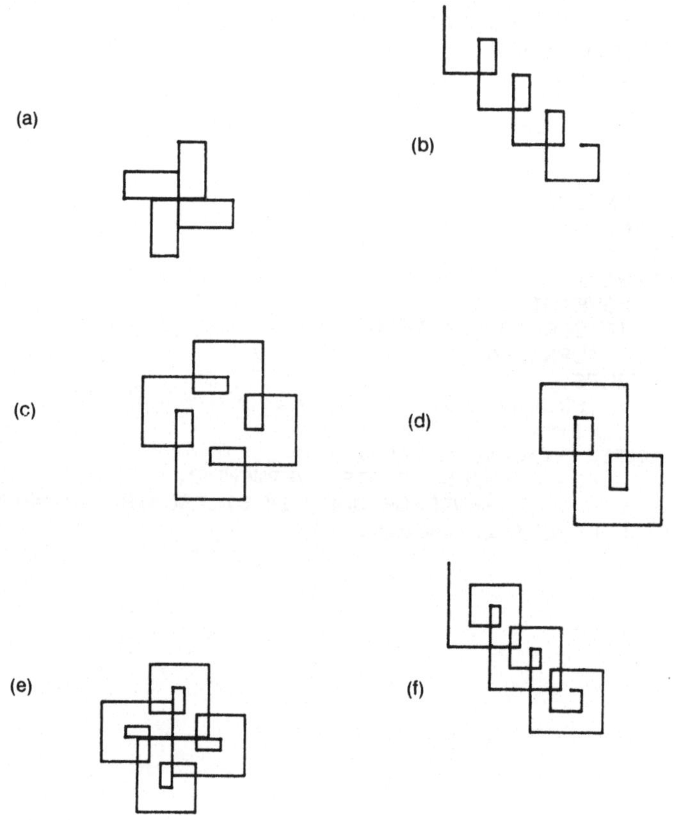

Abbildung 3–10

(a)

(b)

(c)

Abbildung 3–11

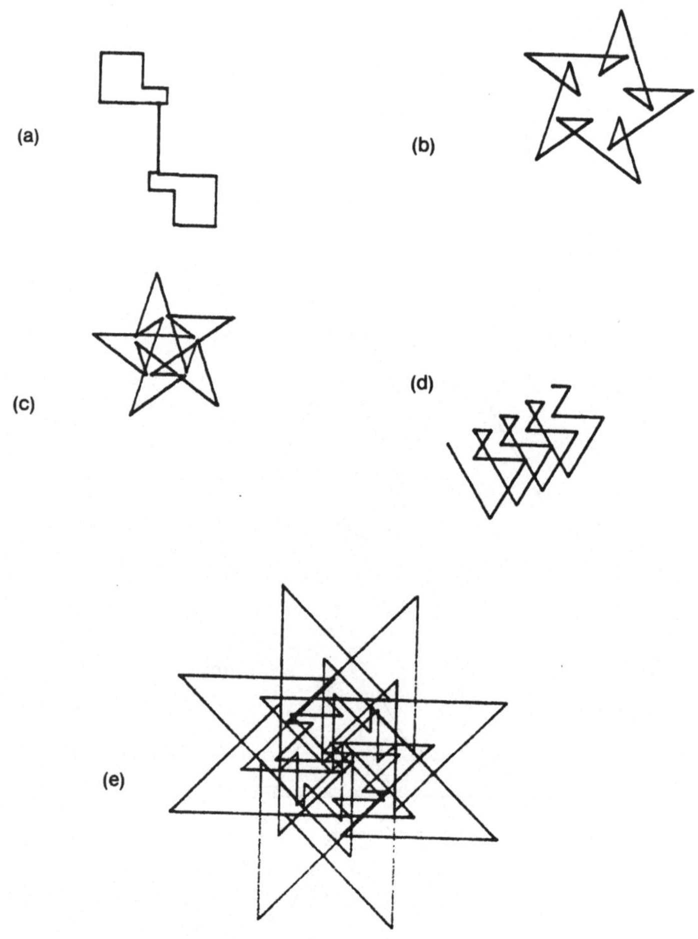

Abbildung 3–12

den Teilen (a), (c), (d) und (e) kann es gelegentlich vorkommen, daß die Turtle an ihrem ursprünglichen Ausgangspunkt noch einmal beginnt und bei der Wiederholung lediglich die bereits auf dem Bildschirm angezeigten Figuren nachzeichnet. In den Teilen (b) und (f) bewegt sich die Turtle langsam über den Bildschirm hinaus, wenn Sie die innere Schleife nur oft genug wiederholen. Teil (a) wurde mit drei Rs gezeichnet. Teil (b) mit vier, Teil (c) mit fünf usw. Wie beim Programm PLOTNAME kann auch hier durch Tastendruck <DEL> das Programm die äußere REPEAT-Anweisung ganz normal beenden.

Alle drei Teile der Abb. 3-11 wurden von diesem Programm mit Hilfe der Folge "RRLLR" und einem Winkel von 120 Grad gezeichnet. Teil (a) wurde mit nur einer inneren Schleife angefertigt, Teil (b) mit zwei und Teil (c) mit drei.

In Abb. 3-12 sehen wir weitere Figuren, die mit diesem Programm erstellt werden können. Es ist tatsächlich so, daß die Werte, die Sie für SEQUENCE eingeben, gewissermaßen ein neues "Programm" bilden, das durch das Programm SPIROLATERAL übersetzt wird, als wäre es für einen anderen Rechner bestimmt. Oft werden von den Fachleuten Programme geschrieben, die als sogenannte "Übersetzer-Programme" bekannt sind. Diese Programme lassen einen Hardware-Rechner wie einen neuen Software-Rechner mit eigenen Möglichkeiten erscheinen. Das PASCAL-System in diesem Buch stützt sich auf ein ziemlich umfangreiches Übersetzer-Programm, das auf sehr vielen Kleinrechnern verwendet werden kann. Nachfolgend geben wir Ihnen eine Aufstellung der Zeichenfolgen und Winkel, mit denen die Figuren in Abb. 3-12 gezeichnet wurden:

Teil	Winkel	Zeichenfolge
a	90	LLRLLLRR
b	144	RRR
c	144	RRL
d	120	RLRRR
e	135	RLRRLL

Übung 3.4:

Zeichnen Sie mit Hilfe des Programmes SPIROLATERAL mindestens eine Figur, die sich von denen in Abb. 3-10 bis 3-12 gezeigten unterscheidet. SEQUENCE muß aus mindestens 5 Zeichen "L" und "R" bestehen und die Figur darf nicht einfach das Spiegelbild einer der in diesem Buch gezeigten Figuren sein. Darüberhinaus soll Ihre Figur so angeordnet sein, daß sie sich zumindest nach einer inneren REPEAT-Schleife wiederholt. Dazu müssen Sie beachten, daß die Zeichnung sich nur dann wiederholen kann, wenn nach mehreren inneren Schleifen alle TURN-Anweisungen ausgeführt wurden und ANGLE gleich 0 (Null) oder gleich einem vielfachen von 360 Grad ist.

Übung 3.5:

Schreiben Sie die Programme REPEAT1 und SPIROLATERAL so um, daß alle REPEAT-Anweisungen durch WHILE-Anweisungen ersetzt werden, die Programmlogik ansonsten (wie in diesem Buch gezeigt) erhalten bleibt. Prüfen Sie anschließend den korrekten Programmablauf mit Ihren Änderungen auf dem Rechner nach.

Übung 3.6:

Schreiben Sie die Programme WHILEPLOT, WHILE1, WHILE2 und PLOTNAME so um, daß alle WHILE-Anweisungen durch REPEAT ersetzt werden, ohne sonst die Programmlogik zu ändern. Prüfen Sie die Richtigkeit Ihrer Änderung anschließend auf dem Rechner. Vorsicht: Um die Programmlogik zu erhalten, kann es erforderlich werden, eine oder mehrere READ-Anweisungen anders zu plazieren.

Übung 3.7:

Schreiben Sie die Programme FOR1 und POLYGONS so um, daß statt der FOR-Anweisung eine WHILE-Anweisung verwendet wird und die Programme FOR2 und GRAPHPAPER so, daß statt der FOR-Anweisung eine REPEAT-Anweisung verwendet wird. Die Programmlogik soll ansonsten erhalten bleiben. Prüfen Sie nach, ob die umgeschriebenen Programme so ablaufen, wie im Buch beschrieben.

Übung 3.8:

Das Musterprogramm REPEAT2 ist dazu bestimmt, die Reihenfolge der Zeichen in der STRING-Variablen S umzukehren. Geben Sie über die Tastatur irgendeine Zeichenkette ein. Das Programm soll dann wiederholt Schleifen ausführen, um weitere Ketten aufzurufen, die es umkehrt. Auf Ihre Eingabe:

```
BACKWARDS
```

muß das Programm mit

```
SDRAWKCAB
```

antworten, wie leicht zu erkennen ist. Bedauerlicherweise liegt aber ein logischer Fehler vor, und das Programm steigt aus, wenn Sie die Zeichenkette:

```
EVENWORD
```

eingeben. Versuchen Sie den Fehler zu finden, und korrigieren Sie das Programm, so daß es mit Ketten mit gerader und ungerader Zeichenanzahl richtig arbeitet.

9. Boolesche Variable

Manchmal werden Sie sicher den Wunsch haben, den Wert eines <booleschen Ausdrucks> zur späteren Verwendung speichern zu wollen. Sie können zu diesem Zweck natürlich einer ganzzahligen Variablen den Wert 1 zuweisen, wenn der Ausdruck TRUE (wahr) ist oder eine 0, wenn der Ausdruck FALSE (falsch) ist. Sie können auch einer Zeichenvariablen den Wert 'T' oder 'F' zuweisen. Es hat sich jedoch erwiesen, daß es sehr viel praktischer ist, wenn man für die Variablen, die ausdrücklich dazu bestimmt

```
PROGRAM REPEAT2;
VAR S:STRING;

PROCEDURE REVERSE;
     (*KEHRT DIE REIHENFOLGE DER ZEICHEN IN S UM*)
VAR NB,NE:INTEGER; (*ANFANGS- UND ENDZEIGER*)
  SAVE:CHAR;
BEGIN
  NB:=1;
  NE:=LENGTH(S);
  REPEAT
    (*ZEICHEN NB & NE TAUSCHEN, NB & NE HOCHSTELLEN*)
    SAVE:=S[NE];
    S[NE]:=S[NB];
    S[NB]:=SAVE;
    NB:=NB+1;
    NE:=NE-1;
  UNTIL NB=NE;
END(*UMKEHRUNG*)

BEGIN(*MAIN PROGRAM*)
  WRITELN('BITTE KETTE EINGEBEN UND <RET> DRUECKEN');
  READLN(S);
  WHILE LENGTH(S)>0 DO
  BEGIN
    REVERSE;
    WRITELN(S);
    WRITELN;
    WRITELN;('BITTE NOCH EINE KETTE');
    READLN(S);
  END;
END.
```

sind, einen booleschen Ausdruck zu speichern, einen eigenen <Typ> hat. Diesen <Typ> hat man BOOLEAN genannt.

Im Programm BOOLDEMO wird anhand eines einfachen Beispiels gezeigt, wann eine <boolesche Variable> sinnvoll ist. Das Programm initialisiert als erstes die STRING-Variable S, indem sie ihr eine Liste mit Namen (Bezeichnern) zuordnet, die durch Kommata voneinander getrennt sind. Aufgabe des Programms ist es nun, die STRING-Variable S "abzutasten", die Namen zu trennen und jeden Namen in einer eigenen Zeile wiederzugeben. Mit dieser Aufgabe ähnelt sie dem PASCAL-Übersetzer, der die in einer Liste wie der in Zeile 5 dieses Programmes vereinbarten Bezeichner trennt. In unserem Musterprogramm wird der Abtastvorgang beendet, wenn das Programm auf ein Leerzeichen stößt. Der Übersetzer dagegen benötigt eine kompliziertere Logik, um zu bestimmen, wann der Abtastvorgang beendet sein soll, da Sie einfach jedes Symbol innerhalb eines Programmes durch eine willkürliche Anzahl an Leerzeichen vom nächsten trennen können. Dies Programm muß folgende Zeilen wiedergeben:

```
ALICE
BARBARA
CHARLIE
DORIS
ED
FRANK
```

Die Variable KS dient als "Zeiger" auf die einzelnen Zeichen der STRING-Variablen S, und NAMEPTR steht bei jedem Durchlauf einer REPEAT-Anweisung am Anfang eines Namens. Diese Variablen sind so initialisiert, daß sie vor einer Schleife auf den Anfangsbuchstaben 'A' in 'ALICE' zeigen. Durch die WHILE-Anweisung in den Zeilen 12 und 13 rückt die Variable KS dann solange vor, bis sie schließlich auf ein Komma (",") oder ein Leerzeichen (' ') trifft. Trifft sie auf ein Komma, so wird die boolesche Variable BCOMMA in Zeile 14 TRUE gesetzt, trifft sie auf ein Leerzeichen, wird sie FALSE gesetzt. Beachten Sie, daß mit dieser Zuweisung die nachfolgende Zeile sehr

```
PROGRAM BOOLDEMO
VAR CH:CHAR;
  NAME,S:STRING;
  BCOMMA:BOOLEAN;
  NAMEPTR,LS,KS:INTEGER;
BEGIN
  S:='ALICE,BARBARA,CHARLIE,DORIS,ED,FRANK    ,;
  KS:=1;
  NAMEPTR:=1;
  LS:=LENGTH(S);
  REPEAT
    WHILE (S[KS]<>',') AND (S[KS]<>' ') DO
      KS:=KS+1;
    BCOMMA:=(S[KS]=',');
    NAME:=COPY(S,NAMEPTR,KS-NAMEPTR);
    WRITELN(NAME);
    KS:=KS+1;
    NAMEPTR:=KS;
  UNTIL (NOT BCOMMA) OR (KS>LS);
END.
```

viel rationeller geschrieben werden kann:

```
IF S[KS]=',' THEN BCOMMA:=TRUE ELSE BCOMMA:=FALSE
```

In den Zeilen 17 und 18 zeigt der Zeiger bereits auf den Anfang des nächsten Namens in der Liste. Die Anweisung REPEAT wird in Zeile 19 beendet, wenn BCOMMA dem Wert FALSE entspricht oder wenn die Variable KS größer als LS geworden ist. LS speichert die Länge der STRING-Variablen S. Zum selben Ergebnis kommt man, wenn man statt "LS" "LENGTH(S)" verwendet. Dann muß allerdings die eingebaute Prozedur LENGTH mehrmals aufgerufen werden, um dasselbe Ergebnis zu erhalten. Der Aufruf einer Prozedur statt des Hinweises auf eine einfache Variable (vom <Typ> INTEGER, CHAR oder BOOLEAN) verzögert den Programmablauf wesentlich. Bei einem längeren Programm, ist der Zeitaufwand ein wichtiger Faktor, und es empfiehlt sich daher, die hier gezeigte Methode anzuwenden.

Damit Sie verstehen, warum es sinnvoll ist, die boolesche Variable BCOMMA zu verwenden, versuchen Sie das Programm so zu ändern, daß es das entsprechende Zeichen in S mit einem Komma in Zeile 19 vergleicht. Es gibt natürlich viele verschiedene Möglichkeiten hierfür, aber die meisten sind viel umständlicher als die hier beschriebene Methode.

Jetzt, da Sie mit der booleschen Variablen vertraut sind, wenden wir uns wieder der Logik des <booleschen Ausdrucks> zu, um für AND, OR, NOT und runde Klammern die entsprechenden Anwendungsmöglichkeiten kennenzulernen. Sehen Sie sich die nachfolgende "Wahrheitstabelle" an, und gehen Sie davon aus, daß A und B vom <Typ> BOOLEAN sind:

A	B	Ausdruck	Ergebnis
TRUE	TRUE	A OR B	TRUE
TRUE	TRUE	A AND B	TRUE
TRUE	FALSE	A OR B	TRUE
TRUE	FALSE	A AND B	FALSE
FALSE	TRUE	A OR B	TRUE
FALSE	TRUE	A AND B	FALSE
FALSE	FALSE	A OR B	FALSE
FALSE	FALSE	A AND B	FALSE
TRUE		NOT A	FALSE
FALSE		NOT A	TRUE
TRUE	FALSE	A AND NOT B	TRUE

Anmerkung des Übersetzers:
Zum besseren Verständnis der booleschen Algebra geben wir hier die obige Tabelle noch einmal in Deutsch wieder:

A	B	Ausdruck	Ergebnis
WAHR	WAHR	A ODER B	WAHR
WAHR	WAHR	A UND B	WAHR
WAHR	FALSCH	A ODER B	WAHR
WAHR	FALSCH	A UND B	FALSCH
FALSCH	WAHR	A ODER B	WAHR
FALSCH	WAHR	A UND B	FALSCH
FALSCH	FALSCH	A ODER B	FALSCH
FALSCH	FALSCH	A UND B	FALSCH
WAHR		NICHT A	FALSCH
FALSCH		NICHT A	WAHR
WAHR	FALSCH	A UND NICHT B	WAHR

Zur Wiederholung: Ausdruck (A OR B) ist TRUE wenn einer von beiden TRUE ist, nicht jedoch wenn beide FALSE sind. Der Ausdruck (A AND B) ist nur dann TRUE, wenn beide TRUE sind, sonst ist er FALSE. Wenn nach NOT ein TRUE folgt, ergibt sich FALSE, d.h. die "Umkehrung", und umgekehrt.

10. Tips für boolesche Ausdrücke und IF-Anweisungen

Wenn die booleschen Ausdrücke oder die IF-Anweisungen komplexer werden, d.h. wenn sehr viel mehr Begriffe auf TRUE oder FALSE geprüft werden müssen, kann man leicht den Überblick verlieren. Wir zeigen Ihnen in diesem Abschnitt ein paar strategische Möglichkeiten, um den Überblick zu behalten.

Das Syntax-Diagramm für boolesche Ausdrücke in Abb. 3-5 zeigt uns, daß es für die Reihenfolge der einzelnen Ausführungen eine bestimmte Rangordnung gibt. Wie der Multiplikations-Operator ("*") Vorrang vor dem Additions- ("+") und dem Subtraktions- ("-") Operator hat, hat hier NOT Vorrang vor AND, während AND wiederum Vorrang vor OR hat. Wenn A=TRUE, B=FALSE, C=FALSE und D=TRUE, dann ergibt sich für

```
A AND NOT B OR C AND D
```

TRUE, da A AND NOT B TRUE sind. Es ist also nicht von Bedeutung, daß C AND D FALSE sind, weil C FALSE ist. Ähnlich, wenn X=2 und Y=1 sind ergibt sich für

```
NOT A OR (X > Y) AND C
```

FALSE, da NOT A FALSE ist, und wenn C FALSE ist, wird (X>Y) AND C notwendigerweise auch FALSE, auch wenn (X>Y) TRUE ist.

Sollte Sie einer dieser booleschen Ausdrücke verwirren, so geht es Ihnen sicher nicht allein so. Verwenden Sie runde Klammern, um Unterausdrücke zusammenzufassen, damit die Reihenfolge der Ausführungen übersichtlicher wird. Das Syntax-Diagramm läßt erkennen, daß in runde Klammern gesetzte Ausdrücke zuerst ausgewertet werden. Das Ergebnis ersetzt dann den gesamten Ausdruck innerhalb der Klammern und die Klammern selbst. Anschließend wird dann der äußere Ausdruck weiter ausgewertet. Wie bereits die arithmetischen Ausdrücke so werden auch die booleschen Ausdrücke durch Abtasten der einzelnen eingeklammerten "Verschachtelungen" von links nach rechts berechnet. Die oben gezeigten Ausdrücke können wir also folgendermaßen übersichtlicher darstellen:

```
(A AND (NOT B)) OR (C AND D)

(NOT A) OR ((X > Y) AND C)
```

ohne dadurch die Ergebnisse geändert zu haben. Die Bedeutung des ersten Ausdrucks können Sie andererseits folgendermaßen ändern:

```
A AND ((NOT B) OR C) AND D
```

wobei durch die äußere Klammer erreicht wird, daß die OR-Operation vor den beiden AND-Operationen durchgeführt wird.

Wenden wir uns jetzt der IF-Anweisung zu. Hier würden Sie sicher manchmal lieber verschiedene IF-Anweisungen "verschachteln", um nicht einen einzigen komplexen booleschen Ausdruck in einer IF-Anweisung verwenden zu müssen. Aber seien Sie vorsichtig, denn:

```
IF AND B THEN ANWEISUNG-1
```

entspricht

```
IF A THEN
  IF B THEN ANWEISUNG-2
```

Jedoch

```
IF A AND B THEN ANWEISUNG-1 ELSE ANWEISUNG-2
```

ist nicht das gleiche wie

```
IF A THEN
  IF B THEN  ANWEIUNG-1 ELSE ANWEISUNG-2
```

Bei der ersten Anordnung wird Anweisung-2 ausgeführt, wenn entweder A oder B FALSE ist. Bei der zweiten Anordnung dagegen wird die Anweisung-2 nur dann ausgeführt, wenn A TRUE und B FALSE ist. Wenn A FALSE ist, wird bei der zweiten Anordnung keine der beiden Anweisungen ausgeführt.

Aus den gleichen guten Gründen, aus denen Sie bestimmte Ausdrücke in Klammern setzen, damit Sie vorrangig ausgeführt werden, können Sie bei IF-Anweisungen auch BEGIN ... END setzen. Ein Beispiel:

```
IF A THEN
  BEGIN
    IF B THEN ANWEISUNG-1;
  END ELSE
    ANWEISUNG-2
```

Hier wird durch eine zusätzliche Verbundanweisung die Wirkung der verschachtelten IF-Anweisungen, wie sie oben gezeigt ist, verändert. Wenn nun der Wert für A FALSE ist, wird die Anweisung-2 ausgeführt. Anweisung-1 wird nur ausgeführt, wenn sowohl

A wie B TRUE sind. Ist A TRUE und B FALSE, wird keine der beiden Anweisungen ausgeführt. Mit der Logik der IF-Anweisung würden Sie diesen Fall folgendermaßen verarbeiten:

```
IF A THEN
  BEGIN
    IF B THEN ANWEISUNG-1
         ELSE ANWEISUNG-2;
  END ELSE
    ANWEISUNG-2;
```

um sicherzugehen, daß in jedem Fall eine der beiden Anweisungen ausgeführt wird.

Die wohlüberlegte Anwendung solcher IF-Anweisungen kann den Programmablauf wesentlich beschleunigen, verglichen mit der Verwendung komplexer <boolescher Ausdrücke>. Der Grund liegt darin, daß im PASCAL-System alle Größen eines komplexen <booleschen Ausdrucks> ausgewertet werden, auch dann wenn eine Teilauswertung eigentlich ausreichend wäre, um den Wert eines Ausdrucks zu bestimmen. Man kann darüber streiten, ob dies sinnvoll ist, oder ob es angebrachter wäre, einen Auswertungsvorgang zu beenden, sobald das Ergebnis bekannt ist. Für beide Möglichkeiten lassen sich vernünftige Gründe nennen.

Gleichgültig, ob Sie sich bei einem komplizierten Programm für die verschachtelte IF-Anweisung oder einen komplexen <booleschen Ausdruck> entscheiden, in jedem Fall ist dringend zu raten, sich vorher eine Wahrheitstabelle anzufertigen, wie etwa die in Abschnitt 9 abgebildete, um sich die Werte der Ausdrücke zu veranschaulichen, die Sie durch die Verbindung boolescher Ausdrücke mit AND, OR und NOT erhalten. Für jede mögliche Kombination der einzelnen Werte eines Ausdrucks sollte es eine Eintragung in der Tabelle geben. Es gibt z.B. vier Kombinationsmöglichkeiten für A und B, acht für A, B und C, sechzehn für die vier Variablen usw. Bevor Sie entscheiden, daß Ihr Programm korrekt ist, sollten Sie noch einmal ganz genau prüfen, was die IF-Anweisung (oder WHILE oder REPEAT) in jedem einzelnen Kombinationsfall tun wird. Um dies wesentlich vereinfachen zu können, müssen Sie wissen, daß dieselbe Durchführung erfolgt, wenn eine der Variablen, sagen wir die Variable B, FALSE ist, und daß andere Durchführungen nur dann erfolgen, wenn diese Variable TRUE ist. Sie können also die Prüfung für B risikolos in eine einfache IF-Anweisung abtrennen, etwa folgendermaßen:

```
IF B THEN
  BEGIN
    ANDERE TAETIGKEITEN;    AUCH IF
    .. .. ..
  END ELSE
    ALTERNATIVE TAETIGKEIT;
```

11. Hinweis für Einrückungen

Beachten Sie, daß wir bei unseren Beispielen sehr oft Zeilen links "einrücken", wobei sich die Längen der jeweiligen Einrückungen danach richten, was wir gerade tun. In einer Verbundanweisung rücken z.B. alle Anweisungen zwischen BEGIN und END immer um zwei Spalten weiter ein. Zusätzlich zwei Spalten rücken wir für alle Zeilen einer Anweisung ein, die durch WHILE, REPEAT, FOR und IF gesteuert werden. Am Ende der gesteuerten Anweisungen verringern wir den Einrückungsabstand wieder entsprechend. Dadurch erreichen wir, daß die Struktur des Programms übersichtlicher wird.

Diese kleine zusätzliche Mühe erspart später beim Aufspüren von Logikfehlern im Programm viel Zeit, da ein "bloßer" Blick auf das Programm Auskunft über seinen Aufbau gibt. Um Schwierigkeiten zu vermeiden, sollten folgende Regeln eingehalten werden:

a) Verwenden Sie für BEGIN und END die gleichen Einrückungsabstände. Setzen Sie BEGIN oder END unbedingt an die Stelle des ersten Nicht-Leerzeichens einer Zeile. So können Sie immer genau feststellen, welches BEGIN und END zusammengehören.

b) Falls Sie eine IF-Anweisung nicht in eine Zeile bringen, rücken Sie die THEN und ELSE gesteuerten Anweisungen gleich weit ein. Beide müssen um zwei Spalten weiter nach rechts eingerückt sein, als die IF-Anweisung.

c) Sie sollten nie mehr als eine Anweisung pro Zeile verwenden, es sei denn, es handelt sich um eine Gruppe eng verbundener kurzer Anweisungen, bei der die Reihenfolge, in der die Anweisungen ausgeführt werden, keine Rolle spielt.

Übung 3.9:

Schreiben Sie mit Hilfe der Zeichen "*", "-" und "!" ein Programm für das unten gezeigte Muster, und prüfen Sie es anschließend. Hinweis: Verwenden Sie innerhalb der Schleifen die Anweisungen WRITE ("*") oder WRITE ("-") zusammen mit irgendwelchen Steueranweisungen aus diesem

Kapitel. Sie können natürlich auch der STRING-Variablen S eine lange Kette von Leerzeichen zuweisen und dann Anweisungen wie S [N]:="*" verwenden. Nachdem Sie den Inhalt von S "formatiert" haben, können Sie ihn dann durch die Anweisung WRITELN(S) auf dem Bildschirm anzeigen.

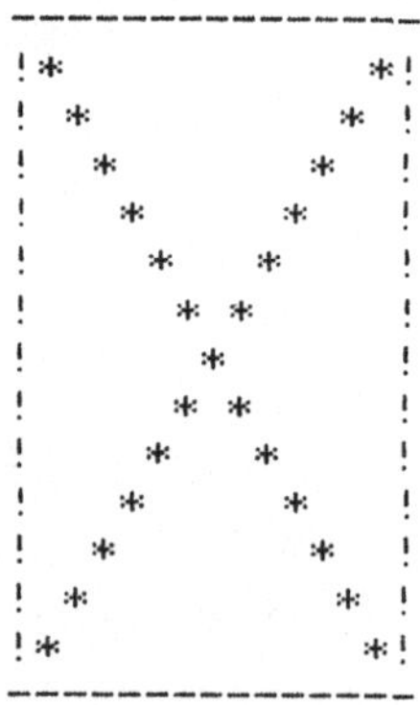

Übung 3.10:

Alle Figuren in Abb. 3-13 wurden mit Hilfe eines Programmes erstellt, das Ähnlichkeiten mit einem weiter vorn in diesem Buch gezeigten Programm aufweist. Die unterschiedlichen Figuren entstanden dadurch, daß die Anweisung READLN mit verschiedenen Werten versehen wurde. Schreiben Sie für diese Figuren ein Programm und versu-

Abbildung 3–13

chen Sie durch Experimentieren noch zusätzliche Figuren zu den in Abb. 3-13 gezeigten zu zeichnen.

PROBLEME

Problem 3.1:

In den drei Programmen POLYBUG1, POLYBUG2 und POLYBUG3 ist jeweils ein Logikfehler enthalten, der das Programm daran hindert, ein Fünfeck zu zeichnen (wie das in Abb. 3-6 links unten). Finden Sie in jedem Programm den/die Fehler heraus und geben Sie an, was das Programm in seiner ursprünglichen fehlerhaften Form darstellen würde.

```
PROGRAM POLYBUG1;
VAR SCALE,K:INTEGER;

BEGIN
  SCALE:=60; (*60 FUER TEKTRONIX 4006;*)
       (*20 ER TERAK; ?? FUER ANDERE *)
  PENCOLOR(WHITE);
  WHILE K<=5 DO
  BEGIN
    MOVE(SCALE);
    TURN(72);
    K:=K+1;
  END;
END.
```

Problem 3.2:

Schreiben Sie auf, was die Prozeduren VERSIONA und VERSIONB bei jedem Aufruf darstellen werden, wenn Sie die unten aufgeführten Tabellenwerte eingeben (für jede Prozedur ein Aufruf pro Tabellenzeile):

```
PROGRAM POLYBUG2;
(*DIESES PROGRAMM ZEICHNET 5-SEITIGE POLYGONE*)
VAR SCALE,CNT:INTEGER;

BEGIN
  SCALE:=60;  (*60 FUER TEKTRONIX 4006;*)
       (*20 FUER TERAK;  ?? FUER ANDERE*)
  PENCOLOR(WHITE);
  CNT:=1;
  WHILE CNT <  DO
  BEGIN
    MOVE(SCALE);
    TURN(72);
    CNT:=CNT+1;  (*CNT = ANZAHL DER BISHER GEZEICHNETEN LINIEN*)
  END;
END.
```

```
PROGRAM POLYBUG3;
(*DIESES PROGRAMM ZEICHNET 5-SEITIGE POLYGONE*)
VAR SCALE,CNT:INTEGER;

BEGIN
  SCALE:=60;  (*60 FUER TEKTRONIX 4006;*)
       (*20 FUER TERAK;  ?? FUER ANDERE*)
  PENCOLOR(WHITE);
  CNT:=1;
  REPEAT
    MOVE(SCALE);
    TURN(72);
    CNT:=CNT+1;
      (*CNT = ANZAHL DER BISHER GEZEICHNETEN LINIEN*)
  UNTIL CNT=5;
END.
```

```
        X        Y        Z
        1       10      100
        5        5        5
       10       10       10
        5        8       10
```

```
PROCEDURE VERSIONA(X,Y,Z:INTEGER);
VAR W:INTEGER;
BEGIN
  IF X < 10 THEN
    BEGIN
      W:=1;
      IF Y > 5 THEN
        IF Z = 10 THEN
          WRITELN('Y=',Y)
        ELSE
          WRITELN('Z=',Z)
    END;
  WRITELN('W=',W, ', X=',X, ', Y=',Y, ', Z=',Z);
END (*VERSIONA*);
```

```
PROCEDURE VERSIONB(X, Y, Z:INTEGER);
VAR W:INTEGER;
BEGIN
  IF X < 10 THEN
    BEGIN
      W:=1;
      IF Y > 5 THEN
        BEGIN
          IF Z = 10 THEN
            WRITELN('Y-',Y)
        END ELSE
    END;
  WRITELN('W=',W, ', X=',X, ', Y=',Y, ', Z=',Z);
END (*VERSIONB*);
```

Imgrunde müßte PASCAL so implementiert sein, daß das Programm automatisch immer dann aussteigt, wenn versucht wird, eine Variable zu verwenden, der kein Wert zugewiesen wurde. Geben Sie an, ob dies in einer der obengenannten Bedingungen der Fall ist. Finden Sie einen solchen Fall, so ändern Sie diese Prozeduren entsprechend, damit dieser Fall nicht auftreten kann. (Wenn die Prozedur aufgerufen wird, sind den drei Parametern bereits Werte zugewiesen).

4. Mehr über Prozeduren

1. Zielsetzung

Wir werden Sie in diesem Kapitel mit weiteren wichtigen Details über Prozeduren vertraut machen, die Ihnen helfen werden, mit geringerem Aufwand einfachere und wahrscheinlich auch bessere Programme zu schreiben. Der Weg, den wir hierbei beschreiten werden, kann häufig auch für die Lösung nicht rechnerbezogener Probleme gewählt werden.

1a. Lernen Sie alles über den Anwendungsbereich von Bezeichnern, damit Sie die Variablen möglichst immer richtig anwenden.

1b. Verwenden Sie Prozeduren, deren Zuweisungen auf verschiedenen Ebenen verschachtelt sind.

1c. Schreiben Sie Ihre Prozeduren so, daß sie möglichst wenig mit anderen Programmteilen kommunizieren.

1d. Lernen Sie, durch die Anwendung rekursiver Prozeduren bestimmte komplexe Probleme einfacher zu gestalten. Lernen Sie andererseits, wenn es sinnvoll ist, Rekursionen zu vermeiden, auch wenn das Programm dadurch möglicherweise einfacher werden würde.

1e. Schreiben und verwenden Sie Ihre eigenen Funktionen.

1f. Lernen Sie den Unterschied zwischen Wert-Parametern (die wir bisher immer verwendet haben) und Variablen-Parametern.

1g. Lernen Sie die Anwendung der CASE-Anweisung.

2. Hintergrund

Bisher haben wir nur mit einfachen Problemen gearbeitet, und es war weder erforderlich noch ratsam, daß wir uns schon mit Anwendungsmöglichkeiten von Prozeduren belasteten, die für wesentlich komplexere Probleme gedacht sind. Damit wollen wir uns jetzt in diesem Kapitel beschäftigen, da wir sie in späteren Kapiteln benötigen werden.

Die Prozedureigenschaften, die wir in diesem Kapitel beschreiben wollen, sind von zwei Grundideen bestimmt. Die erste besteht darin, daß mit Hilfe von Prozeduren die behandelten Probleme in voneinander unabhängige Teilprobleme aufgeteilt werden. Voraussetzung dafür ist, daß die Information, die von unterschiedlichen Prozeduren bearbeitet werden, möglichst gering gehalten werden. Wenn Sie dann mit einzelnen Details der Prozedur arbeiten, können Sie Einzelheiten über Variable oder andere benannte Teile unbedenklich vergessen. Ähnlich verhält es sich, wenn Sie gerade in einem bestimmten Teil des Programmes arbeiten. Sie müssen sich dann keine Gedanken darüber machen, wie sich der Aufruf einer Prozedur aus einem anderen Programmteil wohl auf die Variable auswirken würde, mit der Sie gerade arbeiten. Die Fachleute nennen diese unbeabsichtigte Änderung in einer Variablen "Seiteneffekt" (Nebenwirkung) einer Prozedur.

Die zweite Grundidee besteht darin, daß man einen sogenannten "Keller" als logische Einrichtung verwendet, um wichtige Datenwerte, unkompliziert aufbewahren zu können. Das ist besonders dann interessant, wenn Sie eine bestimmte Programmstelle verlassen, an die Sie später wieder zurückkehren werden. Unter einem Keller versteht man eine Liste von Datenwerten, vergleichbar etwa einem Stapel Bücher in einer Bibliothek oder Konservendosen in einem Supermarkt. Wenn der Stapel zu hoch wird, beginnt man ihn von oben nach unten abzubauen. Genauso verhält es sich bei einem logischen Stapel. Der zuletzt hinzugefügte Wert wird zuerst wieder weggenommen. Einen solchen Stapel aus Datenwerten können Sie mit Hilfe der "rekursiven" Prozeduren ohne großen

Aufwand bearbeiten. Die "Rekursion" ist ein wichtiges Programmierwerkzeug, nicht nur in diesem Zusammenhang, sondern auch bei anderen Problemlösungen.

3. Anwendungsbereich der Variablen-Bezeichner

Sehen Sie sich das Programm SCOPEDEMO und seine zugehörige Bildschirmanzeige an. Die Variablen S und LEVEL, die in Zeile 2 und 3 vereinbart werden, nennt man "global", da sie im gesamten Programm verwendet werden können. Die in Zeile 15 vereinbarte Variable S dagegen bezeichnet man als "lokal", da man sie nur in der Prozedur Q verwenden kann. Obgleich beide Variablenvereinbarungen dieselben Bezeichner haben, sind sie zwei völlig verschiedenen Speicherzellen im Rechner zugewiesen, und der Übersetzer wird sie nicht miteinander verwechseln.

Auf den ersten Blick mag es etwas merkwürdig erscheinen, daß für zwei verschiedene Variable derselbe Bezeichner vereinbart wird, doch dafür gibt es oft ganz wichtige Gründe. Das hier dargestellte Musterprogramm soll lediglich die Regelanwendung demonstrieren, denn es ist fast unmöglich, in einem so kurzen Programm einen Fall aufzuzeigen, der die Anwendung dieser Regel zwingend macht. Wenn Sie sich mit den Details einer Prozedur, z.B. der Prozedur Q, befassen und sich dabei nicht innerhalb der Prozedur auf eine globale Variable wie etwa S beziehen können, wird es Ihre Arbeit erleichtern, wenn Sie sich um evtl. Namensverwechslungen mit einem lokal in einer Prozedur oder sonstwo im Programm vereinbarten Namen keine Gedanken machen müssen.

Sehen Sie sich die Bildschirmanzeige des Musterprogrammes SCOPEDEMO an, damit Sie die Bedeutung dieser Regel kennenlernen. Die Zeilen 3 bis 5 wurden durch den Aufruf von P in Zeile 39 erzeugt. Wir verwenden in diesem Programm die globale Variable LEVEL, um Ihnen durch Einrückungen zu zeigen, wieviele

Prozeduren gerade ausgeführt werden. In diesem Fall wird nur einmal eingerückt (zwei Spalten), da nur die Prozedur P gerade aktiviert ist. Die Einrückung erfolgt jeweils sofort nach Eingabe der Prozedur, u.z. indem 1 zu LEVEL addiert wird, bzw. 1 von LEVEL subtrahiert wird nach der letzten Durchführung der Prozedur und vor ihrer Beendigung. Jede WRITE-Anweisung zeigt in den Prozeduren 2*LEVEL Leerräume an, bevor die Nachricht "nicht leer" erscheint. Zeile 6 der Anzeige wurde durch die WRITELN-Anweisung in Zeile 39 des Programmes erzeugt; sie wird ohne Einrückung dargestellt, um zu zeigen, daß LEVEL =0, d.h. daß zur Zeit keine Prozeduren ausgeführt werden.

In Zeile 40 des Programmes wird Q aufgerufen. Dadurch werden sofort die nächsten beiden Zeilen durch die WRITELN-Anweisungen in den Zeilen 18 bis 20 angezeigt. Zeile 20 zeigt "HI THERE" an, da dies in Zeile 19 für S vereinbart wurde. S ist hier ein lokaler Wert der Prozedur und wurde in Zeile 15 vereinbart. Er ist <u>nur</u> mit S in der Prozedur Q, nicht mit den anderen S im Programm identisch. Wenn wir also in Zeile 21 P aufrufen, zeigt diese Prozedur wieder genau die gleichen Zeilen an wie zuvor, nur einmal weiter eingerückt. Die Anzeige "MAIN PROGRAM" in Zeile 10 zeigt deutlich, daß sich der Wert der globalen Variablen S nicht geändert hat. Das wird weiterhin nach Beendigung von Q in Zeile 12 deutlich, weil WRITELN in Zeile 40 des Programmes die Anzeige "MAIN PROGRAM" in Zeile 13 erzeugt.

In Zeile 41 des Programmes wird R aufgerufen. R und P gleichen sich inhaltlich, nur wird bei R in Zeile 30 für S ein neuer Wert vereinbart. Die Prozedur R zeigt "WATCH ME NOW!" an, entsprechend dem Wert der globalen Variablen S in Zeile 15. Da für S keine lokale Variable S vereinbart wurde, verwendet der Übersetzer für die Zeilen 30 und 31 der Prozedur R die globale Variable. Dadurch wird der Wert der globalen Variablen S ständig geändert. Nach Beendigung der letzten Anweisung

```
PROGRAM SCOPEDEMO;
VAR S:STRING;
  LEVEL:INTEGER;

PROCEDURE P;
BEGIN
  LEVEL:=LEVEL+1;
  WRITELN(' ':LEVEL*2, 'ENTER P');
  WRITELN(' ':LEVEL*2, S);
  WRITELN(' ':LEVEL*2, 'EXIT P');
  LEVEL:=LEVEL-1;
END (*P*);

PROCEDURE Q;
VAR S:STRING;
BEGIN
  LEVEL:=LEVEL+1;
  WRITELN(' ':LEVEL*2, 'ENTER Q');
  S:='HI THERE';
  WRITELN(' ':LEVEL*2, S);
  P;
  WRITELN(' ':LEVEL*2, 'EXIT Q');
  LEVEL:=LEVEL-1;
END (*Q*);

PROCEDURE R;
BEGIN
  LEVEL:=LEVEL+1;
  WRITELN(' ':LEVEL*2, 'ENTER R');
  S:='WATCH ME NOW!';
  WRITELN(' ':LEVEL*2, S);
  WRITELN(' ':LEVEL*2, 'LEAVE R');
  LEVEL:=LEVEL-1;
END (*R*);

BEGIN (*MAIN PROGRAM*)
  S:='MAIN PROGRAM';
  LEVEL:=0;
  P;  WRITELN(S);
  Q;  WRITELN(S);
  R;  WRITELN(S);
END.
```

```
ANZEIGE ZU SCOPEDEMO

  ENTER P
  MAIN PROGRAM
  EXIT P
MAIN PROGRAM
  ENTER Q
  HI THERE
    ENTER P
    MAIN PROGRAM
    EXIT P
  EXIT Q
MAIN  PROGRAM
  ENTER R
  WATCH ME NOW!
  LEAVE R
WATCH ME NOW!
```

in diesem Programm, d.h. nach Beendigung von WRITELN in Zeile 41, wird daher wieder die Textzeile "WATCH ME NOW!" angezeigt.

Das "Blockdiagramm" in Abb. 4-1 zeigt Ihnen, wie die Regeln angewendet werden und welche Aufgabe der Übersetzer dabei hat. Das Diagramm stellt eine vereinfachte Darstellung des Programmes SCOPEDEMO dar. Eine geschlossene Schachtel, ein "Fenster", entspricht jeweils einem <Block> im Programm. Das größte Fenster entspricht dem Hauptprogramm und schließt alle anderen Fenster und ebenso den Hauptprogrammteil ganz unten ein. Keines der Fenster schließt sonst eines der anderen Fenster ein. Durch diese Fenster kann man nur in einer Richtung sehen. Z.B. wenn in der Prozedur P der Bezeichner S auftaucht, veranlaßt dieser den Übersetzer durch das Fenster für P hinauszusehen, um dort den globalen Bezeichner S zu "sehen". Das gleiche gilt für R. Wäre für die Prozedur P ein einheitlicher lokaler Bezeichner vereinbart worden, müßte man zum Fenster für P hineinsehen, um diesen Bezeichner dann irgendwo im Programm zu sehen. Dies ist jedoch nicht möglich, da das Fenster nur den Blick in eine Richtung zuläßt.

Bei der Prozedur Q genügt allein der Hinweis auf S ohne einen Blick durchs Fenster, da dort für diesen Bezeichner eine lokale Variable vereinbart wurde. Der Übersetzer ist immer darauf eingestellt, für einen Bezeichner eine lokale Variable zu vereinbaren. Erst dann sieht er durch das Fenster eines Blockes hinaus, um für denselben Bezeichner evtl. eine globale Variable zu vereinbaren. Der Hinweis auf S im Hauptprogramm führt in ähnlicher Weise zu einer globalen Vereinbarung für S. Dazu ist hier kein Blick durchs Fenster notwendig.

In der Prozedur Q wird auch die Prozedur P aufgerufen. Der Übersetzer wird dadurch veranlaßt, erst einmal lokal nach dem Bezeichner P zu suchen. Da er dort nichts findet, sieht er anschließend durch das Fenster von Q hinaus und stellt fest, daß der Bezeichner P im Hauptprogramm-<Block> vereinbart wurde (als Name einer Prozedur).

SCOPEDEMO

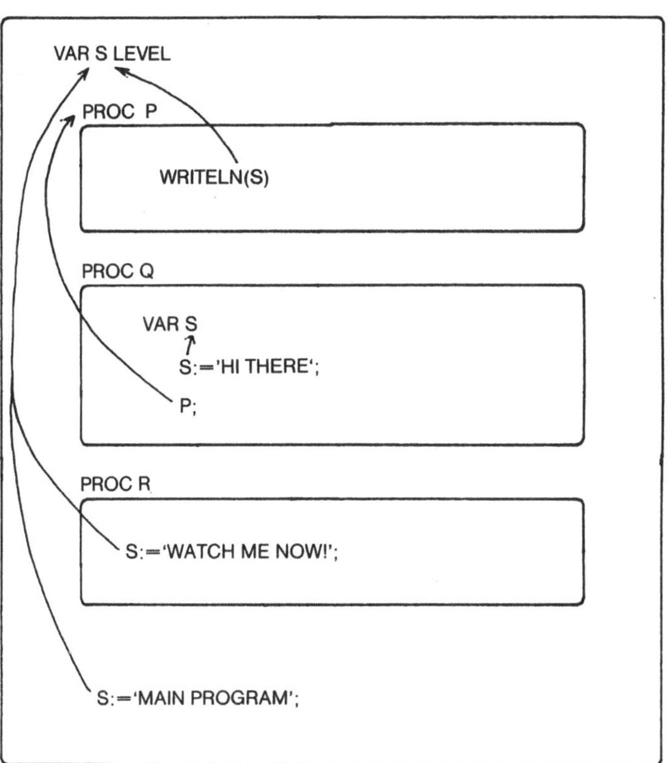

Abbildung 4-1

Zum Abschluß beachten Sie noch, daß der Übersetzer nur einen einzigen "Durchlauf" durch Ihr Programm unternimmt, wobei er am Anfang beginnt und bis END fortfährt. Wenn der Übersetzer mit der Übersetzung der Prozedur P beginnt, kennt er die Bezeichner für Q und R noch nicht. Das bedeutet, daß Sie nicht ohne weiteres Q und R aus der Prozedur P aufrufen können.

Es gibt Situationen, in denen es sinnvoll ist, eine Prozedur aufzurufen, wenn sie noch nicht vereinbart ist. Dies geschieht mit Hilfe einer "FORWARD"-Vereinbarung. Wenn im Programm SCOPEDEMO z.B. R aus der Prozedur P aufgerufen werden soll, ohne daß R bereits im Programm vereinbart wurde, dann machen Sie folgende Eingabe in Zeile 4:

```
PROCEDURE R; FORWARD;
```

In dieser Vereinbarungszeile für FORWARD sollte jede Parametervereinbarung der Prozedur enthalten sein, doch die Parameterliste sollte nicht in der Vereinbarungszeile der Prozedurvereinbarung selbst enthalten sein.

Übung 4.1:

Finden Sie heraus, wie die Anzeige des Programmes SCOPEDEMO aussähe, wenn die Vereinbarung der Variablen in Zeile 15 einfach weggelassen werden würde. Lassen Sie notfalls das geänderte Programm auf dem Rechner ablaufen, um zu sehen, was geschieht. Erklären Sie warum dies geschieht.

Übung 4.2:

Rufen Sie die Prozedur R aus der Prozedur P auf und versuchen Sie dies mit Hilfe der oben beschriebenen FORWARD-Vereinbarung. Nachdem Sie festgestellt haben, daß dieser Vorgang auf dem Rechner richtig läuft, rufen Sie auf gleiche Weise die Prozedur Q aus der Prozedur P auf. Auf welches Problem stoßen Sie dabei? Wissen Sie, wie Sie dieses Problem in den Griff bekommen können?

4. Verschachtelte Prozeduren

Wie wir bereits im Syntax-Diagramm für <Blöcke> in Abb. 2-7 gesehen haben, kann man eine Prozedur als lokal innerhalb einer anderen Prozedur vereinbaren. Diesen Vorgang nennt man "Verschachtelung". Das Musterprogramm NESTDEMO wurde speziell zur Darstellung der Regel für Verschachtelungen erstellt. Die graphische Darstellung dieses Programmes erfolgt auf cinc Extraseite.

```
PROGRAM NESTDEMO;

PROCEDURE DOTS(N:INTEGER);
VAR I:INTEGER;
BEGIN
  FOR I:=1 TO N DO WRITE('. ');
END (*DOTS*);

PROCEDURE P1(LEVEL:INTEGER);
BEGIN
  DOTS(LEVEL);
  WRITELN('P1 RUNNING');
END (*P1*);

PROCEDURE P2(LEVEL:INTEGER);
  PROCEDURE P2A(LEVEL:INTEGER)
    PROCEDURE P2A1(LEVEL:INTEGER);
    BEGIN
      DOTS(LEVEL);   WRITELN('P2A1 RUNNING');
    END (*P2A1*);

  BEGIN(*P2A*)
    DOTS(LEL);  WRITELN('ENTER P2A');
    P1(LEVEL+1);
    P2A1(LEVEL+1);
    DOTS(LEVEL);  WRITELN('LEAVE P2A');
  END (*P2A*);

BEGIN (*P2*)
  DOTS(LEVEL);  WRITELN('ENTER P2');
  P1(LEVEL+1);
  P2A(LEVEL+1);
  DOTS(LEVEL);  WRITELN('LEAVE P2');
END (*P2*);

BEGIN (*MAIN PROGRAM);
  WRITELN('MAIN PROGRAM');
  P1(1);
  WRITELN('MAIN PROGRAM AFTER P1');
  P2(1);
  WRITELN('MAIN PROGRAM AFTER P2');
   (*NOT LEGAL TO CALL P2A FROM HERE*)
END.
```

```
ANZEIGE ZU NESTDEMO

MAIN  PROGRAM
. P1  RUNNING
MAIN  PROGRAM AFTER  P1
.  ENTER  P2
. . P1 RUNNING
. . ENTER  P2A
. . . P1 RUNNING
. . . P2A1 RUNNING
. . LEAVE P2A
. LEAVE P2
 MAIN  PROGRAM AFTER  P2
```

Wie beim Programm SCOPEDEMO wird die Variable LEVEL auch hier verwendet, um immer genau feststellen zu können, wieviele Prozeduren gerade aktiviert sind. Beim Programm NESTDEMO erscheint die Variable LEVEL als einziger Parameter für alle Prozeduren. Jedesmal wenn LEVEL in der Kopfzeile einer Prozedurvereinbarung erscheint, bedeutet dies, daß der Prozedur eine neue Variable mit lokalem Wert zugewiesen wird. Diese ist dann immer ein Parameter, mit demselben Namen verschiedener anderer Parameter. Immer wenn eine Prozedur aus einer anderen Prozedur aufgerufen wird, handelt es sich beim Aktualparameter um (LEVEL+1). Daraus ergibt sich, daß bei jedem Prozedureintritt der Wert für LEVEL innerhalb dieser Prozedur um 1 vergrößert wird gegenüber dem Wert der aufrufenden Prozedur. Die Prozedur DOTS unterstreicht dies, indem sie für jede aktivierte Prozedur einen neuen Punkt auf dem Bildschirm hinzufügt.

Beispiel: In Zeile 31 des Programmes wird P1 aufgerufen, woraufhin Zeile 7 mit der Nachricht "P1 RUNNING" (P1 läuft) mit zweispaltiger Einrückung auf dem Bildschirm erscheint. Der Wert für LEVEL in P2 ist 1, wie Zeile 6 der Anzeige zeigt. Der Wert, der als Aktualparameter P1 in Zeile 31 vereinbart wird, ist daher LEVEL+1, also 2, also zweispaltige Einrückung.

P2 ruft in Zeile 32 P2A auf ("A" bedeutet, daß es sich um die erste Unterprozedur innerhalb P2 handelt), wodurch die Zeilen 8 bis 11 die Bildschirmanzeige steuern. In Zeile 24 ruft dann P2A wieder P1 auf. Jetzt wird der Wert für P1 aber 3, daher in Zeile 9 dreispaltige Einrückung. Das gleiche in Zeile 10, obgleich P2A1 hier als lokaler Wert innerhalb der Prozedur P2A vereinbart ist.

Ein Blockdiagramm für das Programm NESTDEMO finden Sie in Abb. 4-2. Das Diagramm macht deutlich, daß die Regel, nur in einer Richtung aus dem Fenster schauen zu können, sowohl für Prozedur-Bezeichner wie auch für Prozedur-Variable gültig ist. Der Parameter LEVEL erscheint in jedem Fenster der Prozedur, in deren Kopfzeile er vereinbart wurde. Die Regeln für

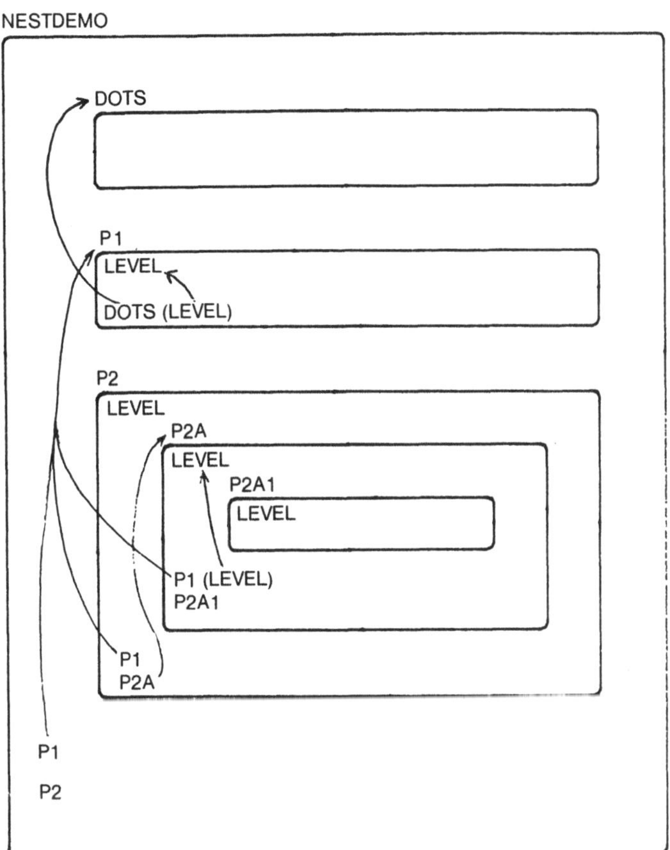

Abbildung 4-2

die Anwendungsmöglichkeiten von Parameter-Bezeichnern und vereinbarten Variablen, die innerhalb eines <Blockes> derselben Prozedur VAR folgen, sind dieselben. Tatsächlich sind alle Parameter dieses Programmes in Wirklichkeit lokale Variable, deren Eigenart es ist, daß sie erst durch den Aufruf initialisiert werden. Etwas später in diesem Kapitel werden wir noch über eine andere Parameterart sprechen.

Beachten Sie, daß die Abstände der Einrückungen in Zeile 8 und 11 gleich sind, was bedeutet, daß LEVEL in Zeile 23 und Zeile 26 denselben Wert hat, d.h. den Wert 2. Vorerst vermerken wir, daß P1 und P2A1 in Zeile 24 bzw. 25 aufgerufen werden. In Zeile 11 sehen wir, daß LEVEL als lokaler Wert von P2A, während der Ausführungen der anderen Prozeduren unverändert bleibt, so wie andere lokale Variable es auch geblieben wären. Aufgrund der Regel, nur in einer Richtung sehen zu können, ist es nicht möglich, während der Aktivierung von P1 auf irgendeine lokale Variable der aufrufenden Prozedur P2A zurückzugreifen. Während der Aktivierung von P2A1 wäre es allerdings möglich gewesen, auf eine Variable in P2A, P2 oder auf eine globale Variable im Hauptprogramm zurückzugreifen, da es sich hierbei um ein Hinausschauen aus einem oder mehreren Fenstern gehandelt hätte.

Sehen Sie sich die angezeigten Zeilen des Programmes NESTDEMO sorgfältig auf dem Bildschirm an, und prüfen Sie, warum jede dieser Zeilen erscheint und warum die Einrückungen so und nicht anders sind. Wenn Sie den Rest des Kapitels verstehen wollen, ist es unbedingt notwendig, daß Sie diese Darstellung verstehen.

<u>Übung 4.3:</u>

Fügen Sie in jede Prozedur des Programmes NESTDEMO eine lokale Kettenvariable ein, der sie einen ihrer Prozedur entsprechenden Namen geben. Beispiel: Der lokalen Variablen zu P2 geben Sie den Namen S2, der zu P2A den Namen S2A usw. Vereinbaren Sie darüberhinaus eine globale Variable S.

Fügen Sie jetzt in jeden <Block> eine Anweisung ein, die jeder Variablen, die durch das Fenster des jeweiligen <Blockes> "gesehen" werden kann, einen einheitlichen Wert zuordnet. Fügen Sie am Anfang jedes <Blockes> Anweisungen hinzu, die den gültigen Wert aller STRING-Variablen anzeigen, die von diesem <Block> aus "gesehen" werden können und denen bereits ein Wert zugewiesen wurde. Wenn Sie jeder Variablen eine kurze Kettenkonstante zuweisen, können alle an einem bestimmten Punkt sichtbaren Werte in einer einzigen Zeile auf dem Bildschirm angezeigt werden. Dadurch können Sie dann nach den Änderungen leicht sehen, was eigentlich geschieht. Gehen Sie langsam das Programm durch und sagen Sie, wieviele Werte tatsächlich angezeigt werden.

5. Fallstudie - Verwendung von verschachtelten Prozeduren

In Abb. 4-3a wurde von der Turtle eine einfache "Blume" mit zwei Blüten gezeichnet. Beachten Sie, daß die Blüten unterschiedlich groß sind und daß am Hauptstengel der "Blume" zwei Blumenblätter sitzen. Bevor Sie weiterlesen, überlegen Sie, wie man für diese Figur ein einfaches Programm schreiben kann.

Da beide Blüten abgesehen von der Größe gleich sind, erscheint es sinnvoll, für die beiden Blüten und ebenso für beide Blumenblätter eine Prozedur aufzustellen. Das Programm könnte dann den Blumenstengel zeichnen und an den Stellen, an denen die Blüten bzw. Blätter angefügt werden sollen, die entsprechende Prozedur aufrufen. Bevor Sie weiterlesen, überlegen Sie sich, wie die Prozedur für die Blüte aussehen könnte.

Wir wollen uns mit dem Problem Blüte noch näher befassen und sehen uns dazu Abb. 4-3b an. Wie Sie sehen, entspringen die Blütenblätter dem Hauptstengel der Blume an einem eigenen kurzen geraden Stengel. Außerdem scheint jedes Blütenblatt aus zwei gleichen bogenförmigen Linien zu bestehen (Teil eines Kreises). Es liegt daher nahe, eine Prozedur für einen Bogen zu schreiben. In unserem Fall genügte ein Bogen über 90 Grad, zehn Schritte von jeweils 9 Grad, um die gewünschte Form zu erhalten. Dieser Vorgang ähnelt dem Programm POLYGONS in Kapitel 3, nur benötigen wir hier nur 1/4 soviele Schritte, um einen Viertelkreis zu zeichnen.

Bevor Sie weiterlesen, machen Sie sich ein paar Notizen, wie das Programm für diese Blüte wohl aussehen könnte.

Sehen Sie sich nun Programm FLOWER an, mit dessen Hilfe die Blüte in Abb. 4-3b gezeichnet wurde und welches entsprechend der hier gegebenen Beschreibung erstellt wurde. Sie sehen, daß die Prozedur ARC ein lokaler Wert von PETAL ist, da sie nur für PETAL verwendet wird. ARC kann allerdings auf SIZE hinweisen, einen lokalen Wert von PETAL, da diese Variable (Parameter) ein lokaler Wert von einem umschließenden Block ist. Wäre ARC außerhalb von PETAL vereinbart worden, hätte man für ARC zusätzlich einen Parameter SIZE vereinbaren müssen.

PETAL wiederum ist ein lokaler Wert von BLOSSOM, und wird nur von BLOSSOM aufgerufen. Dies geschieht fünfmal, jedesmal bewegt sich PETAL fünf Rasterpunkte weiter und zeichnet so den Blattstengel. In unserer Darstellung diente SCALE eher als globale Variable denn als Parameter von BLOSSOM. Wenn wir das gesamte Programm in eine Prozedur für eine Blume umwandeln sollten, würden wir auch aus SCALE einen Parameter machen. Die wichtigsten Aufgaben des Hauptprogrammes bestehen in diesem Fall darin, SCALE zu initialisieren und den Hauptstengel zu zeichnen.

Wenn Sie an einer einzelnen Prozedur arbeiten, können Sie ohne weiteres alle Details über andere Prozeduren vergessen. Nachdem Sie einen Gesamtentwurf für das Programm gemacht haben, können Sie den Hauptteil des Programmes schreiben, in den Sie lediglich einen Aufruf von BLOSSOM einarbeiten. Der innere Ablauf von BLOSSOM interessiert in diesem Moment nicht. Als nächstes können Sie dann BLOSSOM mit einem Aufruf von PETAL, wie in Zeile 33, vereinbaren. Dabei muß lediglich die Größe des Blütenblattes von BLOSSOM auf PETAL übertragen werden, die dann der Prozedur durch einen Parameter mitgeteilt wird.

Als nächstes befassen wir uns dann mit PETAL und stellen fest, daß es hauptsächlich aus zwei Aufrufen von ARC besteht. Da sich ARC über 90 Grad erstreckt, müssen wir die Turtle am Anfang auf -45 Grad (in diesem Fall nach rechts) drehen, damit das Blütenblatt am Stengelende gleichmäßig verläuft. Durch eine 90-Grad-Drehung am anderen Ende wird die Turtle dann symmetrisch dazu eingestellt, um den zweiten Bogen zu zeichnen. Die 135-Grad-Drehung in Zeile 25 ist notwendig, um die Turtle schließlich wieder in ihre Ausgangsrichtung zu bringen. Dadurch wird verhindert, daß die aufrufende Prozedur (BLOSSOM) eine komplizierte Aufzeichnung behalten muß. Die Turtle kann einfach in ihre Ausgangsrichtung zurückgeführt werden, es muß nur sichergestellt sein, daß die Summe aller Richtungsänderungen gleich 0 (Null) oder gleich einem ganzzahlig Vielfachen von 360 Grad ist. In unserem Fall soll die Turtle bei jedem Aufruf einen Bogen von 90 Grad zeichnen. Zweimal 90 Grad, oder 180 Grad, müssen also zur Summe der in PETAL ausgeführten Richtungsänderungen addiert werden.

Als letztes fügen wir noch die Details von ARC ein. Wie wir bereits festgestellt haben, ähnelt ARC dem Programm POLYGONS insoweit, als es auch eine Reihe kurzer Teilstriche zeichnet, die durch kaum sichtbare Drehungen getrennt sind.

Beachten Sie, daß die einfache Variable I in ARC und auch in BLOSSOM verwendet wird, allerdings für ganz unterschiedliche

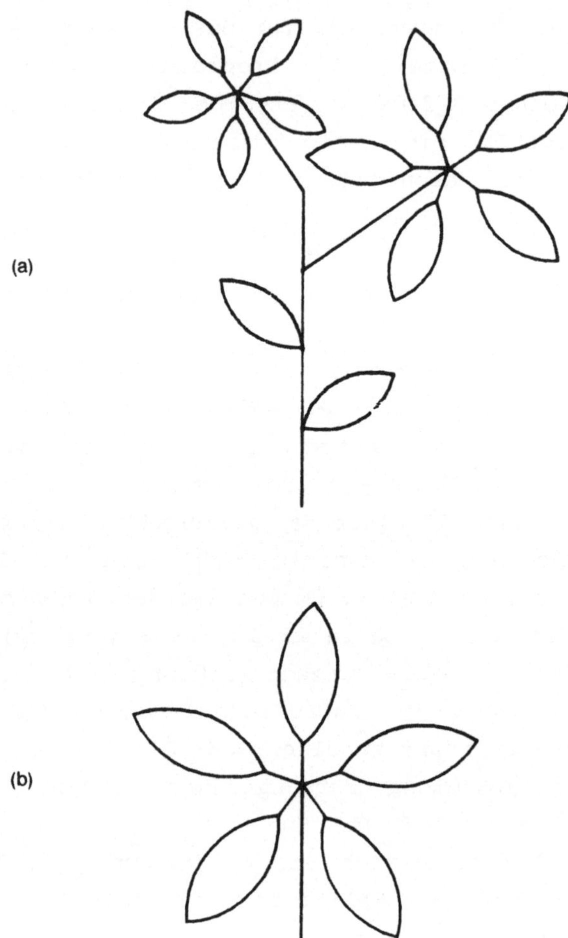

Abbildung 4–3

```
PROGRAM FLOWER;
VAR SCALE:INTEGER;

PROCEDURE BLOSSOM;
VAR I:INTEGER;

  PROCEDURE PETAL(SIZE:INTEGER);
    PROCEDURE ARC;
    VAR I:INTEGER;
    BEGIN
      PENCOLOR(WHITE);
      FOR I:=1 TO 10 DO
      BEGIN
        MOVE(SIZE*SCALE);
        TURN(9);
      END;
      PENCOLOR(NONE);
    END (*ARC*);

  BEGIN (*PETAL*)
    TURN(-45);
    ARC;
    TURN(90);
    ARC;
    TURN(135);
  END (*PETAL*);

BEGIN (*BLOSSOM*)
  FOR I:=0 TO 4 DO
  BEGIN
    PENCOLOR(WHITE);
    MOVE(5*SCALE);
    PETAL(2);
    MOVE(-5*SCALE);
    TURN(72);
  END;
END (*BLOSSOM*);

BEGIN (*MAIN PROGRAM*);
  SCALE:=12;  (*12 FOR TEKTRONIX 4006;*)
              (*4 FOR TERAK;  ??FOR OTHERS*)
  PENCOLOR(WHITE);
  MOVETO(0,-20*SCALE);
  MOVETO(0,0);
  TURN(90);
  BLOSSOM;
END.
```

Zwecke. Da I für jede Prozedur als lokaler Wert gesondert vereinbart wurde, müssen wir uns keine Gedanken darüber machen, ob die Verwendung von I in ARC sich eventuell störend auf seine Verwendung in BLOSSOM auswirken kann. Es wäre natürlich genauso gut möglich gewesen, in diesen beiden Fällen verschiedene Bezeichner zu verwenden, um Komplikationen von vornherein zu vermeiden. In unserem Fall ist aber der "faule Weg" der bessere. Wir müssen nur sicherstellen, daß die Laufvariable der FOR-Anweisung als lokaler Wert des <Blockes>, in welchem sie erscheint, vereinbart wurde. Dann brauchen wir derartige Komplikationen nicht zu befürchten, wenn wir mit den anderen <Blöcken> des Programmes arbeiten.

In einer verschachtelten Prozedur sollten Sie es sich grundsätzlich zur Regel machen, eine Variable so weit wie möglich als lokal zu vereinbaren. Es kommt vor, daß ein und dieselbe Variable für ähnliche oder identische Zwecke auf verschiedenen Ebenen der Prozedurverschachtelung verwendet werden, wie z.B. hier bei SCALE. Solange wir einer solchen Variablen nicht in einigen Prozeduren neue Werte zuweisen, können uns keine Schwierigkeiten entstehen, wenn wir sie in den <Block> packen, der alle Prozeduren mit dieser Variablen einschließt.

Beim Debuggen Ihres Programmes können Sie allerdings in einige Schwierigkeiten geraten, wenn Sie, als Abkürzung gedacht, ein und dieselbe Variable, die auf geschachtelter Ebene vereinbart wurde, für unterschiedliche Zwecke in verschiedenen Prozeduren verwenden wollen. Prozedur A kann z.B. für eine Variable den einen Wert vereinbaren, Prozedur C einen anderen. Wenn dann Prozedur B den Wert dieser Variablen verwenden will, müssen Sie erst einmal feststellen, ob dieser Wert nun von der Prozedur A oder C vereinbart wurde, damit das Programm einen Sinn ergeben kann. Es kommt leider viel zu oft vor, daß ein Programmierer z.B. den Wert X in einer Prozedur A vereinbart und diesen Wert dann in der Prozedur B verwendet. Später soll dann die Prozedur C für einen anderen Zweck vereinbart werden und aus "Bequemlichkeit" wird der Wert X für eine neue Aufgabe in C verwendet. Der Programmierer geht davon aus, daß entsprechend der Reihenfolge der Zuweisung von X stets B nach A vor C aufgerufen wird. Er verläßt sich darauf, daß eine Wiederverwendung dieser Variablen problemlos ist, und spart sich die kleine Mühe einer neuen Vereinbarung.

Es kommt aber doch häufiger vor, daß zu einem späteren Zeitpunkt eine neue Aufgabe ins Programm eingefügt werden muß. Dann hat der Programmierer natürlich längst vergessen, daß der Wert X für zwei unterschiedliche Zwecke vereinbart wurde. Bei der neuen Aufgabe kann nun der Fall eintreten, daß C direkt nach A aufgerufen wird, vor B. Dadurch erhält B jetzt einen Wert X zugewiesen, der für B keinen Sinn ergibtund das Programm kann nicht mehr korrekt ablaufen.

Schlußfolgerung: Vereinbaren Sie jede Variable nur für einen einzigen Zweck und zwar so nah wie möglich als lokalen Wert ihres <Blockes>. Dasselbe wollen wir auch damit ausdrücken, wenn wir sagen, die "Kommunikation" (Informationsaustausch) zwischen zwei <Blöcken> soll so gering wie möglich gehalten werden. Aus ähnlichen Gründen werden Sie wahrscheinlich auch bei der Aufgabenzuweisung der einzelnen Prozeduren mit möglichst wenigen Parametern auskommen wollen. Lassen Sie uns aber rasch hinzufügen, daß die Regel, den Informationsaustausch möglichst gering zu halten, nicht dazu führen darf, daß nun die gesamte Programmlogik in einen riesigen <Block> gepackt wird. Es ist notwendig, daß das Programm in verschiedene <Blöcke> aufgeteilt wird, um das umständliche Nachspüren des Informationsaustausches zwischen einzelnen Programmteilen mit ganz unterschiedlichen Aufgaben zu vermeiden.

Übung 4.4:

Beenden Sie das Programm, so daß es eine vollständige Blume, wie in Abb. 4-3a dargestellt, zeichnet. Wenn

Sie dabei mit FLOWER als Prozedur beginnen, müssen Sie darauf achten, daß die Prozedurverschachtelung geändert werden muß, damit die Blumenblätter auch direkt aus dem Hauptstengel der Blume entspringen. Lösen Sie dies Problem aber nicht einfach dadurch, daß Sie für die Blumenblätter zwei verschiedene Prozeduren verwenden! Eines der Hauptanliegen bei dieser Übung ist es, Ihnen deutlich zu machen, daß Sie beim Erstellen eines Programmes gelegentlich damit rechnen müssen, das Programm noch umarbeiten zu müssen, auch dann wenn Sie schon mit Ihrer Problemlösung weiter fortgeschritten sind.

6. Vereinbarung Ihrer eigenen Prozedur

Wie wir schon an anderen Stellen in diesem Buch festgestellt haben, bildet die Funktion in PASCAL eine besondere Form einer Prozedur. Sie rufen die Prozedur auf, indem Sie eine Anweisung, die nur ihren Namen enthält, zusammen mit einer Parameterliste eingeben. Eine Funktion dagegen rufen Sie auf, indem Sie ihren Bezeichner wie eine gewöhnliche Variable innerhalb eines Ausdrucks verwenden. Es muß nur irgendeine Parameterliste beigefügt sein. Bei Aufruf nimmt die Funktion ihre Berechnungen wie eine Prozedur vor, nur gibt sie dem Bezeichner am Ende ihrer Ausführungen einen Wert zurück.

Mit diesen Hintergrundsinformationen dürfte das Musterprogramm COUNTWORDS leicht zu verstehen sein. Das Programm fordert Sie auf, einen einzeiligen Satz einzugeben. Es geht dann davon aus, daß es die Anzahl der Wörter in Ihrem Satz errechnen kann, indem es die Leerzeichen addiert und für das letzte Wort eine 1 hinzufügt. Sie können natürlich mehr als ein Leerzeichen zwischen die einzelnen Wörter setzen. Das Ergebnis, das dieses Programm errechnen würde, wäre dann falsch. Solange

```
PROGRAM COUNTWORDS;
VAR S:STRING;

 FUNCTION COUNTEM(S:STRING):INTEGER;
VAR CNT,K:INTEGER;
BEGIN
  CNT:=0;
  FOR K:=1 TO LENGTH(S) DO;
      IF S[K]=' ' THEN CNT:=CNT+1;
  COUNTEM:=CNT+1;
END (*COUNTEM*);

BEGIN (*MAIN PROGRAM*)
  WRITELN('COUNTWORDS');
  WRITELN('TYPE ANY ONE LINE SENTENCE');
  READLN(S);
  WHILE LENGTH(S)>0 DO
    BEGIN
      WRITELN(COUNTEM(S),' WORDS');
      WRITELN;
      WRITELN('TYPE ANOTHER');
      READLN(S);
    END;
END.
```

es uns nur darum geht, den Ablauf einer Funktion zu zeigen, können wir diese Tücke erst einmal ausschalten.

Die Funktionsvereinbarung COUNTEM beginnt in Zeile 4 des Programmes. Diese Zeile unterscheidet sich von der Kopfzeile einer Prozedurvereinbarung in zweifacher Hinsicht. Erstens erscheint das reservierte Wort FUNCTION anstelle von PROCEDURE. Zweitens muß der <Typ> des Wertes, den die Funktion zurückgibt, hinter der Parameterliste angegeben sein. Aus dem Syntax-Diagramm in Abb. 4-4 ersehen wir, daß zwischen Parameterliste und <Typ-Bezeichner> ein Doppelpunkt (":") gesetzt werden muß. Der Typ-Bezeichner muß sich auf einen einfachen Typ beziehen, d.h. auf einen Typ, der nur einen Wert enthält wie etwa INTEGER, CHAR oder BOOLEAN. Eine Kette kann z.B. nicht als Wert zurückgegeben werden. Eine Funktion oder Prozedur kann eine Kette nur über einen Variablen-Parameter zurückgeben. Darauf kommen wir weiter hinten in diesem Kapitel noch zu sprechen. Abgesehen von der Kopfzeile unterscheidet sich eine Funktion von einer Prozedur noch dadurch, daß dem Funktionsbezeichner irgendwo innerhalb des Funktions-<Blockes> ein Wert zugewiesen werden muß. So wird der Wert, den die Funktion zurückgibt, innerhalb des aufrufenden Ausdrucks verfügbar gemacht. Beispiel: In Zeile 10 des Programmes wird COUNTEM ein Wert zugewiesen. COUNTEM scheint in diesem Textbeispiel ein gewöhnlicher Bezeichner zu sein, doch der Schein trügt. Innerhalb eines Funktions-<Blockes> können Sie den Bezeichner der zugehörigen Funktion nicht rechts neben den Zuweisungsoperator oder an einen anderen passenden Platz für einen Ausdruck stellen, ohne daß die Funktion sich dann selbst aufruft! Dies nennt man "Rekursion". Wir werden weiter hinten noch darauf zu sprechen kommen. Innerhalb eines <Blockes> einer Funktion kann man dem Funktionsbezeichner ohne weiteres an verschiedenen Stellen Werte zuweisen. Dies kann z.B. innerhalb einer Verschachtelung aus IF-Anweisungen geschehen, um dem Funktionsbezeichner aufgrund unterschiedlicher Bedingungen verschiedene Werte zu vereinbaren. Das Programm COUNTWORDS ruft in Zeile 19 die Funktion COUNTEM auf und damit die erste der beiden Anzeigen durch WRITELN.

Übung 4.5:

Schreiben und debuggen Sie ein Programm mit einer Funktion, die eine Zeile abtastet und dann anzeigt, wieviele nicht alphabetische Zeichen diese Zeile enthält. Denken Sie daran, daß alle alphabetischen Zeichen größer als oder gleich 'A' sind und kleiner als oder gleich 'Z' ODER größer als oder gleich 'a' oder kleiner als oder gleich 'z'. Nehmen Sie fünf beliebige Zeilen aus diesem Buch mit verschiedenen Interpunktionen wie z.B. '.', ',', ';', ':', ' ' usw. und prüfen Sie, ob sich die Programmanzeige mit dem deckt, was Sie gelesen haben.

7. Variablen-Parameter

Manchmal wünscht man sich, daß eine Funktion oder Prozedur nach Beendigung zwei oder mehr Werte zurückgibt. Dies kann man mit Hilfe von "Variablen-Parametern" erreichen, die sich von den bisher kennengelernten Parametern den Aufruf-durch-Wert-Parametern" oder einfach "Wertparametern" unterscheiden. Ein Wertparameter kann nur dann einen Wert empfangen, wenn seine Funktion oder Prozedur aufgerufen wird.

Das Musterprogramm PARAMDEMO zeigt auf einfache Weise den Unterschied zwischen einem Wertparameter und einem Variablen-Parameter. In Teil (b) der Abb. 4-4 <Parameterliste> wird die Syntax für beide Parameterarten gezeigt. In jedem Programmschritt zeigt die Prozedur DISPLAY jeweils die Wirkung auf die globalen Variablen X und Y an. Das Programm besteht aus fünf Hauptteilen, die aus Gründen der Übersichtlichkeit jeweils durch eine Leerzeile getrennt sind, und aus den beiden Initialisierungen in den Zeilen 25 und 26. Die vom Programm PARADEMO angezeigten Zeilen zeigen wir auf einer gesonderten Seite.

```
PROGRAM PARADEMO;
VAR X,Y:INTEGER;

  PROCEDURE PV(X: INTEGER);
  BEGIN
    WRITELN('ENTER PV, X=', X);
    X:=X+5;
    WRITELN('LEAVE PV, X=', X);
END (*PV*);

PROCEDURE  PN(VAR N: INTEGER);
BEGIN
  WRITELN('ENTER PN, N=', N);
  N:=N+1;
  WRITELN('LEAVE PN, N=', N);
END (*PN*);

PROCEDURE DISPLAY;
BEGIN
  WRITELN('X=',X, Y=',Y);
  WRITELN
END (*DISPLAY*);

BEGIN (*MAIN PROGRAM*)
  X:=1;
  Y:=2;
  DISPLAY;

  PV(Y);
  DISPLAY;

  PV(X);
  DISPLAY;

  PV(3*Y + X);
  DISPLAY;

  PN(X);
  DISPLAY;

  PN(Y);
  DISPLAY;
END.
```

```
ANZEIGE ZU PARADEMO

X=1, Y=2

ENTER PV, X=E
LEAVE PV, X=7
X=1, Y=2

ENTER PV, X=1
LEAVE PV, X=6
X=1, Y=2

ENTER PV, X=7
LEAVE PV, X=12
X=1, Y=2

ENTER PN, N=1
LEAVE PN, N=2
X=2, Y=2

ENTER PN, N=2
LEAVE PN, N=3
X=2, Y=3
```

<Block>

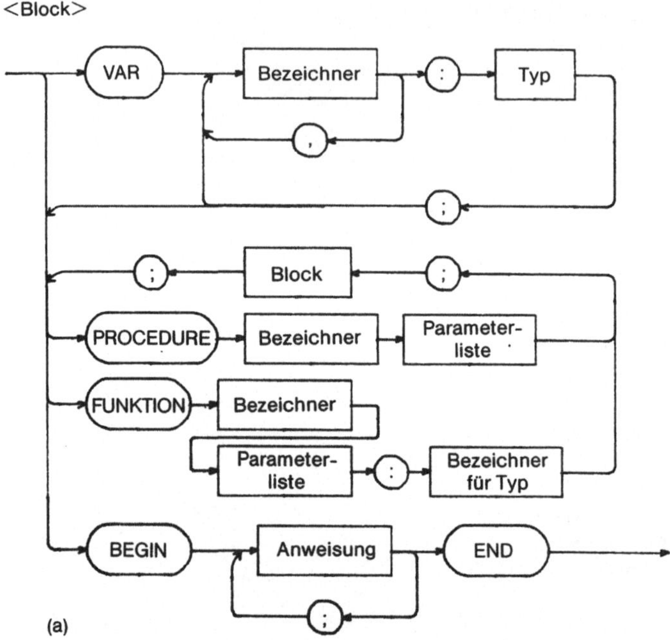

(a)

<Parameterliste>

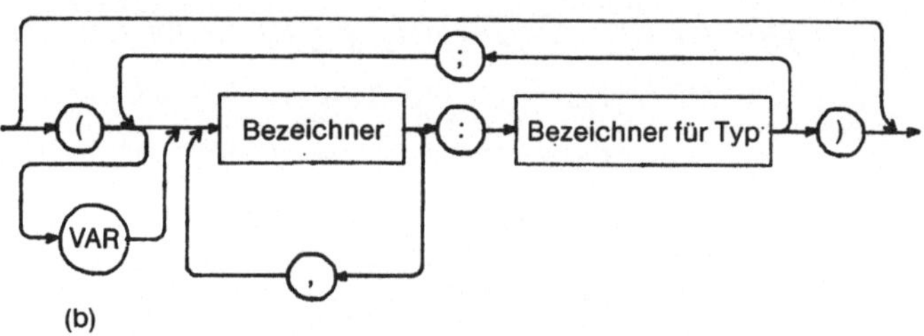

(b)

Abbildung 4–4

Die Prozedur PV hat einen "Wert-Parameter" X, die Prozedur PN einen Variablen- oder "Namenaufruf-Parameter" N. Die Syntaxregeln verlangen, daß der reservierte Bezeichner VAR vor jeder Bezeichnerliste, die aus Variablen-Parametern bestehen muß, erscheint. Dagegen darf VAR nicht vor den Bezeichnern erscheinen, die Wert-Parameter darstellen. VAR erscheint also einmal für jeden einzelnen Parameter-<Typ>. Im Beispiel:

```
PROCEDURE P(A:INTEGER; VAR B,C:INTEGER; D:INTEGER;
     VAR E:BOOLEAN; VAR S:STRING);
```

sind B, C, E und S Variablen-Parameter und A und D Wert-Parameter. In Zeile 29 des Programmes wird PV aufgerufen mit Hilfe von Y als ihr Aktualparameter. Wie Zeile 5 der Anzeige zeigt, wurde Y der Wert 2 zugewiesen, der dann innerhalb PV dem Parameter X zugewiesen wird. In Zeile 7 addiert der Parameter 5 zu X und zeigt das aus Zeile 7 resultierende Ergebnis in Zeile 6 an. Beachten Sie die Zeile 7, aus der hervorgeht, daß dieser Vorgang keinerlei Veränderungen der globalen Variablen X und Y bewirkt hat. Lediglich die lokale Variable der Prozedur, d.h. der Parameter, wurde verändert. Wie Sie in Zeile 11 der Anzeige sehen, verändert auch der Aufruf von PV in Zeile 32, mit der globalen Variablen X als Aktualparameter, den Wert der globalen Variablen nicht.

Der Aktualparameter in Zeile 35 ist als arithmetischer Ausdruck und nicht als einfacher Hinweis auf eine Variable anzusehen. Man kann als Aktualparameter einen Ausdruck verwenden, wenn der entsprechende Formalparameter (in der Prozedur- oder Funktionsvereinbarungszeile) durch Wert aufgerufen wird und vom selben <Typ> ist wie der Ausdruck. Die Anzeige in Zeile 13 zeigt uns daher an, daß der Parameter X beim Aufruf der Prozedur PV in Zeile 7 transferiert wird. Sie können ganz einfach feststellen, daß es sich zu diesem Zeitpunkt um den Wert 3*Y+X handelt. Wieder hat der Aufruf der Prozedur PV die Werte der globalen Variablen X und Y nicht beeinträchtigt.

In Zeile 38 des Programmes wird PN mit dem Aktualparameter X aufgerufen. Die entsprechende Anzeige in den Zeilen 17 und 18 zeigt, daß der Parameter N, wie zu erwarten war, durch die Addition in Zeile 14 des Programmes geändert wurde. Jetzt zeigt die Zeile 19 an, daß die globale Variable X einen neuen Wert angenommen hat, u.z. den Wert des Parameters N bei Beendigung von PN. Der Grund dafür ist der, daß innerhalb der Prozedur ein Variablen-Parameter den Aktualparameter "maskiert", der beim Prozeduraufruf verwendet wird. In diesem Fall wird der Aktualparameter für den Formalparameter eingesetzt.

Der Aufruf von PN(X) in Zeile 38 des Programmes bedeutet, daß N in der Prozedur PN wieder durch X ersetzt wird. Der Aufruf von PN(Y) in Zeile 41 bedeutet, daß N innerhalb der Prozedur einfach Y heißen kann. Die beiden Aufrufe von PN bewirken also, daß die als Aktualparameter verwendeten globalen Variablen sich ständig verändern.

Etwas verallgemeinernd kann man sagen, wenn Sie nur Informationsaustausch HINEIN in eine Prozedur oder Funktion wünschen, dann sollten Sie Wert-Parameter verwenden. Wenn Sie allerdings Informationsaustausch auch wieder aus einer Funktion oder Prozedur HERAUS wünschen und die Verwendung des Mechanismus für Funktionswert-Rückgabe nicht angebracht erscheint, dann müssen Sie Variablen-Parameter verwenden. In diesem Fall entwickelt der Übersetzer Befehle, die jeden Hinweis auf einen formalen Variablen-Parameter in einen Hinweis auf die Speicherzelle des Aktualparameters übersetzt. Bei einfachen Variablen empfiehlt es sich grundsätzlich, den Wert-Parameter zu verwenden. Bei komplexen Datenstrukturen, wie wir sie dann später in den Kapiteln 8, 9 und 10 finden werden, würde die Verwendung des Wert-Parameters einen entschieden zu großen Zeitaufwand für die Verarbeitung bedeuten. In solchen Fällen sollte man unbedingt den Variablen-Parameter verwenden. Beachten Sie, daß durch den Austausch der Variablen-Parameter Informationsaustausch sowohl HINEIN wie auch HERAUS aus einer Funktion oder Prozedur möglich ist.

Übung 4.6:

Ändern Sie Ihr Programm aus Übung 4.5, so daß es die Buchstaben mit einer Prozedur, die einen Variablen-Parameter enthält, zählt und nicht mit einer Funktion. Nehmen Sie wieder fünf Textzeilen aus diesem Buch, und prüfen Sie Ihr Programm auf Richtigkeit.

Übung 4.7:

Für Programmierer ist es eine alltägliche Aufgabe, eine Prozedur aufzustellen, die bei einem bestimmten Punkt einer Textzeile beginnend, diese abtastet und als Wert eine Kette mit einer "Zeichenfolge" zurückgibt, die aus dem nachfolgenden Text besteht. In dieser Übung bildet die Zeichenfolge entweder ein englisches Wort oder sie besteht aus irgendeinem Zeichen außer einem Leerzeichen.

Schreiben und debuggen Sie ein Programm, welches eine willkürlich über die Tastatur eingegebene Zeichenkette aufruft und akzeptiert und anschließend jede eingegebene Zeichenfolge in einer gesonderten Zeile anzeigt. Als Testhilfe beim Debuggen raten wir Ihnen, jedesmal wenn eine Zeichenfolge angezeigt wird, auch den Wert der Variablen anzuzeigen, mit der Sie jeweils die Abtaststelle in der STRING-Variablen anzeigen.

Sie sollten auch die Anzahl der Zeichen, aus der die angezeigte Zeichenfolge nach "Meinung" Ihres Rechners besteht, auf dem Bildschirm anzeigen. Achten Sie darauf, daß keine Leerzeichen mitgezählt werden.

Damit Ihr Programm auch andere Zeichen außer Buchstaben und Leerzeichen verarbeiten kann, sollten Sie für den Abtastvorgang besser IF-Anweisungen verwenden statt der eingebauten POS-Funktion. COPY und DELETE können bei der Behandlung von Unterketten hilfreich sein, wenn Sie diese nach den einzelnen aufeinanderfolgenden Zeichen abtasten.

Testen Sie Ihr Programm mit den Zeilen 11 und 13 des Programmes PARAMDEMO. Prüfen Sie das Programmergebnis, indem Sie die Zeilen nach Zeichenfolgen durchlesen.

8. Rekursive Prozeduren

Eine Prozedur, die sich selbst aufruft, nennt man "rekursiv". Dieser im Grunde einfache Mechanismus ist eines der wichtigsten Programmierwerkzeuge und ähnelt sehr dem Prinzip, nach welchem die Mathematiker mathematische Verknüpfungen beschreiben, die sonst nur sehr komplex darstellbar wären. Wir kommen aus zwei Gründen schon jetzt auf rekursive Prozeduren zu sprechen. Zum ersten haben wir erkannt, daß es für Sie wichtig ist, rekursive Prozeduren zu kennen, damit Sie verstehen lernen, wie Prozeduren überhaupt arbeiten. Zum zweiten ist die Rekursion so eng mit Problemlösungen verbunden, daß Sie diesen

```
PROGRAM RCOUNT;
VAR S:STRING;

PROCEDURE DOTS(N:INTEGER);
VAR I:INTEGER;
BEGIN
  FOR I:=1   TO N DO WRITE('. ');
END  (*DOTS*);

FUNCTION  COUNTEM(S:STRING;
              LEVEL:INTEGER):INTEGER;
VAT CNT,K,L:INTEGER;
BEGIN
  K:=POS(' ',S);   L:=LENGTH(S);
  DOTS(LEVEL);     WRITELN(S, ', L=',L);
  IF K>0 THEN
      CNT:=1
        +COUNTEM(COPY(S,K+1,LENGTH(S)-K),LEVEL+1)
    ELSE
      CNT:=1;
  COUNTEM:=CNT;
  DOTS(LEVEL);
  WRITELN('LEAVE,CNT=',CNT, ', L=',L);
END  (*COUNTEM*);

BEGIN  (*HAUPTPROGRAMM*)
  WRITELN('COUNTWORDS');
  WRITELN('TYPE ANY ONE LINE SENTENCE');
  READLN(S);
  WHILE LENGTH(S)>0 DO
    BEGIN
      WRITELN(COUNTEM(S,0), 'WORDS');
      WRITELN;
      WRITELN('TYPE ANOTHER');
      READLN(S);
    END;
END.
```

```
ANZEIGE ZU RCOUNT

NOW IS THE TIME FOR ACTION
NOW IS THE TIME FOR ACTION, L=26
.  IS THE TIME FOR ACTION, L=22
.  . THE TIME FOR ACTION, L=19
       TIME FOR ACTION, L=15
.  . . . FOR ACTION, L=10
.  . . . . ACTION,  L=6
.  . . . . LEAVE, CNT=1, L=6
.  . . . LEAVE, CNT=2, L=10
.  . . LEAVE, CNT=3, L=15
.  . LEAVE, CNT=4, L=19
.  LEAVE, CNT=5, L=22
LEAVE, CNT=6, L=26
6  WORDS
```

Mechanismus unbedingt kennenlernen sollten, auch wenn Sie später wahrscheinlich nur sehr wenig Gelegenheit haben werden, ihn zu verwenden. Es gibt Stimmen, die meinen, daß das Thema "Rekursion" für einen Anfänger-Programmierkurs viel zu schwierig sei. Wir haben andere Erfahrungen gemacht. Die kleine Extramühe wird sich ganz sicher für Sie lohnen.

Sehen Sie sich als erstes das Programm RCOUNT an, das ebenso wie das bereits kennengelernte Programm COUNTWORDS die Worte zählt. Bei RCOUNT wird allerdings statt der IF-Anweisung (in Zeile 9 des Programmes COUNTWORDS) COUNTEM aufgerufen, um die Schleife zu steuern, falls der Wert des Aktualparameters der Kette S wenigstens ein Leerzeichen enthält. Der Wert, der in diesem Fall COUNTEM als Parameter zurückgegeben wird, besteht aus der COPY (Kopie) aller Zeichen in S, die dem ersten Leerzeichen folgen. So erhält COUNTEM im nächsten Fall als Wert von S eine Kette mit einem Leerzeichen weniger. COUNTEM kann aber auch in dem Fall aufgerufen werden, da kein Leerzeichen in der Kette vorhanden ist. In diesem Fall wird dann die ELSE-Klausel in COUNTEM dafür sorgen, daß CNT in Zeile 11 der Wert 1 zugewiesen wird. Die Funktion wird dann einen Wert 1 zurückgeben und dadurch mitteilen, daß nur noch ein Wert in der Kette S übriggeblieben ist.

Der letzte Durchlauf von COUNTEM endet und hinterläßt in Zeile 9 an der Stelle des vorletzten Falles (von welchem der letzte Fall von COUNTEM aufgerufen wurde) den Wert 1. Jetzt setzt dann die Entknüpfung ein und der vorletzte Fall der Funktion gibt einen Wert von 2 zurück. Dieser Wert wird in Zeile 9 gegen COUNTEM des vorletzten Falles eingetauscht. Der Vorgang setzt sich solange fort, bis alle Fälle bis auf den ersten beendet sind. Der erste Fall von COUNTEM wurde in Zeile 32 des Programmes innerhalb der Anweisung WRITELN aufgerufen. Wenn dieser Fall beendet ist, setzt die Programmverarbeitung bei WRITELN fort, wie wir es auch im Programm COUNTWORDS erlebt haben.

Für Sie ist es wichtig zu erkennen, daß jeder aufgerufene Fall oder jede Aktivierung einer rekursiven Funktion oder Prozedur wie eine neue Kopie mit leicht verändertem Namen der in Ihrem Programm vereinbarten Funktion oder Prozedur erscheint. Sie können sich die einzelnen Fälle einfach unterschiedlich farbig vorstellen. Wenn also der "schwarze" Fall von COUNTEM den "braunen" zur Durchführung aufruft, muß die "braune" Funktion schließlich zu der Stelle zurückkehren, von welcher sie in Zeile 28 aufgerufen wurde. Diese Stelle liegt innerhalb des "schwarzen" Falles, nicht in Zeile 32 des Hauptprogrammes. Jeder einzelne Fall hat seine eigenen lokalen Variablen und Parameter, die absolut nichts mit denen der anderen Fälle gemein haben. Man könnte ein neues "Fenster" für jeden Prozedur-oder Funktionsfall in den Blockdiagrammen einrichten, obgleich jeder Fall eigentlich denselben Namen hat.

Anhand der Ausgaben des Programms zeigen wir Ihnen noch eine weitere Ablaufdarstellung von RCOUNT. In Zeile 3 sehen Sie den Text, den wir in das Programm eingegeben haben. Zeile 4 wiederholt diesen Text noch einmal, der dann durch die WRITELN-Anweisung in Zeile 15 beim ersten Aufruf von COUNTEM zum erstenmal angezeigt wird. Dieser erste Fall von COUNTEM wird in Zeile 32 des Hauptprogrammes durch den Hinweis auf COUNTEM in der Anweisung WRITELN aufgerufen. Beachten Sie, daß WRITELN in Zeile 32 erst dann seine Ausgabe machen kann, nachdem COUNTEM noch fünfmal aufgerufen und diese fünf neu entstandenen Fälle der Prozedur beendet wurden und das Programm weiterlaufen kann.

Wie schon im Programm NESTDEMO verwenden wir auch in RCOUNT Punkte und Einrückungen, um übersichtlich darstellen zu können, wieviele Prozeduren gerade aktiviert sind. Die Zeilen 5 bis 9 entstanden alle durch Aufrufe von DOTS oder WRITELN(S) in Zeile 15 der Funktion COUNTEM, wobei jede Zeile durch einen neuen Fall der Funktion angezeigt wird. Jede Zeile zeigt also den Wert des Parameters S, der in jedem folgenden Fall der Funktion um ein Wort kürzer ist. Im sechsten Fall von COUNTEM, in dem der Wert des Parameters LEVEL 5 beträgt (5 Punkte), wird der Wert, der K durch POS in Zeile 14 zugewiesen wird, Null, denn die Kette 'ACTION' enthält keine Leerzeichen mehr. Jetzt wird die ELSE-Klausel der IF-Anweisung ausgeführt, indem CNT der Wert 1 zugewiesen wird, ohne daß COUNTEM noch einmal aufgerufen wird. So wird der Kreis, in welchem COUNTEM sich selbst aufruft, unterbrochen, und Zeile 10 der Ausgabe wird angezeigt, sobald der letzte Fall der Funktion beendet ist.

An diesem Punkt verlieren die Studenten leicht den Überblick über das Geschehen. Wir raten Ihnen deshalb eindringlich, das Programm und die Ausgabe solange sorgfältig zu studieren, bis Sie das Wie und Warum der Ausgabe vollständig verstanden haben. Merken Sie sich unbedingt, daß jeder Fall einer Funktion normal beendet werden muß als wäre er eine völlig selbständige Prozedur innerhalb des PASCAL-Programmes.

Da COUNTEM eine Funktion ist, muß sie einen Wert zurückgeben, der zur Berechnung des Ausdrucks, in welchem diese Funktion aufgerufen wurde, verwendet wird. Die Ablauffolge nach Zeile 10 in der Ausgabe ist folgende: CNT wird in den Zeilen 17 und 18 der Wert 2 zugewiesen (1 ist in diesem Ausdruck eine Konstante, u.z. ist 1 der Wert, der beim letzten Fall von COUNTEM zurückgegeben wurde, wie aus Zeile 10 der Ausgabe ersichtlich ist). Anschließend wird COUNTEM in Zeile 21 der Wert 2 zugewiesen, und die Zeile 11 der Ausgabe wird erzeugt. Als nächstes endet dann der vorletzte Fall von COUNTEM, und zu dem Ausdruck wird in den Zeilen 17 und 18 der Wert 2 addiert, so daß im vorhergegangenen Fall von COUNTEM CNT der Wert 3 zugewiesen wird. Die Verarbeitung setzt hier fort, und jeder Fall von COUNTEM wird beendet und hinterläßt seinen Wert für den nächsten vorhergehenden Fall.

Als weiter Orientierungshilfe, und nur zu diesem Zweck, haben wir die lokale Variable L in die Funktion COUNTEM eingebaut.

Beim Aufruf von COUNTEM wird der Variablen L der entsprechende Wert von LENGTH in S innerhalb des laufenden Falles von COUNTEM zugewiesen.

Dieser Wert wird dann zusammen mit S durch die Anweisung WRITELN in Zeile 15 angezeigt und noch einmal in Zeile 23, wenn die Funktion beendet ist. Wie Sie in Zeile 4 der Ausgabe sehen können, wird L im ersten Fall von COUNTEM ein Wert von 26 zugewiesen. Wenn schließlich alle Fälle von COUNTEM abgelaufen sind, kehrt die Programmverarbeitung zum ersten Fall von COUNTEM zurück,und Zeile 15 der Ausgabe wird erzeugt. Durch diese Zeile erfahren wir, daß L in diesem Fall der Funktion weiterhin den Wert 26 hat, denn in der Funktion gibt es keine weiteren Anweisungen, die L einen neuen Werten zuweisen könnten. Ein Beweis dafür, daß jeder Fall der Funktion über seine völlig eigenen lokalen Variablen verfügt, die mit keinem der anderen Fälle gemeinsam verwendet werden, obgleich doch die Programmanweisungen bei jedem einzelnen Fall dieselben sind.

Übung 4.8:

Der oben beschriebene Rekursions-Mechanismus kann sowohl bei Prozeduren wie auch bei Funktionen angewendet werden. Ändern Sie Ihr Programm RCOUNT so ab, daß aus der Funktion COUNTEM eine Prozedur wird. Zum Wert von CNT addieren Sie den Wert, den Sie im nächsten Fall von COUNTEM errechnen werden. Um diesen Wert dem entsprechenden Fall Ihrer Prozedur zurückzugeben, müssen Sie einen Variablen-Parameter verwenden, da Sie hier den Funktions-Rückgabewert-Mechanismus nicht anwenden können. Beachten Sie, daß es sehr wohl möglich wäre, diesen Wert von einem bestimmten Fall der Prozedur zu dem aufrufenden Fall zurückzugeben. Dies geschähe mit Hilfe einer globalen Variablen. In diesem einfachen Rekursionsbeispiel wäre die Anwendung der globalen Variablen sogar möglich, was meist jedoch nicht der Fall ist. Deshalb sollten Sie in diesem Beispiel auch besser einen Variablen-Parameter verwenden.

9. Mißbräuchliche Anwendung der Rekursion in PASCAL

Das Programm RCOUNT war bestens dazu geeignet, die Wirkung der Rekursion zu erklären; für die Lösung der anliegenden Probleme in den beiden Programmen bietet jedoch das Programm COUNTWORDS sehr viel bessere Möglichkeiten. Wir haben diesen Umweg über RCOUNT gewählt, weil wir unnötige Komplikationen des Problems vermeiden wollten. Sie sollten erst einmal wirklich verstehen lernen, wie dieser Rekursions-Mechanismus abläuft. Die Musterprogramme in diesem Abschnitt sollen Ihnen dabei helfen. Alle diese Programme können auch so programmiert werden, daß sie ohne Rekursionen arbeiten.

Man kann zusammenfassend sagen, daß die Rekursion immer da richtig verwendet ist, wo der Algorithmus es erforderlich macht, daß eine Prozedur sich selbst oder eine Begleitprozedur wenigstens zweimal aufruft. Die lokalen Variablen der Prozeduren speichern alle Informationen vom Zeitpunkt des Aufrufs des ersten Falles bis zum Zeitpunkt, da dieser Fall wiederkehrt und Vorbereitungen für den Aufruf des nächsten Falles getroffen werden.

Im nächsten Abschnitt erklären wir Ihnen dieses Prinzip anhand verschiedener Musterprogramme. Eine andere sinnvolle Anwendung der Rekursion ist dann gegeben, wenn jedes Glied einer Folge später, in umgekehrter Reihenfolge, wieder verwendet werden soll.

Das Programm FACTORIAL zeigt ein Beispiel für eine sehr häufig in Einführungstexten vorkommende (Falsch)Anwendung der Rekursion. Die Fakultäts-Funktion hat in der Mathematik eine einfache Definition:

Fakultät (N) =N* Fakultät (N-1)

Darüberhinaus ist Fakultät (1) mit einem Wert 1 definiert. Beispiel:

Fakultät(2) = 2 * 1
Fakultät(3) = 3 * 2 = 6
Fakultät(4) = 4 * 6 = 24
Fakultät(5) = 5 * 24 = 120

und so weiter. In unserem Programm wird der Wert der Fakultäts-Funktion als ein "Argument" errechnet, d.h. ein Datenwert, der als Aktualparameter verwendet und über die Tastatur eingegeben wird. Das Programm sieht für das Argument eine Ziffer zwischen 0 und 7 vor. Eine größere Ziffer ist nicht möglich, da der Wert sonst von Ihrem Mikrorechner sicher nicht mehr in einer einzigen Speicherzelle gespeichert werden könnte. Größere Werte können auf entsprechend größeren Rechnern exakt berechnet werden oder ein Annäherungswert auf Mikrorechnern, wie Sie im nächsten Kapitel sehen werden.

In der Anzeige des Programmes FACTORIAL sehen Sie Beispiele für Argumente 1, 2, 3 und 4. Wir geben Ihnen diese vier Beispiele hauptsächlich deshalb, um Ihnen zu zeigen, daß das Programm aufgrund seiner Datenwerte bestimmt, wieviele Fälle der Funktion RFACT aufgerufen werden sollen. Ist der Wert des Parameters N nicht größer als 1, gibt die Funktion eine 1 zurück und ruft RFACT, das nun als Aktualparameter einen Wert von N-1 hat, nicht auf.

```
PROGRAM FACTORIAL;
VAR X,RESULT:INTEGER;

PROCEDURE DOTS(N:INTEGER);
VAR I:INTEGER;
BEGIN
  FOR I:=1 TO N DO WRITE('.  ');
END (*DOTS*);

FUNCTION RFACT(N,LEVEL:INTEGER):INTEGER;
VAR RF:INTEGER;
BEGIN
  DOTS(LEVEL);
  WRITELN('ENTER, N=',N);
  IF N>1 THEN RF:=RFACT(N-1,LEVEL+1)*N
         ELSE RF=1;
  RFACT:=RF;
  DOTS(LEVEL);
  WRITELN('LEAVE, N=',N, ', RF=',RF);
END (*RFACT*);

FUNCTION FACT(N:INTEGER):INTEGER;
VAT I,X:INTEGER;
BEGIN
  X:=1;
  FOR I:=N DOWNTO 2 DO X:=X*I;
  FACT:=X;
END (*FACT*);

BEGIN (*MAIN PROGRAM*)
  WRITELN('FACTORIAL');
  WRITELN('TYPE ANY DIGIT 0 THRU 7, THEN <RET>');
  READLN(X);
  WHILE (X>=0) AND (X<7) DO
    BEGIN
      RESULT:=RFACT(X,0);
      WRITELN('X=',X, RFACT=', RESULT,
                            ', FACT=',FACT(X));
      WRITELN;
      WRITELN('TYPE ANOTHER');
      READLN(X);
    END;
END.
```

```
ANZEIGE ZU FACTORIAL

TYPE ANOTHER
1
ENTER, N=1
LEAVE, N=1, RF=1
X=1, RFACT=1, FACT=1

TYPE ANOTHER
2
ENTER, N=2
. ENTER, N=1
. LEAVE, N=1, RF=1
LEAVE, N=2, RF=2
X=2, RFACT=2, FACT=2

TYPE ANOTHER
3
ENTER, N=3
. ENTER, N=2
. . ENTER, N=1
. . LEAVE, N=1, RF=1
. LEAVE, N=2, RF=2
LEAVE, N=3, RF=6
X=3, RFACT=6, FACT=6

TYPE ANOTHER
4
ENTER, N=4
. ENTER, N=3
. . ENTER, N=2
. . . ENTER, N=1
. . . LEAVE, N=1, RF=1
. . LEAVE, N=2, RF=2
. LEAVE, N=3, RF=6
LEAVE, N=4, RF=24
X=4, RFACT=24, FACT=24
```

Die lokale Variable RF verwenden wir, um den von der Funktion zurückgegebenen Wert zu speichern. Dieser Wert kann dann in der Protokoll-Anweisung WRITELN in Zeile 19 verwendet werden, ohne daß die Funktion noch einmal aufgerufen werden muß. Es wäre allerdings auch möglich gewesen, RFACT in den Zeilen 15 und 16 direkt einen Wert zuzuweisen.

Sehen Sie sich jetzt die Funktion FACT an. Wie uns die Anzeige zeigt, errechnet FACT denselben Wert wie RFACT, wenn der Wert des Parameters derselbe ist. FACT basiert auf der Feststellung, daß die obige Tabelle (Fakultäts-Funktion) auch folgendermaßen geschrieben werden kann:

```
Fakultät(2) = 2 * 1
Fakultät(3) = 3 * 2 * 1
Fakultät(4) = 4 * 3 * 2 * 1
Fakultät(5) = 5 * 4 * 3 * 2 * 1
```

und so weiter. Dies kann ganz einfach mit Hilfe der FOR-Anweisung berechnet werden und die weniger effiziente rekursive Funktion oder Prozedur ist hier wirklich nicht erforderlich. Wenn wir nun gelegentlich für einen Wert den Wert der Fakultäts-Funktion errechnen müssen, braucht uns die geringere Effizienz der Rekursion nicht weiter zu stören. Oft muß man allerdings eine Funktion oder Prozedur aufstellen, die sehr häufig verwendet werden soll. Dann sollte man doch unnütze Verarbeitungszeit, die durch den Aufruf einer Prozedur oder Funktion entstehen würde, vermeiden, zumal das Debugging des Programmes dadurch nicht erschwert würde.

Wir wollen auf dieses Problem noch näher eingehen, indem wir die Zahlenglieder einer wichtigen mathematischen Folge, der "Fibonacci"-Folge, einmal mit rekursiven und einmal mit nicht-rekursiven Funktionen untersuchen. Das jeweils folgende Glied bildet immer die Summe der beiden vorhergegangenen Glieder der Zahlenfolge. Das sieht folgendermaßen aus:

0 1 1 2 3 5 8 13 21 34 55 89

und so weiter. Der Rechenvorgang soll bei den Zahlen 0 und 1 beginnen. Wir können also sagen:

fib(n) = fib(N-1) + fib(N-2)

Das Argument besteht hier aus dem jeweiligen Zahlenglied der Folge, beginnend bei 0 (Null). Beispiel:

fib(3) = fib(2) + fib(1) = 1 + 1 = 2
fib(6) = fib(5) + fib(4) = 5 + 3 = 8

und so weiter. Im Programm TRACEFIB können die N-ten Glieder dieser Folge sowohl mit rekursiven (RFIB) wie auch mit nicht-rekursiven (FIB) Funktionen berechnet werden. Die angezeigten Zeilen, die wir für N-Werte von 2, 3 und 4 erhalten, sehen Sie auf einer gesonderten Seite. Hier soll gezeigt werden, daß RFIB mehr als einmal aufgerufen wird, um den Wert der Glieder mit kleinem Zahlenwert zu berechnen. Beispiel: die Zeilen 32, 37 und 41 zeigen an, daß RFIB aufgerufen wurde, um RFIB(1) zu berechnen und dabei nur mit dem einen Folgenglied RFIB(4) arbeitet. Bei dieser rekursiven Lösung des Problems wird RFIB zunehmens immer häufiger aufgerufen werden müssen. Für RFIB(11) z.B. muß RFIB genau 1024 mal aufgerufen werden, um Ersatzwerte für N zu erhalten.

Dagegen verwendet die Funktion FIB eine einfache FOR-Schleife, um die Werte zweier Glieder der Folge für die Berechnung des nächsten Gliedes zu speichern. Sowie das neue Glied X zugewiesen worden ist, können XBACK1 und XBACK2 für die nächste Schleife neue Werte zugewiesen werden. Der Rechenaufwand erhöht sich proportional zur Zunahme des an FIB übergebenen Wertes

```
PROGRAM TRACEFIB;
VAR X,RESULT:INTEGER;

PROCEDURE DOTS(N:INTEGER);
VAR I:INTEGER;
BEGIN
  FOR I:=1 TO N DO WRITE('.  ');
END (*DOTS*);

FUNCTION RFIB(N,LEVEL:INTEGER):INTEGER;
VAR RF:INTEGER;
BEGIN
  DOTS(LEVEL); WRITELN('ENTER, N=',N);
  IF N>1 THEN
      RF:=RFIB(N-1,LEVEL+1) + RFIB(N-2,LEVEL+1)
    ELSE
      IF N=1 THEN RF:=1
        ELSE RF:=0;
  RFIB:=RF;
  DOTS(LEBVEL);
  WRITELN('LEAVE, N=',N, ', RF=',RF);
END (*RFACT*);

FUNCTION FIB(N:INTEGER):INTEGER;
VAR XBACK1,XBACK2,SAVE,X,I:INTEGER;
BEGIN
  IF N<=1 TEHN FIB:=N ELSE
  BEGIN
    XBACK1:=1; XBACK2:=0
    FOR I:=2 TO N DO
      BEGIN
        X:=XBACK1 + XBACK2;
        (*FUER NAECHSTEN DURCHLAUF VORBEREITEN*);
        (SAVE:=XBACK1;XBACK1:=X; XBACK2:=SAVE;
      END;
    FIB:=X;
  END;
END (*FIB*);

BEGIN (*MAIN PROGRAM*)
  WRITELN('FIBONACCI');
  WRITELN('TYPE ANY DIGIT 0 THRU 7, THEN <RET>');
  READLN(X);
  WHILE (X>=0) AND (X<=7) DO
    BEGIN
      RESULT:=RFIB(X,0);
      WRITELN('X=',X,', RFIB=', RESULT,
                              FIB=', FIB(X));
      WRITELN;
      WRITELN('TYPE ANOTHER');
      READLN(X);
    END;
END.
```

```
ANZEIGE ZU TRACEFIB;

TYPE ANOTHER
2
ENTER, N=2
. ENTER, N=1
. LEAVE, N=1, RF=1
. ENTER, N=0
. LEAVE, N=0, RF=0
LEAVE, N=2, RF=1
X=2, RFIB=1, FIB=1

TYPE ANOTHER
3
ENTER, N=3
. ENTER, N=2
. . ENTER, N=1
. . LEAVE, N=1, RF=1
. . ENTER, N=0
. . LEAVE, N=0, RF=0
. LEAVE, N=2, RF=1
. ENTER, N=1
. LEAVE, N=1, RF=1
LEAVE, N=3, RF=2

X=3, RFIB=2, FIB=2

TYPE ER
4
ENTER, N=4
. ENTER,  N=3
. . ENTER, N=2
. . . ENTER, N=1
. . . LEAVE, N=1, RF=1
. . . ENTER, N=0
. . . LEAVE, N=0, RF=0
. . LEAVE, N=2, RF=1
. . ENTER, N=1
. . LEAVE, N=1, RF=1
. LEAVE, N=3, RF=2
. ENTER, N=2
. . ENTER, N=1
. . LEAVE,N=1, RF=1
. . ENTER, N=0
. . LEAVE, N=0, RF=0
. LEAVE, N=2, RF=1
LEAVE, N=4, RF=3
X-4, RFIB=3, FIB=3
```

für N: Bei der rekursiven Methode dagegen erhöht er sich auf 2 hoch (N-1). In diesem Fall ist ganz eindeutig die nicht-rekursive Methode die bessere Lösung gegenüber der rekursiven. Bei RFIB muß zwar der Wert von N lokal in der Funktion gespeichert werden, damit er jeweils bei Aufruf eines neuen Falles von RFIB zur Berechnung der Werte N-1 und N-2 verwendet werden kann, aber das Programm muß nie mehr als zwei Werte der Folge speichern, um den nächsten Wert erhalten zu können. Die rekursive Lösung ist meist dann die bessere, wenn das Programm eine sehr große Anzahl von Werten zur späteren Verwendung speichern muß. Dies trifft für alle Programme im nächsten Abschnitt zu, und sie wären ohne Rekursion sehr viel schwieriger zu schreiben.

Übung 4.8:

Schreiben und debuggen Sie ein Programm mit einer rekursiven Prozedur REV, mit der Sie die Reihenfolge der Zeichen einer beliebigen Kette umkehren können. Die Logik der Prozedur sollte in Worten ausgedrückt etwa folgendermaßen aussehen: Verwenden Sie einen einfachen Wert-Parameter von <Typ> STRING, den Sie "SOURCE" nennen, um immer auf den Ausgangswert der umzukehrenden Kette zurückgreifen zu können. Wenn die Länge von SOURCE aus mehr als einem Zeichen besteht, dann speichern Sie das erste Zeichen in einer lokalen STRING-Variablen. Anschließend rufen Sie dann wieder REV mit einer Kopie der SOURCE-Kette auf, die jetzt aus allen Ausgangszeichen ohne dem ersten Zeichen besteht. Anschließend an diesen Aufruf fügen Sie dieses gespeicherte Zeichen in oder an die STRING-Variable DEST ein oder an. Sollte sich beim Aufruf von REV herausstellen, daß die Länge von SOURCE nur aus einem einzigen Zeichen besteht, dann initialisieren Sie DEST, indem Sie ihr den Wert von SOURCE zuweisen.

Um den Wert von SOURCE bei jedem Aufruf von REV verfolgen zu können, fügen Sie WRITELN-Anweisungen in Ihr Programm ein. Mit diesen können Sie dann auch die Werte von SOURCE, DEST und dem gespeicherten Zeichen kurz vor Beendigung von REV feststellen. Geben Sie über die Tastatur verschieden lange Ketten ein, und prüfen Sie mit diesen Ihr Programm. Verfolgen Sie ganz genau den Ablauf auf dem Bildschirm und überlegen Sie, wie jede gezeigte Zeile entstanden ist. Nachdem die rekursive Lösung dann richtig abgelaufen ist, versuchen Sie denselben Algorithmus für die nicht-rekursive Lösung zu verwenden.

10. Anwendung der Rekursion

Wir zeigen Ihnen in diesem Abschnitt drei Beispiele, wie komplexe Probleme mit relativ einfachen Programmen gelöst werden können. Bei allen drei Programmen handelt es sich um graphische Darstellungen, und wir wollen Ihnen bei dieser Gelegenheit einmal die zeitliche Ablauffolge einer Rekursion zeigen, was mit einem Worttext sehr viel schwieriger wäre. Wir werden nur eines der drei Programme näher erläutern. Es wird ein Algorithmus verwendet, der in der Rechnerpraxis einen breiten Anwendungsbereich hat und einer wichtigen Familie von Algorithmen angehört. Dieser Algorithmus verwendet ein logisches Hilfsmittel, einen sogenannten "Baum". In der kommerziellen Rechneranwendung wird er immer häufiger verwendet.

Sehen Sie sich Programm GROWTREE mit den zugehörigen Figurenbeispielen in Abb. 4-5 an. Als erstes müssen wir die "CASE-Anweisung" (Fall-Anweisung) erklären, die in Zeile 10 bis 19 dieses Programmes erscheint. Diese Anweisung gleicht der IF-Anweisung und bietet ebenfalls mehr als zwei Auswahlmöglichkeiten an. Bei der CASE-Anweisung wird, wie bei der IF-Anweisung, nur eine der Möglichkeiten ausgeführt. Nach Beendigung

```
PROGRAM  GROWTREE;
VAR SCALE,ORDER:INTEGER;

PROCEDURE  TREE(X,Y,LGTH,DIR:INTEGER);
  PROCEDURE CHANGEXY;
  VAR DX,DY:INTEGER;
  BEGIN
    IF DIR<0 THEN  DIR:=DIR+8;
    IF DIR>=8 THEN  DIR:=-8;
    CASE DIR OF
      0: BEGIN DX:=1; DY:=0. END;
      1: BEGIN DX:=1; DY:=1; END;
      2: BEGIN DX:=0; DY:=1;  END;
      3: BEGIN DX:=-1; DY:=1, END;
      4: BEGIN DX:=-1; DY:=0, END;
      5: BEGIN DX:=-1; DY:=-1,  END;
      6: BEGIN DX:=1; DY:=-1, END;
      7: BEGIN DX:=1; DY:=-1, END;
    END   (*CASES*);
    X:=X+SCALE*LGTH*DX;
    Y:=Y+SCALE*LGTH*DY;
  END  (*CHANGEXY*);
BEGIN  (*TREE*);
  PENCOLOR(NONE);
  MOVETO(X,Y);
  TURNTO(DIR*45);
  PENCOLOR(WHITE);
  CHANGEXY;
  MOVETO(X,Y);
  IF LGTH>1 THEN
  BEGIN
    TREE(X,Y,LGTH-1,DIR+1);
    TREE(X,Y,LGTH-1,DIR-1);
  END;
END  (*TREE*);

BEGIN  (*HAUPTPROGRAMM*);
  WRITE('SCALE:');
  READLN(SCALE);
  WRITE('ORDER:');
  READLN(ORDER);
  TREE(0,-SCALE*ORDER-100,ORDER,2);
END.
```

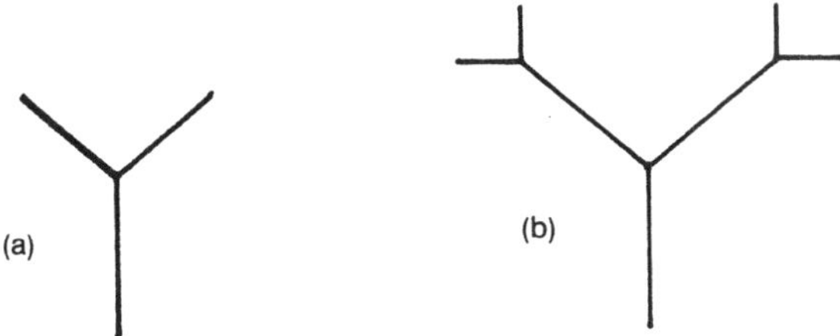

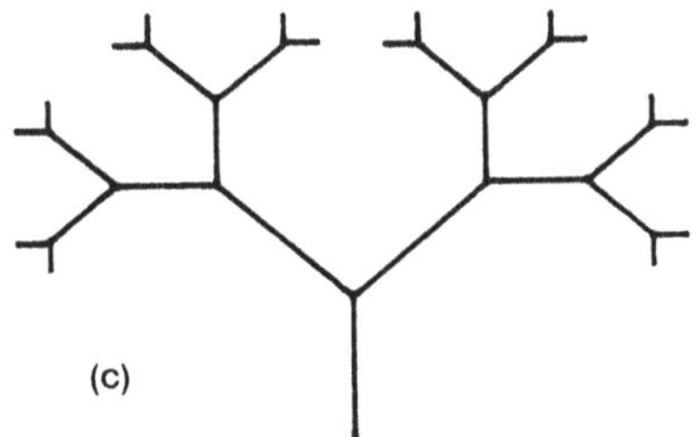

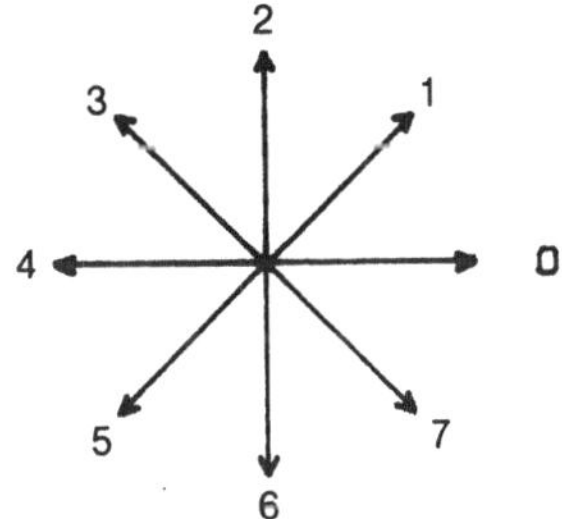

(d)

Abbildung 4–5

(a)

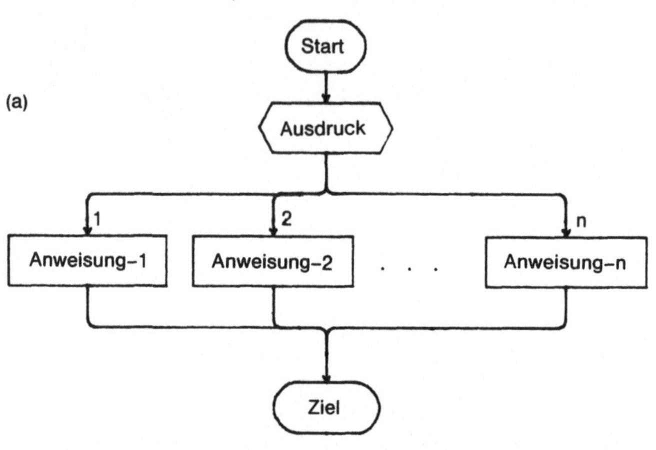

<Fall-Anweisung>

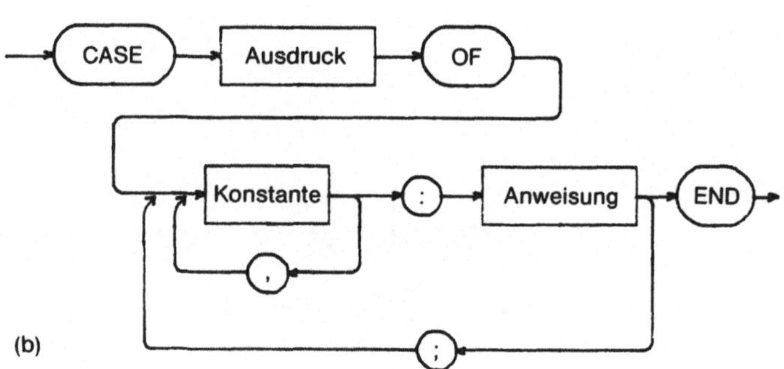

(b)

Abbildung 4-6

der CASE-Anweisung setzt die Programm-Verarbeitung dann fort. In Abb. 4-6 finden Sie Syntax- und Fluß-Diagramm der CASE-Anweisung.

Innerhalb des "Bereiches" der CASE-Anweisung liegen verschiedene unabhängige Anweisungen, die jeweils durch ein oder mehr Konstanten gefolgt von einem Doppelpunkt (":") markiert sind. Nur eine Anweisung in diesem Bereich wird ausgeführt. Diese Anweisung wird durch den Wert des <Ausdrucks> in der Kopfzeile der CASE-Anweisung aus der gesamten Gruppe ausgewählt. Dieser Wert muß einer der Markierungskonstanten entsprechen. Ist dies nicht der Fall, bleibt diese Aktivierung aufgrund der Standarddefinition von PASCAL undefiniert.

Im allgemeinen ist es das beste, direkt vor der Kopfzeile einer CASE-Anweisung eine IF-Anweisung zu verwenden, die sicherstellt, daß der Wert des Auswahl-<Ausdrucks> innerhalb des Bereiches der Markierungskonstanten liegt. In diesem Bereich sollte eine Anweisung vorhanden sein, die jedem möglichen Wert eines Ausdrucks, der nicht von der IF-Anweisung zurückgewiesen wurde, entspricht. Wird die letzte Anweisung innerhalb des Bereiches der CASE-Anweisung mit einem Semikolon (";") beendet, meldet der Übersetzer einen Syntax-Fehler. Im Programm GROWTREE sieht die CASE-Anweisung in etwa folgendermaßen aus:

```
IF DIR=0 THEN
  BEGIN DX:=1; DY:=0; END
  ELSE IF DIR=1 THEN
    BEGIN DX:=1; DY:=1; END
    ELSE IF DIR=2 THEN
      BEGIN DX:=0; DY:=1; END
      ELSE IF DIR=3 THEN
        BEGIN ...
          ETC...
```

Die CASE-Anweisung ist viel einfacher zu schreiben und zu lesen, als eine lange Kette von geschachtelten IF-Anweisungen. Allgemein gilt, daß die Ausführung der CASE-Anweisung wesentlich schneller abläuft als die einer entsprechenden Schachtelung von IF-Anweisungen.

In Abb. 4-5, Teil (d) wird die Ausführung der Prozedur CHANGEXY unseres Musterprogrammes dargestellt, die mit einer CASE-Anweisung arbeitet. In dieser Abbildung stellt jeweils eine ganze Zahl der Menge 0,1,2,3,...,7 eine der acht Turtle-Richtungen dar. CHANGEXY berechnet neue Koordinatenwerte für die MOVETO-Anweisung in Zeile 29 des Programmes. Aufgrund der Zeilen 25 bis 29 des Programmes mit dem Aufruf von CHANGEXY zeichnet die Turtle eine der acht Richtungslinien, entsprechend der Spezifikation des Wert-Parameters DIR der Prozedur TREE. Die Länge der Linien wurde durch LGTH bestimmt. Die vier diagonalen Linien (DIR=1, 3, 5 oder 7) sind länger als die horizontalen und vertikalen Linien, da sowohl DX wie auch DY einen absoluten Wert von 1 besitzen.

Der Hauptteil der Zeichnung wird durch die beiden Selbstaufrufe der rekursiven Prozedur TREE in den Zeilen 32 und 33 gezeichnet. Die Darstellung dazu finden Sie in Abb. 4-5, Teil (a). Der Anfangswert der Variablen ORDER wird hier durch READLN in Zeile 41 auf den Wert 2 gesetzt. Durch den Aufruf von TREE in Zeile 42 erhält der Parameter LENGTH den Wert 2. In den Zeilen 24 und 25 wird die Turtle anschließend ohne Linien zu zeichnen in die durch die Werte X und Y bestimmte Stellung auf dem Bildschirm bewegt. Als "Stamm" des zweiästigen Baumes wird dann in den Zeilen 27 bis 29 die vertikale Linie gezeichnet. Da der Wert von LGTH größter als 1 ist, wird TREE zweimal aufgerufen: einmal für die Linie, die links vom Baum abzweigt (DIR+1), und einmal für die Linie, die rechts vom Baum abzweigt (DIR-1). In beiden Fällen verringert sich der Wert für LGTH um eins, d.h. 2-1=1. Dadurch werden die "Äste" des Baumes also so lang wie der Stamm.

In Teil (b) der Abb. 4-5 wird ORDER ein Wert von 3 zugewiesen und in Teil (c) ein Wert von 5.

Übung 4.9:

Implementieren Sie das Programm GROWTREE (d.h. geben Sie das Programm in den Rechner ein und lassen Sie es ablaufen). Prüfen Sie dann als erstes, ob sich Ihre Programmanzeige bei den drei ORDER-Werten 2,3 und 5 mit den Figuren in Abb. 4-5 deckt. Fügen Sie zwischen den Zeilen 29 und 30 des Programmes eine READLN-Anweisung ein. Wenn Sie das so abgeänderte Programm laufen lassen, darf nur der Baumstamm auf Ihrem Bildschirm erscheinen, und Ihr Programm muß auf weitere Anweisungen warten. Drücken Sie einmal die Taste <RET>, um READLN zufriedenzustellen. Sie werden beobachten, daß eine weitere Linie gezeichnet wird. Dies geschieht jedesmal, wenn <RET> gedrückt wird.

Geben Sie nun ORDER den Wert 2 (über die Tastatur) und lassen Sie das Programm ablaufen. Beachten Sie, wie eine Linie nach der anderen gezeichnet wird, und versuchen Sie, die einzelnen Schritte nachzuvollziehen. Anschließend geben Sie ORDER einen höheren Wert, z.B. den Wert 5 oder 6. Beobachten Sie, es wird wieder eine Linie nach der anderen gezeichnet. Beachten Sie die Reihenfolge, in der dies geschieht. Sie sehen, daß die beiden Linien (Zeilen 32 und 33 des Programmes), die durch den Aufruf von TREE aus irgendeinem Fall von "Baum", demselben Punkt "entspringen", d.h. aus denselben Werten für X und Y. Die beiden Hauptäste werden zu verschiedenen Zeitpunkten gezeichnet, und in der Zwischenzeit werden viele kleine Nebenäste angefertigt. Daher müssen die entsprechenden Werte für X und Y der beiden Hauptäste ohne Änderung vom ersten Fall der Prozedur TREE gespeichert werden. Gleiches gilt für größere Bäume mit stärkerer Verästelung und entsprechend mehr Prozedur-Fällen.

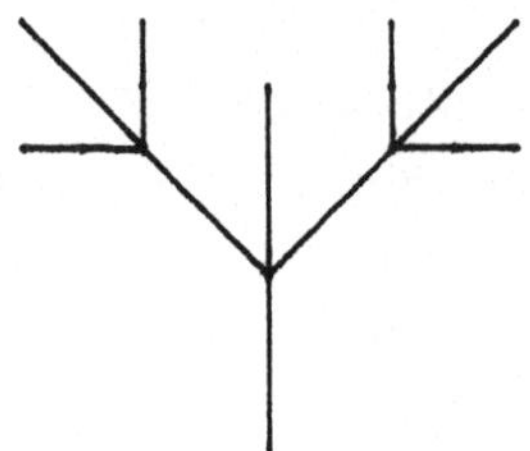

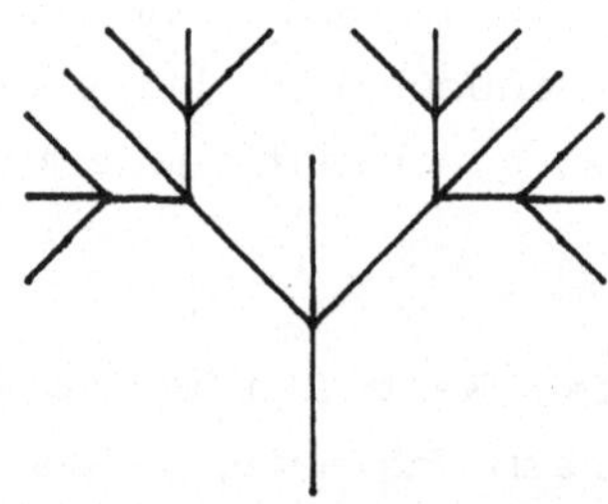

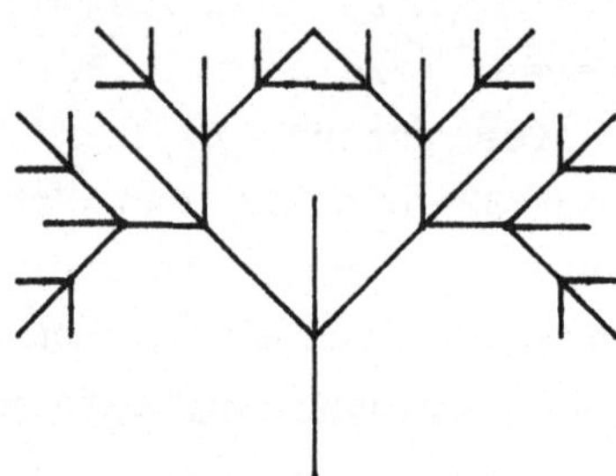

Abbildung 4–7

Sollte Ihnen das bisher Erwähnte noch nicht ausreichen, so empfehlen wir, noch zusätzlich WRITELN-Anweisungen in Ihr Programm einzufügen, die alle Parameterwerte von TREE direkt vor Zeile 24 bzw. 35 anzeigen. Dies ist allerdings nur bei Bildschirmen möglich, die zur selben Zeit graphische Darstellungen und alphanumerische Zeichen getrennt anzeigen können.

Übung 4.10:

Ändern Sie das Programm GROWTREE so, daß es die in Abb. 4-7 gezeigten Bäume zeichnet. Der Hauptunterschied zwischen den beiden Programmen besteht darin, daß jetzt aus jedem Verästelungspunkt drei statt vorher zwei Äste entspringen. Achten Sie darauf, daß die mittleren Äste sich nie in kleinere Äste verzweigen. Anmerkung: Diese Änderung ist sehr einfach, wenn Sie den Algorithmus verstehen. Es müssen lediglich ein paar Linien hinzugefügt oder verändert werden.

Übung 4.11:

Ändern Sie das Programm GROWTREE so, daß es den in Abb. 4-8 gezeigten Apfelbaum zeichnet. Auch diese Änderung ist leicht vorzunehmen.

Sehen Sie sich jetzt das Musterprogramm DRAGONS an. Hier zeichnet ein sehr einfaches Programm eine sehr vielfältige interessante Figur. Für den in Abb. 4-10 gezeigten "Drachen" wurde der Aufruf "Größe" mit der Ziffer 8 beantwortet. Der Algorithmus erzeugt nur dann eine Linie, wenn der Wert des Parameters LENGTH der Prozedur DRAGON gleich Null ist.

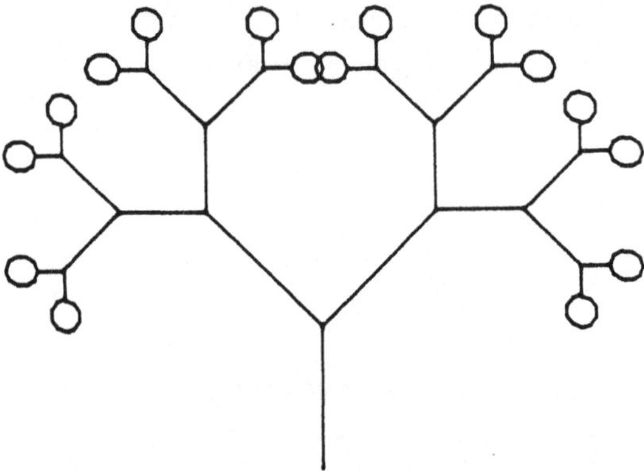

Abbildung 4–8

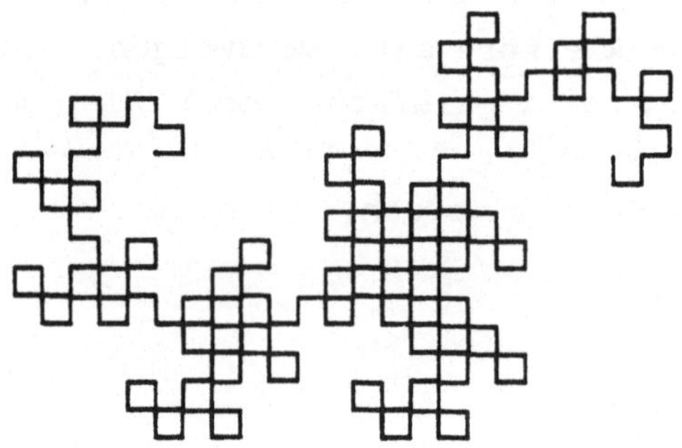

Abbildung 4–9

```
PROGRAM DRAGON;
VAR SIZE:INTEGER;

PROCEDURE DRAGON(LENGTH:INTEGER);
BEGIN
  IF LENGTH=0 THEN MOVE(30)
  ELSE
    IF LENGTH>0 THEN
      BEGIN
        DRAGON(LENGTH-1);
        TURN(90);
        DRAGON(-(LENGTH-1));
      END
    ELSE
      BEGIN
        DRAGON(-(LENGTH+1));
        TURN(270);
        DRAGON(LENGTH+1);
      END;
END (*DRAGON*);

BEGIN (*MAIN PROGRAM*)
  WRITE('SIZE OF DRAGON:');
  READLN(SIZE);
  PENCOLOR(NONE);
  MOVETO(-200,0);
  (*USE ONE-FIFTH OF SCREEN WIDTH INSTEAD  OF 200*)
  PENCOLOR(WHITE);
  DRAGON(SIZE);
END.
```

Übung 4.12:

Um tatsächlich zu verstehen, wie einfach das Programm DRAGON arbeitet, muß man das Programm Schritt für Schritt, Zeile für Zeile ablaufen lassen. Geben Sie zu diesem Zweck das Programm in Ihren Rechner ein, und fügen Sie zwischen die Zeilen 5 und 6 eine READLN-Anweisung ein. Wenn Ihr Anzeigegerät sowohl Graphiken wie auch alphanumerische Zeichen gleichzeitig ausgeben kann, dann fügen Sie an derselben Stelle noch WRITELN ('L:', LENGTH) ein. Lassen Sie Ihr Programm mehrmals ablaufen und verwenden Sie verschiedene Werte für SIZE. Nehmen Sie als Anfangswert 1. Verfolgen Sie das Ablaufgeschehen nun Schritt für Schritt, und vergleichen Sie es mit dem abgedruckten Programm oder mit einer von Ihrem Rechner erstellten Programmliste.

Wenn Sie davon überzeugt sind, daß Sie das Programm DRAGON wirklich verstehen, versuchen Sie Ihr Programm so zu ändern, daß es ein Spiegelbild der Abb. 4-9 zeichnet, d.h. das Drachengesicht muß nach rechts statt nach links zeigen. Versuchen Sie diese Änderung erst auf dem Papier auszuarbeiten, und prüfen Sie sie anschließend auf dem Rechner. Die Änderung ist leicht durchzuführen und sollte Ihnen beim ersten Anlauf gelingen. Als nächstes versuchen Sie dann den Drachen auf den Kopf zu stellen, ohne die Seiten von Abb. 4-9 zu verändern.

Wenn Sie die Möglichkeiten faszinieren, die dieses einfache Programm Ihnen bietet, dann sollten Sie das Programm mit einigen Änderungen noch weiter durchspielen. Versuchen Sie, falls Sie es sich zutrauen, mit anderen ähnlich einfachen Programmen noch weitere interessante Figuren zu zeichnen. (Der Autor freut sich über die Zusendung wirklich guter Beispiele für spätere Publikationen).

```
PROGRAM HILBERT;
VAR SIZE,DELTA,N:INTEGER;
  ORDER:INTEGER;
  PROCEDURE HIL(I:INTEGER);
  VAR A,B:INTEGER;
    PROCEDURE HIL1;
    BEGIN
      TURN(A); HIL(-B); TURN(A);
    END (*HIL1*);
    PROCEDURE HIL2;
    BEGIN
      MOVE(SIZE);
      HIL(B);
      TURN(-A); MOVE(SIZE);  TURN(-A);
      HIL(B);
      MOVE(SIZE);
    END    (*HIL2*);
  BEGIN  (*HIL*);
    IF I=0 THEN  TURN(180)
    ELSE
    BEGIN
      IF I>0 THEN
      BEGIN
        A:=90; B:=I-1;
      END
      ELSE
        BEGIN
          A:=-90; B:=I+1;
        END;
      HIL1; HIL2; HIL1;
    END;
  END  (*HIL*);
BEGIN (*HAUPTPROGRAMM*)
  WRITE('SIZE:');
  READLN(SIZE);    (*GROESSE  FUER IHREN BILDSCHIRM EINGEBEN*)
  WRITE('ORDER:'); READLN(ORDER);
  PENCOLOR(NONE);
  N:=ORDER-1;
  DELTA:=SIZE;
  WHILE N>0 DO
  BEGIN   (*BERECHNUNG BEI POSITION (X,Y) BEGINNEN*);
    DELTA:=DELTA*2;
    N:=N-1;
  END;
  MOVETO(-DELTA,-DELTA);
  PENCOLOR(WHITE);
  HIL(ORDER);
END.
```

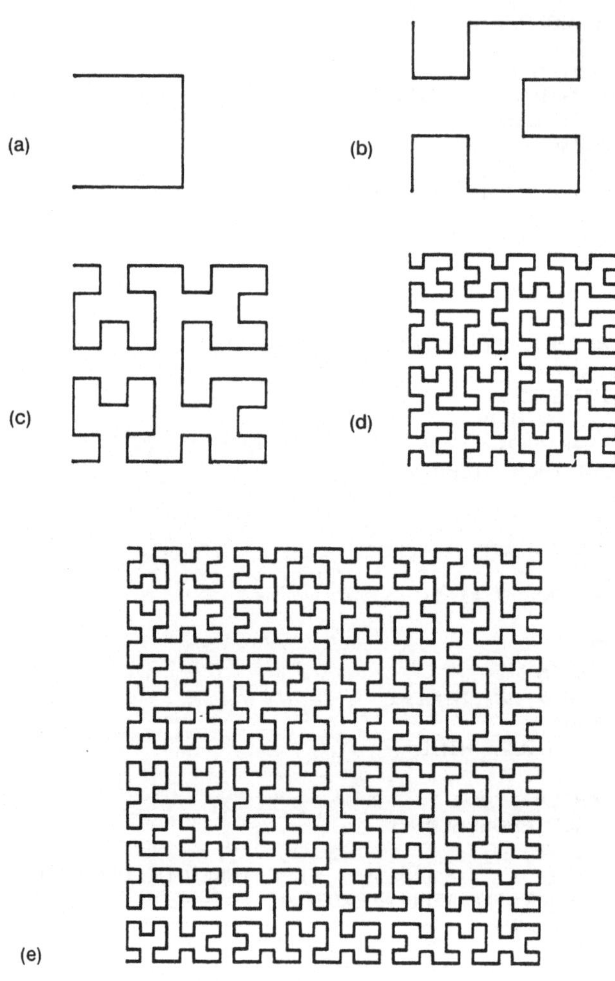

Abbildung 4–10

Übung 4.13:

Falls Ihnen die beiden vorhergegangenen Beispiele als Herausforderung zu einfach waren, versuchen Sie es mit den in Abb. 4-10 gezeigten Mustern. Das Programm hierfür arbeitet mit einem bekannten Algorithmus und ähnelt Algorithmen, die für eine breite Palette von komplexen Wiederholungsmustern verwendet werden. Versuchen Sie erst einmal, eine rekursive Prozedur für dieses Muster aufzustellen, bevor Sie sich dem Musterprogramm HILBERT zuwenden, mit welchem diese Muster erstellt wurden.

Alle Muster in Abb. 4-10 entstanden durch Wiederholungen der dreiseitigen Grundfigur in Teil (a) der Abb. 4-10. Diese Wiederholungen erfolgten in verschiedenen Richtungen. Für das Muster in Abb. 4-10, Teil (a) erhielt ORDER im Programm einen Ausgangswert von 1. In Teil (b) wurde die Grundfigur aus Teil (a) viermal in drei verschiedenen Richtungen wiederholt. Um die vier Grundfiguren miteinander zu verbinden, mußten drei gerade Linien gezeichnet werden, alle drei mit derselben Länge wie die drei Seiten der Grundfigur.

Für Teil (c) der Abb. 4-10 wurden dann vier solcher Figuren aus Teil (b) verbunden (ORDER=3). Auch hier wurden wieder drei gerade Linien verwendet, um die drei Figuren aus Teil (b) miteinander zu verbinden. Ähnlich wurde in Teil (d) verfahren. Hier wurden vier Wiederholungen von Teil (c) verbunden und in Teil (e) wurden wiederum Figuren aus Teil (d) verbunden.

Sollte es Ihnen nicht gelingen, daß Programm für diese Figuren zu schreiben, seien Sie nicht enttäuscht. Verfolgen Sie den Ablauf des Musterprogrammes HILBERT sorgfältig, indem Sie vor jede MOVE-Anweisung hilfsweise eine

READLN-Anweisung einfügen. So können Sie den Programmablauf Zeile für Zeile genau verfolgen.

Probleme

Problem 4.1:

Beantworten Sie folgende Fragen:

Wann dürfen Sie für mehrere unterschiedliche Variable an verschiedenen Programmstellen denselben Namen verwenden? Nennen Sie die Regeln hierfür.

Wann kann man durch Prozedurverschachtelung ein Programm vereinfachen? Erklären Sie, was damit gemeint ist.

Warum erleichtert es die Programmerstellung, wenn Sie die Anzahl der Variablen, auf die sich verschiedene selbständige Teile des Programmes beziehen können, so gering wie möglich halten. Wie würden Sie ein solches Programm aufbauen?

Erklären Sie den wesentlichen Unterschied zwischen einem Variablen-Parameter und einem Wert-Parameter. Wann würden Sie den einen bzw. den anderen verwenden?

Worin unterscheidet sich eine Funktion von einer Prozedur? Welches sind die wesentlichen Schritte, um eine Prozedur in eine Funktion umzuwandeln?

Worin unterscheidet sich eine rekursive Funktion oder Prozedur von einer gewöhnlichen Funktion oder Prozedur?

Unter welchen Bedingungen glauben Sie, könnte eine rekursive Prozedur oder Funktion eine Problemlösung vereinfachen?

Was ist eine CASE-Anweisung, und wie arbeitet sie? Wann würden Sie zur Programmvereinfachung eine CASE-Anweisung verwenden?

5. Arbeiten mit Zahlen

1. Zielsetzung

Das eigentliche Ziel dieses Kapitels besteht darin, Ihnen zu zeigen, wie Sie einfache Zahlenprobleme mit dem Rechner lösen können. Auch hier liegt die Betonung wie in allen Kapiteln auf Problemlösung und Programmierung und nicht auf Mathematik.

1a. Versuchen Sie in vielen kleinen Schritten zu verstehen, wie die Rechner-Hardware arbeitet. Dieses Verständnis soll Ihnen helfen, größere Aufgaben bewältigen zu können.

1b. Untersuchen Sie die binäre Zahlendarstellung im Rechner und den Zusammenhang zwischen Darstellung und Verarbeitung dieser Zahlen. Lernen Sie die Verwendung der äquivalenten Darstellung von Zahlen und Zeichen.

1c. Lernen Sie in vernünftigem Maße mit arithmetischen Ausdrücken zu arbeiten und diese Ausdrücke aus der arithmetischen Form in die Maschinensprache umzuwandeln und umgekehrt. Lernen Sie die Anwendung der Prioritätsregeln.

1d. Verwenden Sie Variable vom <Typ> REAL.

1c. Versuchen Sie zu erkennen, wie Rundungsfehler die Rechengenauigkeit limitieren und welchen Einfluß die Reihenfolge, in der ein Ausdruck geschrieben wird, auf den errechneten Wert des Ausdrucks hat.

1f. Versuchen Sie die Musterprogramme durch gründliches Studium genau zu verstehen.

2. Hintergrund

Wenn man mit dem Rechner arbeitet, kann man es kaum vermeiden, sich auch mit den Grundprinzipien der Zahlenverarbeitung auf dem Rechnersektor zu befassen. Dabei ist es gleichgültig, auf welchem Gebiet man arbeitet, Naturwissenschaften und Technik, Schöne Künste und Geisteswissenschaften, Buchhaltung und Organisation oder welchem auch immer. Studenten der Naturwissenschaft und Technik werden natürlich am meisten mit Zahlenproblemen konfrontiert, denn Sie müssen sich mit der "Numerischen Analyse", einem Nebengebiet der Mathematik, näher beschäftigen. Studenten der Sozialwissenschaften werden es überwiegend mit nicht-numerischen Problemen zu tun haben, doch für Statistiken werden auch Sie sich ganz sicher damit beschäftigen müssen. Alle anderen Studenten dagegen benötigen nur soviel Kenntnis über Zahlenberechnungen, daß sie mit einfachen arithmetischen Ausdrücken umgehen können.

In diesem Kapitel wollen wir grundlegende Kenntnisse für numerische Berechnungen vermitteln, die alle Studenten gleichermaßen beherrschen müssen.

Wir haben daher einige wenige Programme von der mathematischen Seite her aufgezogen und Studenten, die mathematikbezogen arbeiten, werden sicher gern wissen wollen, wie sich diese Beispiele auf ihre sonstige Arbeit auswirken. Doch auch wenn Sie nicht zu diesen Studenten gehören, dürfte es Ihnen nicht schwer fallen, die in jedem Musterprogramm dargestellten Probleme zu verstehen. Unser Hauptanliegen bleibt weiterhin, Ihnen eine Basis für Ihre späteren Problemlösungen zu schaffen. Dies gilt für alle von Ihnen. Die Anwendungsmethoden in diesem für Anfänger bestimmten Buch bleiben im wesentlichen immer dieselben, bei numerischen wie nicht-numerischen Beispielen.

Als erstes geben wir Ihnen einen kurzen Überblick über die Methode, nach welcher fast alle "Digital"-Rechner bei der Zahlenverarbeitung vorgehen. Der Begriff "digital" bedeutet, daß die vom Rechner verarbeiteten Daten aus Zahlen bestehen. "Analogrechner" nennt man solche Geräte, die durch elektrische Signale, mechanische Hebel, Luftdruck oder ähnliche Hilfmittel das Betriebsverhalten anderer Systeme simulieren. Die meisten der heute verwendeten Rechner gehören der Gruppe der Digital-Rechner an. Mit ihnen wollen wir uns in unserem Buch näher beschäftigen.

Es überrascht Sie vielleicht, daß der Digital-Rechner alle Informationen in Form von Zahlen verarbeitet, die gewöhnlich aus einer Folge von Binärziffern bestehen. Eine Binärziffer, oder auch "Bit" genannt, kann nur den Wert 0 oder 1 haben (im Gegensatz zum Dezimalsystem, wo eine Ziffer aus den zehn Werten 0,1,2, 3..,9 bestehen kann). Um mit Daten arbeiten zu können, die nicht Zahlen darstellen, muß man ein Schema entwickeln, nach welchem für die Datenverarbeitung nicht-numerische Informationen in einen numerischen "Kode" übersetzt werden. Bei unseren STRING-Variablen z.B. wird jedes Zeichen durch den "ASCII" (American Standard Code for Information Interchange / Amerikanischer Kode für Informationsaustausch), einem der am häufigsten verwendeten Kodes, in einen numerischen Kode umgewandelt.

Wenn wir die im Rechner gespeicherten Ziffern als Zahlen und nicht als irgendeinen Kode betrachten wollen, dann wird der Rechner für uns einige arithmetische Operationen (wie Addition, Subtraktion, Multiplikation oder Division) durchführen müssen. Die Rechner-Hardware kann aber immer nur eine dieser Operationen zur Zeit durchführen, u.z. immer nur mit zwei Zahlen gleichzeitig. Nach jeder Operation wird das Ergebnis im Rechnerspeicher gespeichert und eine neue Operation kann anschließend vorgenommen werden. Bei den meisten algebraischen Berechnungen müssen wir aber mit mehr als zwei Zahlen arbeiten. Alle höheren Programmiersprachen bieten daher die Möglichkeit, einen algebraischen Ausdruck in besonderer Form direkt in den Rechner eingeben zu können, woraufhin der Rechner eine komplizierte Folge arithmetischer Schritte ausführt. Wir haben bereits in den vorhergegangenen Kapiteln etwas Gebrauch davon gemacht.

Die zweite Aufgabe, die wir uns in diesem Kapitel gestellt haben, besteht darin, Ihnen genau zu erklären, wie ein <arithmetischer Ausdruck> in PASCAL angewendet wird und wie er in für den Rechner verständliche Anweisungen umgewandelt werden kann. Sie werden feststellen, daß der Rechner die arithmetischen Berechnungen nicht ganz exakt durchführt. Dies müssen Sie bei all Ihren Berechnungen immer mit berücksichtigen.

3. Betriebslogik des Rechners

Praktisch alle Rechner verwenden heute gespeicherte Programme, die eine Reihe einfacher Rechenschritte durchführen. Bei den ersten Rechnern, etwa vor 20 Jahren, mußten die Programme so erstellt sein, daß jeder dieser Einzelschritte in einem gesonderten Programm ausführlich beschrieben wurde. Aber man stellte schon sehr bald fest, daß der Rechner die in "Maschinensprache" abgefaßte Programmerstellung für den Programmierer vereinfachen könnte. Während der Rechner selbst nur kodierte Zahlenfolgen versteht, fällt es dem Menschen leichter, sich Programmteile aus ihm vertrauten Wörtern zu merken oder doch wenigstens aus einer Reihe von Buchstaben oder Ziffern. Es gelang, häufig verwendete Folgen einfacher Maschinenschritte in "anspruchsvolleren" Rechenoperationen zusammenzufassen, die mehr auf die Problemlösung als die Rechner-Hardware eingingen. So wurden schließlich Übersetzerprogramme entwickelt, sogenannte "Übersetzer", die wir schon angesprochen haben. Diese Übersetzer übersetzen Programme aus höheren Programmiersprachen (wie PASCAL, FORTRAN, BASIC...) in Maschinenkodes, die dann unmittelbar auf dem Rechner ablaufen können. Eine der ersten Übersetzer-Aufgaben war die Übersetzung algebraischer Ausdrücke in Anweisungen an den Rechner, arithmetische Operationen auszuführen.

In Abb. 5-1 wird der "Grundaufbau" eines Hardware-Systems gezeigt. Die meisten Rechnersysteme bestehen heute aus folgenden Komponenten: einer "Zentraleinheit" kurz "CPU" ("Central Proces-

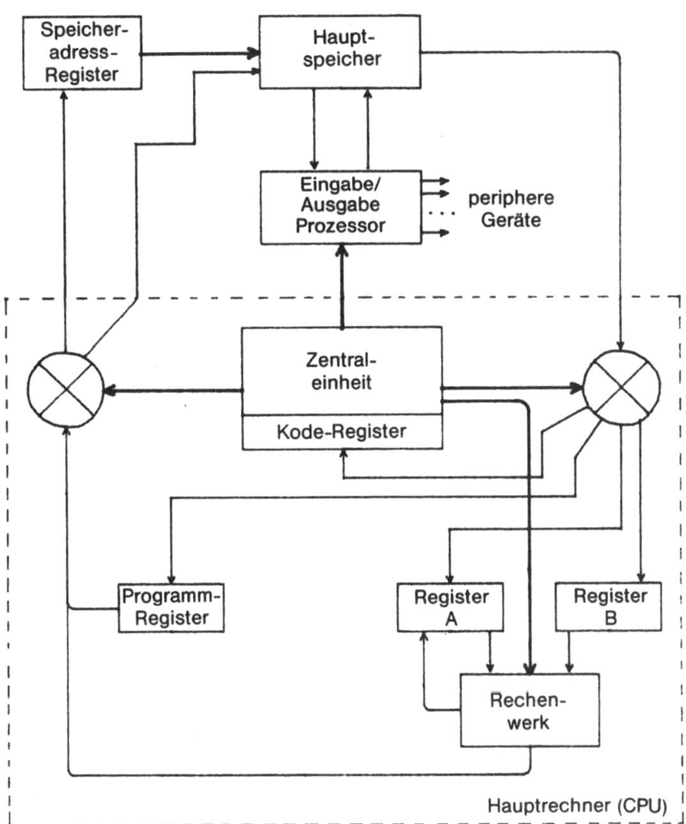

Abbildung 5-1

sing Unit"/Zentrale Verarbeitungs-Einheit) genannt, einem "Eingabe/Ausgabe"-Rechner ("IOP"="INPUT/OUTPUT-PROCESSOR"), ausreichender, extrem schneller Datenspeicher (genannt "Speicher"), billiger langsamerer, aber mit großer Kapazität ausgerüsteter Speicher und einer breiten Skala von "peripheren Geräten". Diese einzelnen Komponenten können zu einem vollständigen Rechner-"System" zusammengefügt werden, jeweils den Benutzeranforderungen angepaßt. Es spielt dabei keine Rolle, ob es sich um ein großes oder kleines Gerät handelt. Die vielfältigen Kombinationsmöglichkeiten beim Aufbau eines Systems sind geradezu verwirrend. Aufgrund der ungeheuer schnellen Entwicklung auf dem Rechnermarkt, kann man mit Sicherheit sagen, daß diese Systemkomponenten in 10 Jahren ganz anders aussehen (und arbeiten) werden. Die Zentraleinheit wird in der Zukunft mit sehr vielen "CPUs" ausgestattet sein, für jede besondere Funktion eine. Ansonsten aber wird sie sich nicht wesentlich von den heutigen unterscheiden.

Abb. 5-1 können Sie sich als grobe Skizze eines Diagrammes für einen Systemaufbau vorstellen. Es kommt häufig vor, daß selbst Programmierer, die in Maschinensprache arbeiten (auch "Assembler-Sprache" genannt), sich die innere Struktur eines Rechners nur in groben Zügen vorstellen können.

4. Binäre Logik

Praktisch alle Digitalrechner verwenden binäre Logik. Der Grund dafür liegt darin, daß die schnellsten und billigsten Elektronikbauteile, die bisher für den Rechner verwendet werden, in einem von zwei stabilen "Zuständen" am zuverlässigsten arbeiten können. Man hat oft versucht, Bauteile für mehr als zwei Zustände zu entwickeln. Aber in den meisten Fällen waren die Ergebnisse entweder nicht so zuverlässig oder nicht so billig wie die Zwei-Zustands-Bauteile (oder binären Bauteile). Die wichtigsten binären Bausteine werden für folgende Aufgaben verwendet:

a) Um binäre Ziffern zu speichern (entweder 0 oder 1)

b) Um den Informationsfluß zwischen verschiedenen Speichern zu steuern

c) Um logische Kombinationsmöglichkeiten für "Signale" über den Zustand der verschiedenen Speichergeräte zu geben.

Unter einem "Register" versteht man eine Gruppe von binären Speichern, die gemeinsam verwendet werden. Jeder Rechner ist mit einigen Registern ausgestattet, die sehr schnelle aber verhältnismäßig teure elektronische Bauteile benötigen. In Abb. 5-1 sind dies das A-Register, B-Register, Programm-Register, Kode-Register und das Adress-Register. Ein Rechner verfügt oft noch über viel mehr schnelle Register für spezielle Zwecke. Im "Hauptspeicher" sind noch wesentlich mehr Register zu einer Gruppe zusammengefaßt.

Die Bauteile dieser Register sind so ausgelegt, daß man sehr viele Register auf kleinstem Raum übereinander stapeln kann. Dadurch sind nur wenige Schaltgeräte notwendig, um jeweils ein Register in dem Stapel "anzusprechen" (d.h. anzuschließen). Im allgemeinen haben alle Register in einem Speicherstapel gleich viele binäre Ziffern (sogenannte "Bits"). Den Inhalt eines Speicherregisters nennt man "Wort", die Anzahl der Bits in einem Wort "Wortlänge". Für die Hardware bedeutet die Adresse eines Wortes im Speicher die Kennzahl des Registers, das dieses Wort enthält.

Die Geschwindigkeit, mit der diese Register arbeiten, hängt von der Größe und dem Preis des Rechners ab. Je schneller desto teurer. Die benötigte Zeit, um ein Wort im Hauptspeicher zu speichern oder aus dem Speicher abzurufen, beträgt etwa 0,0000001 Sekunden (100 Nanosekunden (nsek.)) bis etwa 0,00001 Sekunden (10 Mikrosekunden = 10.000 Nanosekunden). Die schnellen Register der CPU sind mindestens 10 mal so schnell wie die Register des

Hauptspeichers (10 Nanosekunden bis 1 Mikrosekunde).
In den meisten Rechnern können Signale ungefähr 10 Schalt- oder logische Einheiten in derselben Zeit durchlaufen, die benötigt wird, um eine Information in ein schnelles Register der Zentraleinheit zu speichern oder sie von dort zu holen. Die Geschwindigkeit der verschiedenen Einheiten eines bestimmten Rechners werden so gewählt, daß sich insgesamt ein vernünftiges Gleichgewicht ergibt. Es hätte wenig Sinn in einem Rechner mit langsamem Hauptspeicher sehr schnelle Register in der Zentraleinheit zu haben. Es hat gleichfalls keinen Sinn einen Hauptspeicher mit 100 Nanosekunden Zugriffszeit zu haben, wenn die Register der Zentraleinheit nicht schneller als 1000 Nanosekunden (1 Mikrosekunde) sind.

Die Bedeutung der Information, die in den verschiedenen Rechnerregistern gespeichert ist, d.h. der Bitmuster in jedem Register, hängt von der Art der Benutzung dieser Information ab. In erster Linie kann die Information entweder "Operanden", d.h. Daten, oder "Kode" darstellen. In den allerersten digitalen "Rechnern" konnten nur Operanden in den Speicherregistern gespeichert werden. "Kode" nennt man die Folge von verschlüsselten Bitmustern, die die Steuereinheit des Rechners dazu verwendet, um Schalterstellungen zu bestimmen, die wiederum festlegen, wie Information von einem Register zum anderen gelangt. In den allerersten Rechnern wurde der gesamte Kode durch "Schaltdraht-Verbindung dargestellt. Die phantastische Zunahme der Benutzung moderner Digitalrechner ist auf die Entdeckung von John Von Neumann kurz nach dem zweiten Weltkrieg zurückzuführen, daß sowohl Operanden als auch Kode im selben Hauptspeicher gespeichert werden können und beides von der Steuerung des Rechners gehandhabt werden kann.

Ein "Operand" ist ein Stück Information, das wir vom Rechner in irgendeiner Form verändert haben möchten. Die Bedeutung eines bestimmten Bitmusters, das in einem Register gespeichert ist, hängt davon ab, wie wir das gespeicherte Wort benutzen wollen. Die gebräuchlichste Art der Benutzung dieser Bitmuster ist die Darstellung von Zahlen. Die einfachsten Zahlen, die man in einem Register speichern kann, stammen aus der Menge der ganzen Zahlen, so:

Im westlichen Sprachraum neigen wir dazu, die Bits in einem Register genauso anzuordnen wie wir auch die Ziffern der Dezimalzahlen schreiben, d.h. von links nach rechts. Die Zahl mit der geringsten Aussagekraft steht ganz rechts. Ein Register mit binärer Entsprechung zur Dezimalzahl 10 könnte folgendes Bitmuster haben:

0 0 0 0 1 0 1 0

Die Wortlänge wurde auf 8 Bits festgesetzt. Die einzelnen Bits sind entsprechend des Stellenwertes der Ziffer im binären Zahlensystem angeordnet. Der oben angeführten Zahl entspricht also:

$$0*2^7 + 0*2^6 + 0*2^5 + 0*2^4 + 1*2^3 + 0*2^2 + 1*2^1 + 0*2^0$$

(Für Leser, die mit dieser Notierung nicht mehr ganz vertraut sind, sei wiederholt:

2^2 bedeutet: 2 hoch 2, d.h. 2*2 = 4

2^3 bedeutet: 2 hoch 3, d.h. 2*2*2 = 8

Um die obige Zeile besser zu verstehen, sollten Sie sich eine Tabelle für die zweite Potenz aller Zahlen von 0 bis 7 anlegen. 2 in die nullte Potenz erhoben ergibt 1.

Dieses 8-Bit Register kann alle ganzen Zahlen der Folge

0, 1, 2, 3, 4, ..., 255

speichern. Die meisten der heute gebräuchlichen Mikrorechner verfügen über einen 16-Bit Wortspeicher, d.h. über eine Speichermöglichkeit ganzer Zahlen der Folge

0, 1, 2, 3, ..., 65535

Dies gilt für nahezu jeden Mikro- oder Minirechner. IBM-Rechner der Serie 360/370 verwenden eine Wortlänge von 32 Bits. Burroughs B6700/7700 verfügen über 48 Bit, Contol Data Cyber Rechner über 60 Bits, usw. In allen diesen Fällen besteht die Möglichkeit, auch negative Zahlen wiederzugeben, wie wir in Abschnitt 6 zeigen werden.

Jetzt können wir auch die Beobachtung von Neumann's besser verstehen und sehen uns deshalb noch einmal Abb. 5-1 an. Bei einer schrittweisen Berechnung laufen die gerade erwähnten Zahlen vom Speicher über einen Schalter (im Diagramm als durchkreuzter Kreis dargestellt) zum Register A und Register B. Wenn die Information im Speicherwort nicht durch Zahlen sondern durch einen "Kode" dargestellt wird, d.h. durch eine kodierte Anweisung für den Rechner, dann leitet der Schalter das Kodewort an das Kode-Register weiter. In einer normalen Zentraleinheit können 255 verschiedene Operationen ablaufen. Wir wollen hier einige Operationen erklären, die im nächsten Abschnitt vorkommen können. Die Rechner sind so ausgelegt, daß 8 Bits des im Kode-Register gespeicherten Wortes bestimmen, welche der 255 verschiedenen Operationen jeweils für einen bestimmten Rechenschritt verwendet werden soll. Sie können sich dies so vorstellen, daß jeder Operation ein ganzzahliger Wert von 0 bis 255 zugewiesen wurde.

Als erstes erhält CONTROL für jeden Rechenschritt ein anderes 8-Bit Steuerwort zugewiesen. Anschließend stellt es dann einen oder beide der im Diagramm gezeigten Schalter auf eine der möglichen Registerkombinationen ein. Gleichzeitig wird das Rechenwerk (ALU) angewiesen, eine bestimmte Operation durchzuführen (z.B. Addition, Multiplikation, AND, annulieren usw. - Siehe Abschnitt 5). Das Ergebnis dieser arithmetischen oder logischen Operation wird dann im Hauptspeicher und im Register A gespeichert. Nach Beendigung des Rechenschrittes wird der numerische Wert der Information im Programm-Register um 1 vergrößert, und das Ergebnis daraus wird in das Adress-Register des Arbeitsspeichers gesetzt. Anschließend ist die CPU wieder bereit, einen neuen Rechenschritt durchzuführen. Sie werden vielleicht bemerkt haben, daß wir noch nicht erwähnt haben, wie das Adress-Register eigentlich aufgebaut ist, daß es das Ergebnis des Rechenwerkes auch am richtigen Speicherplatz speichern kann. Bei kleineren Geräten wäre diese Adresse als Ergebnis eines gesonderten Rechenschrittes gesetzt worden. Bei den größeren Geräten kann zusätzlich eine Logik in der CPU eingebaut sein oder eine zusätzliche Information in das im Kode-Register gespeicherte Kodewort, um die Adresse während des Rechenablaufs (Arbeits-"Zyklus" genannt) zu setzen.

Einzelheiten über den Ein-/Ausgabe-Prozessor würden den Rahmen dieses Buches sprengen. Bei dem Ein-/Ausgabe-Prozessor handelt es sich tatsächlich um eine Spezial-CPU, die Datenwerte über die "Ausgabe"-Einrichtung an periphere Geräte sendet und solche Werte über ihre "Eingabe"-Einrichtung von anderen peripheren Geräten empfängt.

Eines solcher Geräte für die Eingabe kann z.B. Ihre Tastatur oder ein Kartenleser sein; ein Bildschirm, eine elektrische Schreibmaschine oder ein Zeilendrucker für die Ausgabe. Die Geräte, die mit einem Plattenspeicherlaufwerk, einem Kassettenrekorder oder einem Magnetband arbeiten, können Eingaben wie auch Ausgaben verarbeiten.

Sie werden wahrscheinlich schon bemerkt haben, daß CONTROL Informationen auch vom Hauptspeicher zum Programm-Register leiten kann. Gewöhnlich ist der Kode eines Programmes im Speicher in einer benachbarten Adressengruppe gespeichert. Bei jedem Rechenschritt weist das Programm-Register auf eine dieser Adressen hin und der Rechenvorgang wird dann bei jedem Schritt zur nächsten Adresse methodisch weitergeführt. Hin und wieder ist es jedoch erforderlich, diesen methodischen Steuerablauf zu ändern, etwa bei einer WHILE-, REPEAT-oder FOR-Anweisung. CONTROL veranlaßt dann, daß ein vollkommen neuer Adressenwert vom Speicher zum Programm-Register geleitet wird. Die Ablauffolge springt dann zu der neuen Adresse und der methodische Ablauf wird von hier aus fortgesetzt. Diese Sprungdurchführung erfolgt in höheren Programmiersprachen in ihrer einfachsten Form durch die GOTO-Konstruktion. Auf die entsprechende GOTO-Anweisung in PASCAL werden wir in Kapitel 11 zu sprechen kommen.

5. Arithmetische und logische Operation

Das Rechenwerk (ALU), das in Abb. 5-1 gezeigt wird, ist so ausgelegt, daß es zwei Operandenwörter (Datenwörter) von den Registern A und B empfangen und diese Operanden so verbinden kann, daß sie ein einzelnes Ergebnis erbringen. Die Zentraleinheit bestimmt, aufgrund welcher Kombination von vielen möglichen das gewünschte Ergebnis erzielt wird. Im Diagramm 5-1 wird dies durch die dicke Linie von der Zentraleinheit zum Rechenwerk angezeigt. Der Informationsinhalt des Registers A (gekennzeichnet durch runde Klammern (A)) kann dem Informationsinhalt des Registers B ((B) gekennzeichnet) hinzugefügt werden, wodurch die numerische Summe der beiden Informationsmengen gebildet wird. Wenn wir jetzt den allgemeinen Bezeichner "(M)" für einen einzelnen Speicher verwenden und uns im Augenblick nicht weiter um seine Adresse kümmern, können wir die ADD-Operation folgendermaßen schreiben:

```
(M) <-- (A) + (B)
(A) <-- (A) + (B)
```

wobei der Pfeil nach links die Wertzuweisung anzeigt. Wir nehmen hier den nach links gerichteten Pfeil, um eine Verwechselung mit der Verwendung von ":=" in PASCAL zu vermeiden, da die hier beschriebenen Operationen nicht immer direkt durch PASCAL-Anweisungen durchgeführt werden können. Wie die obigen Zeilen zeigen, kann der Informationsinhalt der Speicheradresse M und des Registers A, aufgrund der zusätzlichen Operationen des Rechenwerkes, durch die arithmetische Summe der ursprünglichen Inhalte der Register A und B ersetzt werden. Die alten Inhalte von M und A werden am Ende des Schrittes durch Überschreibung mit dem neuen Wert vernichtet.

Beim nächsten Rechenschritt kann der neue Wert als einer der beiden Eingabewerte für eine neue Operation des Rechenwerkes dienen. Dies spart bei vielen Geräten Zeit, da man nicht für beide Operanden wieder zum Hauptspeicher zurückkehren muß, wenn man das Rechenwerk verwenden will. Das Ergebnis muß dann meistens nicht mehr im Hauptspeicher gespeichert werden, wenn die Programmlogik es zuläßt. Dies spart wiederum Zeit.

Bei großen Rechnern kann das Rechenwerk im allgemeinen ADD, SUBTRACT, MULTIPLY und DIVIDE Operationen (Addition, Subtaktion, Multiplikation und Division) bei numerischen Operanden verschiedener Typen durchführen. Bei kleinen Rechnern können MULTIPLY und DIVIDE zusammen mit einigen anderen komplexen Operationen durch ein Programm simuliert werden. Dieses Programm ist aus weniger komplexen Operationen zusammengestellt. Gewöhnlich kann das Rechenwerk auch Bit für Bit logische Operationen verschiedenster Art durchführen. Beispiel:

(A) <-- (A) AND (B)

zeigt an, daß für jede Bit-Stelle im Wort das Ergebnis ein 1-Bit enthält, wenn (A) und (B) beide am Anfang des Rechenschrittes an derselben Bit-Stelle 1-Bits enthielten, sonst lautet das Ergebnis 0-Bit. Die OR-Operation bewirkt ebenso ein 1-Bit Ergebnis, wenn an der entsprechenden Bit-Stelle in (A) oder (B) ein 1-Bit vorkommt, usw.

Bei einem anderen Typ einer logischen Operation werden die Operanden (A) und (B) verglichen. Beispiel:

(A) <-- 1 IF (A) = (B)

Anders ausgedrückt, wenn die Inhalte der Register A und B am Anfang des Rechenschrittes gleich sind, dann wird der Wert des Ergebnisses im Register A in der letzten wichtigen Bit-Stelle auf 1 gesetzt und in allen anderen Bit-Stellen auf 0. Die meisten Geräte verfügen über logische Operationen, durch die die Bit-Muster in den Registern A und B innerhalb einer Operation um eine festgelegte Stellenanzahl "verschoben" werden. Schließlich gibt es noch Operationen, bei denen die Zentraleinheit bewußt Informationen vom Speicher "holt" und zu einem Register leitet,

(A) <-- (M)

und "Speicher"-Operationen, die das Gegenteil tun:

(M) <-- (A)

Viele Geräte bieten noch gewisse Spezialoperationen des Rechenwerkes an. In diesem Abschnitt haben wir aber nur die Operationen erwähnt, die zur Standardausrüstung der meisten Rechner heute gehören. Sie wissen, daß Rechner ungeheuer komplexe Probleme lösen können und wundern sich vielleicht, daß ein Großteil dieser Probleme durch eine Reihe so einfacher Operationen gelöst werden kann. Aber gerade die Möglichkeit, umfangreiche Probleme in solche einfachen Operationen aufzuteilen, ist einer der wesentlichen Gründe dafür, daß Rechner heute so überaus vielseitig anwendbar sind.

6. Zahlen-Darstellungen

Sie haben sicher schon festgestellt, daß die in Abschnitt 4 angesprochene einfache Methode, ganze Zahlen in binärer Form zu speichern, für viele Berechnungsarten nicht ausreichen würde. Alle normal gebräuchlichen Rechner verfügen über zwei weitere Möglichkeiten:

a) auch negative Zahlen speichern zu können

b) auch größere ganze Zahlen, als die in der Speicherwortlänge ausgedrückten und solche, die kleiner als 1 sind, speichern zu können

Leider gibt es unter den heute gebräuchlichen Rechnern drei unterschiedliche Methoden, negative Zahlen darzustellen. In den meisten Fällen ist es zwar für den Benutzer ganz unwichtig, wie die negativen Zahlen bei seinem Rechner dargestellt werden. Es gibt aber doch eine Reihe von Situationen, in denen es wichtig ist, dies zu wissen. Die unterschiedliche Darstellung negativer Zahlen bei den verschiedenen Herstellern ist einer der Gründe für die Schwierigkeiten, Programme in einer der "Standard"-Sprachen wie FORTRAN z.B. von einem Gerät auf ein anderes zu übertragen.

Wir haben bereits gezeigt, wie man die ganze Zahl 10 auf einem Rechner mit einer 8-Bit Speicherwortlänge darstellen kann. Nachfolgend zeigen wir Ihnen die drei unterschiedlichen Darstellungsmethoden für die negative ganze Zahl 10 (d.h. für -10):

a) Vorzeichengröße 1 0 0 0 1 0 1 0

Das Bit ganz links bildet das "Vorzeichen"-Bit. Es können Zahlen zwischen -127 und +127 dargestellt werden. Man unterscheidet zwischen +0 und -0, was für einige mathematische Anwendungen wichtig ist.

b) Einer Komplement 1 1 1 1 0 1 0 1

Jedes Bit der positiven Zahlenversion ist umgekehrt worden. 0 wird in 1 und 1 in 0 umgewandelt. Zahlen zwischen +127 und -127 können dargestellt und -0 und +0 unterschieden werden.

c) Zweier-Komplement 1 1 1 1 0 1 1 0

Dieses ist logisch aus dem Einer-Komplement aufgebaut, dem die ganze Zahl 1 hinzugefügt wurde. Zahlen zwischen -128 und +127 können dargestellt und -0 und +0 nicht unterschieden werden.

Bei allen drei Methoden wird das Bit ganz links, das "werthöchste" Bit, auf 1 gesetzt, wenn es sich um eine negative Zahl handelt und auf 0 bei einer positiven Zahl. Welche Darstellungsmethode der Hersteller wählt, hängt lediglich von seinen technischen Überlegungen ab. Burroughs hat zum Beispiel für ihren B6700-Rechner die "Vorzeichengrößen"-Methode gewählt, Digital Equipment Corporation für ihre PDP-11 die Methode des "Zweier-Komplements", und CDC verwendet für seine großen Rechner das Einer-Komplement.

Zahlengrößen, die zu groß oder zu klein sind, um als ganze Zahlen dargestellt werden zu können, werden mit "Gleitkomma" dargestellt. Dies bedeutet, daß die binäre Entsprechung des Dezimalkommas entsprechend den im Speicher gespeicherten Bits "gleitet", eine Gleitkommazahl besteht aus zwei ganzzahligen Bit-"Feldern", der "Mantisse" und dem "Exponenten". Wenn M den ganzzahligen Wert des Mantissenfeldes darstellt und E den des Exponentenfeldes, dann beträgt der durch die Gleitkommazahl dargestellte Wert bei den meisten Geräten:

$$M*2^{E}$$

manchmal auch:

$$M*8^{E}$$

d.h. 2 oder 8 hoch E. Anders ausgedrückt, 2 oder 8 werden (E-1) mal mit sich selbst multipliziert. Gleichgültig welche der oben gezeigten Methoden verwendet wird, Mantisse wie auch Exponent oder auch beide können negativ sein.

Eine Gleitkommazahl ist bei der numerischen Arbeit nur dann wirklich von Wert, wenn sie mindestens 32 Bits belegt, inklusive Mantisse und Exponent. Bei den meisten Mikrorechnern ist dies der Fall. Die arithmethische Präzision, mit der eine Zahl dargestellt werden kann (d.h. die Anzahl der Binär- oder Dezimal-"Stellen" in einer Gleitkommazahl), wird durch die Anzahl der Bits bestimmt, die der Mantisse zugewiesen werden. Die Anzahl der Bits im Exponententeil der Zahl bestimmt, wie groß oder klein die zusammengesetzte Gleitkommazahl sein kann. Wenn bei einem Gerät der Exponent eine Potenz von 8 darstellt, muß die

Mantisse eventuell führende binäre Nullen einfügen. Das Achterpotenzsystem vergrößert den Darstellungsrahmen der Gleitkommazahlen mit wenigen Bits im Exponenten, allerdings auf Kosten der Genauigkeit von etwa 2 Bits, die der Mantisse verloren gehen.

In PASCAL, ebenso wie in anderen Programmiersprachen wie FORTRAN, ALGOL und PL/1, werden die Gleitkommazahlen durch Variable des <Typs> "REAL" dargestellt. Man kann z.B. in PASCAL eine Zahl R vom <Typ> REAL in eine Zahl I vom <Typ> INTEGER umwandeln, die nur den ganzzahligen Zahlenteil von R enthält, durch:

```
I:=TRUNC (R)
```

Sie können R auch in die nächstliegende ganze Zahl runden durch

```
I := ROUND (R)
```

Die Programmiersprache COBOL ist ganz auf Dezimalzahlen ausgerichtet. Bei den meisten Ausführungen wird dies durch die Verwendung ganzer Zahlenwerte beim eigentlichen Rechenvorgang erreicht oder durch Routinen, die das Dezimalkomma bei Erfordernis entsprechend einfügen. APL und BASIC vermeiden eine Unterscheidung zwischen Variablen vom <Typ> INTEGER und REAL, um den Anwender nicht zu verwirren.

Sie werden sicher schon bemerkt haben, daß wir in PASCAL eine Variable vom <Typ> REAL ähnlich vereinbaren, wie Variable vom <Typ> STRING, BOOLEAN, CHAR und INTEGER, die Sie ja bereits verwendet haben. Beispiel:

```
VAR C,Y,Z: REAL
```

Hier sind einige Beispiele für REAL-Konstanten, die in PASCAL möglich sind:

```
1.234
0.5
43210.5
1.5E-3 (*entspricht 0.0015*)
-1.E+6 (*entspricht dem Negativ von 1 Mio.*)
```

In Abb. 5-2 zeigen wir ein Syntax-Diagramm für Konstanten, die aus einer <Zahl mit Vorzeichen> bestehen. Der Mantissenteil einer Zahl vom <Typ> REAL kann bei Ihrem Mikrorechner bis zu 6 Dezimalziffern enthalten.

Die eingebauten Funktionen ROUND (für runden) und TRUNC (für abschneiden) sind notwendig, um für Zuweisungszwecke an INTEGER-Variablen einen REAL-Wert umzuwandeln. PASCAL erlaubt Ihnen, einer Variablen vom <Typ> REAL einen INTEGER-Wert zuzuweisen, da es bei diesem Vorgang den INTEGER-Wert in REAL umwandelt. Sonst können Sie Variablen vom <Typ> REAL nur REAL-Werte zuweisen und Variablen vom <Typ> INTEGER nur INTEGER-Werte.

7. Arithmetische Ausdrücke - Wertzuweisung

Alle wichtigen Programmiersprachen außer APL verwenden für arithmetische Ausdrücke ein aus FORTRAN entwickeltes Verfahren. Es gibt leichte Unterschiede zwischen den einzelnen Programmiersprachen, die Sie immer im Auge behalten sollten, für den Fall, daß Sie später einmal von PASCAL auf eine andere Sprache überwechseln werden. Wir beschreiben in diesem Abschnitt das wichtigste Verfahren.

Da die CPU (siehe Abb. 5-1) nur über zwei Hauptregister für Operanden verfügt, ist es einleuchtend, die komplizierten algebraischen Ausdrücke in eine Reihe einfacherer Operationen aufzuteilen. Um z.B. den Wert des folgenden Ausdrucks zu berechnen:

<Zahl mit Vorzeichen>

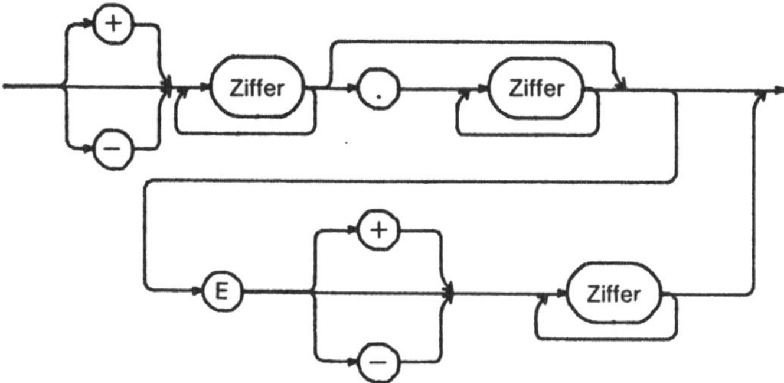

Abbildung 5–2

$$\frac{X + Y}{C - D} \qquad (7 - 1)$$

wird man wahrscheinlich folgende Aufteilung vornehmen:

(T1) <-- (X) + (Y)
(T2) <-- (C) - (D)
(A-Register) <-- (T1)/(T2)

In Worten ausgedrückt lautete es folgendermaßen:

Addieren Sie den Inhalt der Speicheradresse X zum Inhalt der Speicheradresse Y und weisen Sie anschließend das Ergebnis der Speicheradresse T1 zu.

Subtrahieren Sie den Inhalt der Speicheradresse D vom Inhalt der Speicheradresse C und weisen Sie anschließend das Ergebnis der Speicheradresse T2 zu.

Dividieren Sie den Inhalt der Speicheradresse T1 durch den Inhalt der Speicheradresse T2 und packen Sie anschließend das Ergebnis hieraus in Register A.

In diesen drei Operationen sind natürlich mehrere Rechenschritte enthalten. Die erste Operation müßte z.B. weiter unterteilt werden in:

(Register A) <-- (X)
(Register B) <-- (Y)
(T1) <-- (Register A) + (Register B)

In diesem Beispiel bezeichnet T1 und T2 Speicheradressen, die normalerweise ohne Einflußnahme des Programmierers vom Übersetzer verwendet werden. Der Übersetzer würde in Wirklichkeit nicht die Bezeichner "T1" und "T2" verwenden, sondern Zahlen für diese Adressen, so daß Sie ohne weiteres in diesem Programm "T1" und

"T2" für Variable verwenden können.

Wir zeigen Ihnen hier auch ein Beispiel, wie der Übersetzer bestimmte "Buchhaltungs"-Aufgaben durchführt und dadurch den Programmierer soweit wie möglich entlastet.

Die Symbole für ADD ("+"), SUBTRACT ("-") und MULTIPLY ("*") stehen alle für die Operation, die sie tatsächlich ausführen, während es bei DIVIDE ("/") eine Schwierigkeit gibt. Wenn Sie z.B. ganze Zahlen dividieren, sagen wir 5/3, dann erwarten wir doch ein reelles Ergebnis von 1.66667, entsprechend der 6-ziffrigen Genauigkeit Ihres Rechners. Da eine Division im allgemeinen immer ein reelles Ergebnis ergibt, d.h. es bleibt ein Restbetrag übrig, wird ein arithmetischer Ausdruck mit einer Division ("/") immer ein Ergebnis vom <Typ> REAL ergeben. Möchten Sie die genauest mögliche ganze Zahl (INTEGER) oder den Restbetrag der Division erfahren, dann gibt es in PASCAL zwei weitere Divisions-Operatoren dafür. Wünschen Sie den INTEGER-Quotienten der Division ohne den Restbetrag, dann verwenden Sie "DIV" statt "/" und "MOD" statt "/", wenn Sie nur den Restbetrag wünschen.

DIV sowie MOD können in PASCAL nur dann verwendet werden, wenn ein ganzzahliger Ausdruck (INTEGER) durch einen anderen ganzzahligen Ausdruck dividiert wird und sich daraus ein ganzzahliges Ergebnis ergibt. Ein Ausdruck mit der Division "/" ist automatisch vom <Typ> REAL, auch dann, wenn alle Komponenten des Ausdrucks vom <Typ> INTEGER sind. "/", DIV und MOD können überall dort angewendet werden, wo auch "*" in einem arithmetischen Ausdruck möglich wäre, und alle drei haben die gleiche Priorität wie "*".

Nehmen wir einmal an, daß I eine Variable vom <Typ> INTEGER ist und R eine Variable vom <Typ> REAL. Hier einige Beispiele dazu:

```
R := 10/4          (*Wert von R wird 2.50000*)
I := 10 DIV 4      (*Wert von I wird 2      *)
I := 11 MOD 4      (*Wert von I wird 3      *)
I := 20 MOD 4      (*Wert von I wird 0      *)
R := 20/4          (*Wert von R wird 5.00000*)
```

Im letzten Beispiel würden die beiden möglichen Ergebnisse durch WRITELN(R) angezeigt werden, u.z. entweder:

```
     5.00000
oder 4.99999
```

Das Ergebnis hängt vom verwendeten Rechner und den entsprechenden Besonderheiten der Programmiersprache ab. Das erste Ergebnis ist ganz eindeutig das richtige, während sich das zweite Ergebnis um den Betrag des niedrigsten Bits des REAL-Wert-Registers vom korrekten Wert unterscheidet. Der Fehler, falls man von einem solchen überhaupt sprechen kann, entsteht durch die Notwendigkeit, die reelle Zahl mit einer begrenzten Bit-Zahl im Rechner-Register darstellen zu müssen. In einigen Fällen erfordert eine genaue Division mehr Bits als zur Verfügung stehen. Hier muß das Ergebnis dann entweder auf den genauesten Wert, der mit der begrenzten Bitzahl ausgedrückt werden kann, "gerundet" werden oder aber alle nicht mehr darstellbaren Bits müssen mit 0 bewertet werden.

Die zweite Methode nennt man "Abschneiden". Wir haben diese Methode bereits ganz kurz angesprochen. Die Bits, die nicht mehr im Register gespeichert werden können, werden ganz einfach "abgehackt". Um den Ausdruck (7-1) zu bewerten, würden wir einer Variablen RESULT das Berechnungsergebnis durch folgende Anweisungs-Zuweisung zuordnen:

```
RESULT := (X + Y) / (C - D)
```

Hier haben wir in einer einzigen Zeile alle Begriffe eines Ausdrucks untergebracht und nicht, wie in Ausdruck (7-1), die konventionelle Darstellung algebraischer Ausdrücke in mehreren

Zeilen. Die meisten Rechner haben Eingabegeräte für einen Zeicheneingabefluß, gewöhnlich Zeile um Zeile. Dadurch würde es sehr merkwürdig aussehen, wenn man Informationen in denselben Spalten aber in angrenzenden Zeilen darstellen müßte.

Allgemeine Konventionen bestimmen, daß der Übersetzer eine Eingabezeile ordnungsgemäß von links nach rechts "abtasten" muß. Außerdem muß er festlegen, in welcher Reihenfolge die verschiedenen arithmetischen Operationen durchgeführt werden sollen, um den Wert des Ausdrucks zu berechnen. Beim Ausdruck:

    X + Y / C - D

wären die Ergebnisse z.B. eindeutig, wenn vorher bestimmt würde, ob die Division vor oder nach der Addition erfolgen soll. Zur Verdeutlichung nehmen Sie einmal an, wir hätten einen Ausdruck aus folgenden Zahlen:

    5 + 1 / 4 - 2

Ist der Wert dieses Ausdrucks nun 3 oder 3.25 oder -0.5? Diese Frage wird durch die Prioritätsregel beantwortet, die bestimmt, daß Division und Multiplikation eines Ausdrucks vor der Addition und Subtraktion durchgeführt werden müssen. Im obigen Ausdruck wird zuerst die Division mit folgendem Ergebnis durchgeführt:

    5 + 0.25 - 2

Man sagt, Multiplikation und Division haben "Vorrang" vor Addition und Subtraktion. Bei Operationen mit gleichem Vorrang werden die einzelnen Durchführungen von links nach rechts vorgenommen. Also:

    5 + 0.25 - 2

wird

    5.25 - 2

und das Ergebnis ist dann

    3.25

Bei unserem ursprünglichen Beispiel vom Ausdruck (7-1) wurden nun aber Addition und Subtraktion vor der Division durchgeführt. Die Klammerkonventionen sorgen dafür, daß der in Klammern gesetzte Wert eines Ausdrucks erst vollständig berechnet sein muß, bevor die Operation außerhalb der Klammern durchgeführt wird.

Steht ein eingeklammerter Ausdruck innerhalb eines ebenfalls eingeklammerten Ausdrucks, so wird zuerst der innere eingeklammerte Ausdruck berechnet und durch einen einfachen Wert ersetzt. Dieser Wert wird vom Übersetzer vorübergehend gespeichert, und die Klammern verschwinden. Die Berechnung setzt dann beim nächsten eingeklammerten Ausdruck fort. Dies wird solange fortgesetzt, bis alle Klammern verschwunden sind. Folgendes Beispiel zur Veranschaulichung:

```
    ((X + 5) * X + 8) * X + 7                  (7-2)
  (T1) <-- (X) + 5
  (T2) <-- (T1) * (X)
```

und so weiter. Wir haben den Ausdruck jetzt folgendermaßen verkürzt:

```
    (T2 + 8) * X + 7

  (T3) <-- (T2) + 8
  (T4) <-- (T3) * X
  (T5) <-- (T4) + 7
```

und damit ist die Bewertung beendet.

Durch die Vorrangigkeitsregel wissen Sie also ganz genau, in welcher Reihenfolge der Übersetzer einen arithmetischen Ausdruck berechnen wird. Sie können die Reihenfolge ändern, um ein anderes Ergebnis zu erzielen, wenn Sie die Regel auf eingeklammerte Unterausdrücke anwenden. Für den Programmierer ist es manchmal lästig, die Ablauffolge eines Ausdrucks ohne Klammern verfolgen zu müssen. Deshalb ist es hin und wieder einfacher, die Ablauffolge einfach durch das Setzen von Klammern zu beeinflussen, selbst dann, wenn dies Zeitverschwendung zu sein scheint.

Klammern innerhalb von Ausdrücken erleichtern uns darüberhinaus auch das Lesen und Verstehen dieser Ausdrücke. Durch Einklammerungen können wir uns leichter vorstellen, daß ein arithmetischer Ausdruck aus mehreren kleinen "Moduln" besteht, jedes ein in Klammern gesetzter eigener Ausdruck. Wieder einmal stellen wir fest, daß es für uns Menschen angenehmer ist, komplizierte Strukturen in kleinere handliche Teile zu unterteilen. Diese Art der Programmstrukturierung kann sowohl für arithmetische Ausdrücke wie auch für Anweisungsfolgen, die in Moduln, d.h. in Verbundanweisungen und Prozeduren aufgeteilt sind, verwendet werden.

8. Musterprogramme - Umwandlung von Dezimalzahlen in Binärzahlen

In diesem und den nachfolgenden Abschnitten geben wir Ihnen einige Musterprogramme, in denen die bisher in diesem Kapitel angesprochenen Theorien angewendet werden. Sie sollten jetzt eigentlich so weit sein, daß Sie PASCAL auch zur Beschreibung logischer Konzepte verwenden können, die in der Umgangssprache nur schwer auszudrücken sind. Behalten Sie diesen Gedanken immer im Auge, wenn Sie sich die folgenden Musterprogramme ansehen und versuchen Sie, die einzelnen Schritte zu verstehen. Wenn Sie dabei auf Probleme stoßen, dann versuchen Sie einfach das Musterprogramm auf Ihrem Rechner ablaufen zu lassen, um festzustellen, ob Sie zu denselben Ergebnissen kommen wie das Buch. An wichtigen Stellen fügen Sie WRITE-Anweisungen ein, um den Ablauf genau verfolgen zu können.

Im Programm DECBIN wird die Umwandlung von Dezimalzahlen in Binärzahlen gezeigt. Nach der Aufrufzeile geben Sie eine ganzzahlige Konstante ein, die nicht kleiner als 0 (Null) und nicht größer als 1023 sein darf und beenden Ihre Eingaben mit <RET>. Das Programm zeigt dann als erstes die Binärzahl an und anschließend in derselben Zeile die Dezimalzahl. Beispiel:

```
DECBIN
GANZE ZAHL VON 0 BIS 1023 EINGEBEN
0000001000 = 8
0000100000 = 32
0000111111 = 63
0010000011 = 131
```

Hier soll in erster Linie bestimmt werden, ob der Wert von DEC größer als oder gleich dem "Stellenwert" der entsprechenden Binärziffer, d.h. Bit, ist. Ist der Wert nicht kleiner als der Stellenwert, wird eine "1" angezeigt, und der Stellenwert wird vom Rest von DEC subtrahiert. Die Verarbeitung wird dann beim nächstkleineren Stellenwert fortgesetzt und in Zeile 24 des Programmes wird BITVAL durch 2 dividiert. Nachdem das letzte Bit ausgedruckt wurde, bleibt DEC schließlich ein Wert von 0 (Null).

Um nicht den ursprünglichen Wert von DEC für Anzeigezwecke zu verlieren, wird dieser Wert erst in REMAINS gespeichert. Statt DEC steht dann REMAINS für die weitere Berechnung zur Verfügung. Dieses Programm kann alle nicht-negativen Zahlen, die in 10 oder weniger Bits ausgedrückt werden können, verarbeiten. In Zeile 7 wird eine Prüfung vorgenommen, die verhindern soll, daß die Verarbeitung noch weitergeführt wird, wenn der Wert für DEC schon zu groß ist.

Solche Prüfungen sollten unbedingt in alle Programme eingebaut werden, bei denen es vorkommen kann, daß der Datenwert gelegentlich außerhalb der vorgesehenen Grenzen liegt. Wir haben hier ein Maximum von 10 Bits festgesetzt, damit die Ausgabe übersichtlich bleibt, was nicht mehr der Fall wäre, wenn alle Bits eines Speicherwortes angezeigt werden würden. PASCAL verfügt über eingebaute Möglichkeiten, um solche "Gültigkeitsprüfungen" leichter durchführen zu können. Darauf kommen wir in Kapitel 9 noch näher zu sprechen.

```
PROGRAM DECBIN;
VAR DEC: INTEGER;

  PROCEDURE PRINTBIN(DEC:INTEGER);
  VAR BITVAL,REMAINS:INTEGER;
  BEGIN
    IF DEC>=1024 THEN
      WRITELN('SORRY ', DEC, ' IS TOO BIG')
    ELSE
    BEGIN
      BITVAL:=512;(*2 ZUR 9. POTENZ = 512*)
      REMAINS:=DEC;
      WHILE BITVAL>0 DO
      BEGIN
        IF REMAINS>=BITVAL THEN
        BEGIN
          WRITE('1');
          REMAINS:=REMAINS-BITVAL
        END ELSE
          WRITE('0');
        BITVAL:=BITVAL DIV 2;
          (*NAECHST NIEDRIGE POTENZ VON 2*)
      END;
      WRITELN(' = ' ,DEC);
    END (*DEC IM ZULAESSIGEN BEREICH*)
  END (*PRINTBIN*);

BEGIN (*HAUPTPROGRAMM*)
  WRITELN('DECBIN');
  WRITELN('TYPE AN INTEGER FROM 0 THRU 1023');
  READLN(DEC);
  WHILE DEC>=0 DO
  BEGIN
    PRINTBIN(DEC);
    WRITELN;
    WRITELN('TYPE ANOTHER');
    READLN(DEC);
  END;
END
```

Übung 5.1:

Schreiben und debuggen Sie ein Programm, das ganze Dezimalzahlen in Binärform ausdrücken kann. Verwenden Sie dazu den folgenden Algorithmus, der sich von dem im Programm DECBIN unterscheidet: Beginnen Sie mit dem kleinsten binären Stellenwert, d.h. mit 2 hoch 0. Lassen Sie "1" auf dem Bildschirm erscheinen, wenn der ursprüngliche Wert ungerade ist, wenn er gerade ist "0". Danach dividieren Sie den Wert immer wieder durch 2 und schauen nach, ob das Ergebnis gerade ist. Lassen Sie dann eine "0" auf dem Bildschirm erscheinen; wenn es aber ungerade ist eine "1". Benutzen Sie für diesen Divisionsvorgang die ganzzahlige Division (DIV). Wenn die Division durch 2 Null ergibt, ist die Übertragung der Dezimalzahl in das Dualsystem beendet.

Beachten Sie, daß dieser Algorithmus entgegen unseren Lesegewohnheiten zuerst die letzte Binärziffer erzeugt. Die Ziffern, die durch die gerade beschriebene Schleife bereits generiert wurden, müssen von Ihrem Programm solange gespeichert werden, bis alle Ziffern generiert sind. Anschließend müssen die Ziffern dann in der richtigen Reihenfolge angezeigt werden, d.h. die wichtigste Ziffer muß ganz links stehen. Prüfen Sie noch einmal nach, ob die von Ihrem Programm angezeigten Binärzahlen für die folgenden Dezimalzahlen auch mit denen des Programmes DECBIN übereinstimmen:

0, 1, 2, 3, 4, 8, 16, 32, 33, 63, 64, 128,
131, 255, 511, 512, 1023

Übung 5.2:

Schreiben und debuggen Sie ein Programm, welches genau das Gegenteil von dem ausführt, was das Programm DECBIN tut. Lesen Sie mit Hilfe einer STRING-Variablen eine Binärzahl ein, die aus einer Kette von "0" und "1" Zeichen besteht. Vorschlag: Akkumulieren Sie den Dezimalwert in einer Variablen DEC vom <Typ> INTEGER. Tasten Sie anschließend die STRING-Variable von links nach rechts ab. Bei jedem Schritt multiplizieren Sie DEC mit 2 und addieren jeweils eine 1 zu DEC, wenn die entsprechende Binärziffer aus einer "1" besteht.

Prüfen Sie Ihr Programm mit den folgenden Binärzahlen:

0, 1, 10, 11, 100, 1000, 10000, 11111, 100000,
100001, 111111, 1000000, 10000000, 10000011,
11111111, 100000000, 111111111, 1000000000,
1111111111

Diese Zahlen sind die binäre Darstellung der Dezimalfolgen in Übung 5-1. Prüfen Sie nun, ob Ihr Programm wiederum die entsprechenden Dezimalzahlen anzeigt.

9. Musterprogramm - ALGEBRA

Das Programm ALGEBRA soll zwei wichtige Dinge darstellen:

a) Die Umsetzung komplizierter algebraischer Ausdrücke in eine für PASCAL verwendbare Form

b) Genauigkeitsprobleme, da Zahlen vom <Typ> REAL nur mit einer begrenzten Anzahl von Bits dargestellt werden

```
PROGRAM ALGEBRA;
VAR R,W,Y,Z,EPS:REAL;

PROCEDURE ROUNDERR(EPS:REAL);
BEGIN
  R:=((1+EPS)*(1+EPS)-1)/EPS;
  WRITELN('((1+EPS)*(1+EPS)-1)/EPS=',R);

  R:=((1 + 2*EPS + EPS*EPS) -1)/EPS;
  WRITELN('((1  +2*EPS + EPS*EPS) -1)/EPS = ',R);

  R:=(2*EPS + EPS*EPS)/EPS;
  WRITELN('(2*EPS +  EPS*EPS)/EPS= ',R);
END   (*ROUNDERR*);

BEGIN  (*HAUPTPROGRAMM*)
  (*INITIALISIERUNG DER VARIABLEN*)
  W:=2, X:=5, Y:=4, Z:=10;
  EPS:=0.0006;

  R:=(X +  Y*5)/(X-Y/0.2);
  WRITELN('(X + Y*5)/(X-Y/0.2)  =  ',R);

  R:=(((W+3)*W + 2) * W -10) * W + 4;
  WRITELN('(((W+3)*W + 2) * W -10) * W +4 = ',R);

  R:=4*(X+Y)*(X+Y)/(X-Y);
  WRITELN('4*(X+Y)*(X+Y)/(X-Y) = ',R);

  R:=(1 +  Z*Z/X*X)/(1 - Z*Z/X*X)  +Y;
  WRITELN('(1 + Z*Z/X*X)/(1 - Z*Z/X*X) + Y = ',R);

  R:=(1 +  Z*Z/(X*X))/(1 - Z*Z/X*X))  +  Y;
  WRITELN(
    '(1 + Z*Z/(X*X))/(1 -  Z*Z/(X*X))  + Y = ',R);

  WRITELN('TYPE A SMALL REAL NUMBER FOR EPS');
  READLN(EPS);
  WHILE EPS>0.0  DO
  BEGIN
    ROUNDERR(EPS);
    WRITELN;
    WRITELN('TYPE ANOTHER');
    READLN(EPS);
  END;
END.
```

```
ANZEIGE ZU PROGRAMM ALGEBRA


(X   + Y*5)/(X - Y/0. 2)= -1. 666666

(((W+3)*W + 2) * W -10) * W + 4 = 32. 0

4*(X+Y)*(X+Y)/(X-Y) = 324. 0

(1 + Z*Z/X*X)/(1-Z*Z/X*X) + Y =2. 979797

(1 + Z*Z/(X*X))/(1 - Z*Z/(X*X)) + Y = 2. 333333

TYPE A SMALL NUMBER FOR EPS

0. 000025

((1+EPS) * (1+EPS) -1)/EPS = 2. 002716

((1 + 2*EPS + EPS*EPS) -1)/EPS = 1. 997974

(2*EPS + EPS*EPS)/EPS = 2. 000025
```

Als erstes zeigt das Programm Berechnungsergebnisse der fünf Ausdrücke in den Zeilen 21, 24, 27, 30 und 33 der Programmliste an. Die entsprechenden Ausgabezeilen auf dem Bildschirm zeigen wir gesondert. Die Richtigkeit der ersten drei Ergebnisse können Sie ganz leicht per Hand nachprüfen. Zeile 21 berechnet den folgenden algebraischen Ausdruck:

$$\frac{X + 5Y}{X - \frac{Y}{0.2}}$$

Zeile 24 zeigt, wie die Berechnung des folgenden Ausdrucks effizient durchgeführt werden kann:

$$W^4 + 3W^3 + 2W^2 - 10W + 4$$

Dieser Ausdruck ist weniger effizient als der in Zeile 24 dargestellte, da mehrere recht zeitraubende Multiplikationen durchgeführt werden müssen. Multiplizieren Sie einmal zur Übung die Glieder in Zeile 24 und die in diesem Ausdruck heraus. Dabei müssen Sie dieselben Ergebnisse erhalten. In PASCAL gibt es keine besondere Methode für die "Potenzierung", d.h. eine Zahl in eine bestimmte Potenz zu erheben. (In diesem algebraischen Ausdruck wird z.B. das erste Glied W in die 4-te Potenz erhoben.) Machen Sie sich bitte keine Gedanken, wenn Ihnen die mathematische Bedeutung unklar bleiben sollte. Wir wollen uns hier nur auf die eigentliche Verwendung algebraischer Ausdrücke in PASCAL konzentrieren und nicht auf ihre mathematische Bedeutung.

In Zeile 27 wird der Wert des folgenden Ausdrucks berechnet:

$$\frac{4(X + Y)^2}{X - Y}$$

Beachten Sie, daß bei der algebraischen Form dieses Ausdrucks keine runden Klammern für den Nenner (den Teil unterhalb der

Linie, (hier ist der Nenner X - Y) notwendig sind. In PASCAL dagegen müssen Klammern gesetzt werden, damit dasselbe Ergebnis erzielt wird. Berechnen Sie diesen Ausdruck erst auf dem Papier, und vergleichen Sie Ihr Ergebnis dann mit dem des Rechners. Welches Ergebnis hätten Sie erhalten, wenn der Nenner in Zeile 27 nicht in Klammern gesetzt worden wäre?

Die beiden Ausdrücke in den Zeilen 30 und 33 zeigen einmal die korrekte Schreibweise dieses Ausdrucks und einmal die nicht korrekte:

$$\frac{(1 + \frac{Z^2}{X^2})}{(1 - \frac{Z^2}{X^2})} + Y$$

Wie Sie sicher sofort festgestellt haben werden, ist die erste der beiden Schreibweisen nicht korrekt. Bevor Sie weiterlesen, vergleichen Sie die beiden Schreibweisen und bestimmen Sie, was an der ersten falsch ist.

In Zeile 30 erscheint der PASCAL-Klammerausdruck Z*Z/X*X zweimal. In algebraischer Form ausgedrückt würde er in beiden Fällen folgende Wirkung haben:

$$(\frac{Z^2}{X})\ X$$

Mit anderen Worten, Z wird zum Quadrat erhoben und das Ergebnis durch X dividiert. Anschließend wird dann das Ergebnis aus beidem mit X multipliziert. Das Endergebnis sieht dann so aus, daß Z zum Quadrat erhoben und X "storniert" wurde. In Zeile 33 wird X*X in Klammern gesetzt, so daß zunächst die Multiplikation von X mit sich selbst erfolgt, bevor dann die Division durchgeführt wird. Der Wert des korrekten Ausdrucks kann ganz leicht mit den in Zeile 18 initialisierten Werten für die Variablen schriftlich auf dem Papier berechnet werden.

Führen Sie diese Berechnung durch und vergleichen Sie Ihr Ergebnis mit dem des Rechners (0,333333 entspricht einem Drittel).

Alle drei Ausdrücke der Prozedur ROUNDERR müssen den Wert desselben algebraischen Ausdrucks berechnen, der bei größtmöglicher Vereinfachung folgendermaßen aussieht:

2 * EPS

Es sei vermerkt, daß die drei gezeigten Beispiele so ausgewählt wurden, daß sie die am häufigsten auftretenden Ungenauigkeiten bei der Berechnung mit Zahlen vom <Typ> REAL darstellen. Das Programm wurde so erstellt, daß man mit verschiedenen Werten für EPS arbeiten kann. Der Bezeichner "EPS" steht für den griechischen Buchstaben "Epsilon" (Ypsilon), der in der Mathematik häufig verwendet wird, um geringfügige Wertänderungen zu bestimmen. Ganz eindeutig erbringt nur der dritte Ausdruck in Zeile 12 des Programmes ein Ergebnis, das man korrekt nennen kann (in diesem Fall ist es ganz korrekt). Die Ergebnisse der anderen beiden Ausdrücke sind äußerst ungenau, wenn man bedenkt, daß der Rechner seine Berechnungen mit sechsstelliger "Genauigkeit" durchführt.

<u>Übung 5.3:</u>

> Experimentieren Sie mit dem Programm ALGEBRA, indem Sie verschiedene Werte für EPS eingeben. Beachten Sie, wie sich geringe Wertänderungen von EPS auf die Genauigkeit auswirken und daß die Fehler weder in derselben Richtung auftreten noch direkt von den Ausdrücken für jeden Wert von EPS abhängen.

Beachten Sie außerdem, daß die groben Fehler nur bei einigen "pathologischen" Werten von EPS auftreten. Die Programmierer gehen oft davon aus (was sie später meist bereuen), daß das

Auftreten dieser pathologischen Fälle so unwahrscheinlich ist, daß man keine weiteren Vorkehrung treffen muß. Prüfen Sie das Programm zumindest mit den folgenden Werten für EPS:

0.000025 (das Ergebnis muß dasselbe sein wie im Buch)
0.000024, 0.000026
0.00003, 0.00002
0.000001, 0.00001, 0.0001, 0.001, 0.01, 0.1
1E-7 (d.h. 0.0000001)

Die Ungenauigkeit aus diesen Ausdrücken ergibt sich aus der Tatsache, daß der Rechner in einem Speicherwort zu wenige Bits zur Verfügung hat, um die Summe (1 + EPS*EPS) mit ausreichender Genauigkeit zu speichern. Wenn z.B. der Wert für EPS 0.00001 beträgt, sieht die Addition folgendermaßen aus:

```
1.000000 |
0.000000 | 0001
---------+-----
1.000000 |
```

Die vertikale Linie zeigt, wo die Abtrennung aufgrund der begrenzten Bitzahl in dem Speicherwort vorgenommen werden muß. Die Abtrennung erfolgt, wenn der Rechner versucht, die beiden Zahlen, die addiert werden sollen, so anzuordnen, daß das Dezimalkomma in derselben Spalte steht.

Die Anzahl der Spalten vom Dezimalkomma aus ist unwichtig. Wenn z.B. EPS= 0.00003 ist, dann ist EPS*EPS = 9.0E-10 (d.h. 0.0000000 009). Dies Ergebnis resultiert aus der Tatsache, daß die "führenden Nullen", dies sind die Nullen links von der wichtigsten nicht-Null Ziffer, im Speicher nicht in einer Gleitkommazahl gespeichert werden müssen. Der Betrag in diesem Beispiel, der nach Berechnung von EPS*EPS gespeichert wird, würde eine Mantisse haben, die dem binären Gegenwert von 900000 entspräche und einen Exponenten mit dem binären Gegenwert von 10 hoch minus 15. Anders ausgedrückt, wir hätten den binären Gegenwert von

$$\frac{900000}{10^{15}}$$

Wenn man bei einer Addition die Spalten von zwei Zahlen abstimmt, damit die Dezimalkomma-Spalten untereinander stehen, dann spricht man von einer "Normierung". Wenn eine Zahl vom <Typ> REAL im Speicher gespeichert wird, geschieht dies ohne führende Nullen. Dadurch kann die Zahl mit größtmöglicher Bitgenauigkeit gespeichert werden. Es kann allerdings nicht garantiert werden, daß all diese Bits bei einer späteren Addition auch verwendet werden.

Solche Genauigkeitsprobleme wie wir sie hier beschrieben haben, stellen eines der größten Hindernisse für wissenschaftliche Berechnungen mit dem Rechner dar. Ein großer Teil der numerischen Analysen befaßt sich mit der Entwicklung von Strategien, mit denen Ergebnisse mit möglichst geringen Fehlern erzielt werden können. Diese Strategien gehen Wege, die durch die Anordnung der einzelnen Operationen die Rundungs- und Abschneidefehler minimieren helfen sollen.

Die Genauigkeitsprobleme bei Zahlen vom <Typ> REAL sind auch auf dem Verwaltungssektor von entscheidender Bedeutung. Die Programmiersprache COBOL, die "Common Business Oriented Language" (wirtschaftsorientierte Sprache) geht daher folgenden Weg, sie führt die meisten Berechnungen mit Zahlen vom <Typ> INTEGER durch, obgleich die Programmierer dabei davon ausgehen, daß die Zahlen in Wirklichkeit Dezimalbrüche sind. In COBOL kann der Programmierer bestimmen, wieviele Dezimalstellen benutzt werden sollen. Eine <Variable>, von der der Programmierer nichts weiß, die Dollar oder Cent darstellen soll (also genau zwei Dezimalstellen) würde tatsächlich als eine ganzzahlige Darstellung in Cents durchgeführt werden. In wirtschaftsorientierten Programmen erscheinen trotz solcher Methoden Rundungs- und Abschneidefehler. Beispiele hierfür erhalten wir dann, wenn irgendein Dollarbetrag mit irgendeinem Prozentsatz multipliziert werden muß, z.B. für Steuer- oder Zinsberechnungen.

Übung 5.4:

Schreiben und debuggen Sie ein Programm, welches die Gesamtkosten für ein Darlehen berechnet. Der Ausgangsbetrag wird PRINCIPAL genannt und der Zinssatz IRATE.Lassen Sie Ihr Programm eine Schleife machen, damit Sie beobachten können, was bei verschiedenen Beträgen für PRINCIPAL und IRATE (beide Variable vom <Typ> REAL) geschieht. Die Formel für die Grundberechnung ist höchst einfach:

Sie sollten die Berechnung zweimal durchführen, einmal mit reeller Arithmetik und einmal mit ganzzahliger Arithmetik. Anschließend sollten Sie dann die Ergebnisse, die Sie von TOTAL erhalten, vergleichen. Wenn Sie mit der ganzzahligen Arithmetik arbeiten, geben Sie alle Mengen in Cents an. Bei beiden Berechnungsarten, der Gleitkomma- und der ganzzahligen Berechnung, muß IRATE eine Variable vom <Typ> REAL sein. Bei der ganzzahligen Berechnungsart verwenden Sie folgende Formel für die Zinsberechnung:

und addieren dann den Ausgangsbetrag als ganzzahligen Centbetrag. Damit Sie die Rundungsfehler genau sehen können, versuchen Sie 123.45 als Ausgangsbetrag einzugeben, und 0.11 als Zinssatz. Geben Sie noch andere größere und kleinere Werte als Ausgangsbetrag und Zinssatz ein, aber verhindern Sie, daß Ihr Programm aussteigt, was bei einem ganzzahligen Wert von mehr als 32767 der Fall wäre. Fügen Sie zur Überprüfung IF-Anweisungen in Ihr Programm ein.

10. Musterprogramm CONVERGE

Das Programm CONVERGE führt Berechnungen durch, die diejenigen Studenten unter Ihnen, die mathematisch orientiert sind, als Reihen-Darstellung der Größe:

$$e^x$$

erkennen werden. "e" ist die Basis der natürlichen Logarithmen. Um dieses Programm zu verstehen, bedarf es aber keines mathematischen Orientierungssinnes Ihrerseits. Beabsichtigt ist, die Berechnung des Wertes folgender Summe:

$$1 + \frac{X}{1} + \frac{X^2}{2*1} + \frac{X^3}{3*2*1} + \frac{X^4}{4*3*2*1} + \ldots .$$

Das Symbol "..." am Ende dieser Addition bedeutet, daß weitere "Terme" solange zu dieser "Reihe" hinzugefügt werden müssen, bis die Ergebnissumme genau genug ist. Man nennt jeden Unterausdruck zwischen "+" Symbolen einen Term. Unter "genau genug" versteht man im allgemeinen, die größtmögliche Genauigkeit, die ein Rechner aufgrund seiner Bits innerhalb eines Speicherwortes erbringen kann. Man kann jedem folgenden Term eine Zahl, sagen wir N, geben, die um eins größer ist als die des vorhergegangenen Terms. Jeder Term kann also folgendermaßen ganz allgemein ausgedrückt werden:

$$\frac{X^N}{N*(N-1)*(N-2)*...*1}$$

Eine andere Darstellungsmöglichkeit wäre folgende:

$$t_{(n)} = t_{(n-1)} * \left(\frac{x}{n}\right)$$

```
PROGRAM CONVERGE;
VAR R, EPS:REAL;
  COUNT:INTEGER;

FUNCTION SERIES(X:REAL; VAR CNT:INTGER):REAL;
VAR TERM,SUM:REAL;
  N:INTEGER;
BEGIN
  N:=1;
  TERM:=1;
  SUM:=1;
  REPEAT
    TERM:=TERM*X/N;
    SUM:=SUM+TERM;
    N:=N+1;
  UNTIL ABS(TERM)<=EPS*SUM;
  SERIES:=SUM;
  CNT:=N;
END(*SERIES*);

BEGIN(*HAUPTPROGRAMM*)
  EPS:=0.0001;
  WRITELN('CONVERGE');
  WRITELN('TYPE A REAL NUMBER');
  READLN(R);
  WHILE ABS(R)<80.0 DO
  BEGIN
    WRITELN('SERIES(R)=',SERIES(R,COUNT),
                           ',EXP(R)=',EXP(R));
    WRITELN('COUNT WAS:', COUNT);
    WRITELN;
    WRITELN('TYPE ANOTER');
    READLN(R);
  END;
END.
```

```
ANZEIGE ZU  PROGRAMM CONVERGE
CONVERGE
TYPE A REAL NUMBER
1.0
SERIES(R)=2.718254, EXP(R)=2.718281
COUNT WAS:9
TYPE  ANOTHER
1E1
SERIES(R)=22025.43, EXP(R)=22026.46
COUNT  WAS:35
TYPE ANOTHER
-1.0
SERIES(R)=3.678818E-1, EXP(R)=3.678793E-1
COUNT WAS:9
TYPE ANOTHER
100.0
```

Mit anderen Worten, um einen neuen Term zu bilden, nehme man den alten und multipliziere diesen mit (x/n). Beachten Sie die Ähnlichkeit dieser Definition mit den Definitionen für rekursive Prozeduren in Kapitel 4.

Die Berechnung wird fortgesetzt, wobei der folgende Term schließlich jeweils kleiner ist als der vorhergegangene, bis der Nenner (unterhalb der Linie) am Ende wesentlich schneller zunimmt als der Zähler (oberhalb der Linie). Wenn endlich ein Term gefunden wurde, der kleiner als der Betrag des Genauigkeitsschätzwertes ist, wird das Programm angewiesen, keine weiteren Schleifen durchzuführen. In unserem Beispiel wird die in Zeile 22 festgesetzte Variable EPS als Schätzwert genommen. Der Wert für EPS wurde so ausgewählt, daß er leicht die Ungenauigkeit erkennen läßt. PASCAL verfügt über eine eingebaute Funktion, mit der dieselben Serienadditionen mit größtmöglicher Genauigkeit berechnet werden können. Diese Funktion wird EXP genannt und ist Bestandteil der WRITELN-Anweisung in Zeile 29. Sie können also sehr gut den Unterschied zwischen den beiden Berechnungsergebnissen vergleichen. Wir zeigen Ihnen auf einer gesonderten Seite die Zeilenausgabe des Programmes CONVERGE für drei verschiedene repräsentative Werte für R, die über die Tastatur eingegeben wurden.

Der Name CONVERGE (zusammenlaufen) wurde deshalb für dies Programm ausgewählt, weil die Reihe sozusagen durch das Hinzufügen neuer Glieder sich langsam dem richtigen Ergebnis nähert. Genau genommen kann jedoch nie ein absolut korrektes Ergebnis erreicht werden. Dafür wäre ein Rechner mit unbegrenzter Bitzahl pro Wort erforderlich.

Übung 5.5:

Ändern Sie das Programm CONVERGE so ab, daß es den Wert der folgenden Reihe berechnet:

$$X - \frac{X^3}{3!} + \frac{X^5}{5!} - \frac{X^7}{7!} + \frac{X^9}{9!} - \ldots$$

wobei die Darstellung des Nenners folgendermaßen interpretiert wird:

3! = 3 * 2 * 1
5! = 5 * 4 * 3 * 2 * 1
7! = 7 * 6 * 5 * 4 * 3 * 2 * 1

und so weiter. Die Methode, nach welcher Sie die Glieder dieser Reihe berechnen, ähnelt sehr stark jener, nach der Sie die Terme des Programmes CONVERGE gemäß den Aufzeichnungen dieses Buches berechnet haben. Die Richtigkeit Ihres Ergebnisses können Sie nachprüfen, indem Sie Ihr Ergebnis mit dem Wert vergleichen, den die eingebaute Funktion SIN(X) wiedergibt. Experimentieren Sie etwas mit dem Wert von EPS, bewerten Sie ihn z.B. mit 1E-6 oder kleiner, damit Sie ein noch genaueres Ergebnis erhalten. Geben Sie über die Tastatur R-Werte zwischen -10 und +10 ein und schließen Sie folgende Werte mit ein:

0.0, 3.14159, -3.14159, 0.78539, -1.57079

11. Zufallszahlen

In diesem Abschnitt stellen wir Ihnen zwei Programme vor, die Sie etwas amüsieren sollen, gleichzeitig aber ein wichtiges Thema behandeln. In beide Programme ist eine Prozedur eingebaut, die bei jedem Aufruf eine neue "Zufallszahl" produziert. Mit "Zufall" meinen wir, eine Zahl, die zufällig etwa aus einem "Hut gezogen" wird, in welchem sich sehr viele Zahlen eines bestimmten Zahlenbereiches befinden. Es besteht zwischen den neu produzierten Zahlen keinerlei Bezug. Man kann natürlich einen Bezug in der Praxis nicht vollständig ausschließen und spricht daher gelegentlich bei diesen vom Rechner generierten Zahlen von "pseudo-zufälligen" Zahlen. Bei der Rechnersimulation vieler technischer Systeme ebenso wie bei der Fehlersuche möglicher (oder absichtlicher) Fehler in der Buchhaltung und auf vielen anderen Gebieten, werden häufig Routinen für Zufallszahlengeneratoren ins Programm eingebaut.

Bei beiden Programmen nutzt die Prozedur RANDOM den Verlust von Bitinformationen aus. Dieser Verlust resultiert daraus, daß Zahlen abgeschnitten werden, damit das Speicherwort in den vorgesehenen Speicherplatz paßt. In unserem Beispiel erhält die eingebaute Funktion TRUNC genau diesen Anteil der Variablen SEED vom <Typ> REAL in Zeile 9. Zu diesem Zweck wird der Teil INTEGER des in Zeile 8 enthaltenen Wertes für SEED subtrahiert. Das Ergebnis von Zeile 9 besteht aus einer Mantisse, deren Wert aus einer Zahl zwischen 0 und etwas unter 1.000000 besteht. In Zeile 10 wird dann eine fast zufällige ganze Zahl produziert, die zwischen 0 und 1 liegt und kleiner ist als die Konstante, mit welcher SEED multipliziert wird. Vom so erhaltenen Produkt wird im Programm RANDOMWALK der Wert 24.9 subtrahiert, so daß der Mittelwert aller produzierten ganzen Zahlen hier jeweils nahe bei Null liegt.

Abbildung 5-3 wurde vom Programm RANDOMWALK angefertigt. Bei jedem einzelnen Kreis der Schleife in den Zeilen 25 bis 30 werden die X und Y Positionen der Turtle jeweils um die Beträge verändert, die aus zwei Aufrufen von RANDOM zurückgegeben werden. Dadurch entsteht die kritzelige Linie, die eine zufällig (oder beschwipst) über das Papier laufende Fliege verursacht haben könnte.

Für Abb. 5-4 haben wir das Programm RANDOMWALK mit leicht veränderten Werten der Konstanten aus den Zeilen 8 und 14 ablaufen lassen. In diesem Fall betrug der Wert in Zeile 14 7.5295141 und die Werte in Zeile 8 3.1415917 bzw. 2.71827813. Wir haben diese komplizierten Zahlen verwendet, um ein komplexes Bitmuster

```
PROGRAM RANDOMWALK;
CONST XMAX=480; YMAX=350;
VAR  SEED:REAL;
  X,Y,ANGLE:INTEGER;

FUNCTION RANDOM:INTEGER;
BEGIN
  SEED:=SEED*27.182813+31.415917;
  SEED:=SEED-TRUNC(SEED);
  RANDOM:=TRUNC(SEED*50-24.9);
END;

BEGIN (*HAUPTPROGRAMM*)
  SEED:=1.23456789; (*KOMPLIZIERTE BIT-STRUKTUR*)
  PENCOLOR(WHITE);
  MOVETO(-XMAX,0);
  MOVETO(XMAX,0); (*X-ACHSE*)
  PENCOLOR(NONE);
  MOVETO(0,YMAX);
  PENCOLOR(WHITE);
  MOVETO(0,-YMAX); (*Y-ACHSE*)
  MOVETO(0,0);
  X:=0;
  Y:=0;
  WHILE (ABS(X)<XMAX) AND (ABS(Y)<YMAX) DO
    BEGIN
      MOVETO(X,Y);
      X:=X+RANDOM;
      Y:=Y+RANDOM;
    END;
END.
```

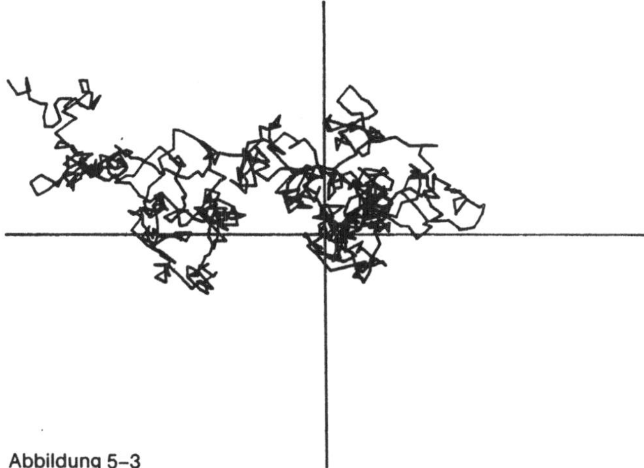

Abbildung 5–3

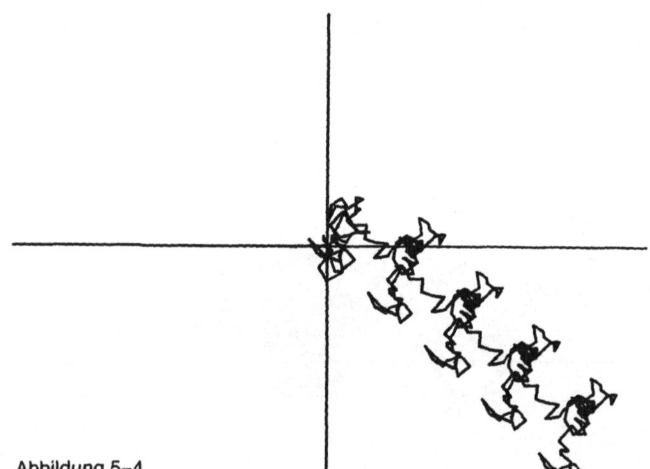

Abbildung 5-4

zu erhalten, welches wahrscheinlich bei jeder neuen Wertberechnung für SEED Bits verlieren wird. Sie können erkennen, daß bei dem Bitmuster, das wir mit dem Konstantenwerten aus Abb. 5-4 erhalten haben, sich ganz deutlich Zahlen nach kurzer Zeit wiederholen. Die Konstanten in Abb. 5-3 hatten bei weitem nicht diese Neigung, Zyklen zu bilden. Sie können auf so gut wie jedem Rechner Funktionen verwenden, die im wesentlichen RANDOM gleichen. Die Konstantenwerte müssen dabei jedoch verändert werden, damit man eine halbwegs zufällige Folge erhält. Diese Zufälligkeit nachzuprüfen ist allerdings dermaßen kompliziert, daß wir in diesem Buch nicht darauf eingehen können.

Das Programm FOURLETTER gibt eine (fast) zufällige Reihe von vierbuchstabigen Wörtern wieder. Als wir dieses Programm auf unserem Rechner ablaufen ließen, erhielten wir folgende Zeilen:

```
ZXJF
KSYN
RXUF
PWTE
CKSY
ZEYS
TNQG
QIYX
GPQP
...
```

Aus diesem kleinen Beispiel könnte man schließen, daß die bekannten vierbuchstabigen Wörter der englischen Sprache (nicht alle sehr höflich) wohl doch nicht ganz so zufällig entstanden sind wie auf den ersten Blick zu vermuten ist. Wenn Sie die Konstanten der Funktion RANDOM ändern, erhalten Sie andere Wortfolgen. Was glauben Sie, wieviele Wörter generiert werden mußten, damit schließlich einige verständliche englische Wörter entstanden? Falls Sie nicht sicher sind, probieren Sie das Programm auf Ihrem Rechner aus.

```
PROGRAM FOURLETTER;
VAR SEED:REAL;
   I,J:INTEGER;
   CH:CHAR;

FUNCTION RANDOM:INTEGER
BEGIN
   SEED:=SEED*27.182813+31.415917;
   SEED:=SEED-TRUNC(SEED);
   RANDOM:=TRUNC(SEED*26);
END;

BEGIN (*HAUPTPROGRAMM*)
   SEED:=1.2345678; (*KOMPLIZIERTE BIT-STRUKTUR*)
   WRITELN('FOURLETTER');
   REPEAT
      FOR I:=1 TO 20 DO
      BEGIN
         FOR J:=1 TO 4 DO
               WRITE(CHR(ORD('A')+RANDOM));
         WRITELN;
      END;
      WRITELN('TYPE <ESC> TO STOP, ',
                              '<SPACE> FOR MORE ');
      READ(CH);
   UNTIL CH=CHR(27(*ESC*));
END.
```

Übung 5.6:

Schreiben und prüfen Sie ein Programm, welches eine Zufalls-"Kopfzeile" liefert, indem es aus den folgenden drei Listen jeweils ein Wort auswählt und anzeigt.

PORTUGAL	REGIERUNG	BRICHT ZUSAMMEN
JAPAN	VULKAN	AUSBRECHEN
KISSINGER	MISSION	SCHEITERT
BROWN	POLITIK	ZIEL ERREICHT
KALIFORNIEN	WIRTSCHAFT	ERHOLT SICH
STUDENT	FÜHRER	BEFÖRDERT
BOSTON	FLUGZEUG	GESCHLOSSEN
AMERIKANISCH	WAFFE	ABSTÜRZEN
GEHEIM	BEWEIS	VERSCHWINDET
HOFFA	ÜBERFALL	UNMASKIERT
ARABISCH	EMBARGO	VERHANDELT

Am einfachsten ist es, wenn Sie hierzu drei CASE-Anweisungen verwenden, von denen jede jeweils ein aus diesen Listen ausgewähltes Wort einer entsprechenden STRING-Variablen zuweist. Wenn Sie die drei Variablen mit S1, S2 und S3 bezeichnen, wird die folgende Anweisung am Ende der Schleife die ausgewählte Kopfzeile anzeigen:

```
WRITELN(S1, ' ', S2, ' ', S3)
```

Für die Auswahl aus jeder Liste sollte einmal die Funktion RANDOM aufgerufen werden. Sie werden RANDOM so abändern müssen, daß es Werte zwischen 0 und 10 (oder 1 und 11), entsprechend den 11 Auswahlmöglichkeiten jeder Liste, generieren kann.

Probleme

Problem 5.1:

Wandeln Sie die folgenden algebraischen Ausdrücke in PASCAL-akzeptable <arithmetische Ausdrücke> um (ANMERKUNG: in diesen Beispielen besteht jeder Bezeichner nur aus einem Buchstaben):

$$\frac{L + \frac{R}{C}}{L - \frac{R}{C}}$$

$$AX^2 + BX + C$$

$$1 + \frac{AX + (B-A)\,X^2}{(1 - X)^2}$$

$$\frac{P + Q}{XN + A^2}$$

$$\frac{4(X + Y)^2}{2X - Y}$$

Problem 5.2:

Führen Sie die folgenden Anweisungen aus und schreiben Sie den Wert für I oder R auf, falls die Anweisung in Ordnung ist, sonst notieren Sie, was an der Anweisung falsch ist:

```
I := 10 DIV 2;
I := 11 DIV 2;
I := 25 MOD 10;
R := 1/(100000*100000)
I := 25 MOD 5;
I := 10 * 0.1;
R := TRUNC(10/3);
I := TRUNC(3.66667);
I := TRUNC(5/4);
R := 100 + 3*15;
R := 14/3 - ROUND(14/3);
R := 14/3 - TRUNC(14/3);
```

Problem 5.3:

Wandeln Sie die folgenden Binärzahlen in Dezimalzahlen um:

1010, 10011, 110110, 110111, 111000, 101010

Wandeln Sie die folgenden Dezimalzahlen in Binärzahlen um:

16, 15, 17, 35, 31, 128, 255, 510

6. Verarbeitung komplexer Programmstrukturen

1. Zielsetzung

In diesem Kapitel werden wir zum ersten Mal von Ihnen verlangen, daß Sie planmäßig an eine Problemlösung mit dem Rechner herangehen. Sie sollen hier einige Programmspezifikationen aufgrund einer allgemeinen Problembeschreibung zusammenfügen.

1a. Lernen Sie, welche unterschiedlichen Rollen ein Algorithmus und die zugehörigen Datenstrukturen bei der Programmerstellung spielen.

1b. Lernen Sie, mit Hilfe von Strukturdiagrammen Algorithmen zu beschreiben und ihre enge Verbindung mit den Ausführungsteilen eines Programmes zu verstehen.

1c. Lernen Sie, die Lösung eines Problems in verschiedene Schritte aufzuteilen, die in etwa in folgender Reihenfolge ausgeführt werden.

- Programmentwurf auf dem Papier
- Ungefähre Beschreibung der Lösungsalgorithmen
- Definition der Datendarstellung
- Stufenweise Darstellung der Algorithmen in Einzelschritten
- Programm schreiben
- Programm in den Rechner eingeben und es übersetzen
- Programmablauf prüfen

1d. Die Lösung(en) für ein oder mehrere einfache Probleme ausarbeiten, die dann zu mehr oder weniger schwierigen Programmen führen.

2. Hintergrund

Die Rechnerprogramme werden immer umfangreicher und komplizierter und damit immer anfälliger für Logikfehler. Eine der wichtigsten Aufgaben dieses Kapitels ist es daher, Sie mit der Methode vertraut zu machen, Diagramme für strukturierte Programme zu zeichnen, die Ihnen einen Überblick über das Zusammenspiel der verschiedenen Programmteile vermitteln sollen. Darüberhinaus haben wir uns hier die Aufgabe gesetzt, Sie dazu zu bringen, Ihre Problemlösung mit Hilfe des Rechners in mehrere verhältnismäßig unterschiedliche Unteraufgaben aufzuteilen. Sie sollten sich Ihre Problemlösung in Gedanken so gut vorstellen können, als läge Sie Ihnen in Form eines Strukturdiagrammes vor.

Ablaufdiagramme für die Programmlogik sind Ihnen bereits vertraut. Wir werden in diesem Buch keinen großen Gebrauch von ihnen machen. Wenn die Programme umfangreicher und komplizierter werden, werden auch Ihre Ablaufdiagramme entsprechend umfangreich und kompliziert. Dadurch werden dann auch verhältnismäßig einfache Ablaufdiagramme schließlich schwer verständlich und somit zu einer Zeitvergeudung. In Abb. 6-1 zeigen wir ein solches Beispiel, ohne die beabsichtigte Logik näher zu beschreiben. Selbst für ein so einfaches Programm, wie das in diesem Diagramm beschriebene, ist es so gut wie unmöglich festzustellen, ob das Programm wirklich unter allen erdenklichen Umständen auch korrekt ablaufen wird.

Bei größeren Programmen sieht das Ablaufdiagramm dann wie eine Schüssel mit Spaghetti aus und ist so verständlich wie eine logische Beschreibung.

Eine bessere Alternative ist das Strukturdiagramm, das wir Ihnen hier vorstellen werden. Mit Hilfe eines Strukturdiagrammes kann sich der Programmierer die verzweigte "Baum"-Struktur eines gut durchkonstruierten Programmes leicht vorstellen. Da das Programm jeweils nur auf einem Weg zu einem bestimmten Teil im Diagramm gelangen kann, sind die Fehler durch übergreifende

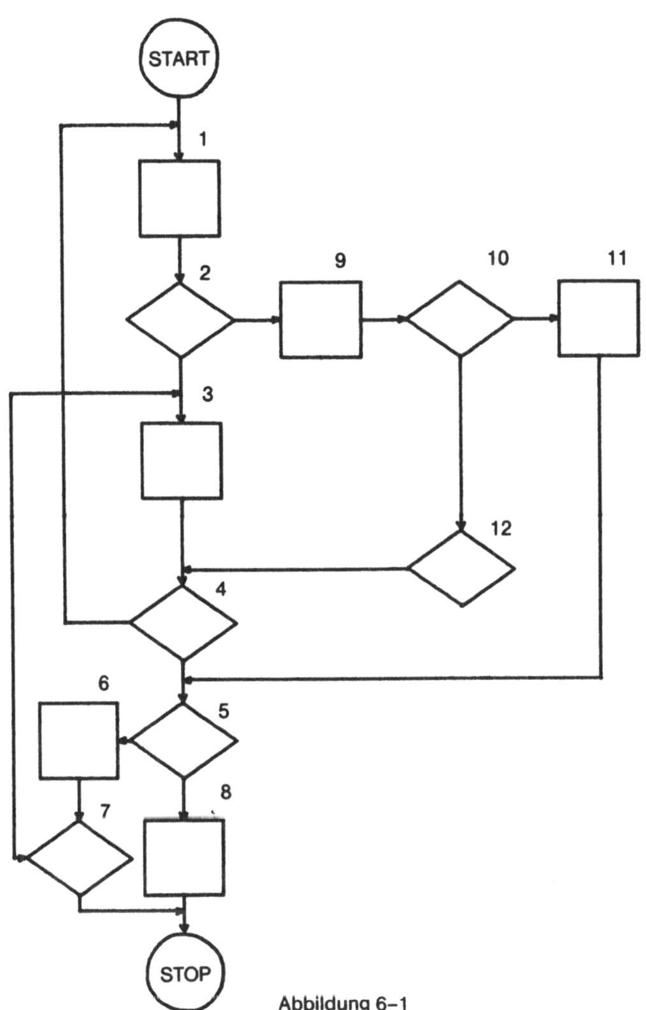

Abbildung 6-1

Kommunikation mit anderen Programmteilen nur sehr gering. Wenn Sie erst einmal den Wert der Baumstruktur für eine Programmbeschreibung erkannt haben, werden Sie feststellen, daß PASCAL-Programme alleine ausreichen, um die Programmstruktur sichtbar zu machen.

3. Was versteht man unter einem Algorithmus

Webster's Dictionary definiert einen "Algorithmus" als besondere Methode, eine bestimmte Art von Problemen zu lösen. Ein ganz vertrautes Beispiel für einen Algorithmus im täglichen Leben sind Küchenrezepte, wenigstens insoweit, als der Algorithmus schriftlich fixiert ist. Auch Sie gehen bei jeder vertrauten Aufgabe nach einem festen Algorithmus vor, nur denken Sie dabei nicht über die einzelnen Schritte Ihres Algorithmus nach. Für Rechenzwecke müssen wir die Definition des Algorithmus allerdings etwas enger fassen.

In einem kürzlich erschienenen Lehrbuch wird der "Algorithmus" als "eine Liste von Anweisungen für die schrittweise Durchführung eines Vorganges" definiert. Diese Definition sagt aber nichts darüber aus, wie detailliert z.B. die Liste sein muß. In der Praxis empfiehlt es sich, erst eine grob umrissene Anweisungsliste aufzustellen und dann diese Anweisungen langsam zu verfeinern, bis man einen endgültigen detaillierten Algorithmus in Form eines Programmes erhält. Mit folgendem Algorithmus können Sie z.B. ein Ferngespräch von einem Münzfernsprecher aus führen.*

1. Münze in den Fernsprecher einwerfen

*Bei dem hier gegebenen Telefonbeispiel handelt es sich um amerikanische Telefonverhältnisse. (A.d.Ü.)

2. Auskunft anrufen und gewünschte Nummer erfragen
3. Münze wieder entnehmen
4. Münze wieder in den Fernsprecher einwerfen
5. Gewünschte Nummer wählen
6. Vermittlung mitteilen, wer das Gespräch bezahlen soll
7. Beantworter Ihres Gespräches bitten, den gewünschten Gesprächspartner ans Telefon zu holen
8. Mit dem Gesprächspartner sprechen
9. Nach Beendigung des Gespräches Hörer wieder einhängen

Beachten sie, daß bei diesem Algorithmus festgelegt ist, was zu tun ist und in welcher Reihenfolge dies zu geschehen hat.

Sie werden schon bemerkt haben, daß der Digitalrechner geradezu danach verlangt, Probleme mit Hilfe von Algorithmen zu lösen, d.h. "algorithmische" Aufzeichnungen zu verwenden. Da der Rechner immer nur einen kleinen Schritt zur Zeit ausführen kann, fühlen sich die meisten Anwender dazu verleitet, sich auf die Reihenfolge dieser Schritte zu konzentrieren und sich weniger um die Zusammenhänge zwischen dem jeweiligen Schritt und dem Gesamtproblem zu kümmern. Wir wissen heute, daß es oft richtiger ist, die Reihenfolge der einzelnen Schritte erst einmal unbeachtet zu lassen, bis die verschiedenen wichtigen Aufgabenschritte festgelegt sind.

4. Grad der Detaillierung

Wenn wir einen Algorithmus wie den obigen ausdrücken, wird bei jedem Schritt eine gewisse Zusammenfassung oder Abstrahierung vorgenommen. Beispiel: Schritt 2 kann recht gut auch folgendermaßen erweitert werden:

2. Auskunft anrufen und gewünschte Nummer erfragen
   2.1 Vorwahl nachschauen

2.2 Wählen <Vorwahl> 555 1212 (Nummer der überregionalen Auskunft)
2.3 Warten, bis Auskunft nach der gewünschten Stadt fragt
2.4 Namen der Stadt nennen
2.5 Warten, bis Auskunft mit "Ja" antwortet
2.6 Namen des gewünschten Teilnehmers nennen
2.7 Genannte Nummer aufschreiben

Ihnen wird sicher nicht entgangen sein, daß einige dieser Details noch weiter unterteilt werden könnten.

Wir wollen mit einem etwas einfacheren Beispiel beginnen, um Ihnen zu zeigen, wie ein Strukturdiagramm in dieses Schema paßt. Wir beschreiben Ihnen eine malerische Aussichtsroute von La Jolla nach Plam Springs.

La Jolla - Miramar - Poway - Ramona - Santa Ysabel
Warner Springs - Aguanga - Anza - Idyllwild -
Banning - Cabezon - Palm Springs

Schlagen Sie diese Seite jetzt kurz um und prüfen Sie, wielange Sie sich diese Route merken können! Wenn wir die Beschreibung jetzt um einige Orte kürzen und nur die wichtigen Meilensteine der Route übriglassen:

La Jolla - Ramona - Warner Springs - Idyllwild -
Palm Springs

werden Sie wahrscheinlich diese Liste ohne große Mühe im Gedächtnis behalten können, auch wenn Sie nicht genau wissen, wo diese Orte auf der Landkarte zu finden sind. In Abb. 6-2 zeigen wir Ihnen diese Karte in vereinfachter Form. Abb. 6-3 zeigt uns, daß die Aufstellung oben als Detaillierung in zweiter Ebene angesehen werden kann, verglichen mit dem Ausgangsproblem, der Route

La Jolla - Palm Springs

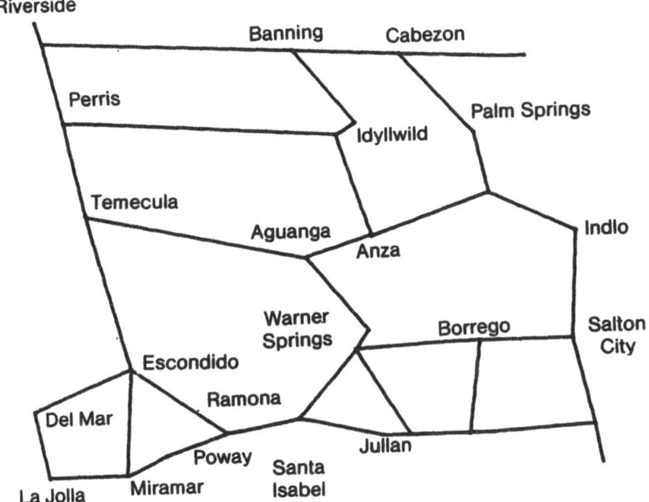

Abbildung 6–2

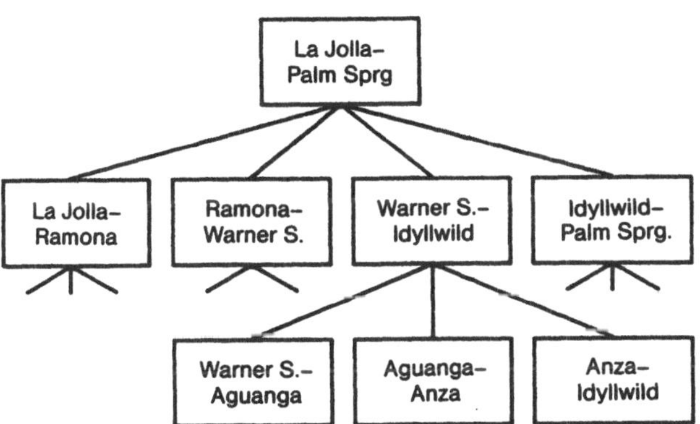

Abbildung 6–3

Jedes Kästchen in der zweiten Ebene kann noch weiter unterteilt werden, z.B.:

Warner Springs - Idyllwild

wird:

Warner Springs - Aguana - Anza - Idyllwild

und so weiter. Wenn Sie diesen Weg wirklich einmal zurücklegen, werden Sie kaum Schwierigkeiten haben, sich an die weiteren Stationen nach Warner Springs zu erinnern. Wenn Sie Idyllwild erreicht haben werden, werden Sie wahrscheinlich noch einmal auf Ihre Karte sehen oder einen Einheimischen fragen, bevor Sie dann den Rest der Strecke antreten werden.

Was wir daraus lernen, ist folgendes. Bei der Problembetrachtung kann sich unser Gedächtnis nicht alle Details auf einmal merken. Aber es kann, sagen wir, 5 bis 7 detaillierte Teile zu einem Teil mit größerer Abstraktion zusammenfassen. Wir haben also keine Schwierigkeiten, uns ein Konzept für die Reise von La Jolla nach Palm Springs vorzustellen, obgleich wir sehr wohl wissen, daß bei dieser Reise viele Details zu beachten sein werden, um die wir uns aber nicht kümmern müssen, solange wir die Reise nur als Gesamttatsache betrachten. Dieses Konzept haben wir bereits in Kapitel 2 im Zusammenhang mit Prozeduren besprochen.

5. Strukturdiagramme

Wir erinnern uns an das gerade Besprochene und versuchen den Algorithmus für unseren Telefonvorgang noch einmal neu auszudrücken. Als erstes werden wir die Anzahl der gleichgewichtigen Details reduzieren:

1. Telefonnummer ausfindig machen
   1.1 Münze einwerfen
   1.2 Auskunft wählen und gewünschte Nummer erfragen
   1.2.1 <Vorwahl> der gewünschten Stadt nachschauen
   1.2.2 <Vorwahl> 5551212 wählen
   1.2.3 Auf Auskunft warten
   1.2.4 Gewünschte Stadt nennen
   1.2.5 Auf Auskunft warten
   1.2.6 Namen des gewünschten Teilnehmers nennen
   1.2.7 Nummer aufschreiben
   1.3 Rückerstattete Münze wieder entnehmen

2. Verbindung mit dem gewünschten Teilnehmer herstellen
   2.1 Münze einwerfen
   2.2 Gewünschte Nummer wählen
   2.3 Vermittlung mitteilen, wer das Gespräch zahlen soll
   2.4 Wenn Verbindung hergestellt ist, gewünschten Gesprächspartner ans Telefon holen lassen

3. Mit Gesprächspartner sprechen

4. Nach Gesprächsende Hörer einhängen

In Abb. 6-4 wird dieselbe Information in Form eines Strukturdiagrammes dargestellt. (An dieser Stelle möchte ich Bob Doran und Graham Tate, Masy University, für die Veröffentlichung Ihres Forschungsberichts "An Approach to Structured Programming" im Juni 1972, danken, in welchem sie Sinn und Zweck eines Strukturdiagrammes erläutern). Verschiedene Bemerkungen hieraus verdienen unsere Aufmerksamkeit:

a) Das Diagramm ist eine verzweigte Struktur, die in vielem einem Familienstammbaum ähnelt. In der Fachwelt werden solche Strukturen tatsächlich "Bäume" genannt.

b) Der Baum hat eine einzige "<u>Wurzel</u>", Zweige, die teilweise noch weiter verzweigt sind und am Ende der Zweige "<u>Blätter</u>". Die Verzweigungspunkte wie auch die Blätter werden meist "<u>Verzweigung</u>" genannt. Da die Blätter das Ende einer Weg-

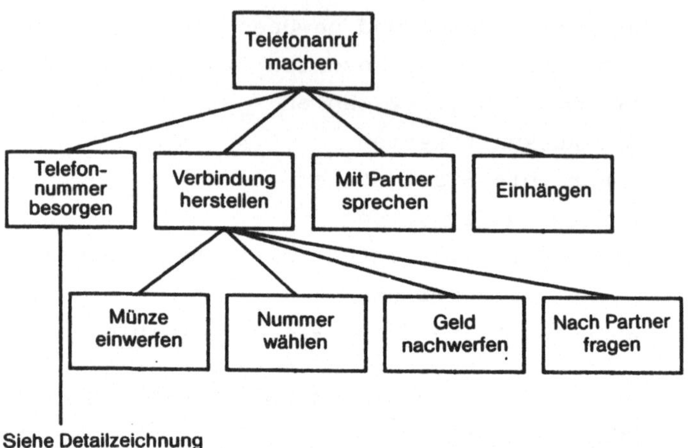

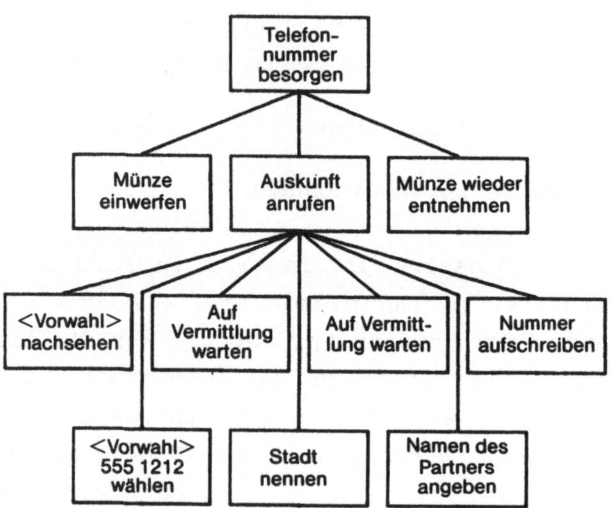

Abbildung 6–4

strecke von der Wurzel über ein bestimmtes Zweigsystem bilden, werden sie "End"-Punkte genannt.

c) Die Wurzel unseres Baumes befindet sich an der Spitze des Diagrammes, was nicht wichtig aber anfänglich sicher etwas verwirrend ist.

d) Es gibt von jedem "Endpunkt" nur einen direkten Weg zur Wurzel und umgekehrt. Es gibt keine Kurzschlüsse von einem Endpunkt zum anderen.

e) Endpunkte findet man auf verschiedenen Ebenen.

f) Die einzelnen Ausführungen in einem Algorithmus erfolgen im allgemeinen von links nach rechts über die einzelnen Endpunkte hinweg.

Sie werden im weiteren Verlauf des Buches noch viel mehr über solche Strukturen erfahren. Bäume werden auch "hierarchische" Strukturen genannt.

Unser Strukturdiagramm mit seinem zugehörigen Algorithmus hat bis jetzt nur aus Ausführungs-Verzweigungen bestanden. Um die weite Palette der Verarbeitungsmöglichkeiten auf dem Rechner voll zu erfassen, müssen wir auch einen Weg für folgendes finden:

a) Wahl zwischen zwei oder mehr Ausführungen an derselben Verzweigung

b) Wiederholung eines Algorithmusteils, wobei gewöhnlich eine oder mehrere Mengen aus der übergeordneten Verarbeitung bei jeder Wiederholung verändert werden.

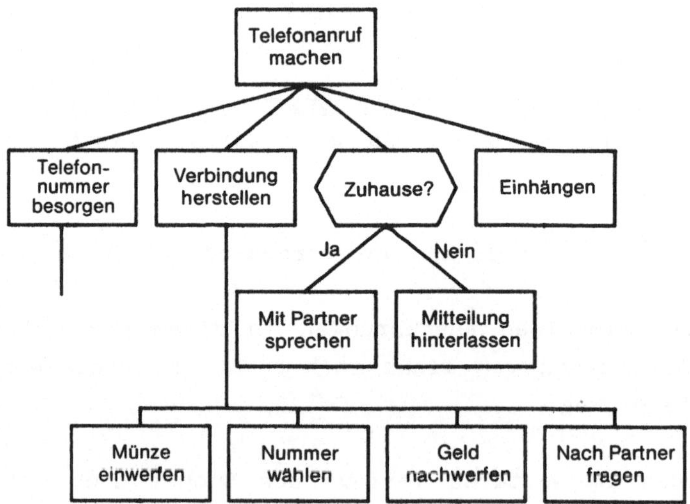

Abbildung 6–5

Ein Beispiel für a) Wahl: Sie können z.B. in Schritt 3 unseres Telefonalgorithmus eine Prüfung einbauen, um festzustellen, ob der gewünschte Gesprächspartner zuhause ist. Dies kann in Form eines Strukturdiagrammes wie in Abb. 6-5 oder in Form einer Strukturtabelle geschehen:

3. Ist die gewünschte Person zuhause?
   3.1 (Ja) Sprechen Sie mit ihr
   3.2 (Nein) Bitten Sie um Rückruf

Wenn die Antwort auf die "Abfrage" Nr. 3 NO (nein) lautete, werden Sie sicher verstehen, daß Schritt 3.2 keine weiteren Ausführungen verlangt. Wie aus der Abbildung ersichtlich ist, werden wir in diesem Buch eine Verzweigung in einem Strukturdiagramm immer in rautenförmiges Kästchen setzen.

Die Wirkung dieses Mehrfachauswahl-Kästchens, das einer CASE-Anweisung vergleichbar ist, kann sehr gut dargestellt werden, wenn wir unseren Telefonalgorithmus in Schritt 2.3 noch weiter unterteilen. Gehen wir einmal davon aus, die Vermittlung weist uns an, die Gesprächsgebühr per Münzeinwurf zu entrichten. Ein Teil dieses abgeänderten Strukturdiagrammes ist in Abb. 6-6 zu sehen. In der Strukturtabelle würde dies folgendermaßen aussehen:

2.3 Welche Gebühr verlangt die Vermittlung?
   2.3.1 ($ 0.10) 10 Cent Münze einwerfen
   2.3.2 ($ 0.15) 10 Cent und 5 Cent Münze einwerfen
   2.3.3 ($ 0.20) 2 mal 10 Cent Münze einwerfen
   2.3.4 ($ 0.25) Vierteldollar Münze einwerfen

und so weiter.

Damit wir uns die Wiederholungs-Verzweigung in einem Strukturdiagramm auch wirklich vorstellen können, wollen wir noch einmal Schritt 2.3 ändern. Gehen wir davon aus, wir sind zur Telefonzelle gekommen und darauf vorbereitet, eine Gebühr bis zu $ 2.00 in Münzen einzuwerfen. Wir nehmen die von der Vermittlung

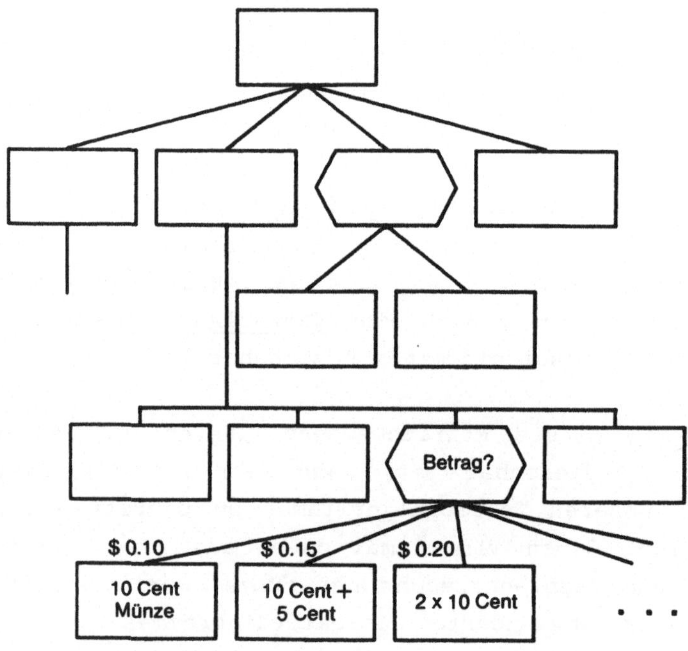

Abbildung 6–6

verlangte Gebührenmünze aus unserem vollen Geldbeutel und werfen sie ein. Dies ist in Abb. 6-7 in Form eines Strukturdiagrammes dargestellt und sieht in der Strukturtabelle folgendermaßen aus:

2.3 Wiederholen <genannten Betrag> / ($ 0.10) weise
    2.3.1 10 Cent Münze einwerfen

Der Wiederholungsteil kann so kompliziert sein wie Sie wollen. Eine Wiederholung wird im Strukturdiagramm in einem ovalen Kästchen dargestellt. Die Anzahl der Wiederholungen kann entweder festgesetzt werden, wie in unserem Beispiel, oder sie kann solange erfolgen, wie eine bestimmte Bedingung TRUE (oder FALSE) bleibt. Beispiel:

2.3 Solange 10 Cent Münzen einwerfen, UNTIL (bis) die eingeworfene Summe dem geforderten Betrag entspricht oder ihn übersteigt.
    2.3.1 10 Cent Münze einwerfen.

Machen sie sich aber bitte jetzt noch keine großen Gedanken über den genauen Kästcheninhalt der Strukturdiagramme. Wichtig ist hier, daß Sie erkennen wie sich die Strukturdiagramme durch die Aufteilung eines Problems in einzelne Schritte aufbauen und wie diese Schritte untereinander zusammenhängen. Ein Wiederholungskästchen muß im allgemeinen folgenden Inhalt haben:

a) Die Anzahl der gewünschten Wiederholungen, wie auch bei einer FOR-Anweisung in PASCAL

b) Logikprüfung, um festzustellen, wie häufig eine Wiederholung erfolgen soll, wie bei REPEAT ... <u>UNTIL</u> und <u>WHILE</u> ... DO Konstruktionen in PASCAL.

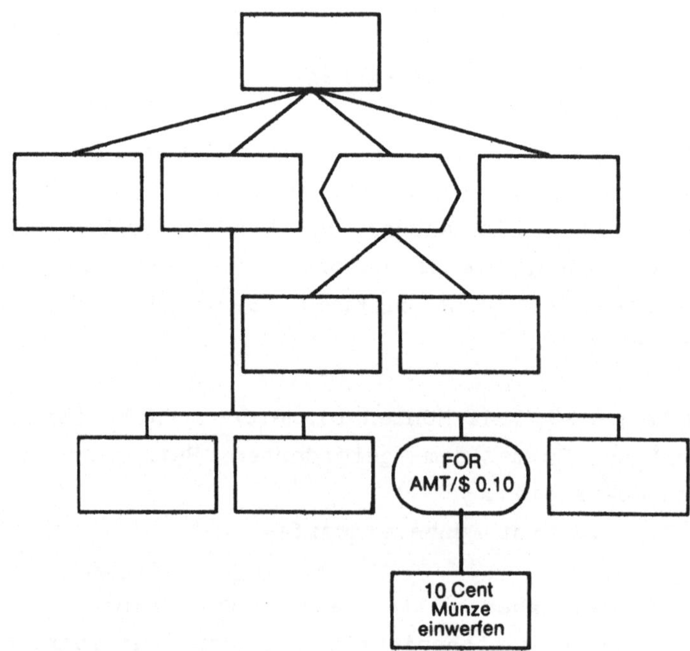

Abbildung 6–7

6. Fortschreitende Entwicklung eines Algorithmus

Ein Algorithmus und sein zugehöriges Programm entwickelt sich fast immer schrittweise durch ständige Verfeinerung, bis endlich eine befriedigende Lösung für die Rechneranwendung gefunden ist. Sie können eigentlich nur bei ganz kleinen Programmen den Algorithmus und sein Programm gleich in endgültiger Form aufschreiben. Einen Verfeinerungsvorgang haben wir Ihnen anhand unseres Telefonbeispiels anschaulich darstellen können. In diesem Abschnitt werden wir Ihnen nun einige Wege zeigen, korrekt laufende Programme zu entwickeln.

Eines der wichtigsten Probleme, mit denen sich die Programmierer heutzutage auseinandersetzen müssen, ist die Sicherung des korrekten Programmablaufs. Die meisten großen Programme enthalten immer einige Logikfehler. Vielleicht sind auch Sie schon einmal Opfer eines solchen Fehlers geworden und haben von einem Warenhaus, einer Autowerkstatt oder irgendeinem Kreditinstitut eine fehlerhafte Abrechnung erhalten. Wenn ein Programm häufiger und nicht nur einmal verwendet werden soll, werden die Verantwortlichen natürlich sehr viel mehr Zeit für das Debugging des Programmes aufwenden als für die Entwicklung und Implementierung notwendig war.

Bei der Entwicklung der meisten heute verwendeten Programme wurde die hier beschriebene Strukturierung außer acht gelassen. Die Diagramme dieser Programme sahen eher wie eine Schüssel mit Spaghetti aus und nicht wie ein Baum. Die Fachwelt bemüht sich, Wege zu finden, die es ermöglichen auf dem Rechner nachzuprüfen, ob ein Algorithmus oder Programm richtig ist. Das Problem ist aber so kompliziert, daß eine solche automatische Prüfung überhaupt nur bei gut durchstrukturierten Programmen jemals möglich erscheint. Baumstrukturierte ALGORITHMEN und Programme zu entwickeln erfordert etwas mehr Aufwand, verringert aber ganz wesentlich den Gesamtaufwand für die Entwicklung und Verwendung aller größerer Programme.

Es wird empfohlen (siehe dazu "Notes on Structured Programming" von E.W. Dijkstra in "Structured Programming", Academic Press, 1972) mit einem zweistufigen Strukturdiagramm anzufangen, in welchem nur eine grobe Problembeschreibung vorgenommen wird. Im ersten Kästchen, der Wurzel, wird das Gesamtproblem dargestellt. In den Kästchen der zweiten Ebene werden dann einige Unterprobleme, so wie in den anderen Kästchen der zweiten Ebene, mehr oder weniger genau beschrieben. Man sollte sich auf jeden Fall rechtzeitig Gedanken darüber machen, was in den Kästchen der dritten und weiterer Ebenen durchgeführt werden soll. Das Gesamtproblem soll in der zweiten Ebene auf keinen Fall in mehr als 5 bis höchstens 10 Kästchen unterteilt werden, da wir Menschen uns nicht mehr auf einmal merken können. Diese 5 bis 10 Kästchen sollten weitgehendst unabhängig voneinander sein. Die Gründe hierfür sind dieselben, wie im Zusammenhang mit Prozeduren.

Bei der weiteren Verarbeitung wird dann jedes Kästchen in der zweiten Ebene gesondert noch weiter unterteilt. Wenn jedes dieser Kästchen nun wieder in 5 bis 10 Kästchen in dritter Ebene unterteilt wird, werden wir sehr bald soweit sein, daß das Strukturdiagramm nicht mehr auf eine Seite paßt. Deshalb sollte man das Diagramm erst einmal nur in wenige Ebenen unterteilen. Auf gesonderten Seiten kann man dann Baumteile für Verzweigungen auf höheren Ebenen getrennt darstellen. Wenn Ihnen der Platz für weitere Kästchen auf einer Seite im Strukturdiagramm fehlt, versuchen Sie nicht, immer kleinere Kästchen in die Ecken und letzten freien Räume hineinzustopfen. Sparen Sie sich in einem solchen Fall lieber Zeit, und zeichnen Sie das Diagramm auf einer neuen Seite noch einmal so auf, daß Sie für Teil-Algorithmen gesonderte Seiten vorsehen.

Irgendwann ist Ihr Strukturdiagramm dann soweit unterteilt, daß der Algorithmus für ein Konzept ausreichend beschrieben ist, obgleich genaue Einzelheiten über die Ausführung noch gar nicht erwähnt wurden. Rechnerprogramme bestehen aus einer Folge ganz kleiner Rechenschritte. Es ist imgrunde nicht notwendig, oder wünschenswert, daß Sie Ihren Algorithmus so weit unterteilen, daß jede Programmieranweisung in einem eigenen Kästchen im Diagramm erscheint. Wir werden Ihnen später in diesem Kapitel und auch noch weiter hinten im Buch einige Übungen geben, in denen Sie Strukturdiagramme in Programme umwandeln sollen und umgekehrt, und zwar bis zur Programmzeile hinunter. Wir glauben nicht unbedingt, daß Sie später einmal so detaillierte Strukturen bei Ihrer Problemlösung verwenden werden. Wir möchten Ihnen hier ganz einfach den Zusammenhang zwischen Programmstruktur und Diagrammstruktur deutlich vor Augen führen.

Nachdem Sie Ihren Algorithmus schließlich in vernünftigem Maße unterteilt haben, werden sie vielleicht plötzlich feststellen müssen, daß Sie an einem toten Punkt angekommen sind, d.h. daß es aufgrund der bereits vorhandenen Struktur des Algorithmus logisch unmöglich ist, noch weitere Details hinzuzufügen. Lassen Sie sich dann nicht verleiten, einen "quick-fix" zu machen und dadurch die Strukturregeln des Baumdiagrammes zu verletzen. Das wird sich am Ende immer als Fehler herausstellen. Es empfielt sich jetzt vielmehr, auf eine Ebene, die näher zur Wurzel liegt, zurückzugehen und das Problem von dieser Ebene aus noch einmal neu zu überdenken. Dabei dürfen Sie nie den eigentlichen Grund für den Rückwärts-Gang aus dem Auge verlieren. Nachdem wir die Definition unseres Telefonproblems ein wenig geändert hatten, sind wir auch zurück gegangen und haben das Problem neu überdacht.

Sie haben vielleicht irgendwann einmal eine Fremdsprache gelernt; dann wird Ihnen Zurückgehen und Neudefinition sicher keine unbekannte Sache sein. Die meisten Sprachen sind so aufgebaut, daß man die Sätze als Baumstruktur darstellen kann. Wenn Sie sich mit jemandem in einer fremden Sprache unterhalten, wissen Sie häufig nicht so recht, wie Sie eine bestimmte Sache ausdrücken sollen, eine Sache, die in Ihrer eigenen Sprache schon fertig entwickelt in Ihrem Kopf vorhanden ist. Sie versuchen auszuweichen, indem Sie nach einer anderen Ausdrucksmöglichkeit oder Umschreibung Ihres Gedankens suchen. Genauso können Sie auch.

vorgehen, wenn sie für lästige Probleme Algorithmen oder Programme erstellen müssen.

In der Fachsprache nennt man dieses Vorgehen, gemeint ist, mit der Problemlösung bei der Wurzel eines Baumes beginnen und dann von Ebene zu Ebene weiter ins Detail gehen, "TOP-DOWN" strukturierte Programmierung. Die Bedeutung dieses Terminus dürfte Ihnen jetzt klar verständlich sein. Zurückgehen und neu definieren bis eine befriedigende Lösung gefunden wurde, nennt man "schrittweise Verfeinerung" eines Algorithmus.

7. Strukturdiagramme für einige Musterprogramme

Wir zeigen Ihnen in diesem Abschnitt für einige bereits bekannte Musterprogramme die entsprechenden Strukturdiagramme. Wir empfehlen Ihnen, sich jeweils das Programm zu den einzelnen Diagrammen noch einmal vorzunehmen, damit Sie den Zusammenhang zwischen Musterprogramm und Diagramm genau verfolgen können. Hier noch einige zusätzliche Punkte:

a) In Abb. 6-8 haben wir noch eine Nummerierung der Kästchen eingefügt, damit Sie den Weg von der Baumform des Diagrammes zur reihenförmigen Verarbeitung des PASCAL-Programmes noch deutlicher erkennen können. Der Regel entsprechend beginnen wir bei der Wurzel des Baumes und gehen dann zu den Verzweigungen ganz links in der nächst unteren Ebene. Wenn diese Verzweigung weitere Zweige hat, achten Sie darauf, für welchen Zweig sie die Wurzel bilden, und wiederholen Sie von dort die Durchführung. Wenn Sie dabei auf eine Verzweigung treffen, die keine Zweige hat, dann muß diese Verzweigung aufhören und die Durchführung zur rechts daneben liegenden Verzweigung weitergehen. Hat diese Verzweigung weitere Zweige, nehmen Sie sie wieder als Wurzel, und wiederholen Sie die Durchführung, usw.

Sie sehen, diese Wiederholung einer Durchführung, wenn eine Verzweigung weitere Zweige hat und eine Wurzel erreicht, ist rekursiv.

b) Bei den meisten Algorithmen ist es erforderlich, daß die Werte verschiedener <Variablen> vor deren Anwendung initialisiert werden. Die Initialisierung wäre aber in einigen Fällen so umfangreich, daß sie eine ganze Seite eines Strukturdiagrammes mit voneinander unabhängigen Kästchen füllen würde. Wir zeigen Ihnen in Abb. 6-9 wie man dieses Problem besser lösen kann. In dem mit 2. gekennzeichneten Kästchen erhalten drei einfache Variable gleichzeitig einen Ausgangswert zugewiesen. Die Reihenfolge, in der dies geschieht, ist genau festgelegt, so daß keine Unklarheiten aufkommen können. Diese drei Schritte innerhalb eines Kästchens können sogar neu geordnet werden, ohne daß die Logik des Algorithmus verändert wird.

c) Es empfiehlt sich, die Kästchen in einem Strukturdiagramm möglichst so zu kennzeichnen, daß die Baumstruktur leicht erkennbar bleibt. Dazu können Sie z.B. das System verwenden, das wir bei unserem Telefonalgorithmus weiter vorn in diesem Kapitel angewendet haben. Dieses System, ähnlich dem in Büchereien und Bibliotheken angewendeten Dewey-Decimal System*, läßt einer ganzen Zahl immer einen Punkt (".") folgen. Dieser Punkt zeigt die Position der entsprechenden Verzweigung innerhalb seiner Ebene an. Beispiel: Verzweigung 2. ist die zweite Verzweigung in der ersten Ebene. Verzweigung 3.4 die vierte Verzweigung in der zweiten Ebene in einer Gruppe von Verzweigungen, die

*Anmerkung des Übersetzers

Klassifizierung von Büchern. Hauptgebiete werden mit 3 stelligen Zahlen bezeichnet, Teilgebiete durch Dezimalstellen.

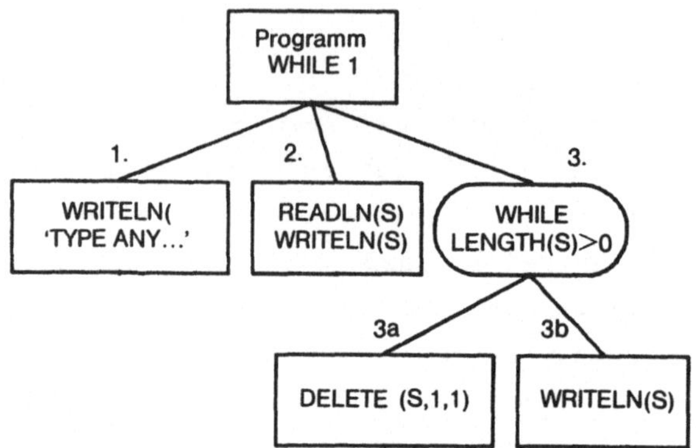

Abbildung 6-8

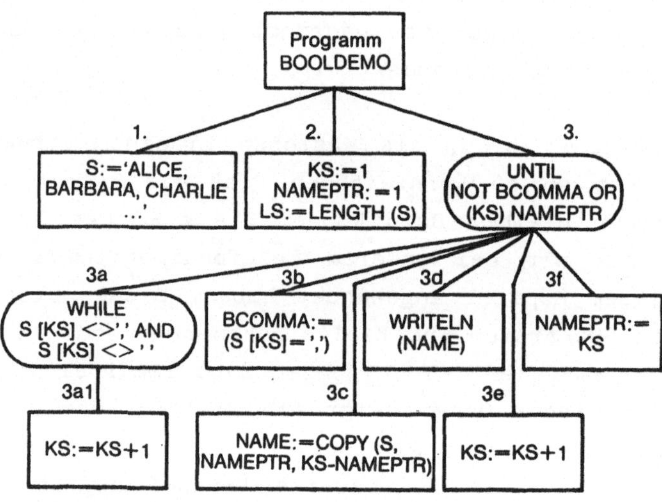

Abbildung 6-9

alle wiederum zur dritten Verzweigung in der ersten Ebene gehören. Das System in Abb. 6-9 entspricht dem Dewey-Decimal System, nur werden hier abwechselnd ganze Zahlen und Buchstaben in den verschiedenen Ebenen verwendet. Welches System Sie anwenden wollen, bleibt ganz Ihrer eigenen Wahl überlassen. Wenn Sie erst einmal den Zusammenhang zwischen den Verzweigungen in einem Baumdiagramm und den entsprechenden Beschreibungen in einer Strukturtabelle verstanden haben, ist es auch hier wieder eine Frage des persönlichen Geschmacks, ob sie für die Beschreibung eines Algorithmus nun die Diagrammform oder die Tabellenform wählen. In den Abschnitten "Zielsetzung" am Anfang jedes Kapitels in diesem Buch haben wir z.B. eine Tabellenform gewählt, die der Strukturtabelle sehr ähnlich ist. Wie Sie sehen, kann man sowohl mit Strukturdiagrammen wie auch mit Strukturtabellen dieselben Zusammenhänge ausdrücken.

d) Wenn ein Zweig eines Wahl-Kästchens zu einer Gruppe von Verzweigungen führt, haben wir das Äquivalent zur BEGIN... END Konstruktion der PASCAL-Verbundanweisung. Sehen Sie sich dazu Abb. 6-10 an. Setzt man zwischen BEGIN ... END eine Gruppe von Anweisungen, so hat dies dieselbe Wirkung wie eine künstlich eingeführte Ebene in einem Strukturdiagramm, in welcher keine Durchführung vorgesehen ist. Die Verzweigungen in 1b und 1b3a1 sind z.B. solche inaktiven Verzweigungen, die lediglich ins Diagramm eingefügt wurden, um die Struktur des Algorithmus deutlicher zu machen. Es empfielt sich, Verzweigungen, denen solche Gruppen folgen, manchmal eine Erklärung ein- oder beizufügen.

e) Konzept und Aufruf einer Prozedur eignen sich einerseits ganz gut für Ausdrücke in Strukturdiagrammen, andererseits aber sind sie völlig ungeeignet. Wenn ein Algorithmus zu umfangreich ist und nicht mehr auf einer Seite vollständig erklärt werden kann, können Sie an jeder Verzweigung mit weiteren Verzweigungen einen Teil des Baumes einfach "absägen". Diese Verzweigung bildet dann die Wurzel eines

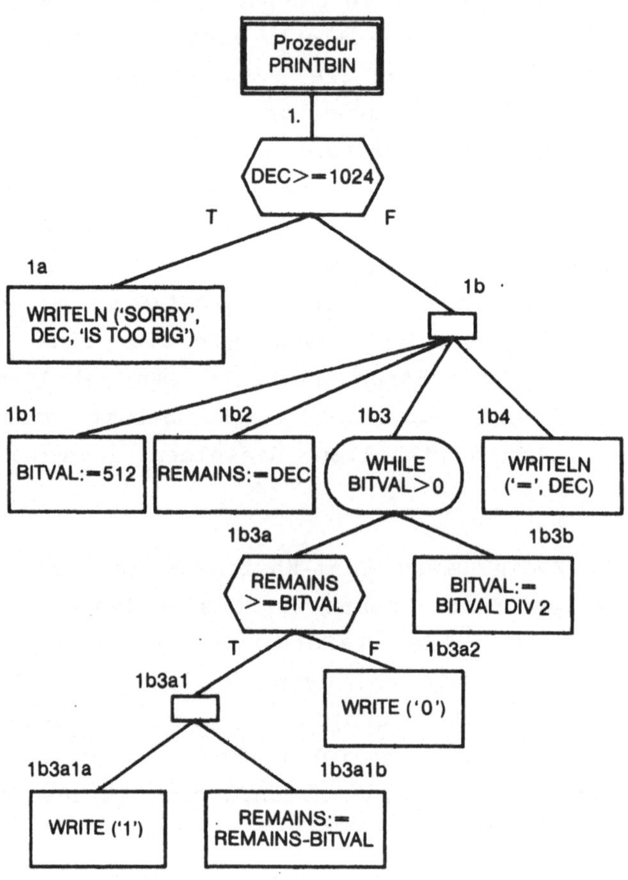

Abbildung 6–10

neuen Unterbaumes, der in einem kleineren Diagramm auf einer gesonderten Seite dargestellt wird. Dieselbe Verzweigung bleibt jedoch auch im "Stamm"-Diagramm erhalten, und eine geeignete Kennzeichnung macht deutlich, daß der Unterbaum an diesen Verzweigungspunkt gehört. Dieses Konzept entspricht der Unterteilung eines PASCAL-Programmes in Prozeduren. Die Verwendung verschiedener unterschiedlicher Kästchen für unterschiedliche Teilkonzepte in einem Strukturdiagramm wird mit zunehmender Komplexität immer problematischer. Da die Prozedur eine ganz besondere Art von Aktivität durchführt, haben wir sie in unseren Diagrammen in einem doppelt umrandeten Rechteck dargestellt. Für das Strukturdiagramm einer Prozedur bildet das Prozedur-Kästchen die Wurzel, wie z.B. in Abb. 6-10 und 6-12 zu sehen ist. Immer wenn die Prozedur für eine Durchführung benötigt wird, wie in der Verzweigung 2a1a in Abb. 6-11, bildet sie eine Hilfsverzweigung.

In Wirklichkeit bedeutet die Prozedur in diesem Fall aber z.B. den Funktionsaufruf von RANDOM, wie in der Verzweigung 2a1a deutlich unterstrichen wird.

f) Beachten sie, daß Einrückungen, wie wir sie bereits in Programmen und Strukturtabellen verwendet haben, unmittelbar mit dem Konzept der Ebenen in einem Strukturdiagramm verwandt sind. Je weiter die Abstufungs-Ebene desto mehr Einrückungen. Man kann tatsächlich davon ausgehen, daß ein sorgfältig durch Einrückungen ausgearbeitetes Programm mit einer Strukturtabelle eng verwandt ist.

Welche Rolle Kommentare in einem Programm spielen, sollte Ihnen klar sein, wenn Sie das Prinzip der schrittweisen Verfeinerung verstanden haben. Wenn Sie z.B. ein erstes Konzept für einen Algorithmus entwickeln, schreiben Sie sich jeweils kurz auf, was in den Hauptebenen Ihres Strukturdiagrammes durchgeführt werden soll. Diese Beschreibung können und sollten Sie in Ihr Programm als Kommentar an der entsprechenden Verzweigung des Strukturdiagrammes

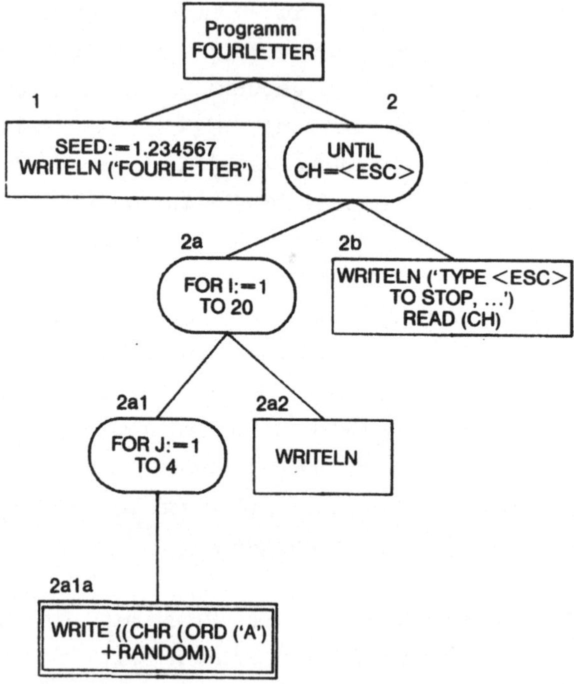

Abbildung 6–11

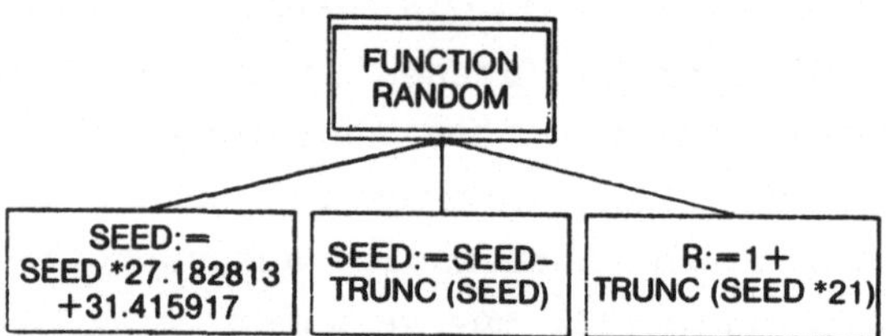

Abbildung 6–12

aufnehmen. Ein PASCAL-Programm mit solchen Kommentaren und gut durchdachten Einrückungen kann als direktes Äquivalent seines Strukturdiagrammes angesehen werden. Sie sollten hin und wieder in der Lage sein, ein solches Programm als sogenanntes Abbild des Strukturdiagrammes zu erkennen und darauf verzichten zu können, es aufschreiben zu müssen.

8. Problemlösung mit Hilfe eines Konzepts

Sie sollten jetzt langsam soweit sein, auch umfangreichere Probleme als die bisher behandelten lösen zu können. Wir stellen Ihnen in diesem Abschnitt ein Problem vor, das vom Konzept her einfach erscheint, jedoch sehr sorgfältig durchdacht werden muß, bevor es in einen Algorithmus oder gar in ein Programm übertragen werden kann. Wir werden Ihnen verschiedene Wege zur Lösung des Problems zeigen, die endgültige Lösung, d.h. die Programmerstellung, aber Ihnen überlassen.

Bei diesem Problem geht es darum, eine PASCAL-Funktion zu schreiben und zu prüfen, die die Ausführung der allgemein verfügbaren POS-Funktion bei der Verwendung von Ketten-Variablen simuliert. In Ihrem Algorithmus sollen keine der allgemein verfügbaren Funktionen oder Programme zur Bearbeitung von Ketten enthalten sein, außer LENGTH (d.h. verwenden Sie weder CONCAT noch COPY, DELETE, INSERT oder POS). Die Funktion POS können Sie zum Testen Ihres Ergebnisses verwenden.

Wir geben Ihnen hier einen groben Überblick, wie POS arbeitet und verweisen dazu auf Abb. 6-13. Wenn eine Namenfolge in einer Ketten-Variablen SUBJ gegeben ist und ein Muster PAT gespeichert ist, kann man mit den Variablen IS und IP vom <Typ> INTEGER auf Adressen in diesen beiden Ketten-Variablen zeigen. Am Anfang stehen beide Zeiger auf 1, und IS zeigt jeweils um eine Adresse weiter. Bei jeder neuen Adresse wird eine Prüfung durchgeführt, um festzustellen, ob das Zeichen bei SUBJ [IS] mit dem ersten Zeichen des Musters übereinstimmt. Ist dies nicht der Fall, wird nochmals um eins erhöht, und die Schleife wird weitergeführt. Stimmen dagegen beide überein, dann beginnt eine innere Schleife mit einem festen IS-Wert, und IP wird für weitere Verweise sowohl auf SUBJ wie auch auf PAT vorgerückt. Diese innere Schleife wird solange ausgeführt, bis zwei nicht übereinstimmende Zeichen gefunden werden oder bis alle Zeichen in SUBJ mit PAT verglichen worden sind. Wenn die innere Schleife kein übereinstimmendes Zeichen finden kann, muß die äußere Schleife an der Stelle wieder anfangen, an der sie vorher aufgehört hat und versuchen eine andere Übereinstimmung mit dem ersten Zeichen in PAT zu finden. Gelingt dies nicht, und wird IS schließlich zu groß für eine mögliche Übereinstimmung, gibt der Algorithmus für POS einen Wert 0 zurück. Wird aber eine Übereinstimmung gefunden, wird der IS-Wert bei der ersten Übereinstimmung zurückgegeben.

Wenn Sie an die Lösung dieses Problems gehen, sollten Sie sich erst einmal überlegen, was eigentlich geschieht. Stellen Sie sich dazu Zeichnungen vor, die Sie verstehen können, etwa solche wie in Abb. 6-13 für die Ketten SUBJ und PAT. Dann sollten Sie unbedingt die Variablen bestimmen, die Sie in Ihrem Programm verwenden wollen. Legen Sie Annahmewerte für diese Variablen fest, und schreiben Sie Werte für die Variablen auf, die sich im Verlauf mehrerer Übungsschritte des entworfenen Algorithmus zu ändern beginnen, damit Sie die Wiederholungsstruktur der Durchführung erkennen können. Die Tabelle in Abb. 6-13 wurde für diesen Zweck aufgestellt. Gehen Sie diese Tabelle Schritt für Schritt durch, damit Sie sehen, daß Sie wirklich genau die beschriebenen Ausführungen der POS-Funktion wiedergibt.

Wenn Sie schließlich ein klares Konzept für Ihren Algorithmus haben und eine allgemeine Vorstellung davon, welche Variablen zum Speichern welcher Daten verwendet werden sollen, sollten Sie darangehen, einen Rohentwurf Ihres Algorithmus aufzusetzen. In Abb. 6-14 zeigen wir den Rohentwurf eines Strukturdiagrammes für die Teillösung eines Problems. Die verschiedenen Kästchen

```
SUBJ                                          LS=25
---------------------------------------------------------
! A ! - ! B ! O ! T ! T ! L ! E ! - ! C ! A ! P !
---------------------------------------------------------
  1   2   3   4   5   6   7   8   9  10  11  12


PAT                          LP=3
-------------
! T ! L ! E !
-------------
  1   2   3

IS   SUBJ[IS-1+IP]   PAT[IP]   IP             MATCH

 1          A            T      1     <>         F

 2          -            T      1     <>         F

 3          B            T      1     <>         F

 4          O            T      1     <>         F

 5          T            T      1      =         T
 5          T            L      2     <>         F

 6          T            T      1      =         T
 6          L            L      2      =         T
 6          E            E      3      =         T
                                4>LP             T
```

Abbildung 6–13.

Anmerkung: Das Symbol '-' ersetzt ein <Leerzeichen> in dieser Abbildung.

wurden in der Reihenfolge der eingekreisten Zahlen ins Diagramm aufgenommen. Sie werden das Problem vielleicht etwas anders betrachten und das eine oder andere Kästchen in einer etwas anderen Reihenfolge oder neu dazu aufnehmen. Für uns war es in erster Linie wichtig, mit der booleschen Variablen MATCH die Schleife zu steuern. Nachdem das Anfangszeichen von PAT in SUBJ gefunden ist, wird MATCH versuchsweise TRUE gesetzt, während die innere Schleife ausgeführt wird. Durch die Zuweisung in Kästchen (6) wird MATCH, wenn sich die entsprechenden Zeichen in den entsprechenden Adressen von SUBJ und PAT nicht decken, wieder FALSE gesetzt. Wenn alle Zeichen übereinstimmen bis IP schließlich größer wird als LP, die Länge für PAT, bleibt MATCH weiterhin TRUE. Beide Schleifen werden dann beendet, und in Kästchen (7) kann die Bedingung für die Beendigung der äußeren Schleife geprüft werden. Einzelheiten über Initialisierung und Steuerung von IS und IP werden hier noch nicht gezeigt.

Wenn Ihr Rohentwurf für das Strukturdiagramm erst einmal so weit gediehen ist, wird es Zeit, daß Sie genauere Einzelheiten hinzufügen. Der Algorithmus muß grundsätzlich so aufgestellt sein, daß er mit den unterschiedlichsten Sonderfällen fertig wird und trotzdem das richtige Ergebnis liefert. Wenn Sie die Einzelheiten einfügen, sollten Sie sich wieder Ihre tabellarischen Aufzeichnungen vornehmen, um zu prüfen, ob alle Schritte des Konzept-"Modells" des Algorithmus noch planmäßig arbeiten. Sie finden dabei vielleicht ein Problem, das Sie zwingt, einen Teil Ihres Algorithmus noch einmal neu zu überarbeiten, damit der Algorithmus insgesamt richtig arbeiten kann.

Wenn Sie dann überzeugt sind, genügend Einzelheiten in den Algorithmus eingearbeitet zu haben, wird Ihre nächste Aufgabe darin bestehen, das Strukturdiagramm in die Form eines PASCAL-Programmes zu übertragen. Achten Sie darauf, daß Sie hier in unserem Beispiel für die Funktion POS noch andere Bezeichner verwenden müssen, damit Sie mit der implementierten Funktion POS Ihre Ergebnisse nachprüfen können. Anschließend können Sie dann Ihr

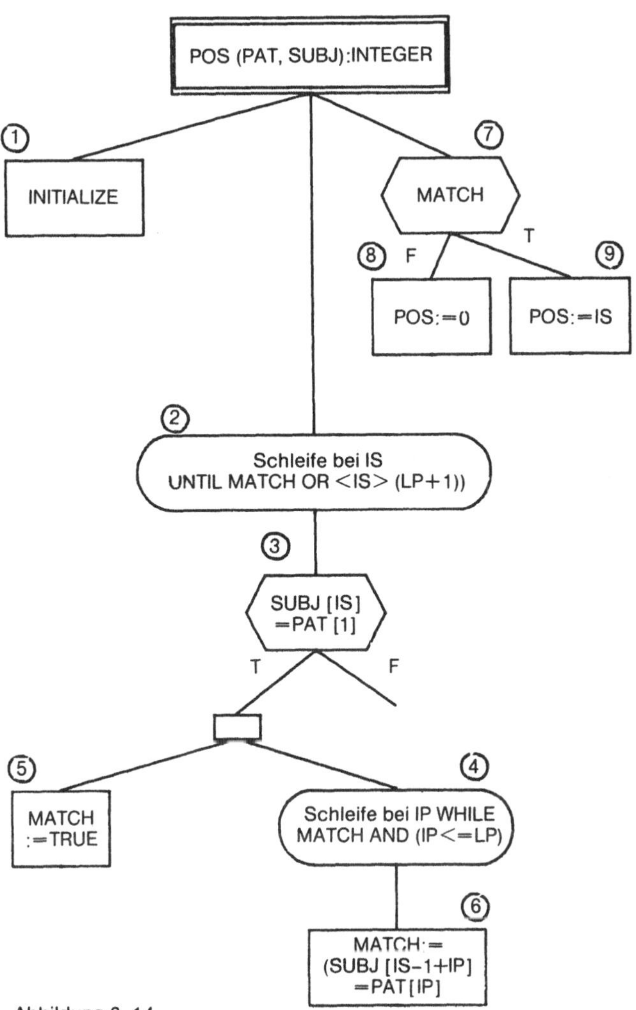

Abbildung 6-14

Programm mit Hilfe des Editors in den Rechner eingeben und versuchen, das Programm zu übersetzen. Wahrscheinlich werden Sie noch einige Syntaxfehler beseitigen müssen. Wenn Sie allerdings sehr viele Syntaxfehler feststellen, sollten Sie Ihr Programm besser noch einmal auf dem Papier überprüfen, bevor Sie weiterarbeiten. Das spart Zeit!

Am Ende erreichen Sie den Punkt, an welchem es darum geht, das Programm zu debuggen (d.h. in etwa, logische Fehler zu finden und auszumerzen). Wenn Ihr Programm mit den Prüfdaten richtig arbeitet und korrekte Ergebnisse erzielt, heißt dies noch nicht, daß der Programmablauf auch in Ordnung ist. Sie sollten deshalb immer wieder vorübergehend Anweisungen für die Ablaufverfolgung einfügen und prüfen, ob der Programmablauf mit den tabellarischen Aufzeichnungen Ihres Konzept-Modells übereinstimmt. Wenn soweit alles stimmt, sollten Sie sich Daten ausdenken, mit denen Sie alle möglichen Sonderfälle durchtesten. Erst wenn alle Testfälle richtig durchgelaufen sind, können Sie davon ausgehen, daß Ihr Programm vielleicht frei von Fehlern ist.

Übung 6.1:

Vervollständigen Sie die Aufstellung und Prüfung der in diesem Abschnitt beschriebenen Ersatzfunktion POSition. Sie sollten wenigstens die richtige Durchführung unter folgenden Bedingungen prüfen:

a) Muster, die auftreten können
b) Muster, die nicht auftreten können
c) Muster, die ganz links erscheinen
d) Muster, die ganz rechts erscheinen
e) Muster, die nur ein Zeichen lang sind
f) Muster, die mindestens drei Zeichen lang sind

g) Vergleichsgröße besteht nur aus einem Zeichen

h) Vergleichsgröße kürzer als das Muster (keine Übereinstimmung)

i) Vergleichsgröße oder Muster leer (keine Übereinstimmung)

9. Zwei schwierige Probleme

Wir stellen Ihnen in diesem Abschnitt zwei sehr schwierige Probleme vor, deren Lösung Sie einige Zeit kosten dürfte. Sie kennen jetzt alle PASCAL-Programmierwerkzeuge, die Sie zur Lösung dieser beiden Probleme benötigen. Bei diesen Problemen muß, im Gegensatz zu den bisher behandelten Problemen, sehr viel Gedankenarbeit geleistet werden, um den erforderlichen Algorithmus einigermaßen einfach aufstellen zu können.

Die Türme von Hanoi sind ein klassisches Problem in der Rechnerfachwelt. Es kann mit ca. 40 Zeilen gelöst werden, ohne daß Anweisungen in einer Zeile zusammengefaßt werden müssen. Auch Kommentarzeilen und eine Fehlersuch-Prozedur sind bei der Lösung vorgesehen. Das Billardproblem, unser zweites Problem, ist ein Beispiel für viele "bewegte" Bilder, die Sie inzwischen auch auf dem Rechner wiedergeben können sollten. Wenn die Turtle Ihres Mikrorechners schwarze Linien über weiße Linien zeichnen kann, können Sie jede gerade gezeichnete Linie des Billardballes wieder löschen, bevor Sie die nächste zeichnen, so daß der Eindruck entsteht, der Ball bewegt sich wirklich. Dieses Problem ist vom Konzept her nicht so schwierig wie das der Türme von Hanoi, benötigt aber mehr als 100 Zeilen. Wenn Ihnen die Lösung dieser Probleme noch zu schwierig erscheint, so stellen Sie sie noch etwas beiseite und warten mit ihrer Lösung noch solange, bis Sie anhand einfacherer Beispiele noch mehr Erfahrung gesammelt haben werden. Wenn Sie diese Probleme einmal erfolgreich gelöst haben werden, wird Ihnen dies für Ihre spätere Rechnerarbeit sehr hilfreich sein.

Übung 6.2: Türme von Hanoi

Das Problem, um welches es hier geht, kennen Sie sicher schon von einigen Block-Puzzles, die es in jedem Partyshop zu kaufen gibt. Wir haben das Problem in Abb. 6-15 einmal graphisch dargestellt. Das Problem ist folgendes: Sie erhalten drei Stäbe (die "Türme") und eine Anzahl von Scheiben, die jeweils von oben auf jeden der drei Stäbe geschoben werden können. Alle Scheiben haben unterschiedliche Durchmesser.

Am Anfang befinden sich alle Scheiben auf dem Stab ganz links, den wir Stab "A" nennen wollen. Aufgabe ist es nun, alle Scheiben auf den Stab ganz rechts zu bringen, den Stab "C". Dies muß so durchgeführt werden, daß nie eine größere Scheibe auf einer kleineren zu liegen kommt. Die Lösung des Problems kann mit einer beliebigen Anzahl an Scheiben auf Stab "A" erfolgen. Abb. 6-15 zeigt die Lösung für 2, 3 und 4 Scheiben getrennt.

Bei zwei Scheiben wird hier der mittlere Stab ("B") zur vorübergehenden Aufbewahrung der kleineren Scheibe verwendet. So kann die größere Scheibe von Stab A auf Stab C verlagert werden. Zum Abschluß wird dann die kleinere Scheibe von Stab B auf Stab C transferiert und somit wieder auf die größere Scheibe.

Bei drei Scheiben sieht die Lösung folgendermaßen aus. Sie verlagern die beiden kleineren Scheiben auf den mittleren Stab B, damit die größte Scheibe auf Stab C transferiert werden kann. Um die beiden oberen Scheiben auf B verlagern zu können, verwenden Sie dieselbe Logik wie bei zwei Scheiben, nur B und C vertauscht. Nachdem die größte Scheibe auf C gelegt wurde, können die beiden auf B verbliebenen Scheiben nun auf C verlagert werden, wobei A als Zwischenstation für die kleinste Scheibe dient.

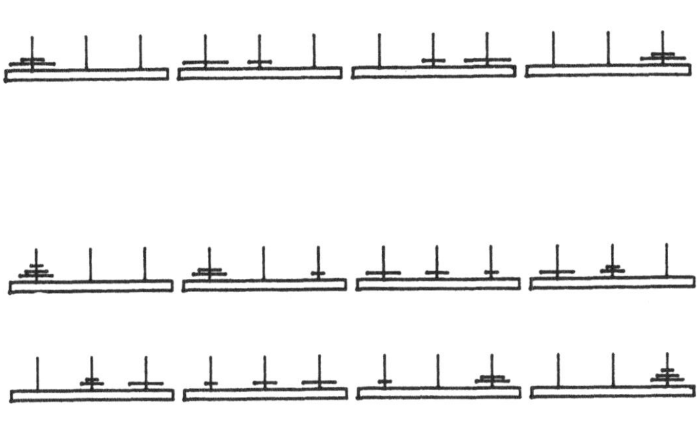

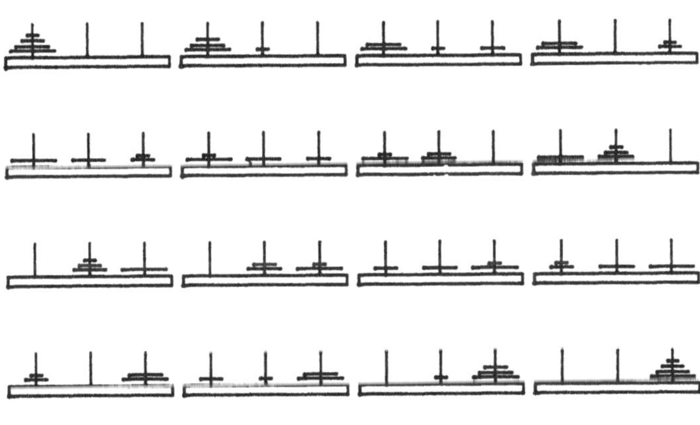

Abbildung 6-15

Bei vier Scheiben gibt man erst einmal die oberen drei Scheiben auf Stab B. Anschließend wird dann die größte Scheibe auf C verlagert und zuletzt die drei kleineren auf C. Hierzu wird derselbe Algorithmus wie bei drei Scheiben verwendet, nur sind die Rollen von A und B vertauscht.

Sie werden sicher schon festgestellt haben, daß bei dieser Lösung eine rekursive Struktur zugrundeliegt. Man löst das Problem für N Stäbe, indem man es zuerst für N-1 Stäbe mit alternierenden Zielstäben löst. Die größte Scheibe wird verlagert und am Ende die Lösung für N-1 Stäbe mit wechselnden A- und B-Rollen wiederholt.

In Abb. 6-16a wird ein Konzept-Modell vorgeschlagen, bei welchem ein Teil-Algorithmus HANOI nötigenfalls als Basis für eine rekursive Prozedur mit demselben Namen verwendet wird. In diesem Fall sind die Stäbe durch Quelle (SRC/ Source), Ziel (DEST/Destination) und Ausweichstation (ALT/ Alternate) besser als durch A, B und C bezeichnet, da letztere bei nachfolgenden Stufen der Rekursion ihre Rolle ändern. CNT zeigt an, wieviele Scheiben beim Aufruf von HANOI bewegt werden müssen. In Abb. 6-16b ist der Algorithmus etwas deutlicher dargestellt, was seine Teilalgorithmus- (Prozedur-)Aufrufe anbelangt.

Die Türme wurden mit Hilfe dreier Ketten-Variablen A, B und C dargestellt und die Scheiben durch die Zeichen "1", "2", "3" und "4", wobei jedes Zeichen jeweils die Anzahl der von ihm dargestellten Scheiben wiedergibt. Das Fehlen einer Scheibe wird durch ein Leerzeichen dargestellt. Die Türme B und C wurden so initialisiert, daß sie nur aus Leerzeichen bestehen, während Turm A im Vier-Scheiben-Problem mit "4321" initialisiert wurde. Die Verwendung von drei Zähler-Variablen NA, NB und NC hat sich als sinnvoll erwiesen. Es ist so jederzeit möglich, die Anzahl der gerade auf jedem Turm vorhandenen Scheiben

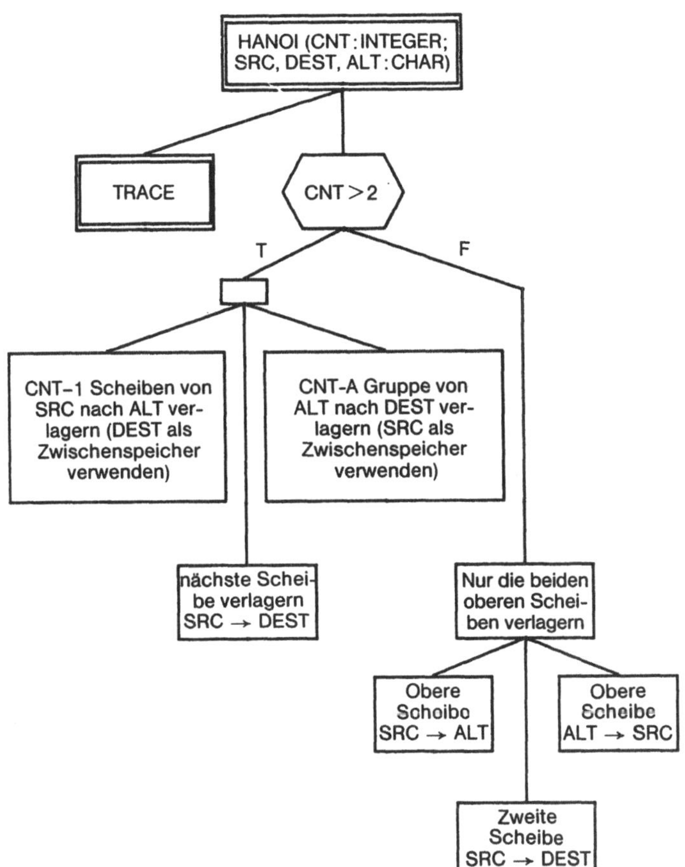

Abbildung 6-16a

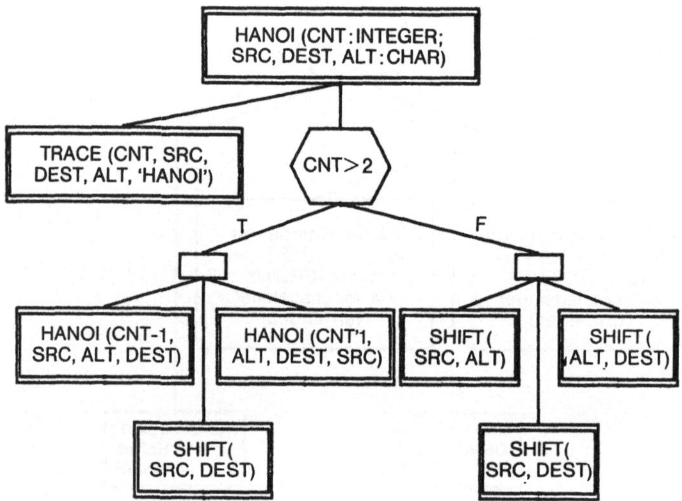

Abbildung 6-16b

wiederzugeben. Ebensogut hätte man aber auch für jeden Turm die Funktion LENGTH verwenden können.

Mit dieser Einführung dürften Sie jetzt in der Lage sein, das Problem zu lösen. Mit Hilfe der Prozedur TRACE können Sie bei jedem Aufruf von TRACE den Inhalt eines jeden Turmes bei jeder Aktivierung von HANOI und am jeweiligen Ende des Programmes in einer einzigen Zeile erfahren. Es ist nicht erforderlich, daß Sie das Phantasiebild von HANOI auf Ihren Bildschirm bringen, es sei denn, Sie sehen es als interessante Herausforderung an.

Übung 6.3:

Kleine Rechner werden heutzutage häufig zur Simulierung von TV-Spielen verwendet, wie Sie sie wahrscheinlich schon öfters gesehen haben. Ein Rechner, der mit einem entsprechenden Graphikgerät ausgestattet ist, (einem Gerät das wahlweise Figuren auf einen Bildschirm zeichnen und wieder löschen kann) kann für nahezu alle diese Spiele programmiert werden. In unserem Beispiel stellen wir ein solches Spiel, das Billardspiel, dar.

In Abb. 6-17 sehen Sie das "bewegte" Bild, für welches Sie das Programm schreiben sollen. Es wurde auf einem Bildschirm dargestellt, der nicht wahlweise zeichnen und löschen kann und so wird jede Ballposition hier gezeigt. Wenn die Richtung des Balles in Grad über die Tastatur eingegeben werden kann, sollte das Programm in der Lage sein, jede Ausgangsrichtung der Ballbewegung zu handhaben. Wenn der Ball gegen eine Wand "prallt" wird er "zurückgeworfen". Der Winkel zwischen ursprünglicher Bewegungsrichtung und Wand ist derselbe wie der zwischen der tatsächlichen Reflektionsrichtung und der dem Reflektionspunkt gegenüberliegenden Wand. Beispiel: wenn der Ball die Dek-

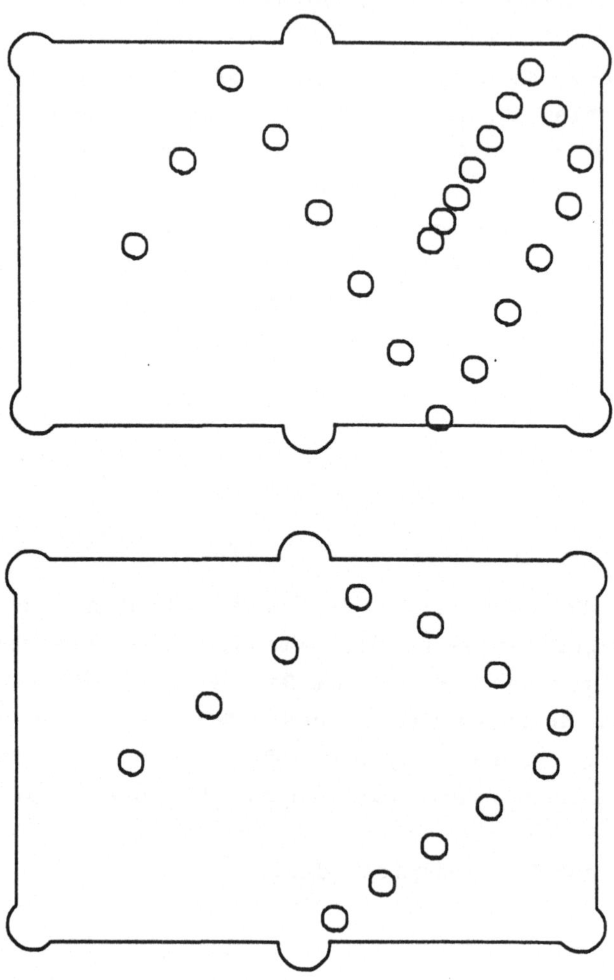

Abbildung 6–17

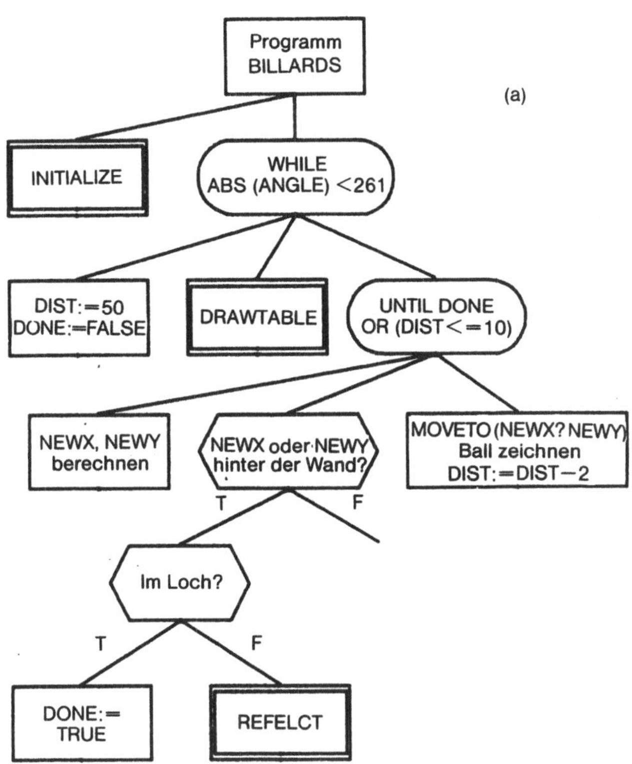

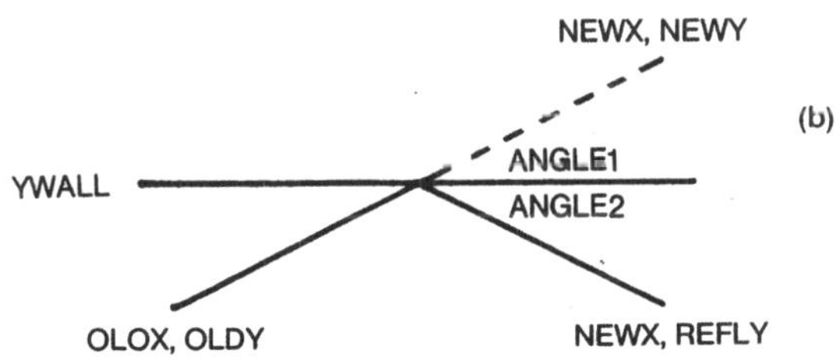

Abbildung 6–18

kenwand mit einem Winkel von 45 Grad trifft, wird er mit -45 Grad reflektiert. Wenn er mit 45 Grad auf die rechte Wand trifft, prallt er mit 135 Grad in Aufwärtsrichtung ab.

Das Programm muß feststellen können, wann der Ball in eines der sechs "Löcher" gefallen ist und dann "Erfolg" melden. Ferner ist zu beachten, daß der Ball bei nachfolgenden Schritten immer mehr an Geschwindigkeit verliert und schließlich bei einer neuen Position ganz aufhört. Dann muß das Programm für das nächste "Spiel" eine neue Richtung erfragen.

In Abb. 6-18 zeigen wir Ihnen den Rohbau eines Strukturdiagrammes für das Programm, das wir zur Lösung dieses Problems entwickelt haben. Die Berechnung von NEWX und NEWY nach jedem Schritt in der Schleife, die die Ballbewegung simuliert, kann eventuell kompliziert sein. Folgender Vorschlag: Wenn wir davon ausgehen, daß das Programm über folgende Variable vom <Typ> INTEGER verfügt:

```
NEWX, NEWY, AND NEWANGLE, DANN
```

dann wird

```
WHEREAMI(NEWX, NEWY, NEWANGLE)
```

die gültigen Werte für die Beschreibung der Turtleposition diesen drei als Variablen-Parameter verwendeten Variablen zuweisen. WHEREAMI ist eine eingebaute Prozedur, die für Turtlegraphiken bestimmt ist.

In Teil (b) der Abb. 6-18 sehen Sie die geometrischen Grundformen, die der Ball beschreibt, wenn er im Tischdiagramm von der Deckenwand reflektiert wird. Die Ballmitte bildet den Ausgangspunkt (OLDX, OLDY). Durch MOVE (DIST) in der ursprünglichen Richtung ANGLE1 erreicht die Turtle dann (NEWX, NEWY), einen Punkt, der außerhalb des Tischdiagrammes liegt. Wenn die Turtle tatsächlich diese Linie zeichnen soll, dann achten Sie darauf, daß der Wert für DIST nicht zu groß ist, damit (NEWX, NEWY) nicht plötzlich außerhalb des Bildschirmes liegt. In dem hier gezeigten Beispiel entspricht der Wert für NEWX dem mit Hilfe von WHERAMI berechneten Wert, nachdem MOVE (DIST) ausgeführt wurde und PENCOLOR (NONE) aktiviert war. NEWY dagegen muß für REFLY umgewandelt werden, da sich der Wert für Y aus der Wandreflektion ergibt. Dies können Sie daraus erkennen, daß REFLY ebenso weit <u>unterhalb</u> der Wand liegt wie NEWY <u>oberhalb</u>. Also:

```
REFLY := 2*YWALL - NEWY;
ANGLE2 := -ANGLE1
```

liefert die neuen Werte für Y und den neuen Winkel. Anschließend wird dann MOVETO und TURNTO benötigt, um die Turtle nach der Reflektion in die neue Position zu bewegen. Bei der Reflektion von den anderen drei Wänden erfolgt eine ähnliche Geometriebetrachtung. Beachten Sie, daß REFLECT die in Teil (b) der Abb. 6-18 gezeigten Linien nicht einzeichnen muß. Es muß lediglich die neue Stellung der Turtle finden, damit die nächste Ballposition gezeichnet werden kann.

Probleme

Problem 6.1:

Schreiben Sie ein vollständiges PASCAL-Programm für den in Abb. 6-19 gezeigten Algorithmus. (SQRT(X) ist eine eingebaute Funktion, die die Quadratwurzel von X als Wert zurückgibt.) EXITSW ist vom <Typ> BOOLEAN, alle anderen Bezeichner vom <Typ> INTEGER. Für diejenigen unter Ihnen, die mathematisch orientiert sind, sei noch erwähnt: Dieser Algorithmus berechnet die ersten 100 Primzahlen. Für alle, die nicht-mathematisch orientiert sind: Die Lösung dieses Problems verlangt nicht von Ihnen, daß Sie jetzt verstehen müssen, wofür dieser Algorithmus oder das entsprechende Programm verwendet werden kann.

Problem 6.2:

Schreiben Sie ein vollständiges PASCAL-Programm für den in Abb. 6-20 gezeigten Algorithmus. Alle Variablen sind hier vom <Typ> INTEGER. Um aufgrund des Strukturdiagrammes das entsprechende Programm schreiben zu können, müssen Sie nicht verstehen, wofür der Algorithmus verwendet werden könnte.

Problem 6.3:

Zeichnen Sie Strukturdiagramme für die Programme COUNTWORDS (Kapitel 4, Abschnitt 6) und RCOUNT (Kapitel 4, Abschnitt 8).

Problem 6.4:

Zeichnen Sie ein Strukturdiagramm für das Programm GROWTREE (Kapitel 4, Abschnitt 10).

Problem 6.5:

Zeichnen Sie ein Strukturdiagramm für das Programm DECBIN (Kapitel 5, Abschnitt 8).

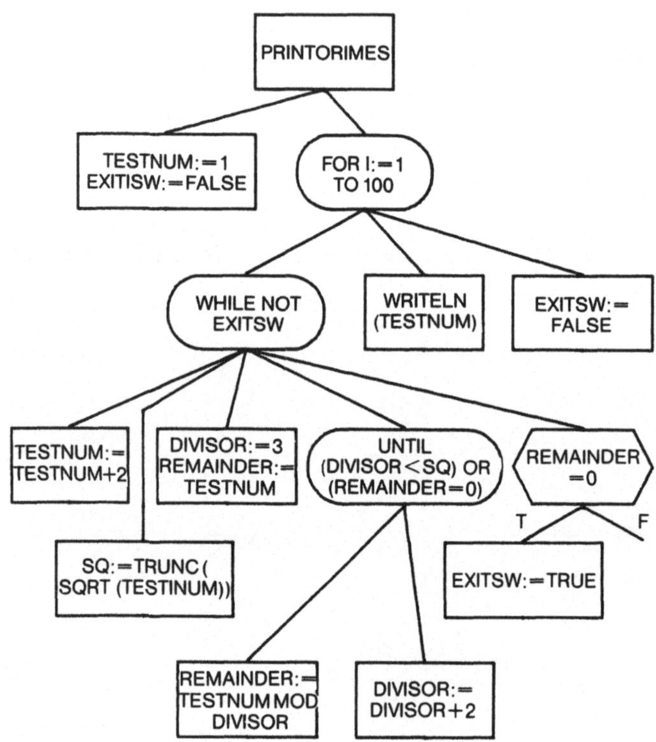

Abbildung 6–19

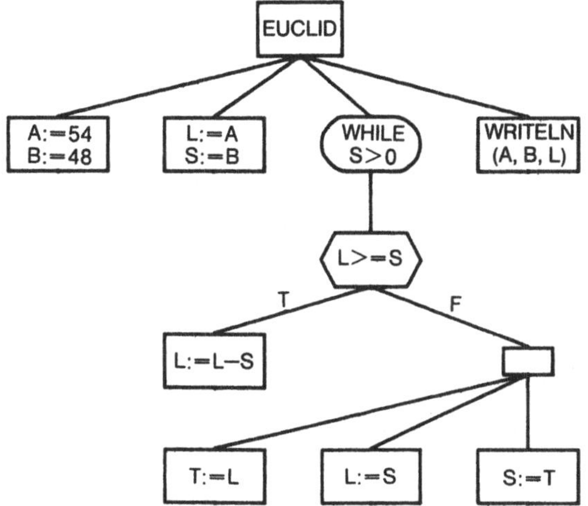

Abbildung 6–20

7. Dateneingabe

1. Zielsetzung

In diesem Kapitel werden wir uns eingehend mit der Dateneingabe über externe Geräte ins Programm befassen. Das Hauptaugenmerk richten wir dabei auf die Eingabe über die an Ihren Rechner angeschlossene Tastatur.

1a. Lernen Sie, READ- und READLN-Anweisungen für Zahlen, einzelne Zeichen und Ketten zu verwenden. Verwenden Sie READ mit und ohne automatischer Rückmeldung der eingegebenen Zeichen.

1b. Steuern Sie die Schleifen eines Programmes, das eine Folge von Datenwerten einliest, deren Länge bei der Programmerstellung noch nicht vorauszusehen war. Verwenden Sie hierfür die eingebauten Funktionen EOF und EOLN.

1c. Lernen Sie, die eingegebenen Datenwerte soweit zu überprüfen, daß Sie sicher sein können, daß diese Werte richtig sind oder doch zumindest innerhalb der Bandbreite liegen, die Ihr Programm ohne abzubrechen bewältigen kann.

1d. Entwickeln Sie Programme für besondere Probleme, bei denen die Datenwerte über die Tastatur eingegeben werden müssen.

2. Hintergrund

Bisher haben wir es vermieden, uns den Komplikationen zu stellen, die durch die Informationseingaben über externe Geräte ins Programm entstehen können. Nicht alle, aber doch die meisten Rechnerprogramme können externe Daten verarbeiten. Bis vor kurzem erfolgte diese Daten-"Eingabe" über einen Kartenleser. In den letzten Jahren sind dann viele Benutzer von Großanlagen dazu übergegangen, Magnetbänder, Plattenlaufwerke, Diskettenlaufwerke oder entfernt aufgestellte "Datenstationen" für die Dateneingabe in große Rechenanlagen zu verwenden. Bei Ihnen wird es wahrscheinlich folgendermaßen aussehen: Sie verwenden für Ihre Dateneingabe in den Mikrorechner entweder die Tastatur an einem Bildschirm oder eine direkt an Ihren Rechner angeschlossene Tastatur.

Lassen wir einmal die Art Ihres Eingabegerätes außer acht. Die Standardmethode für die Dateneingabe in Ihr Programm besteht in der Anwendung der READ- oder READLN-Anweisung. Die READ-Anweisung besteht bei einigen Rechnern und Programmiersprachen aus einem Befehl an das Rechnersystem, alle Daten eines vollständigen "Datensatzes" abzutasten. Zum Beispiel können alle 80 Spalten auf einer Standard-Lochkarte Daten enthalten. Dabei sind die Daten auf einer Karte in den meisten Fällen völlig unterschiedlich. Bei einer READ-Anweisung wird die gesamte Karte abgetastet, und anschließend wird mit Hilfe eines gesonderten "Formatierungs"-Vorganges jede einzelne Datengröße auf der "Karte" entschlüsselt. Bei PASCAL dagegen wird jede READ- oder READLN-Anweisung angewiesen, ein oder mehrere Datengrößen vom Eingabegerät zu interpretieren, und die strenge Eingabe in "Sätzen" ist dadurch nicht notwendig.

Bei einigen Programmiersprachen handelt es sich bei den "Formatierungs"-Vorgängen in Wirklichkeit um eingebaute Prozeduren, mit deren Hilfe die von den meisten "peripheren" (d.h. externen) Geräten verwendeten Zeichen in die Rechner-"interne" Binärform, (in der die ganzzahligen und reellen Werte im Rechner gespeichert und verwendet werden) übersetzt werden. Diese Übersetzung ergibt sich in PASCAL aus dem <Typ> der Variablen in einer READ- oder READLN-Anweisung. Ähnlich wird bei der Ausgabe mit Hilfe von WRITE und WRITELN die Übersetzung in entgegengesetzter Richtung vorgenommen.

Bei einigen Rechnersystemen gibt es solche getrennten Datensätze nicht, und die Datengröße wird als ständiger Datenfluß angesehen. Bei Lochkarten kann man sich dieses Konzept nur schwer vorstellen, bei den "Dialogstationen" dagegen ist es ganz einfach, d.h. bei einem Gerät, welches mit dem Rechner im Dialog steht. Solche Geräte werden auch "interaktive" Datenstationen genannt, da der Benutzer ziemlich direkt mit dem Rechner kommuniziert und nicht indirekt über Lochkarten-Eingabe und Zeilendrucker-Ausgabe.

Diese READ- und READLN-Anweisungen arbeiten in PASCAL sowohl mit längenmäßig festgelegten Datensätzen wie auch mit längenmäßig variablen Datenflüssen. Sie können so verschiedenartigste Datenformate mit einfachen Programmanweisungen flexibel handhaben. Ein Nachteil dieser Flexibilität ist, daß Sie manchmal verhältnismäßig lange Programme schreiben müssen für eine Sache, die in einigen anderen Programmiersprachen viel knapper und mit geheimnisvollen kurzschriftartigen Formatanweisungen durchgeführt werden kann.

Die meisten Programme, die mit Eingabedaten arbeiten, müssen so aufgebaut sein, daß sie von einem Verarbeitungsgang zum nächsten mit unterschiedlichen Datenmengen fertig werden können. Das bedeutet, Ihr Programm muß feststellen können, wann die letzte verfügbare Datengröße eingegeben wurde, bzw. wann das Ende der Eingabe-"Datei" erreicht ist. Der Ausdruck "Datei" bezieht sich in der Fachsprache auf den Vorgang, Daten von oder zu einem externen Gerät zu übertragen. Dieser Ausdruck hat sich in Verbindung mit den Lochkarten entwickelt, und ein Zusammenhang mit den allgemein gebräuchlichen Karteikastendateien ist wohl leicht erkennbar. Dieser Ausdruck wird jetzt als Standardausdruck für alle externen Geräte wie Tastatur, Anzeigegerät, Informationsleitung und viele andere mehr verwendet.

Wenn ein Programm Daten abtastet und dabei zur letzten verfügbaren Datengröße gekommen ist, sagt man, das Programm hat das "Ende der Datei" für das entsprechende Gerät erreicht. Bei Lochkarten bedeutet Ende der Datei, oder auch "EOF", daß die letzte Karte des Kartensatzes eingelesen wurde. Wenn die Eingabe über die Tastatur erfolgt, müssen einige besondere Vorkehrungen getroffen werden, durch die Sie dem Programm das Dateiende mitteilen können. Einige Rechner verfügen über keinen eingebauten Mechanismus hierfür. In solch einem Fall muß der Programmierer einen besonderen Wert für EOF in den Datenfluß eingeben. Wir werden Ihnen in diesem Kapitel für beide Fälle Beispiele geben.

3. Unterschiede bei den Eingabe-/Ausgabe-Systemen

Vorsicht: Aufgrund der Tatsache, daß die einzelnen Eingabegeräte zum Teil vollkommen unterschiedlich konzipiert sind, müssen Sie sich darauf einstellen, daß zwischen den hier beschriebenen Methoden und denen für Ihren Rechner gültigen, grundlegende Unterschiede bestehen können. Dieses Kapitel wurde ursprünglich für die Dateneingabe über Lochkarten in eine große Rechenanlage geschrieben und mußte dann grundlegend überarbeitet werden. Alle Musterprogramme mußten für Tastatureingabe und Bildschirmausgabe umgeschrieben werden. Diese Unterschiede sind "realer Bestandteil" der Rechenarbeiten, die jeder, der mit dem Rechner arbeitet, akzeptieren und in jeder geforderten Form handhaben können muß.

Wir geben Ihnen hier einen kleinen Vorgeschmack auf mögliche Unterschiede. Wir zeigen Ihnen z.B., daß bei der Anwendung von READ jedes über die Tastatur eingegebene Zeichen entweder sofort auf dem Bildschirm "rückgemeldet" werden kann oder aber auch keine Rückmeldung erfolgen kann. Vielleicht haben Sie schon bemerkt, daß der Programm-Editor, den Sie bei der Erstellung Ihrer PASCAL-Programme verwendet haben, bei den meisten Befehlen die zweite Möglichkeit angewendet hat. Wenn die Eingabe nicht auf dem Bildschirm ausgegeben wird, kann der Programmierer steuern, was erscheint, wenn ein Zeichen über die Tastatur eingegeben wird. Wie Sie sicher sehen, kann bei beiden Methoden, Rückmeldung und Nicht-Rückmeldung, Verwirrung entstehen. Es ist wichtig, dies genau zu überblicken, damit man Programme für vernünftige Eingaben entwickeln kann.

Einer der Hauptunterschiede zwischen "Stapeln" von Lochkarten und Tastatur als Eingabemedium liegt in der Möglichkeit, die der Programmierer dem Benutzer anbietet, um feststellen zu können, was das Programm bei entsprechenden Schritten gerade ausführt. Bei den Lochkarten oder "Stapeln" z.B. werden alle eingegebenen Karten auf einmal verarbeitet, und der Ausdruck steht oft erst Stunden später zur Verfügung. Selbst wenn der Ausdruck der eingegebenen Karten schon nach ein oder zwei Minuten verfügbar ist, hat der "Benutzer" doch keinerlei Möglichkeit, während des Programmablaufs auf das Programm einzuwirken. Deshalb ist es erforderlich, daß alle Programmüberprüfungen während des Programmablaufs ins Listing eingefügt werden müssen. Dann kann der Benutzer nach Beendigung die einzelnen Programmschritte überprüfen. Es empfiehlt sich daher, bei "Stapeln" WRITELN-Anweisungen zur Programmüberprüfung einzufügen, die dafür sorgen, daß alle eingegebenen Daten im ausgedruckten Listing erscheinen.

Bei der interaktiven Methode, d.h. Eingabe über eine Tastatur und Ausgabe über den Bildschirm, werden alle eingetippten Zeichen automatisch vom Rechnersystem auf dem Bildschirm rückgemeldet, es sei denn, die Rückmeldung wurde durch besondere Schritte unterbunden. Bei allen Programmen also, bei denen die Zeichen durch WRITE-Anweisungen auf dem Standard-Ausgabegerät rückgemeldet werden sollen, wie im Fall der "Stapel"-Methode, entsteht zwangsläufig Verwirrung auf dem Bildschirm, da alle eingetippten Zeichen zweimal erscheinen (einmal als Rückmeldung beim Eintippen und einmal als Antwort auf eine WRITELN-Anweisung).

Ein anderer Unterschied ist der, daß der Benutzer eines interaktiven Programmes immer informiert sein muß, wann das Programm Eingabedaten über die Tastatur erwartet. Wenn das Programm z.B. zu einer READ-Anweisung kommt, hält es an und wartet aufgrund seiner Programmierung auf eine Eingabe. Da aber keine entsprechende Nachricht auf dem Bildschirm erscheint, weiß der Benutzer nicht, was los ist! Diese Situation ist bei einem Lochkarten-Programm nicht möglich. Zumindest derjenige, der die Lochkarten gelocht hat, muß im voraus wissen, welche Daten dem Programm einzugeben sind und wie diese auf den Karten gelocht werden müssen. Es gibt interaktive Systeme für Anfänger, bei denen automatisch ein Doppelpunkt (':') oder ein anderes Zeichen erscheint, wenn das Programm an einer READ-Anweisung steht (und auf eine Eingabe wartet). Dadurch verliert der Programmierer allerdings die Möglichkeit, alles was auf dem Bildschirm erscheint, steuern zu können. In unserem PASCAL-System werden solche Rückfrage-Zeichen nicht automatisch eingeblendet, sondern nur im Bedarfsfall durch WRITE-Anweisungen.

4. READ- und READLN-Anweisungen

Es ist notwendig, sich mehr der "Semantik" (Wortbedeutung) der Eingabe-Anweisungen zu befassen als mit der Syntax, wenn man verstehen will, wie die Dateneingabe arbeitet. Rein äußerlich ähneln sich Syntax für READ- und READLN-Anweisung und Syntax für WRITE- und WRITELN-Anweisung. Man kann leider die Semantik der READ-und READLN-Anweisungen, d.h. welche Ausführungen sie vornehmen, nicht so klar und präzise beschreiben, wie man die Syntaxregeln mit den Syntaxdiagrammen beschreiben kann. In diesem und den beiden folgenden Abschnitten zeigen wir Ihnen anhand einiger Beispiele, wie die Eingabeeinrichtungen bei PASCAL funktionieren. Der Rest des Kapitels befaßt sich mit der Darstellung und Analyse verschiedener Musterprogramme, die mit Dateneingaben arbeiten.

Bei den nachfolgenden Erörterungen gehen wir davon aus, daß folgende Vereinbarungen getroffen wurden:

```
VAR CH:CHAR;
    I,J,K,L:INTEGER;
    R,Q:REAL;
    S:STRING;
```

Wenn das Programm bei der Verarbeitung auf eine READ- oder READLN-Anweisung stößt, hält es vorübergehend an und wartet auf die Tastatur-Eingabe von Daten die den Variablen in der Parameterliste entsprechen. Beispiel:

```
READ(CH)
```

setzt fest, daß das nächste Zeichen, welches über die Tastatur eingegeben wird, als Wert der Variablen CH zugewiesen wird.

```
READ(S)
```

fügt alle eingegebenen Zeichen hintereinander in die Kette S ein, bis <RET> gedrückt wird. Wenn Sie mehr Zeichen in S eingeben wollen als seine vereinbarte Länge erlaubt, in den meisten Fällen 80 Zeichen, dann wird das System diese Zeichen zwar akzeptieren und rückmelden, aber sie werden nicht mehr an S angehängt. In diesem Fall werden nur den ersten 80 Zeichen Speicherplätze in S zugewiesen. Wenn Ihnen beim Eintippen der Zeichen in S ein Tippfehler unterläuft, können Sie diesen mit Hilfe der "Rücktaste" (<Backspace>) oder <BS> oder mit der Taste <DEL> (<RUBOUT>) beseitigen. <BS> löscht bei jedem Tastendruck jeweils ein Zeichen von S, welches dann vom Bildschirm verschwindet. <DEL> löscht die ganze Zeile, die Sie dann neu eingeben können. In beiden Fällen verringert sich die Zahl der S zugewiesenen Zeichen um die Anzahl der gelöschten Zeichen.

```
READ(I)
```

verlangt, daß eine <ganzzahlige Konstante> eingegeben wird. Wenn das Programm bei einer READ(I)-Anweisung anhält und Sie ein anderes Zeichen als eine Ziffer (0 bis 9) oder ein <Leerzeichen> eingeben, wird das Programm aussteigen. Bei der ersten Nicht-Ziffer, die nach einer Ziffer eingegeben wird, geht READ(I) davon aus, daß die gewünschte ganze Zahl vollständig eingegeben und somit INTEGER beendet ist. Dies gilt ebenso für <BS> und <DEL> wie für jede andere Nicht-Ziffer. Sie können also Tippfehler bei der Eingabe einer ganzen Zahl nicht mit diesen beiden Korrekturtasten beseitigen. (Es gibt zwar eine Möglichkeit, in einem Programm, welches ganze Zahlen als Eingabe akzeptiert, Tippfehler mit <BS> oder <DEL> zu korrigieren, doch diese zu erklären liegt außerhalb des Rahmens dieses Buches). Beispiel: Wenn Ihr Programm die folgenden Anweisungen enthält:

```
READ(I);
READ(J);
READ(K);
READ(L);
```

und Sie tippen ein:

```
  273    4 15<RET>
58
```

wird nach der Durchführung aller Anweisungen das Ergebnis folgendermaßen aussehen: I=273, J=4, K=15, L=58. Tastendruck <RET> nach "15" ist nicht erforderlich und bedeutet lediglich, daß weitere Daten am Anfang der nächsten Zeile weitergeschrieben werden sollen. Für die ganzzahligen READ-Anweisungen bedeutet <RET>, daß ein Abstand (Leerraum) gewünscht wird. Wenn diese vier Anweisungen auf eine Eingabe warten, dürfen Sie keine anderen Zeichen als <space> (Leerraum), <RET> oder eine Ziffer eingeben, bevor eine Ziffer eingetippt wurde, sonst steigt Ihr Programm aus. Wenn Sie z.B. folgendes eingeben:

```
273, 4, 15, 58
```

wird I ganz richtig der Wert 273 zugewiesen, und doch steigt Ihr Programm bei READ(J) aus. Sie haben nach "273" ein Komma (',') gesetzt!

Wie wir bereits festgestellt haben, entspricht die Syntax für READ-Anweisungen in etwa der Syntax für WRITE-Anweisungen. Man kann vor allen Dingen für READ eine Parameterliste aufstellen, wie

```
READ(I, J, K, L)
```

die der Folge der vier oben gezeigten Anweisungen äquivalent ist.

Wenn Sie Werte vom <Typ> REAL eingeben, wird

```
READ(R)
```

jede Konstante vom <Typ> REAL, wie sie in Kapitel 5, Abschnitt 6 dieses Buches aufgeführt sind, akzeptieren. Bevor irgendein anderes Zeichen eingegeben ist, können zusätzlich zu <space> und <RET> noch die Zeichen '+', '-', '.' und 'E' an den im Syntax-Diagramm Abb. 5-2 gezeigten Stellen erscheinen. Werden die in diesem Diagramm beschriebenen Syntaxregeln mißachtet, dann steigt das Programm aus. Überall dort, wo die Syntax des Diagrammes einen Ausgang läßt, ohne daß zusätzliche Zeichen erforderlich sind, kann man mit jedem anderen als den im Diagramm gezeigten Zeichen das Ende einer Zahl anzeigen. Also:

```
READ(R, Q)
```

akzeptiert:

```
-1.0E3 0.123
```

und weist R den Wert-1.0E+3 (=1000.0) zu und Q den Wert +1.23E -1. Man darf von READ angeforderte Daten jedes hier angesprochenen Typs ohne weiteres mischen, aber mit Vorsicht. Ihr Programm enthält z.B. die Anweisung:

```
READ(I, CH, S)
```

und Sie geben daraufhin folgendes ein:

```
5064 JONES, BILL    123-22-6720<RET>
```

wobei, wie immer, "<RET> bedeutet, daß der Zeilenumschalter einmal gedrückt werden soll. Anschließend wird I dann der ganzzahlige Wert 5064 zugewiesen, CH wird 'J' zugewiesen und S die Kette 'ones, Bill 123-22-6720'. LENGTH gibt dabei den Wert 23 zurück, die 3 Leerräume nach 'Bill' eingeschlossen. Würden wir jetzt versuchen, die verschiedenen <Typen> der hier verwendeten Variablen wieder zu ordnen, stände S vor allen anderen Variablen in der READ-Anweisung. Wir müßten dann die Kette in eine Zeile schreiben, mit <RET> beenden und die anderen Daten in die nächste Zeile.

Die Anweisung:

```
READLN
```

veranlaßt das Programm, alle eingegebenen Daten unbeachtet zu lassen, bis <RET> gedrückt wurde, was hier "READ A LINE" (Zeile lesen) bedeutet. Die mit READ und READLN verbundenen Durchführungen können folgendermaßen zusammengefaßt werden:

```
READLN(I, J)
```

entspricht

```
READ(I);
READ(J);
READLN
```

Mit anderen Worten, der Tastendruck <RET> wird erst dann erwartet, nachdem allen als Parameter benannten Variablen Daten zugewiesen worden sind. Also:

```
READLN(I, J, K, L)
```

und die Eingabe:

```
12  34   5<RET>
678<RET>
```

veranlaßt die READLN-Anweisung nach der zweiten <RET>-Eingabe zu enden, da die erste <RET>-Eingabe nicht weiter beachtet wird und als <Leerzeichen> beim Abtasten des Wertes für L (678) angesehen wird.

5. EOF und EOLN

"EOF" bedeutet "End-of-File" (Ende der Datei) und "EOLN" "End-of-Line" (Ende der Zeile). Beide bezeichnen eingebaute boolesche Funktionen, die bei interaktiven Programmen manchmal ganz nützlich sind. Imgrunde sind beide geeigneter für die Lochkarteneingabe oder andere Eingabegeräte, bei denen die Daten in "Sätzen" organisiert sind.

Bei Beginn des Programmablaufs ist EOF auf den Ausgangswert FALSE gesetzt. Es bleibt solange FALSE, bis Sie durch Tastendruck <ETX> (oder <ENTER>) oder durch Eingabe von 'C' bei gleichzeitigem Tastendruck von CTRL, d.h. "control" (Steuertaste) eine READ- oder READLN-Anweisung beenden. Dafür gibt es zwei Möglichkeiten:

```
WHILE NOT EOF DO                REPEAT
  BEGIN                           . . .
    . . .

    IRGENDEINE ANWEISUG            IRGENDEINE ANWEISUNG
    . . .                          . . .

   END                             UNTIL EOF
```

<CTRL-C> entspricht der Taste <ETX> "End of Text" (Ende des Textes) die auch <ENTER> genannt wird. Während der Durchführung einer READ- oder READLN-Anweisung innerhalb einer Schleife wird eine der beiden Schleifen bei der ersten Gelegenheit nach der Eingabe von <ETX> beendet. Beachten Sie, daß Sie eventuell auch eine Anweisung werden einfügen müssen, die folgendermaßen beginnt

```
IF NOT EOF THEN ...
```

Dies wird dann erforderlich, wenn die Schleife mehr als eine READ- oder READLN-Anweisung oder andere Anweisungen, die von READ berührt werden, enthält, damit nicht innerhalb der Schleife nach Eingabe von <ETX> oder <CTRL-C> weitere Anweisungen ungewollt durchgeführt werden.

EOF ähnelt im wesentlichen EOLN, nur daß EOLN bei Beendigung von READ durch Eingabe von <RET> TRUE gesetzt wird. Beim nächsten Aufruf von READ wird EOLN dann wieder FALSE gesetzt. Sehen Sie sich hierzu das folgende Beispiel an:

```
READ(I);
IF EOF THEN ANWEISUG-1
      ELSE ANWEIUNG-2
```

Wenn Sie dann eingeben:

123<RET>

wird Anweisung-1 ausgeführt werden. Wenn Sie jedoch eingeben:

123<RET>

dann wird Anweisung-2 ausgeführt, da ein <Leerzeichen> vor <RET> eingegeben die READ-Anweisung beendet. READ (<real variable>) (Variable vom Typ REAL) verfügt über ähnliche Möglichkeiten.

Bei READ(CH) genügt es, wenn Sie nur <RET> eingeben, wodurch CH=' ' gesetzt wird, gleichzeitig aber auch EOLN auf TRUE gesetzt wird. Der nächste Aufruf von READ(CH) setzt dann EOLN wieder FALSE!

Bei READ(S) kann <RET> jederzeit eingegeben werden, wie schon weiter vorn gezeigt wurde. Unmittelbar nach Beendigung von READ (S) muß EOLN immer TRUE gesetzt sein.

6. Die Dateien INPUT und OUTPUT

Das PASCAL-System bietet zusätzlich zu den bisher bekannten Eingabe- und Ausgabemöglichkeiten, die aus dem Einlesen (READ) der Information über die Tastatur und dem Schreiben (WRITE) der Ausgabe auf den Bildschirm besteht, noch andere Möglichkeiten. Bisher haben wir es vermieden, Sie mit den sprachlichen Schwierigkeiten, die dabei entstehen, zu belästigen. Bei den Übungen in diesem Buch können Sie diese Schwierigkeiten in den meisten Fällen auch vergessen. Es gibt allerdings zwei zusätzliche Möglichkeiten, die Sie sicher sehr angenehm finden werden, die aber von Ihnen verlangen, daß Sie wenigstens ein wenig über die Standard-"Dateien" INPUT (Eingabe) und OUTPUT (Ausgabe) wissen.

Das PASCAL-System, wie die meisten anderen Systeme auch, geht davon aus, daß alle Informationen, die durch READ-Anweisungen ins Programm gegeben werden, vom "Standard"-Eingabegerät kommen. Ebenso wird davon ausgegangen, daß alle WRITE-Anweisungen für das Standard-Ausgabegerät bestimmt sind. Man kann READ oder WRITE aber auch für ein anderes Ein- oder Ausgabegerät verwenden, indem man den Namen der Datei nennt, wie

```
READ(<DATEINAME>, I, J, K)
```

und

```
WRITE(<DATEINAME>, R, L, CH)
```

Bisher haben wir "<filename>" (Dateiname) leergelassen und der Übersetzer ist dann davon ausgegangen, daß das entsprechende Standard Ausgabe- oder Eingabegerät verlangt wird. Die beiden nachfolgenden Anweisungen sind z.B. vollkommen gleich; d.h.

```
READ(INPUT, I, J, R);
READ(I, J, R)
```

entspricht

```
WRITE(OUTPUT, CH, S);
WRITE(CH, S)
```

daraus folgert

```
EOF(INPUT)  ENTSPRICHT   EOF
EOLN(INPUT)  ENTSPRICHT   EOLN
```

Wir gehen so eingehend auf dieses Problem ein, weil wir annehmen, daß Sie die eingebauten Prozeduren "RESET" oder "PAGE" verwenden wollen. Diese verlangen aber, daß der Name der Datei wörtlich genannt wird. Wenn Sie nach Tastendruck <ETX> oder <CTRL-C> EOF TRUE gesetzt haben und weiter hinten in Ihrem Programm noch weitere Eingaben vornehmen wollen, dann können Sie dies durch folgende Eingabe erreichen:

```
RESET(INPUT)
```

Wollen Sie dagegen die Anzeige auf dem Bildschirm vollständig löschen, um neue Informationen auf eine "saubere" Seite geben zu können, dann geben Sie folgendes ein:

```
PAGE(OUTPUT)
```

Weitere Einzelheiten zum Thema "Dateien" würden den Rahmen dieses Buches sprengen.

7. Musterprogramm AVERAGE

In diesem Abschnitt zeigen wir Ihnen nun zum erstenmal einige Musterprogramme, die mit Dateneingabe arbeiten. Aus der schriftlichen Beschreibung werden Sie nur teilweise ersehen können, was eigentlich beim Programmablauf geschieht. Wir raten Ihnen dringend, jedes dieser Programme in Ihren Rechner einzugeben und ablaufen zu lassen. Versuchen Sie zu verstehen, was geschieht und vergleichen Sie dazu den Programmablauf mit den gedruckten PASCAL-Programmanweisungen.

Das Programm AVERAGE wird in zwei Formen angeboten. Dadurch wird ermöglicht, zwei unterschiedliche Methoden zur Beendigung einer Schleife zu vergleichen, u.z. einer Schleife, die Datenwerte in eine unbestimmt lange Kette einliest. Beide Formen berechnen einfach den Durchschnittswert einer entsprechenden Spalte ganzer Zahlen. Die Hauptarbeit liegt in der wiederholten

Durchführung der Zeilen 25 bis 34 im Programm AVERAGE und der Zeilen 25 bis 32 im Programm EOLNAVG. Am Anfang jeder Eingabezeile "ruft" das Programm zur Eingabe auf, indem es das Zeichen '>' anzeigt. Die Liste der Ein- und Ausgabe zeigt dann, was geschieht, wenn eine Zahl nach dem Aufrufzeichen eingegeben wird. Die eingegebene Zahl wird durch die Anweisung READ X zugewiesen und anschließend zu SUM addiert. Der ganzzahlige Zähler N wird um 1 vergrößert, so daß man immer genau feststellen kann, wieviele Datengrößen zur Durchschnittberechnung bereits verarbeitet wurden. WRITELN zeigt dann den Wert von N an und den gerade gültigen Wert von SUM. Beachten Sie die Verwendung der Funktion SIZE innerhalb der Parameterliste von WRITELN. Wenn (6-SIZE(X)) Leerräume angezeigt werden, werden Spalten mit Datenwerten für N und SUM vertikal auf dem Bildschirm ausgerichtet. Dabei ist die Länge der eingegebenen ganzen Zahlen (in vernünftigen Grenzen) unbedeutend.

Im Programm AVERAGE endet die Schleife, wenn eine Zahl mit einem Absolutwert von 10.000 oder mehr eingegeben wird. Die eingebaute Funktion ABS gibt den positiven Wert einer INTEGER- oder REAL-Größe wieder. Dies ist einer der möglichen Wege, eine Schleife zu beenden. Dieser Weg ist aber nur dann gangbar, wenn Sie einen Datenwert eingeben können, der außerhalb des erwarteten normalen Datenbereichs für dieses Programm liegt.

Im Programm EOLNAVG wird eine Schleife durch Eingabe einer Zahl und gleich anschließendem Tastendruck <RET> beendet. Wenn man die Datei "KEYBOARD" (Tastatur) und die entsprechende Rückmeldungs-Anweisung WRITE nicht verwendete, würde sich die Anzeige gegenüber der bei AVERAGE erhaltenen dadurch unterscheiden, daß die letzte Zeile mit den für N und SUM angezeigten Werten durch die Rückmeldung aufgrund des Tastendrucks <RET> unterbrochen werden würde. Diese Werte wären nicht richtig in den Spalten angeordnet. Die Datei KEYBOARD bietet ähnliche Möglichkeiten wie INPUT, allerdings ohne eine Rückmeldung der eingegebenen Zeichen über den Bildschirm. Denken Sie daran, daß <RET>, wenn es in eine Variable vom <Typ> INTEGER eingegeben wird, wie <Leerzeichen> behandelt wird. Die Eingabe von <RET> in Zeile 27 des

```
PROGRAM AVERAGE;
VAR N,X,SUM:INTEGER;
  AVG:REAL;

FUNCTION SIZE(X:INTEGER):INTEGER;
VAR SZ,AX:INTEGER;
BEGIN
  AX:=ABS(X);
  IF AX<10 THEN SZ:=1
  ELSE
    IF AX<100 THEN SZ:=2
    ELSE
      IF AX<1000 THEN SZ:=3
      ELSE
        SZ:=4;
  IF X<0 THEN SZ:=SZ+1;  (*WEGEN MINUS-ZEICHEN*)
  SIZE:=SZ;
END (*SIZE*);

BEGIN (*HAUPTPROGRAMM*)
  WRITELN('AVERAGE');
  SUM:=0;
  X:=0;
  N:=0;
  REPEAT
    WRITE('>');  (*ZEICHEN  FUER  EINGABE*)
    READ(X);
    IF ABS(X)<10000 THEN
    BEGIN
      SUM:=SUM+1;
      N:=N+1;
      WRITELN(' ':6-SIZE(X),N:2,' ':2,'SUM=),SUM);
    END;
  UNTIL ABS(X)>=10000;
  AVG:=SUM/N;
  WRITELN;WRITELN;
  WRITELN('AVERAGE=',AVG, ' FOR ',N,' ITEMS');
END.
```

```
ANZEIGE FUER PROGRAMM AVERAGE

AVERAGE
>6       1  SUM=6
>-8      2  SUM=-2
>15      3  SUM=13
>20      4  SUM=33
>19999

AVERAGE=8.25 FOR 4 ITEMS
```

```
PROGRAM EOLNAVG;
VAR N,X,SUM:INTEGER;
  AVG:REAL;

FUNCTION SIZE(X:INTEGER):INTEGER;
VAR SZ,AX:INTEGER;
BEGIN
  AX:=ABS(X);
  IF AX<10 THEN SZ:=1
  ELSE
    IF AX<100 THEN SZ:=2
    ELSE
      IF AX<1000 THEN SZ:=3
      ELSE
        SZ:=4;
  IF X<0 THEN SZ:=SZ+1;  (*WEGEN MINUS-ZEICHEN*)
  SIZE:=SZ;
END (*SIZE*);

BEGIN (*HAUPTPROGRAMM*)
  WRITELN('AVERAGE');
  SUM:=0;
  X:=0;
  N:=0;
  REPEAT
    WRITE('>');  (*ZEICHEN  FUER  EINGABE*)
    READ(KEYBOARD,X);
    WRITE(X);
    SUM:=SUM+X;
    N:=N+1;
    WRITELN  (' ':6-SIZE(X),N:2,' ':2,'SUM=',SUM);
  UNTIL EOLN;
  AVG:=SUM/N;
  WRITELN;WRITELN;
  WRITELN ('AVERAGE=',AVG,' FOR ',N,' ITEMS');
END.
```

Programmes ist also unproblematisch, und es muß kein Programmausstieg befürchtet werden. READ in Zeile 27 endet erst dann, wenn wenigstens eine Ziffer eingegeben wurde.

Eine dritte Möglichkeit besteht in der Verwendung von EOF statt EOLN. Wenn man nach dem Zeichen '>' <ETX> oder <CTRL-C> eingibt, wird EOF TRUE gesetzt. X wird aber auch in diesem Fall in der READ-Anweisung ein unbestimmter Wert zugewiesen. Damit nicht unvorhergesehen dieser unbestimmte Wert X in SUM addiert wird, sollte man die Zeilen 29 bis 32 des Programmes EOLNAVG (abgeändert für die Anwendung von EOF statt EOLN) innerhalb einer IF NOT EOF THEN ... Anweisung steuern. Diese Technik wird im wesentlichen in vielen der Musterprogramme, die wir später vorstellen werden, angewendet.

8. Musterprogramm MAKECHANGE

In diesem Musterprogramm wollen wir in erster Linie zeigen, wie verschiedene Eingabewerte in einer einzigen Eingabezeile verwendet werden. Das Programm simuliert in vereinfachter Form die Aktivitäten an der Kasse eines Supermarktes, eines Warenhauses oder Restaurants. Es geht hier ganz typisch um Rechnungen über einige Dollar und Bruchteile von Dollar, die in Cents ausgedrückt werden. Die Zahlungen erfolgen sehr oft nur mit Geldscheinen, so daß der Kassierer Banknoten über ein, fünf oder zehn Dollar erhält. Dieses Programm akzeptiert sowohl ganzzahlige Centbeträge wie auch Dollarbeträge.

Als erstes erwartet das Programm die Eingabe der Rechnungsbeträge und anschließend für die Barzahlung eine Folge von ganzzahligen Konstanten, die jeweils durch Leerräume getrennt sind; alles in einer Zeile. Sehen Sie sich dazu die Zeilen 4, 7 und 10 des Dialogs dieses Programmes als Beispiel an. Der Rechner zeigt in dieser Zeile "CHARGES:", den übersetzten Dollarbetrag mit

```
PROGRAM MAKECHANGE;
VAR CHARGES, CURRENCY, PAID, CHANGE: INTEGER;

POCEDURE DISPLAY;
VAR DB, QTR, DIME, NICKEL, PENNY: INTEGER;
BEGIN
  DB:=0; QTR:=0; DIME:=0; PENNY:=0;
  WRITE('CHANGE:');
  CHANGE:=PAID-CHARGES;
  WHILE CHANGE>=100 DO
    BEGIN CHANGE:=CHANGE-100; DB:=DB+1; END;
  WHILE CHANGE>=25 DO
    BEGIN CHANGE:=CHANGE-25; QTR:=QTR+1; END;
  WHILE CHANGE>=10 DO
    BEGIN CHANGE:=CHANGE-10; DIME:=DIME+1; END;
  IF CHANGE>=5 THEN
    BEGIN CHANGE:=CHANGE-5; NICKEL:=1; END
    ELSE
      NICKEL:=0;
  WHILE CHANGE>=1 DO
    BEGIN CHANGE:=CHANGE-1; PENNY:=PENY+1; END;
  WRITELN(' DOLLARS:',DB, ',  QUARTERS:',QTR,
    ', DIMES:',DIME, ', NICKELS:', NICKEL,
    ',  PENNIES:',PENNY);
  WRITELN;
END(*DISPLAY*);

BEGIN(*HAUPTPROGRAMM*)
  WRITELN('MAKECHANGE');
  REPEAT
    WRITE('CHARGES:');
    READ(CHARGES);
    IF NOT EOF THEN
    BEGIN
      WRITE(' DLR',(CHARGES DIV 100),'.',
                   (CHARGES MOD 100));
      PAID:=0;
      WRITE('  CURRENCY:');
      WHILE NOT EOLN DO
      BEGIN
        READ(CURRENCY); (*HOEHE JEDER RECHNUNG*)
        PAID:=PAID+CURRENCY*100; (*IN CENTS*)
      END;
      DISPLAY;
    END;
  UNTIL EOF;
END.
```

```
ANZEIGE ZU PROGRAMM MAKECHANGE

MAKECHANGE
CHARGES:237    DLR2.37   CURRENCY:5
CHANGE: DOLLARS:2, QUARTERS:2, DIMES:1, NICKELS:0, PENNIES:3

CHARGES:237    DLR2.37   CURRENCY:1 1 1
CHANGE: DOLLARS:0, QUARTERS:2, DIMES:1, NICKELS:0, PENNIES:3

CHARGES:571    DLR5.71   CURRENCY:10
CHANGE: DOLLARS:4, QUARTERS:1, DIMES:0, NICKELS:0, PENNIES:4

CHARGES:
```

Dollarzeichen und hinzugefügtem Punkt und die Bezeichnung "CURRENCY:" an. Der Benutzer gibt dann die anderen Zahlen ein und beendet die Zeile nach Eingabe der letzten Dollarnote durch <RET>. Dann erscheint eine zweite Zeile auf dem Bildschirm, die das Wechselgeld in Dollar, Quarters (Vierteldollar), Dimes (10 Cent), Nickels (5 Cent) und Pennies (1 Cent) anzeigt.

Die Strukturdiagramme in den Abb. 7-1a und 7-1b helfen, dieses Programm zu verstehen. Nachdem in Kästchen 1 erst einmal geprüft wird, ob auch tatsächlich das Programm MAKECHANGE läuft, wird in Kästchen 2 die Schleife des Hauptprogrammes eingegeben. Als erstes erscheint dann der Aufruf für "CHARGES:" und das Programm wartet darauf, daß eine Zahl vom <Typ> INTEGER eingegeben wird. Da die Schleife durch <ETX> beendet werden soll, damit EOF TRUE gesetzt wird, darf dem ersten Aufruf nicht sofort die Änderung in EOF folgen. Wenn EOF bisher noch nicht festgesetzt wurde, wird der eingegebene Dollarbetrag in Dollar und Cent übersetzt und in üblicher Schreibweise als Bestätigung noch einmal angezeigt. Dann setzt das Programm PAID auf Null und verlangt die Eingabe der einzelnen Dollarwerte der Banknotenliste, u.z. beides in Kästchen 2b2. In Schleife 2b3 werden dann die Währungseinheiten eingelesen und in Cent zu PAID hinzugefügt. Schleife 2b3 wird sofort nach Eingabe der letzten ganzen Zahl in dieser Liste durch <RET> beendet. Schließlich wird die Prozedur DISPLAY aufgerufen, die anzeigt, wieviel Wechselgeld in Dollar und Cents herausgegeben werden muß.

Teil (b) des Diagrammes zeigt eine mögliche Methode, beim Wechselgeld die Anzahl der einzelnen Banknoten und Münzen zu berechnen. Der hierzu gezeigte Algorithmus entspricht in etwa dem Algorithmus, den der Kassierer bei der Wechselgeldberechnung anwenden würde. Beabsichtigt ist, soviele Banknoten und Münzen wie möglich vom größtmöglichen Nennwert,den der Wechselgeldbetrag erlaubt, zurückzugeben.

Bei großen Rechnern bieten WHILE-Schleifen nicht die beste Berechnungsmöglichkeit, da hier DIV-und MOD-Operationen eingesetzt.

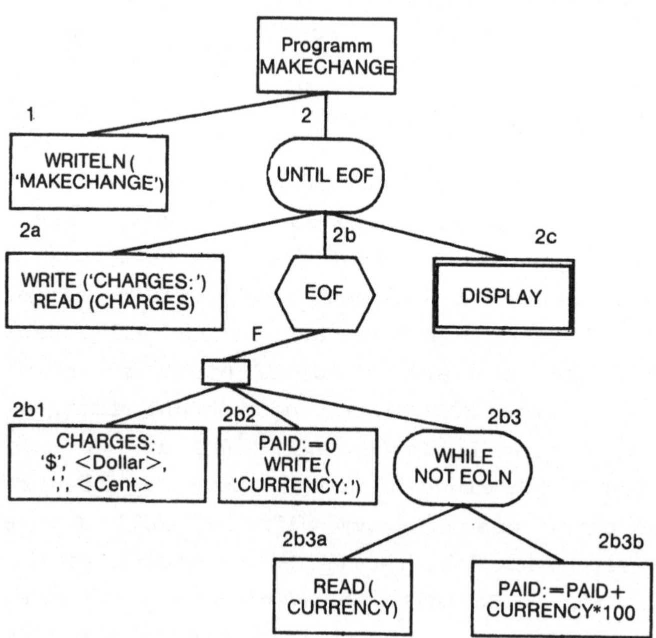

Abbildung 7–1 a

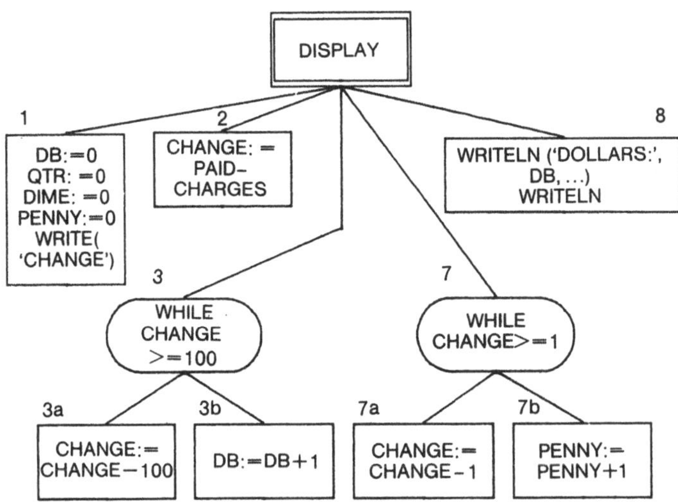

Abbildung 7-1b

werden und damit Schleifen vermieden werden können. Einige Mikro- und Minirechner, wie sicher auch der Ihre, verfügen über keine hardwareunterstützten Möglichkeiten, Divisionen und Multiplikationen direkt auszuführen. Diese Rechner benötigen eingebaute Prozeduren, die die geforderten Berechnungen durch Folgen von Additionen und Subtraktionen, nach derselben langwierigen Methode wie mit Bleistift und Papier, durchführen. Das hier dargestellte Programm ist so kurz, daß Sie bei der Anwendung dieser beiden Methoden wahrscheinlich keinen Unterschied in der Berechnungsgeschwindigkeit zwischen Groß- und Klein-Rechnern werden feststellen können.

9. Musterprogramm DENOISE

Dieses Programm zeigt einen Teil der wichtigsten Vorarbeiten, die bei der Indexerstellung von Artikelüberschriften in naturwissenschaftlicher Literatur erforderlich sind, aber auch für sprachwissenschaftliche und historische Literatur. Man nennt diese Arbeit "Key Word in Context" (KWIC) (Schlüsselwort im Textzusammenhang). Beim KWIC-Index will man erreichen, daß das SCHLÜSSELWORT genau in der Seitenmitte liegt. Jede Überschrift wird für jedes SCHLÜSSELWORT einmal gedruckt, wobei das ausgewählte SCHLÜSSELWORT jedesmal unterschiedlich weit nach rechts oder links verschoben wird, damit es in der Seitenmitte liegt. Anschließend werden die so verschobenen Überschriften vieler verschiedener Artikel alphabetisch nach den ausgewählten SCHLÜSSELWÖRTERN geordnet. So kann der Leser die Liste der SCHLÜSSELWÖRTER wie einen Index durchgehen und findet jedes SCHLÜSSELWORT dann im Kontext innerhalb seiner Überschrift.

Wenn der KWIC-Index sinnvoll sein soll, muß das Programm eine Überschrift, die nur aus einem Bindewort besteht und somit zwar lesbar aber ohne Informationswert ist, zusätzlich zum Bindewort indizieren können. Beispiel: Keines der kurzen Wörter rechts

```
PROGRAM DENOISE
VAR NOISE,S:STRING;
  P,I:INTEGER;
BEGIN
  WRITELN('DENOISE');
  REPEAT
    WRITE('>');
    READLN(S);
    IF NOT EOF THEN
    BEGIN
      FOR I:=1 TO 7 DO
      BEGIN
        CASE I OF
          1: NOISE:='THE ';
          2: NOISE:='A ';
          3: NOISE:='IN ';
          4: NOISE:='BY ';
          5: NOISE:='OF ';
          6: NOISE:='AS ';
          7: NOISE:='AND ';
        END (*FALLS*);
        P:=POS(NOISE,S);
        IF P>0 THEN DELETE(S,P,LENGTH(NOISE));
      END;
      WRITELN(S);
      WRITELN;
    END (*FALLS NICHT EOF*);
  UNTIL EOF;
END.
```

in den Zuweisungs-Anweisungen in den Zeilen 14 bis 20 wäre für einen Index von Wert. Ein Programm zur Erstellung eines KWIC-Indexes muß also in der Lage sein, Verbindungswörter zu erkennen und sie im weiteren Verlauf dann unbeachtet zu lassen.

Wir zeigen Ihnen hier, wie ein sehr kurzer KWIC-Index für einige in diesem Programm verwendete Musterüberschriften aussehen müßte:

```
                 CHROMOSOME  ANALYSIS BY COMPUTER
                    SYSTEMS  ANALYSIS OF URBAN TRANSPORT
                             CHROMOSOME ANALYSIS BY COMPU
   CHROMOSOME ANALYSIS BY   COMPUTER
              THE FASTEST   COMPUTER
               THE USES OF  COMPUTERS  IN EDUCATION
 HE USES OF COMPUTERS IN    EDUCATION
```

Um in die Auflistung möglichst viel hineinzubringen und dabei doch nicht die vorgeschriebene Randbegrenzung der Spalten zu überschreiben, wurden einige Überschriften rechts oder links abgetrennt. Normalerweise sind die einzelnen Zeilen länger als die hier gezeigten und geben noch einen Hinweis auf den entsprechenden Text zur Überschrift.

Nachdem sich das Programm (in Zeile 5) gemeldet hat, ruft es mit dem Zeichen '>' in Spalte 1 eine Eingabe auf. Es wartet dann darauf, daß eine Kette eingegeben wird. Diese Kette erscheint in der Reihenfolge seiner Eingabe auf dem Bildschirm. Anschließend wird die Kette noch einem on der nächsten Zeile ohne Bindewörter angezeigt. Dieses Programm soll Ihnen lediglich die Beseitigung der Bindewörter aus dem Programm zeigen und keine weiteren Aufbauarbeiten für einen KWIC-Index durchführen. Wenn Sie ein Programm zur Erstellung eines KWIC-Indexes entwickeln, sollten Sie daran denken, eine Prozedur mit einzuplanen, die die Bindewörter entfernt. Das hier gezeigte Programmbeispiel kann sehr gut zur Prüfung des zugehörigen Algorithmus bei der Prozeduraufstellung dienen. Wenn man sicher ist, daß das Programm richtig abläuft, kann man es schließlich in eine Prozedur umwandeln und in das KWIC-Hauptprogramm einbauen.

Unser Programm gibt ein Beispiel für die sofortige Eingabe von <ETX> oder <CTRL-C> als erstes Zeichen nach dem Aufrufzeichen zur Beendigung einer Schleife. Wir zeigen Ihnen nachstehend das Beispiel einer möglichen Bildschirmanzeige für dieses Programm:

```
DENOISE
>SYSTEMS ANALYSIS OF URBAN TRANSPORT
SYSTEMS ANALYSIS URBAN TRANSPORT

>CHROMOSOME ANALYSIS BY COMPUTER
CHROMOSOME ANALYSIS COMPUTER

>MAN VIEWED AS A MACHINE
MAN VIEWED MACHINE

>THE FASTEST COMPUTER
FASTEST COMPUTER

>THE USES OF COMPUTERS IN EDUCATION
USES COMPUTERS EDUCATION
```

10. Musterprogramm DEVOWEL

Mit diesem einfachen Programm wollen wir Ihnen in erster Linie zeigen, wie bei jedem Aufruf von READ jeweils ein Zeichen aus dem eingegebenen Datenfluß eingelesen wird. In zweiter Linie wollen wir einmal die verschiedenen Textumstellungen zeigen, die ein Sprachwissenschaftler vornehmen könnte, der herauszufinden versucht, wie wir Menschen beim Lesen bestimmte Kenntnisse erlangen. Als erstes entfernt das Programm alle Vokale aus den eingegebenen Wörtern. Wenn Sie vorher eine Zeile mit den korrekten Wörtern gelesen haben, wird es Ihnen nicht wirklich schwer fallen, diese Zeile auch nach Beseitigung aller Vokale noch zu "lesen". Könnten Sie das aber auch, wenn Sie die normale Version vorher nicht gelesen hätten? Der Dialog dieses Programmes ist auf derselben Seite wie die Programmliste abgedruckt (mit der Bitte um Entschuldigung an A.A. Milne, "Winnie The Pooh", E.P. Dutton, 1926).

```
PROGRAM DEVOWEL;
 VAR CH:CHAR;
    S,TEMP:STRING;
 BEGIN
    WRITELN('DEVOWEL');
    WRITE('>');
    READ(CH);
    WHILE NOT EOF DO
    BEGIN
      S:='';
      TEMP:=' '; (*1 ZEICHEN*)
      WHILE EOLN DO
        BEGIN
          IF (CH<>'A') AND (CH<>'E') AND (CH<>'I')
              AND (CH<>'O') AND (CH<>'U') THEN
            BEGIN
              TEMP[1]:=CH;
              S:=CONCAT(S,TEMP);
            END;
          READ(CH);
        END;
      WRITELN(S);
      WRITELN;
      WTITE('>');
      READ(CH); (*AUFHEBEN VON EOLN*)
    END (*SOLANGE NICHT EOF*);
END.
```

```
ANZEIGE ZU PROGRAMM DEVOWEL

>HERE IS EDWARD BEAR, COMING DOWNSTAIRS NOW
HR S DWRD BR, CMNG DWNSTRS NW

>BUMP, BUMP, BUMP, ON THE BACK OF HIS HEAD,
BMP, BMP, BMP, N TH BCK F HS HD

>BEHIND CHRISTOPHER ROBIN. IT IS, AS FAR AS
BHND CHRSTPHR RBN. T S, S FR S

>HE KNOWS, THE ONLY WAY OF COMING DOWNSTAIRS.
H KNWS, TH NLY WY F CMNG DWNSTRS
```

In unserem Programmbeispiel lesen wir jeweils ein einzelnes Zeichen innerhalb der durch die EOLN-Funktion gesteuerten Schleife ein und beginnen damit in Zeile 12. Konsonanten (Nicht-Vokale) werden solange in der Ketten-Variablen S verkettet, bis <RET> gedrückt und EOLN dadurch bis zum nächsten READ TRUE gesetzt wird. Die eingegebenen Zeichen erscheinen in der Reihenfolge der Eingabe auf dem Bildschirm. Der Inhalt von S wird dann in Zeile 22 in der nächsten Bildschirmzeile angezeigt. Durch die Eingabe von <ETX> wird schließlich EOF TRUE gesetzt und damit die äußere Schleife beendet.

11. Musterprogramm DATECHECK

Dieses Musterprogramm befaßt sich mit der "Gültigkeitskontrolle" der eingegebenen Daten. Bei allen etwas umfangreicheren Verwaltungsprogrammen ist es im allgemeinen erstrebenswert, die eingegebenen Datenwerte auf ihre Gültigkeit prüfen zu können. Solche Prüfungen sind auf jeden Fall immer dann erforderlich, wenn die Eingabedaten von Kunden oder Büro-Angestellten vorbereitet werden. Kunden machen häufig Fehler, weil sie die Formularanweisungen nicht lesen oder nicht richtig verstehen. Selbst den routiniertesten Datentypisten unterlaufen bei etwa 1 % der Lochkarten oder anderer Informationsträger Fehler bei der Vorbereitung für den Rechner.

Diese Fehler bedeuten sehr oft für denjenigen, der anschließend mit den daraus resultierenden fehlerhaften Berechnungen arbeiten muß, zum Teil erhebliche Probleme. Sie haben sicher schon einmal davon gehört, daß jemandem z.B. eine Ratenzahlung verweigert wurde, weil die Bank fehlerhafte Zahlenunterlagen vorliegen hatte. Oder es kann vorkommen, daß Warenhäuser falsche Rechnungen ausstellen, Universitäten qualifizierte Studenten abweisen oder Unschuldige eines Verbrechens beschuldigt werden, usw. Solche Fehler sind oft deshalb möglich, weil der Programmierer es ver-

```
PROGRAM DATECHECK;
VAR CH:CHAR;
  MONTH,DAY,YEAR:INTEGER;

PROCEDURE SQUAWK(S:STRING; X:INTEGER);
BEGIN
  WRITELN(' *** ',S,' ERROR:',X,CHR(7(*SUMMER*)));
END;

FUNCTION GETSLASH:BOOLEAN;
BEGIN
  READ(CH);
  GETSLASH:=(CH='/');
  IF CH<>'/' THEN
    WRITELN(' *** SLASH EXPECTED:',CH,
                                  CHR(7(*SUMMER*)));
END (*GETSLASH*);

PROCEDURE PUTMONTH(M:INTEGER);
VAR S:STRING;
BEGIN
  CASE M OF
    1: S:='JANUARY';
    2: S:='FEBRUARY';
    3: S:='MARCH';
    4: S:='APRIL';
    5: S:='MAY';
    6: S:='JUNE';
    7: S:='JULY';
    8: S:='AUGUST';
    9: S:='SEPTEMBER';
   10: S:='OCTOBER';
   11: S:='NOVEMBER';
   12: S:='DECEMBER';
  END  (*FALLS*);
  WRITE(S);
END (*PUTMONTH*);

BEGIN (*HAUPTPROGRAMM*)
  WRITELN('DATECHECK');
  CH:=' ';
  WHILE CH <> 'A' DO
  BEGIN
    WRITE('MONTH/DAY/YEAR:');
    READ(MONTH);
    IF (MONTH<=0) OR (MONTH>=13) THEN
        SQUAWK('MONTH',MONTH) ELSE
      BEGIN
        IF GETSLASH THEN
        BEGIN
```

```
            READ(DAY);
            IF (DAY<=0) OR (DAY>=32) THEN
              SQUAWK('DAY',DAY) ELSE
              BEGIN
                IF GETSLASH THEN
                BEGIN
                  READ(YEAR);
                  IF (YEAR<=10) OR (YEAR>=65) THEN
                    SQUAWK ('YEAR',YEAR) ELSE
                    BEGIN
                      PUTMONTH(MONTH);
                      WRITELN(' ',DAY,', ',YEAR+1900);
                    END (*JAHR*);
                END (*ZWEITER SCHRAEGSTRICH*)
              END (*TAG*)
            END (*ERSTER SCHRAEGSTRICH*)
          END (*MONAT*);
        REPEAT
          WRITELN;
          WRITE('>');
          READ(CH); (*FUER ENDE DER EINGABE 'A' *)
          IF (CH<>' ') AND (CH<>'A') THEN
            WRITE(' --> BLANK OR "A" EXPECTED',
                  CHR(7(*SUMMER*)));
        UNTIL (CH=' ') OR (CH='A');
      END (*CH<>'A'*);
END.
```

```
ANZEIGE  ZU PROGRAMM  DATECHECK
DATECHECK
MONTH/DAY/YEAR:6/15/57  JUNE 15,1957
>MONTH/DAY/YEAR:6/15/1957 ***  YEAR  ERROR:1957
>MONTH/DAY/YEAR:15/   ***  MONTH  ERROR:15
>MONTH/DAY/YEAR:12/21/10  *** YEAR ERROR:10
>MONTH/DAY/YEAR:9/22/75 *** YEAR  ERROR:75
>MONTH/DAY/YEAR:6/37 *** DAY  ERROR:37
>MONTH/DAY/YEAR:6- ***  SLASH EXPECTED:-
>6 --> BLANK  OR "A" EXPECTED
>MONTH/DAY/YEAR:12/31/64ADECEMBER  3, 1964
```

säumt hat, das Programm so intelligent zu machen, daß es eindeutige Eingabefehler abfängt.

Dieses Musterprogramm soll Ihnen einige typische Gültigkeitskontrollen bei Datumseingaben zeigen. Folgende Form wird im allgemeinen verwendet:

<Monat> / <Tag> / <Jahr>

Bei <Monat>, <Tag> und <Jahr> handelt es sich um ganze Zahlen, die in ein oder zwei Ziffern ausgedrückt werden. In unserem Beispiel soll geprüft werden, ob die Datumsangaben für Studenten, die sich im Herbst 1977 immatrikulierten, möglich sind. Man kann davon ausgehen, daß jemand der nach 1965 geboren ist, für die Immatrikulation zu jung ist und wer vor 1910 geboren ist, wahrscheinlich zu alt. Natürlich können auch Datumsangaben, die innerhalb dieses Rahmens liegen, falsch sein. Das zu prüfen unterliegt aber nicht einer einfachen Gültigkeitskontrolle über Akzeptabilität von Jahreszahlen und muß auf anderem Wege festgestellt werden. Die Kontrolle von <Tag> und <Monat> ist eindeutiger. In unserem Beispiel läßt das Programm die unterschiedliche Anzahl an Tagen der einzelnen Monate außeracht, um die Logik so einfach wie möglich zu halten. Jede Änderung in der Reihenfolge der Datumsangabe wird ebenfalls als Datenfehler behandelt, auch wenn jeder von uns diesen Fehler ohne große Schwierigkeiten richtig verstehen könnte.

11a. Ende einer Datei ohne EOF-Mechanismus

Wir sind lediglich zu Demonstrationszwecken einmal davon ausgegangen, daß in den Zeilen 42 bis 76 des Programmes DATECHECK die Funktion EOF zur Steuerung der Wiederholung der Hauptschleife nicht zur Verfügung stand. PASCAL hat zwar eine eingebaute EOF-

Funktion, einige der anderen Programmiersprachen oder Systeme jedoch nicht. Für diese ist die nachfolgend gezeigte Methode in dieser oder ähnlicher Form gedacht.

Es ist beabsichtigt, ein "Kennzeichen" zu setzen, das aus einigen bekannten aber für diese Programmverarbeitung logisch nicht vertretbaren Datenwerten besteht. Wir haben in unserem Beispiel hier das Symbol ('Ä') als "Umschaltzeichen" gewählt. Wir setzten voraus, daß das Programm nicht für einen Fall verwendet wird, der keinerlei Dateneingabe verlangt. Das Programm liest also erst einmal alle Datenangaben und prüft sie auf ihre Gültigkeit. Anschließend wird dann ein Aufrufzeichen ('>') angezeigt, und es wird geprüft, ob 'Ä' eingegeben wurde. Nach Beendigung einer Datumsverarbeitung durch <RET>, weist READ in Zeile 71 CH einen <Leerraum> zu, denn das System mußte beim READ (Lesen) der nächsten Zeile vorausschauen, um eine Nicht-Ziffer zu finden. Wir erinnern daran, daß das Programm bei Eingabe von <RET> das Zeichen ' ' empfängt.

In Zeile 16 der Anzeige ist zu sehen, daß statt des erwarteten Schrägstriches '/' ein Gedankenstrich '-' eingegeben wurde. Durch die Funktion GETSLASH wird der "Summer" des Rechners betätigt und somit der Benutzer auf einen Fehler aufmerksam gemacht. Der Versuch, am Anfang von Zeile 18 eine Ziffer einzugeben, führte zu einer weiteren Fehlermeldung in Zeile 73 und 74 des Programmes. Wenn jetzt hier das Vorhandensein eines <Leerraumes> oder des Zeichens 'Ä' geprüft wird, wird der Benutzer das Fehlen des Schrägstriches in der Datumsangabe nicht übersehen können und das Datum noch einmal neu eingeben. In Zeile 20 der Anzeige sehen Sie, daß durch die Eingabe eines einzigen <Leerraumes> das Programm zur Hauptschleife zurückkehren konnte und die Legende "MONTH/DAY/YEAR:" (MONAT/TAG/JAHR) wieder angezeigt wurde. Nach Eingabe des letzten Datums wird das Zeichen 'Ä' in Zeile 20 schließlich zur Beendigung des Programmes eingegeben. Dieses Datum wird auf seine Gültigkeit geprüft, bevor das Programm das Ende der Hauptschleife erreicht hat.

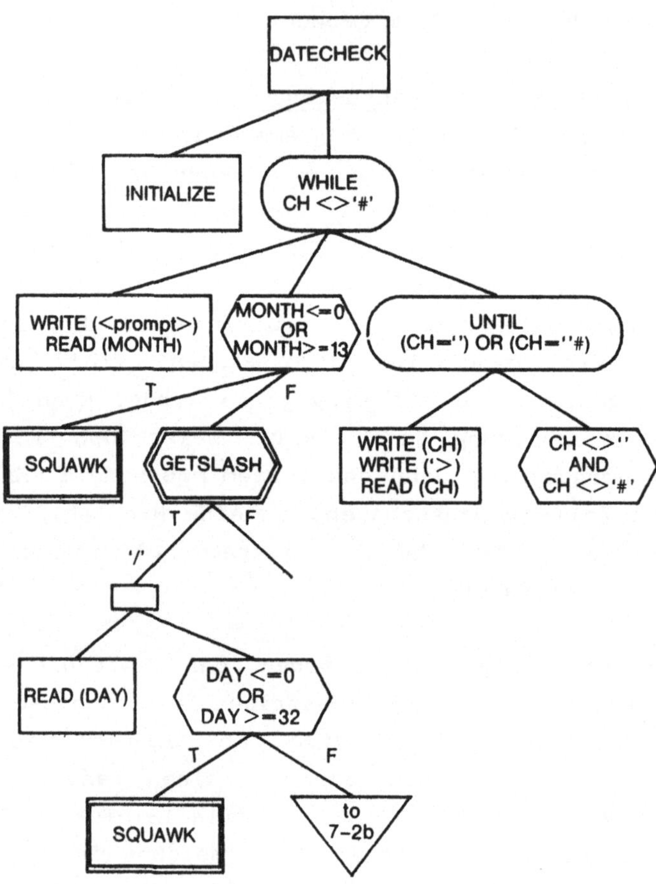

Abbildung 7-2a

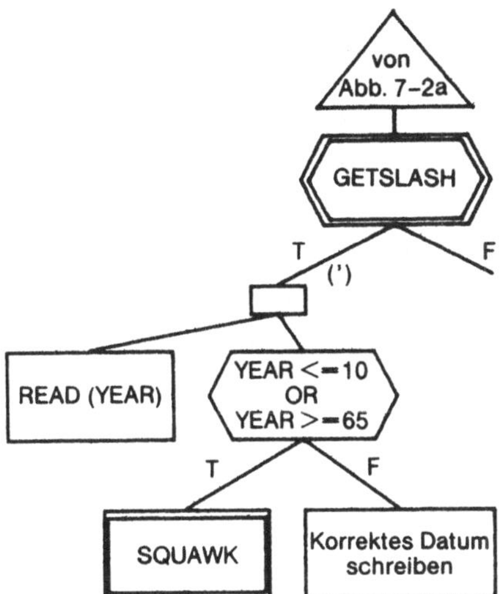

Abbildung 7–2b

Wir empfehlen Ihnen, dieses Programm auf Ihrem Rechner durchzutesten. Es wurden nicht alle möglichen Gültigkeitsprüfungen durchgeführt. Außerdem kann das Programm in dieser Form eine ganze Anzahl von Fehlern, die einem Datentypisten wahrscheinlich häufiger unterlaufen werden, nicht bewältigen, und durch diese Fehler wird das Programm irgendwann aussteigen. Wenn z.B. ein Zeichen vom <Typ> INTEGER erwartet wird, das erste eingegebene Zeichen jedoch keine Ziffer ist, wird das Programm aussteigen. Wäre unser PASCAL-System so programmiert, daß es diese Situation meistern kann, wäre es bei weitem nicht so übersichtlich und viel umfangreicher als uns lieb sein kann. Es ist aber denkbar, daß es Ihnen gelingen wird, eine "intelligentere" Abfragevorrichtung für ganze Zahlen zu entwickeln, so daß zusätzliche Fehler nicht gleich das Programm sprengen.

11b. Programmstruktur

Bei diesem Programm wird jeder einzelne Teil einer Datumseingabe auf Gültigkeit geprüft und zwar wird ganz links damit begonnen. Stellt sich der gerade geprüfte Teil als nicht gültig heraus, wird eine Fehlermeldung angezeigt, und das Steuerzeichen <BEL> läßt den "Summer" des Rechners ertönen. Der Dezimalwert dieses Steuerzeichens beträgt 7. Die Anweisung WRITELN in Zeile 7 des Programmes setzt diesen Dezimalwert mit Hilfe der Kodierungsprozedur CHR um, da man das Zeichen <BEL> nicht direkt in eine <Kettenkonstante> einfügen kann. Wenn ein Datumsfehler einmal entdeckt ist, kann man auf weiteres Abfragen dieses Datums verzichten, und der Benutzer wird aufgefordert, ein weiteres Datum einzugeben.

In Abb. 7-2 wird dieses Programm in Form eines Strukturdiagrammes dargestellt. Sie sehen, daß das Programm zu umfangreich ist, um auf eine Seite zu passen. Wir haben dem Hauptprogramm etwas mehr als die sonst üblichen 25 Zeilen für jeden <Block> zugestanden. So kann die Logik für die Gültigkeitsprüfung aller Teile einer Datengröße in einer einzigen geschachtelten IF-Anweisung gezeigt werden. Man kann darüber streiten, ob das Programm so besser verständlich ist oder wenn der innere Teil der geschachtelten IF-Anweisung gesondert in einer Prozedur ausgedrückt wird. Wie wir bereits gezeigt haben, ist die Programmstruktur viel besser zu erkennen, wenn die Ebenen der Verzweigungen im Strukturdiagramm durch Einrückungen dargestellt werden. Gleichfalls sind die Kommentare nach jedem END ungeheuer hilfreich, um Fehler zu vermeiden.

Übung 7.1:

Nachfolgend geben wir Ihnen die Spezifikation eines Programmes, das die Durchschnittspunktzahl der einzelnen Spieler beim Sport, z.B. Bowling, berechnet. Jeder Spieler hat bis zu 10 Punktspiele in der Saison gemacht, aber nicht alle Spieler haben in jedem Spiel Punkte erreicht. (Wir werden die Regeln dieses Spiels ein wenig abändern, so daß wir das Programm für eine Anzahl weiterer Sportarten verwenden können.)

Das Programm muß in jeder Eingabezeile den Namen eines einzelnen Spielers akzeptieren. Hinter den Namen wird eine Folge von bis zu 10 Punktwerten eingegeben, entsprechend der Anzahl der jeweils gemachten Spiele. Die Ausgabe muß dann für jede Eingabezeile eine Zeile anzeigen, in der der Name des Spielers, die Anzahl seiner Spiele und die erreichte Durchschnittspunktzahl für diese Spiele aufgeführt ist. Einige Informationen werden in der angezeigten Zeile wiederholt, um eine zusätzliche Richtigkeitsprüfung der vom Programm erhaltenen Informationen zu ermöglichen.

Geben Sie 10 Zeilen mit eigenen Prüfdaten ein. Die Anordnung sollte in etwa folgendermaßen aussehen:

Jones, Bill 150 115 175 140 112 145 160 148 203
Gonzalez, Maria 125 148 135 120 110 190 115 140

Entwickeln Sie ein Programm, das diese Aktivitäten durchführt und erstellen Sie ein Strukturdiagramm, mit sovielen Ebenen, daß man ausreichend erkennen kann, wie Sie sich den Programmablauf vorstellen. Debuggen Sie Ihr Programm anschließend auf dem Rechner mit eigenen Testdaten.

Übung 7.2:

Schreiben Sie ein PASCAL-Programm, welches Daten wie die in der unten gezeigten Tabelle Zeile um Zeile lesen kann. Nachdem das Programm alle Tabellenzeilen gelesen hat, soll es die Nummer der Zeile anzeigen, in der die größte Datenwertsumme erreicht wurde, dann den Wert dieser Summe und schließlich noch den Inhalt dieser Zeile.

Musterdaten:

```
91 46 55
43 59 83
64 47 45
94 25 91
51 24 96
```

Das Programm muß in der Lage sein, verschieden viele Eingabezeilen verarbeiten zu können. Die Ausgabe sollte in etwa folgendermaßen aussehen:

```
GROESSTE SUMME WAR: 210  IN ZEILE NUMMER: 4
INHALT:94  25  91
```

Übung 7.3:

Schreiben und debuggen Sie ein Programm, welches einen Schrifttext, der über die Tastatur eingegeben wird, liest und außerdem zählt, wie oft jeder der fünf Vokale ('A', 'E', 'I', 'O' und 'U') im Verlauf dieses Textes erscheint. Das Programm sollte in der Lage sein, verschieden viele Eingabezeilen verarbeiten zu können. Nehmen Sie diesen Mustertext einfach als Prüfdaten. Sie können das Problem vereinfachen, indem Sie nur Großbuchstaben verwenden. Nach Beendigung der Texteingabe muß das Programm jeweils die Anzahl der einzelnen Vokale gesondert anzeigen.

Übung 7.4:

Schreiben und debuggen Sie ein PASCAL-Programm, welches verschieden viele Eingabezeilen liest, von denen jede Zeile aus dem Namen eines Studenten besteht und einer einzelnen Bewertung zwischen 0 und 100.*) Der Name darf bis zu 30 Spalten ausmachen, nicht mehr. Die Bewertung des Studenten wird vom Programm in derselben Zeile abgefragt. Anschließend prüft das Programm dann, ob die Bewertung des jeweiligen Studenten unter 65 oder über 100 liegt. Dies könnte mit einer Gültigkeitskontrolle geschehen. Liegt sie unter 65, muß das Programm eine Nachricht "***FAILING***" anzeigen und der Summer des Rechners muß ertönen. Liegt die Bewertung über 100 oder unter Null muß eine Fehlermeldung angezeigt werden, und der Summer muß ebenfalls ertönen.

*) Anmerkung des Übersetzers:
Es handelt sich hier um das amerikanische Punktbewertungssystem.

Während der Dateneingabe muß das Programm den Durchschnittswert aller eingegebenen gültigen Bewertungen berechnen, und nach der letzten Eingabe muß es den Durchschnitt aller eingegebenen Bewertungen anzeigen. Das Programm muß dabei in der Lage sein, die Eingabe beliebig vieler Studenten, auch gar keiner, ohne auszusteigen handhaben zu können.

Übung 7.5:

Bei den Geldinstituten muß die Datenverarbeitung u.a. jede Kreditkartennummer auf einem Eingabedokument auf ihre Gültigkeit prüfen. Diese Kartennummern bestehen aus 10 Dezimalziffern. Ihr werden noch zwei weitere Ziffern hinzugefügt, die aus dem Rest der Summe der ersten 10 Ziffern dividiert durch 11 (elf) bestehen. Beispiel:

```
0123456789 01
```

die Summe der ersten zehn Ziffern beträgt 45 und

```
(45 MOD 11) = 1
```

Schreiben und debuggen Sie ein PASCAL-Programm, welches so verschlüsselte Kreditkartennummern ("Kontrollsumme" genannt) liest und die Richtigkeit der Kontrollsummen bestätigt. Ist die Summe nicht richtig, muß das Programm eine Fehlermeldung anzeigen und der Summer des Rechners ertönen. Das Programm muß beliebig viele Eingabezeilen verarbeiten können.

Anmerkung: Der Binärwert einer Ziffer, sagen wir der Ziffer '2', ist ORD ('2'). Wenn wir also davon ausgehen, daß der Wert für CH eine Ziffer ist, dann kann der CH entsprechende ganzzahlige Wert von V folgendermaßen erhalten werden:

```
V := ORD(CH) - ORD('0')
```

wobei es sich bei CH um eine Variable vom <Typ> CHAR handelt. Prüfen Sie das Programm mit der oben gezeigten richtigen Zeile mit der folgenden nicht richtigen Zeile:

```
0742267205 05
```

Übung 7.6:

Bei der Textverarbeitung, müssen die Zeilenlängen für Veröffentlichungen in Zeitung und Buch nach rechts und links innerhalb eines vorgeschriebenen Raumes "abgeglichen" werden. Dazu werden gesonderte Leerräume zwischen den einzelnen Wörtern eingefügt, wie z.B.:

```
DER FLINKE FUCHS SPRANG UEBER DEN TRAEGEN HUND
```

daraus wird:

```
                                                        !
DER  FLINKE  FUCHS  SPRANG  UEBER  DEN  TRAEGEN  FUCHS!
                                                        !
```

Das Zeichen '!' soll hier den rechten Rand markieren.

Schreiben und debuggen Sie ein PASCAL-Programm, welches einen über die Tastatur eingegebenen Text liest (ohne Interpunktion) und Leerräume einfügt, um links und rechts den Rand abzugleichen. Die Leerräume zwischen den einzelnen Wörtern dürfen nur um <u>einen</u> Leerraum innerhalb der ausgerichteten Zeile variieren. Beispiel: In der oben gezeigten

Zeile ist ein Zwischenraum von 2 oder 3 Leerräumen zwischen den einzelnen Wörtern in der ausgerichteten Zeile richtig. 1,2,3,4 und 5 Leerräume gleichzeitig in einer Zeile wären dagegen nicht richtig. Sie dürfen davon ausgehen, daß in der ursprünglichen Zeile jeweils ein Leerraum zwischen den einzelnen Wörtern liegt.

Hinweis: Zählen Sie die Anzahl der Leerräume zwischen den einzelnen Wörtern und die Anzahl der Leerräume am Ende der Eingabezeile. Übertragen Sie jetzt Zeichen um Zeichen in die neue Ausgabezeile. Jedesmal wenn Sie in der Eingabezeile auf ein Leerzeichen stoßen, übertragen Sie ein oder mehr Leerzeichen in die Ausgabezeile. Die Anzahl der Leerräume am Ende kann so nicht gleichmäßig zwischen die Wörter in einer Zeile verteilt werden. Verwenden Sie DIV, um festzustellen, wieviele neue Leerräume zwischen den einzelnen Wörtern gesetzt werden müssen, und verwenden Sie MOD, um die überzähligen Leerräume nach und nach zu verteilen, bis alle aufgeteilt sind.

Problem

Problem 7.1:

Zeichnen Sie für die Musterprogramme AVERAGE, DENOISE und DEVOWEL Strukturdiagramme.

8. Grunddatenstrukturen – I. Felder

1. Zielsetzung

Dies ist das erste von drei Kapiteln, die sich mit strukturierten Datentypen befassen. Wir lernen in diesem Kapitel die "Feld"-Struktur kennen. Sie besteht aus vielen Datengrößen, die alle vom selben <Typ> sind und zum selben <Bezeichner> gehören.

1a. Lernen Sie mit eindimensionalen Feldern zu arbeiten. Speichern Sie mit Hilfe dieser Felder eingegebene Daten zur späteren Verwendung in Ihrem Programm.

1b. Arbeiten Sie mit zweidimensionalen Feldern. Verwenden Sie diese Felder bei Ihrer Arbeit mit Datentabellen.

1c. Lernen Sie die Verwendung von drei- und mehrdimensionalen Feldern.

1d. Schreiben und debuggen Sie auf Ihrem Rechner verschiedene Programme mit Feldern.

2. Hintergrund

Es ist sinnvoll, viele verschiedene aber doch verwandte Durchführungen in einem Programm oder in einer Prozedur unter einem Namen zusammenzufassen; genau so ist es auch sinnvoll, viele Datengrößen in einer einzigen, sogenannten "Datenstruktur" zusammenzufassen. Viele Datenstrukturen sind hierarchisch (d.h. Bäume), aber nicht alle. In diesem Buch für Anfänger wollen wir uns nur mit hierarchischen Datenstrukturen befassen.

Ein "Feld" besteht aus einer Datenstruktur, die zwei oder mehr Datengrößen vom selben <Typ> enthält. Die einzelnen Datengrößen im Feld können durch Programmanweisungen, unter Verwendung eines Feld- Bezeichners und der entsprechenden "Index"-Zahl(en) für den Platz der Datengröße im Feld, angesprochen werden. Sie haben bereits Felder eines besonderen <Typs> verwendet, nämlich STRING-Variable. Die Größen (oft auch "Elemente" genannt) einer STRING-Variablen sind alle vom <Typ> CHAR und ihre Indexzahlen sind von 1 bis 80 im voraus festgelegt. Wir zeigen Ihnen in diesem Kapitel, wie ein Feld mit Elementen irgendeines bekannten <Typs> vereinbart werden kann. Im nächsten Kapitel zeigen wir Ihnen dann, wie komplizierte <Typen> vereinbart und, falls dies gewünscht wird, in Feldern vereint werden können.

Felder sind immer dann angebracht oder notwendig, wenn die Programmlogik entscheiden muß, welche Datengröße aus einer Gruppe von Daten ausgewählt werden soll.

3. Beziehung zwischen Feldern und Hardware

Sie werden sich vielleicht noch von Kapitel 5 her erinnern, daß jeder <Bezeichner> für eine <Variable> vom <Typ> REAL, INTEGER, CHAR oder BOOLEAN in Wirklichkeit eine "Adresse" im Rechner-

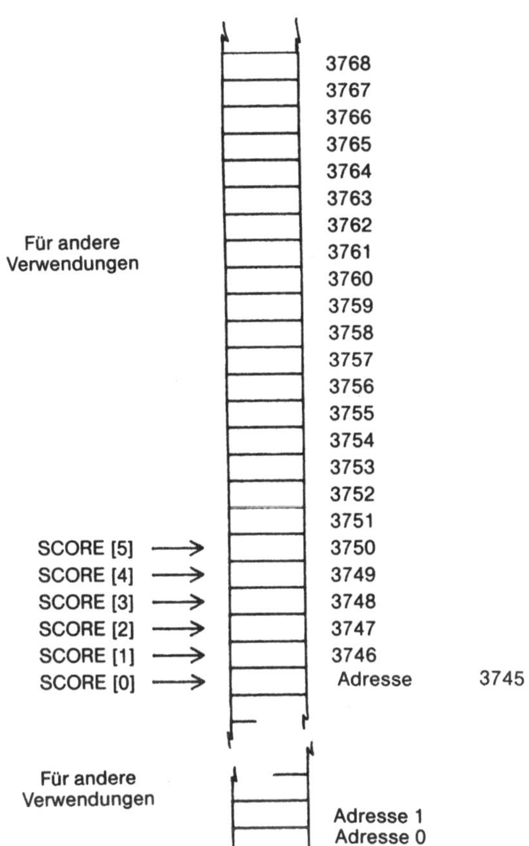

Abbildung 8-1

speicher benennt. Ein Feld verwendet einen Bezeichner, um eine Gruppe von Speicheradressen zu benennen. Das Feld in seiner einfachsten Form besteht aus einer Gruppe von Wörtern, die im Hauptspeicher hintereinanderliegen. In Abb. 8-1 wird ein kleiner Teil des Hauptspeichers in Form einer "Karte" dargestellt.

Man kann davon ausgehen, daß der Hauptspeicher mindestens 4000 Wörter speichern kann, die 1,2,3 ... durchnummerriert sind. Wir haben nur einen kleinen Teil dieser Wörter aufgeführt, angefangen bei der Speicheradresse 3745 bis zur Speicheradresse 3760. In diesem kleinen Teil oder Bezeichner "Bereich" werden sechs Wörter mit dem einen <Bezeichner> SCORE benannt. Die einzelnen Wörter dieser Sechser-Gruppe erhalten zusätzlich zum Bezeichner SCORE noch jeweils eine Zahl zugewiesen, die die Reihenfolge ihres Erscheinens innerhalb der Gruppe anzeigt. Diese Gruppe wird "Feld" genannt und muß, wie alle nicht-reservierten <Bezeichner> bei PASCAL, vor ihrem ersten Aufruf vereinbart worden sein.

4. Indizierte Variable

In den meisten Fällen kann ein Feldelement immer dort verwendet werden, wo die Anwendung einer einfachen Variablen vom selben Typ angebracht wäre. Wir können z.B. X (eine einfache Variable vom <Typ> INTEGER) einen Wert zuweisen, der um 1 größer ist als das dritte Element von SCORE, das bedeutet:

```
X:=SCORE[2] + 1
```

oder wir können der vierten Speicheradresse im Feld SCORE einen neuen Wert zuweisen durch:

```
SCORE[3] := X + Y
```

indem wir davon ausgehen, daß Y ebenfalls eine Variable vom <Typ> INTEGER ist. In beiden Fällen erscheint der <Bezeichner> SCORE als "indizierte Variable". Dieser Begriff wird in der Mathematik verwendet und bedeutet, daß Variable mit einem "Index" versehen werden, um ihre Positionen innerhalb einer Folge von Daten zu kennzeichnen. Wir können z.B. eine Variable T zur Tageszeitbestimmung verwenden. Die fortlaufenden Werte für T wären dann folgende:

T_1 T_2 T_3 T_4 T_5 T_6 T_7 ...

Da es schwierig ist, die Indizes (1, 2, 3, 4, 5, 6, 7, ...) in dieser Form über die Tastatur einzugeben (und noch ungleich schwieriger auf einer einzigen Lochkarte darzustellen), müßte man die oben gezeigte Folge in PASCAL folgendermaßen eingeben:

T[1] T[2] T[3] T[4] T[5] T[6] T[7] ...

mit fortlaufenden Werten der Variablen, die in den entsprechenden Speicheradressen des Feldes T gespeichert werden sollen.

Wenn wir aber bei Feldern lediglich <ganzzahlige Konstante> als Indizes verwenden könnten, wäre die Anwendungsmöglichkeit der Felder nur sehr begrenzt. Ganz im Gegenteil, in PASCAL kann jeder <arithmetische Ausdruck>, der einen ganzzahligen Wert berechnet, als Index verwendet werden, z.B.:

```
SCORE[X + (Y * Z) DIV 3]
```

wäre ganz korrekt.

Der Übersetzer bewältigt diese Situation, indem er mit Hilfe der Maschinensprache erst den Wert dieses Ausdrucks berechnet:

und dann diesen Wert als Index verwendet, um das richtige Feldelement anzusprechen. ALGOL und PL/1 erlauben ebenfalls Ausdrücke als Indizierung. FORTRAN, BASIC und COBOL sind eingeschränkter.

<einfacher Typ>

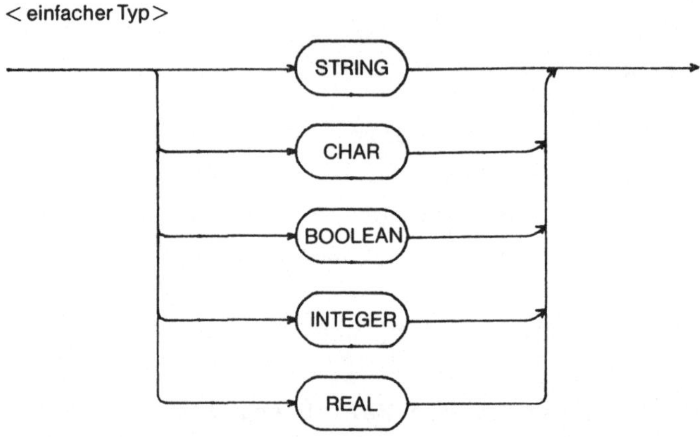

<Typ>

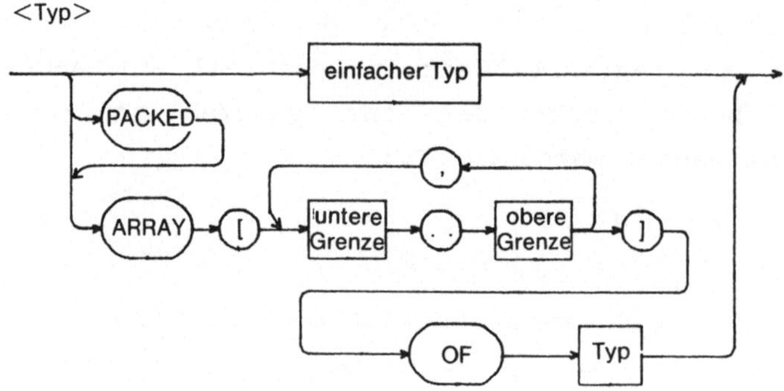

Abbildung 8–2

5. Vereinbarung der ARRAY-Variablen

In Abb. 8-2 ist die Syntax für die Vereinbarung von ARRAY-Variablen (Feld-Variablen) gezeigt. Wir geben Ihnen hier einige Beispiele, wie ARRAY-Variable korrekt vereinbart werden:

```
VAR TARA: ARRAY[1..10] OF STRING
      (*FELD ENTHAELT 10 STRING-ELEMENTE*)
      (*VON 1 BIS 10 NUMMERIERT           *)
    AC: ARRAY[0..79] OF CHAR;
      (* 80 ELEMENTE VOM <TYP> CHAR, 0 BIS 79*)
    ABOOL: ARRAY[-5..+4] OF BOOEAN;
      (* 10 BOOLESCHE ELEMENTE, -5 BIS +4 *)
    ADOUBLE: ARRAY[1..10] OF
                 ARRAY [0..4] OF INTEGER;
      (* 10 ELEMENTE VON 1 BIS 10 NUMMERIERT, JEDES
      (* DAVON WIEDERUM EIN EIGENES FELD AUS 5 GANZ-
      (* ZAHLIGEN ELEMENTEN*)
    ARDOUBLE: ARRAY [1..10] OF
                 ARRAY [0..4] OF REAL;
      (*AEHNLICH WIE ADOUBLE NUR MIT ELEMENTEN VOM
      (*<TYP> REAL *)
```

Das in Abb. 8-2 gezeigte Syntax-Diagramm ist etwas ausführlicher als das in Anhang E dargestellte. Hier handelt es sich sowohl bei <untere Grenze> wie auch bei <obere Grenze> um <ganzzahlige Konstante>. Der Wert des Index für ein gewünschtes Feldelement darf nichtkleiner als <untere Grenze> und nicht größer als <obere Grenze> sein. In Kapitel 9 werden Sie verschiedene Möglichkeiten kennenlernen, um die Grenzen eines Feldes zu bestimmen. Wir erwähnen hier die <untere Grenze> und <obere Grenze> nur deshalb, um unnötige Verwirrung zu vermeiden.

6. Verwendung eindimensionaler Felder

Das Programm SPORTSCORE liest jeweils zwei Datengrößen aus einer Folge eingegebener Zeilen. Bei der ersten Größe handelt es sich

```
PROGRAM SPORTSCORE;
VAR SA: ARRAY[1..10] OF STRING;
    IA: ARRAY[1..10] OF INTEGER;
    K,LN,MAX,KMAX:INTEGER;
    CH:CHAR;
BEGIN
  K:=1;
  MAX:=0;
  REPEAT
    WRITE('SCORE:');
    READ(IA[K]);
    IF NOT  EOF THEN
    BEGIN
      WRITE('NAME:');
      READ(SA[K]);
      LN:=LENGTH(SA[K]);
      IF IA[K]>MAX THEN
      BEGIN
        MAX:=IA[K];
        KMAX:=K;
      END;
      K:=K+1;
    END (*NICHT EOF*);
  UNTIL EOF OR (K>10);
  WRITELN;
  WRITELN('BEST SCORE:',IA[KMAX],'   ',SA[KMAX])
END.
```

um eine dreiziffrige Punktzahl, die ein Speicher bei irgendeiner Sportart erreicht hat und bei der zweiten um den Nachnamen des Spielers, der diese Punktzahl erreicht hat. Aufgabe des Programmes ist es, den Spieler mit der höchsten Punktzahl zu ermitteln und diese Punktzahl zusammen mit dem Namen des Spielers anzuzeigen.

Folgende Anzeige erscheint während der Eingabe auf dem Bildschirm:

```
SCORE:190 NAME:GONZALES
SCORE:150 NAME:JONES
SCORE:135 NAME:CARLSON
SCORE:160 NAME:SCHULTZ
SCORE:203 NAME:SANCHEZ
SCORE:115 NAME:PETERS
SCORE:148 NAME:BERGERON
SCORE:174 NAME:DOUGLAS
SCORE:<ETX>
```

und hier die Anzeige, die kurz vor Beendigung des Programmes erscheinen muß:

```
BEST SCORE:203  SANCHEZ
```

<ETX> wird eigentlich nicht angezeigt, wir zeigen es hier nur, um Ihnen deutlich zu machen, wann die Taste(n) für END OF FILE gedrückt werden muß (müssen).

Da der Name des Gewinners im voraus nicht bekannt ist, muß das Programm in der Lage sein, Daten vorübergehend speichern zu können. Erst nachdem alle Namen und Gewinnpunkte eingelesen worden sind (Zeile 13 des Programmes), ist es möglich, den Spieler mit der höchsten Punktzahl zu ermitteln. Wir verwenden daher die Felder SA und IS als Zwischenspeicher, während weitere Daten eingelesen werden. Nachdem der Spieler mit der höchsten Punktzahl feststeht, erscheint in Zeile 26 des Programmes Name und Punktzahl des Gewinners, wobei der Name des Gewinners aus Feld SA und seine Punktzahl aus Feld IA ausgewählt wird.

Bei diesem Programm bleibt noch anzumerken, daß die Speicherkapazität zur Zwischenspeicherung von Daten bei den meisten Rechnern nur sehr begrenzt ist. Wenn die Namensliste der Spieler auf mehrere Tausend Namen erweitert werden würde, könnten unmöglich alle Namen und Punktzahlen auf einmal im Hauptspeicher gespeichert werden. Man müßte Hilfsspeicher verwenden, wie etwa Magnetplatten, um den Überlauf des Hauptspeichers bewältigen zu können. Darauf näher einzugehen ist uns aber leider im Rahmen dieses Buches nicht möglich.

In unserem Programmbeispiel hier werden Wiederholungsschleifen beendet, wenn eine von zwei Bedingungen erfüllt ist. Da für jede Feldvereinbarung nur 10 Elemente vorgesehen sind, muß eine Schleife spätestens nach der Eingabe des zehnten Datenwertpaares enden. In unserem Beispiel endete das Programm schon nach weniger als 10 Datenwertpaaren, da die Bedingung END-OF-FILE erfüllt war.

7. Gepackte Zeichenfelder - Zweidimensional

Sie werden inzwischen sicher schon erkannt haben, daß eine STRING-Variable in Wirklichkeit die besondere Form eines Feldes darstellt. Wir haben schon ziemlich am Anfang dieses Buches Standard-PASCAL mit STRING-Variablen ausgestattet, damit auch nicht-numerische Datenwerte ohne allzugroße Schwierigkeiten gehandhabt werden können. Sie können ein Feld folgendermaßen, ähnlich wie eine STRING-Variable, vereinbaren:

```
VAR PCA: PACKED ARRAY[1..80] OF CHAR
```

Durch das reservierte Wort "PACKED" (gepackt) wird bestimmt, daß die übrigen Feldzeichen mit geringstmöglichem Hauptspeicherplatz im Feld gespeichert werden sollen. Für die interne Darstellung eines Zeichens werden nur 8-Bit Speicherplätze benötigt.

Beträgt die Wortlänge des Rechnerspeichers 16 Bit, was bei Ihrem Mikrorechner der Fall sein dürfte, dann können jeweils zwei Zeichen in ein Speicherwort "gepackt" werden. (Anmerkung: Es gibt eine ganze Reihe Mikrorechner, die nur über 8-Bit-Mikroprozessoren verfügen. Unser PASCAL-System behandelt aber auch diese Mikrorechner so, als hätten sie 16-Bit-Speicherplätze.) Bei größeren Rechnern mit größerer Bitzahl pro Speicherwort können manchmal 6 oder 8 Zeichen in ein Wort gepackt werden.

In unserem Beispiel SPORTCORE im vorhergegangenen Abschnitt sind wir der Schwierigkeit, in einer Zeile ganzzahlige Information mit Textinformation zu vermischen, ausgewichen. Wenn eine READ-Anweisung auf eine <Variable> vom <Typ> STRING trifft, werden alle übrigen Informationen in dieser Zeile dieser Variablen zugewiesen. Wir mußten daher in unserem Beispiel die ganzzahlige Information links vor die Textinformation setzen, damit die Zahlen innerhalb der Daten in die interne Binärform umgewandelt und dann der ganzzahligen Variablen zugewiesen werden konnten.

Gehen wir nun einmal davon aus, wir hätten einen guten Grund, die Textinformation am Zeilenanfang erscheinen zu lassen, gefolgt von einer Folge von Zahlen wie z.B.:

Gonzalez 190 150 178 135 163

Bei der Eingabe über Lochkarten wären wir jetzt gezwungen, etwa folgende Methode anzuwenden. Wir müßten eine festgelegte Anzahl von Spalten, sagen wir 15, auf der Karte für die Namen reservieren. Das Programm SPORTSCORE2 könnte dann diese Daten lesen, die Durchschnittspunktzahl jedes Spielers berechnen und den Spieler mit der höchsten Punktzahl ermitteln. Ein wesentlicher Unterschied zwischen diesem Programm und Ihrem aus Kapitel 7.1 ist der, daß hier zur Zwischenspeicherung von Daten Felder verwendet werden. Lassen Sie uns von folgenden Eingabezeilen ausgehen:

```
NAME:GONZALEZ,MARIA SCORES:125 148 135 120 110 190
   AVG:138.00
NAME:JONES,BILL SCORES:150 115 175 140 112 145 160
   AVG:142.43
NAME:CARLSON,CINDY SCORES:135 205 121 143 97 168
   AVG:144.83
NAME:SCHULTZ,TAD SCORES:126 149 115 162 157 188
   AVG:149.50
NAME:SANCHEZ,PETE SCORES:194 139 173 152 212 177<ETX>
   AVG:174.50
```

dann erhalten wir bei Programmende folgende Anzeige:

```
SANCHEZ,PETE  194  139  173  152  212  177  AVG:174.50
```

Wir erinnern noch einmal daran, daß <ETX> nicht in der Anzeige erscheint, sondern hier nur zeigen soll, wo die Taste(n) End Of File gedrückt werden könnte(n).

Die Hauptschleife dieses Programmes durchläuft die Zeilen 12 bis 42. Bei jeder Zeileneingabe werden bis zu 15 Zeichen für den Namen in einem der gepackten Zeichenfelder, im Feld NAMES (Namen), gespeichert. Anschließend werden dann bis zu 9 Punktergebnisse eingelesen und im Feld SCORES (Punktzahlen) gespeichert.

Unser Programm zeigt die Verwendung zweidimensionaler Felder. Bisher haben wir nur mit eindimensionalen Feldern,mit ganzzahligen <Ausdrücken> als Index, gearbeitet. Das zweidimensionale Feld kann man sich als ein Feld aus eindimensionalen Feldern bestehend vorstellen, wie es die Vereinbarungen von NAMES und SCORES in Zeile 2 und 4 vorschlagen.

Ausdrückliche Hinweise auf individuelle Größen im Feld SCORES werden in den Zeilen 32 und 33 gezeigt. Der zweite Index "K" verweist in üblicher Weise auf individuelle Größen innerhalb des Hilfsfeldes SCORE[I]. Ein einfaches Syntax-Diagramm für diese Hinweise finden Sie in Abb. 8-2. Die Indexzahlen in einer indizierten Variablen mit zwei Indizes, wie I und J in unserem

```
PROGRAM SPORTSCORE2;
 VAR NAMES: ARRAY[1.10] OF
                  PACKED ARRAY[1..15] OF CHAR;
   SCORES: ARRAY[1..10] OF
                  ARRAY[0..9] OF INTEGER;
   SUM,IMAX,I,J,K:INTEGER;
   AVG,MAXAVG:REAL;
   CH:CHAR;
   CHOK:BOOLEAN;
 BEGIN
   MAXAVG:=0;     I:=1;
   REPEAT
     WRITE('NAME:');
     J:=1;
     REPEAT
       READ(CH);
       CHOK:=((CH>='A') AND (CH<='Z')) OR  (CH=',');
       IF CHOK THEN
         BEGIN  NAMES[I,J]:=CH;   J:=J+1;   END;
     UNTIL (NOT CHOK) OR (J > 15);
     WHILE J<=15  DO
     BEGIN
       NAMES[I,J]:=' ';
       J:=J+1;
     END;
     SUM:=0;   K:=0;
     WRITE('SCORES:');
     WHILE (NOT EOLN)  AND  (K < 9)   DO
     BEGIN(*LESEN UND MERKEN DER ERGEBNISSE FUER DIESEN SPIELER*)
       K:=K+1;
       READ(SCORES[I,K]);
       SUM:=SUM+SCORES[I,K];
     END;
     IF EOLN THEN
       READ(CH); (*LOESCHEN DES LEERZEICHENS DH<RET>*)
     SCORES[I,0]):=K;
     AVG:=SUM/K
     WRITELN('  AVG:',AVG:6:2);
     IF AVG>MAXAVG THEN
       BEGIN  MAXAVG:=AVG;  IMAX:=I;  END;
     I:=I+1;
   UNTIL EOF OR (I > 10);
   WRITELN;  WRITELN('BEST PLAYER:');
   WRITE(NAMES[IMAX]);
   FOR J:=1 TO SCORES[IMAX,0] DO
      WRITE(SCORES[IMAX,J]]:5);
   WRITELN('  AVG:',MAXG:6:2);
 END.
```

<Variable> <vereinfacht>

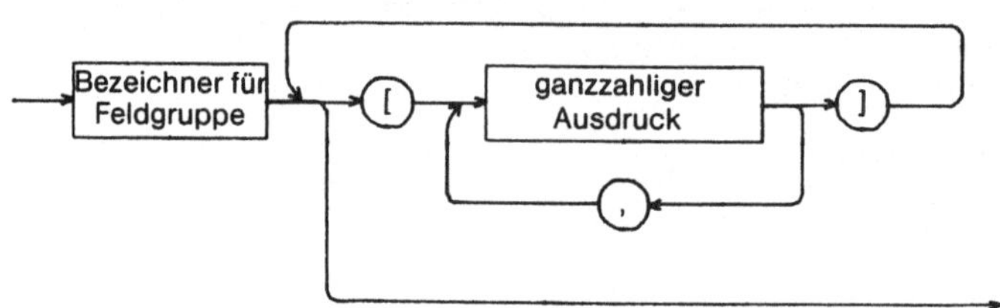

Abbildung 8–3

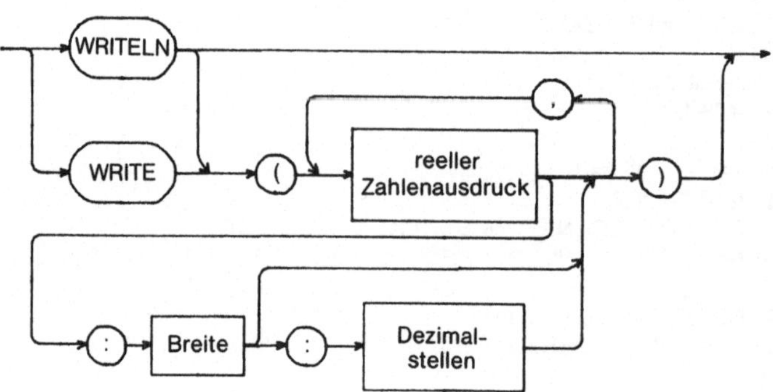

<Breite, Dezimalstellen>

Abbildung 8–4

Fall, erscheinen in derselben Reihenfolge wie die Vereinbarungen der konstituierenden Felder, wie in den Zeilen 2 bis 5.

Wir verwenden in unserem Musterprogramm hier in erster Linie deshalb Felder, um die Zwischenspeicherung von Spielerdaten möglich zu machen. Erst nachdem die Daten aller Spieler vollständig ins Programm eingelesen worden sind, kann der Spieler mit der höchsten Punktzahl ermittelt und die entsprechenden Daten der Felder NAMES und SCORES zum Ausdruck der Gewinndaten ausgewählt werden.

In den Zeilen 38 und 47 wird durch die Angabe ":6:2" die Datenfeldlänge bestimmt. Die Zahl 6 legt die gewünschte Gesamtlänge der durch WRITE angezeigten Zeichen fest. Das zugehörige Syntax-Diagramm finden Sie in Abb. 8-4. Die Angabe ":2" bestimmt, wieviele Ziffern nach dem Dezimalpunkt erscheinen sollen. Wenn die Anzeige der eigentlichen Zahl mehr als 6 Spalten beansprucht, inklusive Dezimalpunkt und Dezimalstellen, wird die größere Spaltenanzahl angezeigt. Kann die Zahl dagegen in weniger als 6 Spalten angezeigt werden, werden links Leerzeichen gesetzt, damit die Gesamtlänge des angezeigten Feldes mit der ersten der beiden Spezifikationen übereinstimmt.

8. Zeilen- und Spaltensummen - Querrechnen

Wenn vom Menschen Daten zur Verarbeitung in den Rechner eingegeben werden, muß man damit rechnen, daß Fehler unterlaufen und daher eine Möglichkeit haben, diese zu finden und zu korrigieren. Beispiel: Es kommt häufig vor, daß verschiedene Daten für dieselbe Bestimmung in verschiedenen "Vorgängen" zu unterschiedlichen Zeiten in den Rechner eingegeben werden. Erst durch die Datenverarbeitung werden diese Daten dann bei der Speicherung zusammengebracht. Während der Verarbeitung erfolgen jedoch einige typische Datenveränderungen, die leicht Fehler nachsichziehen können.

Wir wollen einmal davon ausgehen, daß es sich bei den Daten um Zahlungen der Studenten für verschiedene Bestimmungszwecke innerhalb des Universitätsbereiches handelt, z.B. für Zimmermiete, medizinische Versorgung, Cafeteria, Bibliothek (verspätete Buchrückgaben), Buchkäufe und so weiter. Wenn alle Zahlungsbelege zusammengebracht werden, kann man die Gesamtzahlungen jedes einzelnen Studenten feststellen und gleichzeitig die Gesamteinnahmen der einzelnen Universitätsstellen berechnen. Natürlich muß die Summe aller von den Studenten geleisteten Zahlungen mit der Summe aller Einnahmen der einzelnen Universitätsstellen übereinstimmen. Wenn man die beiden Summen überprüft, kann man eventuell Fehler bei der Datenverarbeitung entdecken. Unterschiedliche Summen sagen zwar nichts darüber aus, wo der Fehler liegt, sind aber ein Hinweis darauf, daß etwas falsch ist und somit eine Fehlerkorrektur erforderlich ist. Mit diesem Problem befaßt sich unser Musterprogramm CROSSFOOT.

Jede eingegebene Zeile, die von diesem Musterprogramm verarbeitet wird, umfaßt drei Informationsgrößen. Ein Buchstabenkode bestimmt, an welche Universitätsstelle die entsprechenden Zahlungen geleistet werden sollen. Als nächstes wird der Dollarbetrag eingegeben und zuletzt eine bestimmte Kennzahl des einzahlenden Studenten. In der nachfolgenden Darstellung sind diese Kennzahlen sehr kurz, damit die Darstellung übersichtlich bleibt. Hätten wir statt einer Kennzahl den Namen des Studenten oder seine vollständige Ausweisnummer verwendet, müßte man immer erst anhand einer Kennzeichen-Tabelle nachsehen, zu welchem Studenten der Eintrag in der Zahlungstabelle gehört. In Kapitel 13 werden wir solche Such-Algorithmen untersuchen. Bei unserem CROSSFOOT-Beispiel sollen Sie einfach davon ausgehen, daß die Kennzahlen, die wir hier verwenden, durch eine Suchstrategie von einem anderen Programm herausgefunden wurden.

```
PROGRAM CROSSFOOT;
VAR TRANS: ARRAY[1..10]
             OF ARRAY[1..5] OF REAL;
  CH:CHAR;
  COL,ROW,SNUM:INTEGER;
  PAID,ROWTOTAL,COLTOTAL:REAL;
  COLSUMS:ARRAY[1..5] OF  REAL;
   ROWSUMS:ARRAY[1..10] OF REAL;

PROCEDURE SUMS;
BEGIN
  FOR ROW:=1  0 10  DO
  BEGIN
    FOR  COL:=1 TO 5 DO
       ROWSUMS[ROW]:=ROWSUMS[ROW]+TRANS[ROW,COL];
    ROWTOTAL:=ROWTOTAL+ROWSUMS[ROW];
  END;
  FOR  COL:=1  TO 5 DO
    COLTOTAL:=COLTOTAL+COLSUMS[COL];
END    (*SUMS*);

PROCEDURE  SAVE (SNUM,COL:INTEGER);
BEGIN
  TRANS[SNUM,COL]:=PAID;
  COLSUMS[COL]:=COLSUMS[COL]+PAID;
END  (*SAVE*);

PROCEDURE  GETDATA;
BEGIN
  WHILE NOT  EOF  DO
  BEGIN
    WRITE('SERVICE CODE:');
    READ(CH);
    WRITE(' AMT:');
    READ(PAID);
    WRITE('  IDENT:');
    READ(SNUM);
    WRITELN;
    CASE CH  OF;
      'B': SAVE(SNUM,1);
      'C': SAVE(SNUM,2);
      'H': SAVE(SNUM,3);
      'L': SAVE(SNUM,4);
      'M': SAVE(SNUM,5)
    END    (*CASE*);
    READ(CH);    (*LEERZEICHEN  NACH  SNUM*)
  END  (*READING*);
END   (*GETDATA*);
```

```
PROCEDURE INIT;
BEGIN
  FOR COL:=1 TO 5  DO COLSUMS[COL]:=0;
  FOR ROW:=1 TO 10 DO ROWSUMS[ROW]:=0;
  FOR ROW:=1 TO 10 DO
    FOR COL:=1 TO 5 DO
      TRANS[ROW,COL]:=0;
  ROWTOTAL:=0; COLTOTAL:=0;
  WRITELN('CROSSFOOT');
END (*INIT*);

PROCEDURE  DISPLAY;
  PROCEDURE PUTREAL(R:REAL);
  VAR I:INTEGER;
  BEGIN
    IF R>=1.0 THEN WRITE(R:7:2) ELSE
      BEGIN
      I:=ROUND(R*100);  WRITE(' ':4);
      IF I=0 THEN WRITE('  0') ELSE
        BEGIN
          WRITE('.');
          IF I < 10 THEN WRITE('0',I)
                    ELSE WRITE(I);
        END;
      END(*R < 1.0*);
  END  (*PUTREAL*);
BEGIN (*DISPLAY*)
  WRITELN('BOOKS':7,'CAF':7,'HOUS':7,'LIB':7,
             'MED':7,'TOTAL':7);
  FOR ROW:=1 TO 10 DO
  BEGIN
    FOR COL:=1 TO 5 DO
      PUTREAL(TRANS[ROW,COL]);
    PUTREAL(ROWSUMS[ROW]) WRITELN;
  END;
  WRITELN;
  FOR COL:=1 TO 5 DO PUTREAL(COLSUMS[COL]);
  PUTREAL(COLTOTAL);  WRITELN;
  IF COLTOTAL<>ROWTOTAL THEN
    BEGIN
      WRITELN('*** ERROR: ROWTOTAL=');
      PUTREAL( ROWTOTAL );
    END;
END  (*DISPLAY*);

BEGIN (*HAUPTPROGRAMM*)
  INIT;
  GETDATA;
  SUMS;
  DISPLAY;
END.
```

Folgende Zeilen werden während der Eingabe ins Programm CROSSFOOT auf dem Bildschirm angezeigt:

```
SERVICE CODE:B  AMT:7.95  IDENT:2
SERVICE CODE:H  AMT:150.00  IDENT:1
SERVICE CODE:H  AMT:150.00  IDENT:3
SERVICE CODE:L  AMT:4.00  IDENT:2
SERVICE CODE:C  AMT:2.25  IDENT:4
SERVICE CODE:M  AMT:55.60  IDENT:9
SERVICE CODE:M  AMT:10.00  IDENT:7
SERVICE CODE:B  AMT:15.80  IDENT:6
SERVICE CODE:B  AMT:14.25  IDENT:8
SERVICE CODE:C  AMT:75.00  IDENT:10
SERVICE CODE:H  AMT:300.00  IDENT:5
SERVICE CODE:L  AMT:0.50  IDENT:6
SERVICE CODE:M  AMT:40.00  IDENT:1<TX>
```

Nach Beendigung der Eingabe muß das Programm folgende Tabelle anzeigen:

BOOKS	CAF	HOUS	LIB	MED	TOTAL
0	0	150.00	0	40.00	190.00
7.95	0	0	4.00	0	11.95
0	0	150.00	0	0	150.00
0	2.25	0	0	0	2.25
0	0	300.00	0	0	300.00
15.80	0	0	.50	0	16.30
0	0	0	0	10.00	10.00
14.25	0	0	0	0	14.25
0	0	0	0	55.60	55.60
0	75.00	0	0	0	75.00
38.00	77.25	600.00	4.50	105.60	825.35

Wir haben hier für die einzelnen Eingabevorgänge nur wenige Daten verwendet, so daß die Addition leicht mit einem Blick nachgeprüft werden kann. In der untersten Zeile der Tabelle stehen die Summen der einzelnen Spalten. Die Zahl ganz rechts unten bildet sowohl die Summe aller Eintragungen in der untersten Tabellenzeile wie auch die Summe aller Eintragungen in der rechten Spalte. Diese Zahl wird als COLTOTAL berechnet und in Zeile 63 ausgedruckt. Da die Fehlermeldung in der Anweisung WRITELN in Zeile 92 nicht tatsächlich angezeigt wird, erfolgt die Berechnung für ROWTOTAL wertgleich mit COLTOTAL anscheinend richtig. Die horizontal angeordneten Zahlen einer Tabelle wie dieser werden im allgemeinen "Zeilen" genannt, die vertikal angeordneten Zahlen "Spalten". Die Methode, nach welcher die Übereinstimmung der Zeilensumme mit der Spaltensumme geprüft wird, nennt man "Querrechnen". Dieser Begriff kommt aus der Terminologie der Lochkartengeräte.

Die Prozedur PUTREAL verwenden wir in diesem Programm, damit keine reellen Zahlen kleiner als 1.00 bei wissenschaftlichen Aufzeichnungen angezeigt werden, z.B. damit vermieden wird, daß $ 0.50 als 5.0E-1 angezeigt wird. Wenn ein Betrag unter 1 Dollar liegt, wird die entsprechende ganze Zahl in Cent berechnet und durch PUTREAL im richtigen Format angezeigt.

9. Drei und mehr Dimensionen

Sehr häufig sind bei Zahlenberechnungen Tabellen mit mehr als zwei Dimensionen notwendig. Wir besprechen in diesem Abschnitt eine typische Anwendung für solche Berechnungen, überlassen es aber Ihnen, ein Programm dazu zu schreiben. Imgrunde handelt es sich hierbei um eine einfache Erweiterung der zweidimensionalen Felder. Für jede weitere Dimension wird die Darstellung durch Diagramme und einfache Programme allerdings zunehmend schwieriger.

Gehen wir einmal davon aus, Sie arbeiteten für eine Bürgerinitiative oder einen Interessenverband, und Ihre Organisation möchte unter ihren Mitgliedern eine Meinungsumfrage zu aktuellen Themen durchführen, um dann Prioritäten für einzelne Themen setzen zu können. In der nachfolgenden Tabelle zeigen wir Ihnen,welcher Art die Daten sind, die von ca. 1000 Mitgliedern zusammengetragen wurden.

	Zuwachs 1.	Keine Veränderung 2.	Rückgang 3.	Keine Meinung 4.
1. Umwelt	243	527	149	53
2. Energie	185	617	195	78
3. Inflation	318	442	83	27
4. Arbeitslosigkeit	306	449	117	62
5. Verteidigung	97	377	270	141

Jede Zahl in dieser Tabelle zeigt an, wieviele der befragten Mitglieder meinen, welche Aufmerksamkeit der Verband welchen Themen widmen sollte. Diese Daten können ganz eindeutig in einem zweidimensionalen Feld gespeichert werden. Aber der Verband muß seine Umfrage alle 3 Monate wiederholen, um eine eventuelle Meinungsänderung rechtzeitig feststellen zu können. Man kann z.B. davon ausgehen, daß sich die Meinung zur Energiefrage nach dem plötzlichen Ölembargo der erdölexportierenden Länder drastisch verändert hat. Es ist daher ratsam, verschiedene Tabellenversionen zu den zu unterschiedlichen Zeiten gesammelten Meinungen zu haben. Das Programm für eine Trendanalyse muß also jederzeit zu allen Tabellenversionen im Rechnerspeicher Zugriff haben.

Dies kann mit Hilfe eines Feldes aus zweidimensionalen Feldern geschehen. Ein solches Feld ist meistens einfacher dargestellt als ein dreidimensionales Feld. Wir zeigen Ihnen hier, wie solch ein Feld in PASCAL vereinbart werden könnte:

```
VAR OPINION: ARRAY[1..12] OF (*VIERTELJ. ERHEBUNGEN*)
                 ARRAY[1..5] OF (*5 THEMEN PRO ERHEBUNG*)
                   ARRAY[1..4] OF INTEGER;
                               (*4 MEINUNGSKODES*)
```

Es ist wichtig, daß man auf jede einzelne Position in diesem Feld hinweisen kann. Dazu verwendet man indizierte Variable mit drei Indizes, für jede Dimension einen, wie z.B.

```
OPINION[QTR, TOPIC, CODE]
```

wobei QTR, TOPIC und CODE alle drei Variable vom <Typ> INTEGER sind.

Wir wollen einen Schritt weiter gehen, und bei der Meinungsumfrage noch auf die einzelnen Altersgruppen eingehen. Dazu müßten Sie dem Feld OPINION noch eine weitere Dimension hinzufügen, etwa folgende:

```
OPINION: ARRAY[1..4] OF (*ALTERSGRUPPEN*)
          ARRAY[1..12] OF (VIERTELJ. ERHEBUNGEN*)
            ARRAY[1..4] OF INTEGER;
                        (*4 MEINUNGSKODES*)
```

Wenn Sie auf dieses Feld als indizierte Variable hinweisen wollen, müssen Sie vier Indizes verwenden.

Übung 8.1:

Schreiben und debuggen Sie ein Programm, mit welchem Sie die folgenden Probleme lösen können. Erklären Sie Ihren Algorithmus anhand eines Struktur-Diagrammes.

Häufig werden Rechner dazu verwendet, doppelte Eintragungen aus Listen, wie z.B. Unterschriftenlisten für Bittsteller, kommerziell gehandelte Adressenlisten, Kennzahlenlisten (wie z.B. bei der Sozialversicherung) usw. zu entfernen. Zur Darstellung dieses Problems werden wir hier nur kleine ganze Zahlen verwenden, obgleich die zu überprüfenden Daten im allgemeinen aus Ketten alphanumerischer Zeichen oder aus vielziffrigen Zahlen bestehen würden. Wir arbeiten auch nur mit einer kurzen Liste, um großangelegte Such- und Sortiervorgänge, wie wir Sie später in den Kapiteln 13, 14 und 15 vorstellen werden, gar nicht erst notwendig zu machen.

Bei unserem Problem handelt es sich darum, aus einer vorgegebenen Zahlenliste doppelte Zahlen zu tilgen und jede

Zahl nur noch einmal anzuzeigen, u.z. nur ihr erstes Erscheinen. Erstellen Sie Ihr Programm so, daß es eine Liste mit bis zu 100 eingegebenen Zahlen handhaben kann. Prüfen Sie Ihr Programm mit der folgenden Zahlenliste:

2 3 2 2 6 4 9 7 4 5 3

Das Ergebnis muß folgendermaßen aussehen: 2 3 6 4 9 7 5.

Lassen Sie Ihr Programm nun mit folgender Zahlenliste ablaufen:

```
74  74  92  72  29  34  65  34  43  23
91  81  61  43  74  83  83  77  79  83
64  24  22  20  49  65  88  60  43  63
99  84  23  48  27  43  83  74  83  91
```

Das Programm muß die Liste so anzeigen, daß alle doppelten Zahlen entfernt wurden und die übriggebliebenen Zahlen in der Reihenfolge ihres ersten Erscheinens angezeigt werden. Zur Prüfung soll das Programm alle doppelten Zahlen anzeigen und mitteilen, wie oft sie erschienen sind. Gehen Sie die ursprüngliche Liste mit einem Stift durch und prüfen Sie die Richtigkeit Ihres Programmergebnisses.

Ihr Programm muß so erstellt sein, daß die Zahlen in der Datenliste bis zu 5 Ziffern umfassen können. Dies entspricht der Realität.

Vorschlag:Speichern Sie jede folgende Eingabezahl in einem Feld, geben Sie aber keine doppelten Zahlen in dasselbe Feld. In einem zweiten Feld speichern Sie dann, wie häufig die einzelnen Zahlen eingegeben wurden. Lesen Sie die Zahlen ein, und suchen Sie dabei im ersten Feld nach doppelten Zahlen. Finden Sie ein Duplikat, dann erhöhen Sie einfach die entsprechende Anzahl im zweiten Feld um 1. Wird kein Duplikat gefunden, erfolgt eine neue Eintragung im ersten Feld, und die Zählung für diese Zahl beginnt mit 1. Nachdem alle Zahlen eingelesen wurden, kann die Ergebnisliste direkt aus dem ersten Feld angezeigt werden, da die Zahlen in der ursprünglichen Reihenfolge enthalten sind. Die Liste mit den Duplikaten wird durch Abtasten des zweiten Feldes (mit der Anzahl der Duplikate) erhalten, u.z. aus allen Eintragungen, die größer als 1 sind. Verfolgen Sie mit einer gesonderten Variablen vom <Typ> INTEGER, wieviele Zahlen bereits eingegeben wurden, und wo sich im ersten Feld der nächste freie Platz befindet.

Übung 8.2:

Ändern Sie das Programm SPORTSCORE2 so ab, daß es die Spielernamen, ihre Punktzahl und ihre Durchschnittspunktzahl in Gewinnreihenfolge aufzeigt (d.h. der Spieler mit der höchsten Punktzahl wird als erster angezeigt usw.). Hinweis: Verwenden Sie ein Hilfsfeld AVERAGES, um die Durchschnittspunktzahlen zu speichern und die Reihenfolge der Anzeige zu steuern. Nachdem alle Eingabezeilen gelesen worden sind, lassen Sie das Programm das Feld AVERAGES nach dem höchsten Wert abtasten und den entsprechenden Spielernamen und seine Punktzahl anzeigen. Anschließend setzen Sie den entsprechenden Platz im Feld AVERAGES auf Null, da er nicht länger benötigt wird. Wiederholen Sie diesen Vorgang solange, bis alle Werte in AVERAGES gleich Null sind.

Übung 8.3:

Programmierer müssen oft Datensätze in Zeilen, ähnlich den hier gezeigten, neu sortieren. Die Seite "Vorher" der Tabelle unten zeigt ein Feld DATA aus 101 Zeilen mit jeweils 5 Spalten pro Zeile und ein zugehöriges Feld SELECT mit booleschen Elementen. Der Inhalt des Feldes DATA muß neu geordnet werden, so daß in SELECT nur noch Datenreihen erhalten bleiben, die TRUE entsprechen (alle anderen Datenreihen müssen durch FALSE ersetzt werden), und daß die Reihenfolge der ausgewählten Zeilen umgekehrt erscheint. Die nicht ausgewählten Zeilen, die mit Nullen ausgefüllt werden müssen, werden dann ans Ende des neu geordneten Feldes DATA gesetzt.

Zeichnen Sie als erstes ein Struktur-Diagramm, welches den Algorithmus für diesen Sortiervorgang beschreibt. Anschließend schreiben und debuggen Sie ein PASCAL-Programm hierfür. Anmerkung: Während des Sortierens der Daten sollten Sie zur Zwischenspeicherung ein weiteres Feld vom selben Typ wie DATA vereinbaren.

Am Anfang sollten Sie als Prüfdaten für DATA Zufallszahlen verwenden, die Sie durch eine ähnliche Prozedur wie RANDOM im Programm FOURLETTER und RANDOMWALK in Kapitel 5 Abschnitt 11 erhalten. Sorgen Sie dafür, daß Zahlen zwischen 1 und 99 generiert werden. Setzen Sie nur dann SELECT auf TRUE, wenn die erste Zufallszahl in einer Daten-Zeile mit der Ziffer "3" endet.

ZEILE	WAHL	VORHER DATEN	NACHHER DATEN
0	F	27 54 32 68 13	93 32 04 53 67
1	T	93 74 08 16 56	83 33 09 54 14
2	T	73 61 01 91 76	
3	F	16 55 27 36 79	
4	T	63 90 52 82 58	
			53 90 52 82 58
			73 61 01 91 76
			93 74 08 16 56
		etc. etc.	0 0 0 0 0
97	T	83 33 09 54 14	etc. etc.
98	F	95 98 44 33 86	
99	T	93 32 04 53 67	0 0 0 0 0

Übung 8.4:

Schreiben und debuggen Sie ein PASCAL-Programm zum Abtasten eines Textes mit unterschiedlich vielen Eingabezeilen. Das Programm muß in der Lage sein, die Häufigkeit der einzelnen Buchstaben zu zählen. Leerzeichen und besondere Interpunktionen können Sie dabei außer acht lassen. Gehen Sie davon aus, daß es sich nur um Großbuchstaben handelt. Nachdem alle Karten gelesen worden sind, veranlassen Sie, daß eine Tabelle mit der Summe aller Zählungen und der Anzahl der jeweiligen Buchstaben angezeigt wird. Hinweis: Man kann ohne weiteres ein Feld (ARA) mit einer unteren Grenze von 'A' und einer oberen Grenze von 'Z' vereinbaren und auf einen Platz ARA[CH], der aber zwischen 'A' und 'Z' liegen muß, verweisen, wobei CH eine Variable vom <Typ> CHAR ist.

Übung 8.5:

Zeichnen Sie ein logisch grob umrissenes aber leicht lesbares Struktur-Diagramm für folgendes Problem. Anschließend schreiben und debuggen Sie dann das entsprechende PASCAL-Programm hierzu.

Lesen Sie 6 ganzzahlige Datenwerte aus jeder von 12 Eingabezeilen (also 72 Werte insgesamt). Geben Sie die Werte in ein zweidimensionales Feld mit 12 Zeilen à 6 Spalten, wobei jede Zeile jeweils aus den Daten einer Eingabezeile besteht. Ordnen Sie anschließend die Daten einer Spalte so um, daß der kleinste Wert in der ersten Zeile steht und die jeweils größeren Werte in den nächsten Zeilen folgen. Am Schluß muß die Summe jeweils einer Zeile aus neu sortierten Daten angezeigt werden.

Übung 8.6:

Stellen Sie sich einmal vor, Sie sind Sprachwissenschaftler und interessieren sich dafür, wie oft bestimmte Wörter in einem Text vorkommen. Gehen Sie dabei davon aus, daß der Text, den Sie in Ihr Programm eingeben, aus nicht mehr als 200 verschiedenen Wörtern und einer nicht festgelegten Anzahl an Eingabezeilen besteht. Zeichnen Sie ein ungefähres Struktur-Diagramm für Ihre Problemlösung. Anschließend schreiben und debuggen Sie ein PASCAL-Programm, mit welchem Sie die in dem Algorithmus Ihres Diagrammes beschriebenen Aktivitäten durchführen können.

Zählen Sie, wie häufig ein bestimmtes Wort im eingegebenen Text erscheint. Sie können davon ausgehen, daß kein Wort länger als 15 Zeichen ist und die Wörter zwischen den Zeilen nicht durch Trennungsstriche getrennt sind. Lassen Sie am Ende für jedes Wort und seine Häufigkeit eine Anzeige erscheinen. Beginnen Sie dabei mit dem häufigsten Wort, und setzen Sie die Reihenfolge in abnehmender Reihenfolge der Häufigkeit fort. Sie können den Text dieser Übung als Prüftext verwenden. Erleichtern Sie sich das Problem, indem Sie nur Großbuchstaben verwenden. Wenn S1 und S2 Ketten-Variablen sind, können Sie ruhig folgendermaßen vorgehen:

```
IF S1 = S2 THEN . . .
```

Übung 8.7:

Alle drei hier beschriebenen Programme haben eine unerfreuliche Eigenschaft gemein, nämlich "unversöhnlich" auf Tippfehler zu reagieren. Wir haben die Programme hier nur deshalb in dieser Form vorgestellt, weil wir Schwierigkeiten beim Anzeigenformat, die unsere Aufmerksamkeit vom eigentlichen Thema abgelenkt hätten, vermeiden wollten. Falls Sie eines dieser Programme in Ihren Rechner eingegeben und ablaufen lassen haben, werden Sie gemerkt haben, daß Sie die Taste <backspace> (Rücktaste) oder <rubout> (Löschtaste) nicht in der Ihnen aus früheren Musterprogrammen gewohnten Weise zur Fehlerkorrektur verwenden konnten.

Verwenden Sie ganz einfach STRING-Variable für die Eingabe, und vermeiden Sie dadurch das angesprochene Problem. Unser

PASCAL-System erlaubt es Ihnen, alle Zeichen in eine STRING-Variable einzugeben, bis <RET> gedrückt wird; außerdem können einzelne Zeichen oder ganze Zeilen durch die Rücktaste oder Löschtaste gelöscht werden. Erst nachdem <RET> gedrückt wurde, überprüft das Programm die Eingabe. Dadurch können einfache Fehler auf dem Bildschirm erkannt und Korrekturen rechtzeitig vorgenommen werden. Bei dieser Methode müssen Sie jedoch akzeptieren, daß jedes neu eingegebene Zeichen in einer neuen Zeile erscheint, wenn für jede Größe ein Aufruf erfolgen muß. Eine andere Möglichkeit ist die, daß Sie die Daten "blind" ohne eigenen Aufruf für jede Datengröße eingeben.

Bei dieser Übung sollen Sie die Programme SPORTSCORE2 und CROSSFOOT so ändern, daß die hier beschriebene Eingabemethode angewendet wird. Sie müssen eine eigene Funktion aufstellen, um die Art der Umwandlung von Zahlen in die interne Binärform zu verändern. Denken Sie daran, daß der ganzzahlige Wert einer Ziffer, sagen wir D, folgendermaßen erhalten werden kann:

```
D := ORD(CH) - ORD('0')
```

wobei CH vom <Typ> CHAR ist, und die eingebaute Funktion ORD ein Zeichen in eine ganze Zahl umwandelt.

9. Grunddatenstrukturen – II. Mengen

1. Zielsetzung

In diesem Kapitel zeigen wir Ihnen vornehmlich wie man Informationen zur Verarbeitung in bestimmte Kategorien einteilt. Hier wird der <Typ> des PASCAL-RECORDS sowie verschiedene damit verbundene Konzepte vorgestellt.

1a. Lernen Sie, nicht-numerische Daten, die in Kategorien aufteilbar sind, mit Hilfe von Skaliervariablen zu vereinbaren.

1b. Lernen Sie die Anwendung von Unterbereichsvariablen, um zu verhindern, daß ein Programm unvorhergesehene Datenwerte verarbeitet.

1c. Lernen Sie, für Ihre Variablen eigene Typen zu bestimmen und zu vereinbaren und diese dann auch anzuwenden.

1d. Lernen Sie, zur Prüfvereinfachung von komplexen Datenkombinationen, Sets zu verwenden.

1e. Ändern Sie ein etwas umfangreicheres Programm mit Hilfe der in diesem Kapitel neu eingeführten Konzepte.

2. Hintergrund

Mit Hilfe eines Feldes können viele verwandte Daten vom selben <Typ> unter einem Namen zusammengehalten werden. Dies ist häufig auch für Daten, die lediglich durch ihre Werte miteinander verbunden sind, in ähnlicher Form notwendig. An einer Universität z.B. kann es vorkommen, daß ein Datenverarbeitungssatz nur für Studenten mit naturwissenschaftlichem Studienfach anwendbar ist, ein anderer dagegen nur für Studenten der Geisteswissenschaft. Diese Datensätze müßten daher eine "kodierte" Größe enthalten, die für das entsprechende Studienfach stünde. Bei der Verarbeitung müßte man dann eine komplexe Folge von IF-Anweisungen verwenden, um festzustellen, ob der Student z.B. der naturwissenschaftlichen Fakultät angehört. Beispiel:

```
IF (MAJOR=2) (*BIOLOGIE*)
  OR (MAJOR=4) (*CHEMIE*)
  OR (MAJOR=15) (*MEDIZIN*)
  OR (MAJOR=16) (*PHYSIK*)
    THEN HANDLESCIENCE;
```

Wir wollen in diesem Beispiel davon ausgehen, daß die Prozedur HANDLESCIENCE für die Verarbeitung von Daten aus der naturwissenschaftlichen Fakultät bestimmt ist. Bei den "Kodes" handelt es sich um numerische Werte, die willkürlich den einzelnen Studienfächern zugewiesen wurden. Solche Kodes werden gewöhnlich in der betriebswirtschaftlichen Datenverarbeitung verwendet, da sie einerseits helfen, Speicherplatz zu sparen und andererseits eine etwas effizientere Datenverarbeitung als mit Ketten ermöglichen.

Man kann selbstverständlich jedesmal, wenn eine neue Datengröße in den Rechner eingegeben wurde, eine solche Prüfung vornehmen und außerdem in jedem Eingabesatz einen kodierten Extrawert einsetzen, der Auskunft über Studienrichtung und Studienfach gibt. Es ist allerdings nicht mehr möglich, schon im voraus zu sagen, welche dieser Kategorien wichtig sein wird. Wahrscheinlich wird es in jedem Fall notwendig sein, eine Folge komplizierter IF-Anweisungen aufzustellen, um die Daten in entsprechende Kategorien einzuteilen.

PASCAL bietet verschiedene Möglichkeiten, diese Datenwerte auf einfache Art handhaben zu können:

a) Eine "MENGEN"-Variable ähnelt einem Feld, daß nur aus booleschen Datengrößen besteht. Jede Größe in einer Menge entspricht einem bestimmten Datenwert. Es ist möglich, daß alle Größen innerhalb einer Menge gleichzeitig TRUE gesetzt sind. Zum Beispiel wären in einer Menge, in der alle Studenten repräsentiert sind, die Datenwerte für die Collegestudenten TRUE gesetzt, die für Studenten der höheren Semester und für Studenten des zweiten Bildungsweges allerdings wären nicht FALSE. Größen, die TRUE entsprechen, nennt man "Elemente" einer Menge.

b) Eine "SKALARE"-Variable ermöglicht es Ihnen, einen Namen mit jedem möglichen Kodewert für eine Datengröße, die in Kategorien eingeteilt werden soll, zu verbinden. Es ist also nicht erforderlich, daß Sie den Kodewert wissen, wenn Sie ein Programm schreiben, da der PASCAL-Übersetzer dies für Sie erledigt. Beispiel: die oben gezeigte IF-Anweisung könnte folgendermaßen geändert werden:

```
IF (MAJOR=BIOLOGY) OR (MAJOR=CHEMISTRY)
  OR (MAJOR=PHISICS) OR (MAJOR=APPLPHYS) THEN
    HANDLESCIENCE
```

Wir werden Ihnen weiter hinten in diesem Kapitel noch zeigen, daß man diese IF-Anweisung viel einfacher gestalten kann, wenn man eine Mengenvariable mit benannten Kodes verbindet.

c) Eine "UNTERBEREICHS"-Variable umfaßt alle skalaren oder ganzzahligen Werte innerhalb eines bestimmten Bereichs. Eine <Variable> UNDERGRAD könnte also jeden Wert vom Collegeanfänger (FRESHMAN) bis zum Collegeabsolventen (SENIOR) haben, eine <Variable> HOUR jeden Wert von 0 bis 24. Versuchen Sie allerdings, einer UNTERBEREICHS-Variablen einen Wert außerhalb des festgesetzten Bereichs zuzuweisen, dann bricht Ihr Programm ab. Da das PASCAL-System nachprüft, ob die Werte, die Sie UNTERBEREICHS-VARIABLEN zuweisen, sinnvoll sind, besteht für Sie keine Gefahr, Programme mit schwer auffindbaren Logikfehlern ablaufen zu lassen.

Wir wollen die in diesem und dem nachfolgenden Kapitel entwickelten Gedanken noch vertiefen, indem wir die verschiedenen Verarbeitungsmöglichkeiten untersuchen, mit denen ein Professor die Leistungen seiner Studenten feststellen kann. Näheres dazu erfahren Sie aus den nachfolgenden Abschnitten.

3. Skalare Typen

Immer wenn es in der Datenverarbeitung von Vorteil ist, Datengrößen in verschiedene Kategorien zu unterteilen, ist es auch vorteilhaft, jeder einzelnen Kategorie einen einfachen numerischen Kode beizufügen. Mit folgenden numerischen Kodes könnte man z.B. Studenten in Kategorien einteilen, die etwas über die entsprechende Ebene aussagen.

EBENE		KODE
1. FRESHMAN	(1. Collegejahr)	1
2. SOPHOMORE	(2. Collegejahr)	2
3. JUNIOR	(3. Collegejahr)	4
4. SENIOR	(4. Collegejahr)	5
5. GRADUATE	(höhere Semester)	5
6. EXTENSION	(2. Bildungsweg)	6

Ein solcher Kode geht sparsam mit dem Speicherplatz um (verglichen mit dem Ausscheiden der einzelnen Ebenen), denn er kann in einem Speicherplatz, der für nur ein Zeichen (oder in einigen Fällen für eine ganze Zahl) bestimmt ist, gespeichert werden.

Diese Art von Kodes wurden lange Zeit bei der Datenverarbeitung verwendet, einmal um Platz auf Lochkarten oder im Rechnerspeicher zu sparen zum anderen um den Verarbeitungsaufwand zu reduzieren. Es ist zum Beispiel viel einfacher, folgende Prüfung durchzuführen:

```
IF LEVEL = 2 THEN <ANWEISUNG>
```

als eine Schleife zu programmieren, die Zeichen um Zeichen eine Kette aus dem Wort 'SOPHOMORE' mit einem Feld vergleicht, welches denselben Inhalt hat. Leider hat diese Programmvereinfachung, bei welcher Nummernkodes statt Wörter verwendet werden, das Programm sehr viel anfälliger für Programmierfehler gemacht. Bei einem umfangreicheren Programm, in dem mehrere verschiedene Datengrößen in Form numerischer Kodes in Kategorien eingeteilt werden, kann es leicht vorkommen, daß der Programmierer die verschiedenen Bedeutungen für ein und denselben Kode vergißt. Darüberhinaus kann es nur allzu leicht vorkommen, daß ein Programm so geschrieben ist, daß man in die Versuchung kommt, nicht vorhandene Kodewerte zu verwenden.

Dies Problem kann bei den meisten Programmiersprachen auftreten, nicht bei PASCAL. Sie haben in PASCAL die Möglichkeit, einen neuen <Typ> für Variable zu vereinbaren, die nur die für sie bestimmten Kodewerte annehmen können. Beispiel:

```
AR L1, L2: (FRESHMAN, SOPHOMORE, JUNIOR, SENIOR,
        GRADUATE, EXTENSION);
```

Mit der oben gezeigten Prüfung sieht dies dann folgendermaßen aus:

```
IF L1 = SOPHOMORE THEN <ANWEISUNG>
```

Im Teil <Typ> der Vereinbarung für L1 und L2 kann jeder <Bezeichner> als <Konstante> eines Typs der Vereinbarung angesehen werden. Man kann also folgende Anweisung verwenden:

```
L2 := JUNIOR
```

oder

```
IF L2 >= GRADUATE THEN <ANWEISUNG>
```

Die Kodes für die <Bezeichner> in der Vereinbarung für L1 und L2 enthalten für die interne Programmverarbeitung numerische Werte. Der erste benannte Bezeichner innerhalb der Vereinbarung hat einen internen Kodewert von 0, der zweite einen Kodewert von 1, usw. SOPHOMORE ist also größer als FRESHMAN und alle Werte von FRESHMAN bis SENIOR sind kleiner als der Wert von GRADUATE.

Es ist aber auch möglich, folgende CASE-Anweisung zu verwenden:

```
CASE L1 OF
  FRESHMAN: P1;
  SOPHOMORE: P2;
  JUNIOR, SENIOR: P3;
  GRADUATE: P4;
  EXTENSION: P5
END (*FAELLE*)
```

wobei es sich bei P1 bis P5 um Prozeduren handeln soll, die weiter vorn im Programm vereinbart wurden.

Die Variablen L1 und L2 sind entsprechend der obigen Vereinbarung vom Typ SCALAR. Der PASCAL-Übersetzer verhindert, daß Sie einer Variablen wie L1 einen unsachgemäßen Wert zuweisen, da es nur sechs mögliche Werte für L1 gibt. Ähnlich könnten Sie auch eine boolesche Variable einer Variablen in einer Vereinbarung gleichsetzen wie:

```
VAR BOOL: (TRUE, FAE)
```

Achten Sie darauf, daß Sie in einer solchen Vereinbarung die reservierten Bezeichner "TRUE" und "FALSE" nicht verwenden können. Bei diesen Vereinbarungen wird jedem Bezeichner in der Liste, der in runde Klammern gesetzt ist, ein konstanter Wert zugeordnet. TRUE und FALSE sind durch das System von vornherein dem <Typ> BOOLEAN zugewiesen.

Versucht man einen anderen Wert als den vereinbarten Konstantenbezeichner oder den Wert eines Ausdrucks vom selben <Typ> zuzuweisen, meldet der Übersetzer einen Syntaxfehler.

4. Vereinbarung Ihrer eigenen Typen

Die Variable L1 und L2 kann man folgendermaßen auch anders vereinbaren:

```
TYPE LEVEL =(FRESHMAN, SOPHOMORE, JUNIOR, SENIOR,
             GRADUATE, EXTENSION);

VAR L1,L2: LEVEL;
```

Der reservierte Bezeichner "TYPE" wird ähnlich wie der Bezeichner "VAR" verwendet. d.h. er führt eine Folge von Vereinbarungen in die Kopfzeile eines Blockes ein. Das entsprechende Syntax-

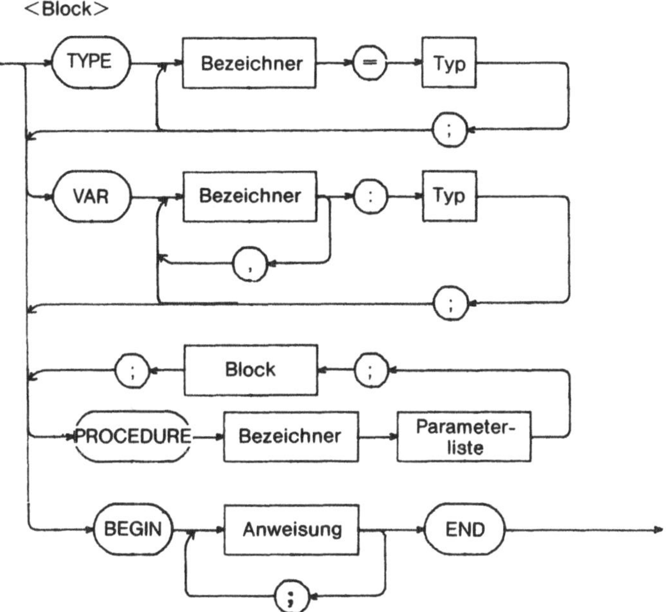

Abbildung 9-1

Diagramm hierzu finden Sie in Abb. 9-1 und 8-2. Durch die Vereinbarung oben wird der <Bezeichner> LEVEL mit dem skalaren <Typ> der rechts vom Gleichheitszeichen ('=') steht, verbunden. Bei jedem weiteren Auftreten des <Bezeichners> LEVEL in Variablen- oder Parameter-Vereinbarungen, ist die Syntaxregel, die verlangt, daß ein Typ vereinbart sein muß, erfüllt. Denken Sie daran, daß die Syntax für einen <Block> besagt, daß alle neuen Typen vereinbart sein müssen, bevor die Variablen vereinbart werden. Die Anwendung der <Typ> Bezeichner wird nach denselben Regeln bestimmt wie die der <Variablen> Bezeichner.

Sie werden weiter hinten in diesem Kapitel und in dem nächstfolgenden Kapitel noch sehen, daß man die Bezeichner sehr vielen verschiedenen neuen <Typen> zuordnen kann. Wenn Sie für zweckgebundene Variable Ihre eigenen <Typen> vereinbaren, haben Sie den großen Vorteil, daß der Übersetzer Ihnen helfen kann, Fehler zu vermeiden. Jedesmal wenn ein neuer Wert zugewiesen wird, prüft der Übersetzer, ob der <Typ> des Ausdrucks, der rechts vom Zuweisungszeichen (':=') steht, mit dem <Typ> der Variablen verträglich ist. Sind die beiden <Typen> nicht verträglich, erscheint eine Syntax-Fehlermeldung. Bei skalaren Variablen kann man den Begriff "Verträglichkeit" am besten so interpretieren: die <Typen> müssen identisch sein.

Der Übersetzer prüft den <Typ> des Ausdrucks auch durch einen logischen Vergleich, wie z.B. in der Kopfzeile einer IF-Anweisung. Es sei noch einmal wiederholt, daß die Typen beider Ausdrücke sich vertragen müssen, da sonst eine Syntax-Fehlermeldung erfolgt.

Je umfassender die Programme werden, desto schwieriger wird es, die Verbindung verschiedener Variablen und Konstanten mit besonderen Aufgaben im Gedächtnis zu behalten. Durch die Typ-Prüfung verhindert der Übersetzer, daß Sie Variable, die für unterschiedliche Zwecke bestimmt sind, durcheinanderbringen. Um diese Typ-Prüfungen auch wirklich nutzen zu können, ist es notwendig, daß Sie bei jeder nur möglichen Gelegenheit besondere Variablen-Typen vereinbaren.

5. Unterbereichs-Typen

In einigen Fällen kann die Logik des Algorithmus es notwendig machen, daß eine Programm-Variable nur einige Werte innerhalb des eigentlich erlaubten Bereiches für diesen Typ annehmen kann. Dieser "Bereich" erstreckt sich vom kleinsten erlaubten Wert bis zum größten. Ein "Unterbereich" ist ein Teilbereich des eigentlichen Variablen-Bereiches und liegt zwischen zwei festgelegten Werten.

Lassen sie uns einmal davon ausgehen, daß der <Typ> LEVEL noch wie im vorhergegangenen Abschnitt vereinbart ist, dann wird durch:

```
TYPE

    ETC.     ETC.

  UNDERGRAD = FRESHMAN .. SENIOR;
VAR
  SL: UNDERGRAD;
```

die Variable SL vom <Typ> UNDERGRAD vereinbart. Dann ist die Zuweisung:

```
SL := JUNIOR
```

korrekt, aber

```
SL := GRADUATE
```

führt zum Abbruch des Programms.

Sie sind jetzt sicher unangenehm überrascht, daß das PASCAL-System in dieser Situation den Abbruch Ihres Programmes begünstigt. Aber es ist imgrunde von Vorteil, daß Sie auf diese Weise bei unzulässiger Wertzuweisung einer Unterbereichs-Variablen auf einen logischen Fehler hingewiesen werden. Meist erkennt der Programmierer schon während der Programmerstellung, daß eine bestimmte Variable logischerweise nur bestimmte Werte haben kann. Wird der Variablen aber erst zu einem späteren Zeitpunkt ein Wert zugewiesen, ist diese Einschränkung oft schon längst in Vergessenheit geraten. Baut man also nicht eigens eine Überprüfung dieser Werte ins Programm ein, kann es leicht zu merkwürdigen Fehlern kommen, die beim allgemeinen Debugging nur schwer aufzuspüren sind. Für den Übersetzer bedeutet die Verwendung einer Unterbereichs-Variablen, daß er automatisch Wertprüfungen einfügen muß. Steigt das Programm aus, so verweist Sie die Fehlermeldung des Systems direkt zur Fehlerstelle im Programm, und Sie können mit geringem Aufwand die notwendigen Korrekturen vornehmen.

In PASCAL können Sie nicht nur Unterbereichs-Variable eines skalaren <Typ>s vereinbaren, sondern auch vom <Typ> INTEGER und CHAR. Beispiel:

```
TYPE SUBI = 1..10;
     SUBCH = 'I'.. 'N';
VAR
  IRV* SUBI;
  SV: 0..9;
  I: INTEGER
  CHRV: SUBCH;
  CH: CHAR;
```

Dann wird durch:

```
I .= 11;
IRV := I;
```

das Programm aussteigen, wenn das System versuchen wird IRV den Wert I zuzuweisen, da 11 außerhalb des Unterbereiches SUBI liegt, welchem IRV zugeordnet wurde.

Schlagen Sie in Anhang E die Syntax-Diagramme für <Typ> und <einfacher Typ> nach, und beachten Sie dabei besonders die Syntax für die ARRAY-Vereinbarung. Es ist klar zu erkennen, daß ein

<einfacher Typ>, der als Index für ein Feld verwendet wird, entweder ein skalarer Typ oder ein Unterbereichs-Typ sein muß. Außerdem kann man feststellen, daß die <Konstanten>, die die obere und untere Grenze von ARRAY festlegen, auch als Grenzen eines Unterbereichs-Typs verstanden werden können. Beispiel:

```
TYPE BOUNDS = -5 .. +5;

VAR
  A1 : ARRAY[-5 .. +5];
  A2 : ARRAY[BOUNDS];
```

In diesem Beispiel haben die Felder A1 und A2 dieselbe Größe und dieselben Ober- und Untergrenzen. Der unplanmäßige Programmausstieg aufgrund eines "ungültigen Indexes" ist in folgenden Situationen möglich:

a) Wenn auf ein nicht vorhandenes Feldelement verwiesen wird, d.h. auf einen Platz, der außerhalb der festgelegten Grenzen liegt.

b) Wenn der Unterbereichs-Variablen ein Wert zugewiesen werden soll, der außerhalb der für ihren Typ bestimmten Grenzen liegt.

6. Mengen

Gehen wir einmal davon aus,daß "unser" Professor gern feststellen möchte, welche Bewertungen die Studenten der verschiedenen Fakultäten, wie Kunstwissenschaft, Geisteswissenschaft, Naturwissenschaft und Sozialwissenschaft jeweils in seinem Kurs erreicht haben. In den Studentendateien der Universität sind aber leider nur die Studienfächer angegeben und nicht die zugehörige Fakultät. Unser Professor muß also erst einmal jeden Studenten seiner

AREA (Fakultät) zuordnen, um dann mit seinem Programm den gewünschten Vergleich anstellen zu können. Dieser könnte dann etwa folgendermaßen mit einer CASE-Anweisung erfolgen:

```
CASE MAJOR OF
  ANTHROPOLOGY: AREA:=SOCSCI;
  APPLPHYS, BIOLOGY, CHEMISTRY: AREA:=NATSI;
  COMMUNICATIONS: AREA:= SOCSCI;
  DRAMA: AREA:=ARTS;
  ECONOMICS: AREA:=SOCSCI;
  HISTORY, LINGUISTICS, LITERATURE: AREA:=HUMAN;
  MATHEMATICS: AREA:=NATSCI;
  MUSIC: AREA:=ARTS;
  PHILOSOPHY: AREA:=HUMAN;
  PHYSICS: AREA:=NATSCI;
  POLITSCI, PSYCHOLOGY, SOCIOLOGY: AREA:=SOCSCI;
  VISARTS: AREA:=ARTS
END (*FAELLE*);
```

Die weitere Verarbeitung hinge dann vom Wert der Variablen AREA ab. Noch einfacher kann man diesen Vergleich mit Hilfe sogenannter Mengen vornehmen. Dazu müssen wir als erstes einen skalaren Typ bestimmen, den wir z.B. MAJORS nennen:

```
TYPE MAJORS = (ANTHROPOLOGY, APPLPHYS, BIOLOGY,
    CHEMISTRY, COMMUNICATIONS, DRAMA, ECONOMICS,
    HISTORY, LINGUISTICS, LITERATURE, MATHEMATICS,
    MUSIC, PHILOSOPHY, PHYSICS, POLITSCI,
    PSYCHOLOGY, SOCIOLOGY, VISARTS);

VAR ARTSET,  HUMANSET, SOCSCISET, NATSCISET:
                                SET OF MAJORS;
```

Wir haben jetzt vier <Variable> vom <Typ> SET OF MAJORS. Jede Variable verfügt über ein boolesches Element, das jeder Konstanten, die im skalaren <Typ> MAJORS vereinbart wurde, entspricht. Vor Beginn des Programmablaufs sind alle Elemente dieser Menge undefiniert. Diese Mengen-Variablen, wie jede andere Variable auch, müssen vor ihrer Verwendung durch Wertzuweisung erst einmal initialisiert werden. Dies kann durch folgende Anweisung geschehen:

```
ARTSET := [DRAMA, MUSIC, VISARTS]
```

wobei die eckigen Klammern auf eine besondere Art eines <Ausdrucks> hindeuten, der Mengen-"Definition" genannt wird. Die Syntax hierzu finden Sie in der Definition für <Faktor> in Anhang E. Durch diese Zuweisungsanweisung wird den drei Elementen von ARTSET, die MAJORS in der Definition entsprechen, ein Wert zugewiesen, der dem booleschen Wert TRUE gleichzusetzen ist. Allen anderen Elementen in ARTSET wird ein Wert zugewiesen, der dem booleschen Wert FALSE entspricht. Wenn wir jetzt also eine Variable vom <Typ> MAJORS vereinbaren:

```
VAR MAJ: MAJORS
```

kann der Wert dieser Variablen jeder Konstanten in der Typ-Vereinbarung von MAJORS gleichen. Wir können dann folgende Prüfung vornehmen:

```
IF MAJ IN ARTSET THEN <ANWEISUNG>
```

statt folgende Prüfung ganz ausschreiben zu müssen:

```
IF (MAJ=DRAMA) OR (MAJ=MUSIC)
  OR (MAJ=VISARTS) THEN <ANWEISUNG>
```

Der Operator "IN" prüft, ob die skalare <Variable> auf der linken Seite ein Element der rechten <Mengen-Variable> ist. Es gibt auch Operatoren, die es Ihnen erlauben, zwei oder mehr <Mengen-Variable> vom selben Typ innerhalb eines <Mengenausdrucks> zu verbinden. Hier einige Beispiele dazu:

```
VAR S1,S2,S3,S4: SET OF MAJORS;

S1 := [LITERATURE] + ARTSET;

S2 := [COMMUNICATION,DRAMA,ECONOMICS];

S3 := S1 * S2;

S4 := S2 - S1;
```

S1 wird als Wert die Menge

```
[DRAMA,LITERATURE,MUSIC,VISARTS]
```

zugewiesen.

Wenn man mit Mengen arbeitet, erzeugt der Operator "+" für jedes TRUE-Element in SET (Menge) rechts oder links von ihm ein neues SET mit einem TRUE-Element. Dies nennt man die "Vereinigung" zweier Mengen.

S3 wird als Wert die Menge

```
[DRAMA]
```

zugewiesen, da der Operator "*", wenn er auf Mengen angewendet wird, eine neue Menge mit nur TRUE-Elementen erzeugt, wenn diese in beiden Mengen-Ausdrücken links und rechts von "*" TRUE sind. Man nennt dies den "Durchschnitt" zweier Mengen, erzeugt durch den Operator "*".

S4 enthält TRUE-Elemente, die den TRUE-Elementen aus S2 und FALSE-Elementen aus S1 entsprechen. S4 wird daher also folgender Wert zugewiesen:

```
[COMMUNICATIONS, ECONOMICS]
```

Das Ergebnis, das durch den Operator "-" erzielt wird, nennt man Mengen-"Differenz". Die entsprechende Syntax für SET-Vereinbarungen finden Sie in Anhang E unter <Typ> und <einfacher Typ>. Die hier beschriebenen Operationen werden in den Syntax-Diagrammen für <Ausdruck>, <einfacher Ausdruck>, <Begriff> und <Faktor> behandelt.

7. Musterprogramm FOODSETS

Das Musterprogramm FOODSETS zeigt auf einfache Weise die Anwendung sowohl skalarer Variablen wie auch Mengenvariablen solcher skalarer Typen. Bei diesem Programm muß folgende Ausgabe erscheinen:

LEBENSMITTEL

TEIL	S1	S2	S3	+	*	-
APFEL	T	T	F	T	F	T
BANANE	F	F	F	F	F	F
KAROTTE	F	F	T	T	F	F
BOHNE	F	F	T	T	F	F
GRAPEFRUIT	F	F	F	F	F	F
HOTDOG	F	F	F	F	F	F
KARTOFFEL	F	F	T	T	F	F
TOMATE	F	T	T	T	T	F
BIRNE	T	T	F	T	F	T
ORANGE	T	T	F	T	F	T

Als erstes initialisiert das Programm die Mengen S1, S2 und S3 in den Zeilen 33, 34 und 35. Anschließend zeigt es dann die in jeder dieser Mengen gespeicherten Elemente zusammen mit Vereinigung, Durchschnitt und Differenz von S2 und S3 an, so wie sie der Anzeige-Prozedur TORF ("T" OR "F") übermittelt wurden. Wir empfehlen Ihnen in jeder Zeile dieser Tabelle zu prüfen, ob Sie auch wirklich verstehen, wie jeder einzelne Eintrag zustande gekommen ist.

Beachten Sie, wie die in den Zeilen 2 und 3 vereinbarten Konstantenwerte als Steuerungs-Konstanten der CASE-Anweisung in der Prozedur PUTNAME verwendet werden. Beachten Sie weiterhin, wie die vereinbarten <Typen> FOOD und FS in der Parameter-Vereinbarung für PUTNAME und TORF angewendet werden.

```
PROGRAM FOODSETS;
TYPE FOOD=(APPLE, BANANA, CARROT, BEAN, GRAPE,
           HOTDOG, POTATO, TOMATO, PEAR, ORANGE);
  FS=SET OF FOOD;
VAR
  S1, S2, S3: FS;
  F: FOOD;
  U, I, D: CHAR;
PROCEDURE PUTNAME(N:FOOD);
BEGIN
  CASE N OF
    APPLE: WRITE('APPLE ');
    BANANA: WRITE('BANANA');
    CARROT: WRITE('CARROT');
    BEAN: WRITE('BEAN  ');
    GRAPE: WRITE ('GRAPE ');
    HOTDOG: WRITE('HOTDOG');
    POTATO: WRITE('POTATO');
    TOMATO: WRITE('TOMATO');
    PEAR: WRITE('PEAR  ');
    ORANGE: WRITE('ORANGE');
  END (*CASE*);
END (*PUTNAME*);

PROCEDURE TORF(F:FOOD; S:FS);
BEGIN
  IF F IN S THEN WRITE(' T  ')
            ELSE WRITE(' F  ');
END (*T OR F *);

BEGIN (*HAUPTPROGRAMM*);
  WRITELN('FOODSETS'); WRITELN;
  S1:=[APPLE, PEAR, ORANGE];
  S2:=S1 + [TOMATO];
  S3:=[CARROT, BEAN, POTATO, TOMATO];
  WRITELN('ITEM      ', ' S1 ', ' S2 ', ' S3 ',
          ' +  ', ' *  ', ' -  ');
  FOR F:=APPLE TO ORANGE DO
    BEGIN
      WRITELN; PUTNAME(F); WRITE('  ');
      TORF(F, S1); TORF(F, S2); TORF(F, S3);
      TORF(F, S2+S3);  (*VEREINIGUNG*)
      TORF(F, S2*S3);  (*DURCHSCHNITT*)
      TORF(F, S2-S3);  (*DIFFERENZ*)
      WRITELN;
    END;
END.
```

8. Musterprogramm SETDEMO

Dieses Programm liest den Namen eines Studenten, die Abkürzung seines Studienfaches sowie seine Bewertung. Auf einer gesonderten Seite zeigen wir Ihnen die Bildschirmanzeige der Prüfdateneingabe für sieben Studenten. Nach Beendigung der Eingabe durch ETX und somit EOF (Zeile 35 der Anzeige), zeigt das Programm die durchschnittliche Bewertung für die Studenten jeder einzelnen Fakultät an.

Beachten Sie, daß die Felder GRADES, MT und AREANAME alle mit skalaren Unterbereichs-Variablen indiziert wurden. Dies können Sie sowohl in den Vereinbarungen sehen (Zeilen 12, 13 und 20 des Programmes) sowie an der Verwendungsart solcher Felder als indizierte Variable (z.B. Zeilen 55 bis 71 von INIT).

In Zeile 89 verwenden wir dann die eingebaute "Nachfolger"-Funktion SUCC als Wertzuwachs für die <Variable> M vom <Typ> MAJORS. Zur Veranschaulichung:

```
M  := SUCC(BIOLOGY)
```

weist M den Wert CHEMISTRY zu. Da VISARTS keinen Nachfolger hat, muß die Schleife der Zeilen 88 und 89 enden, wenn M=VISARTS ist, da dies dann die letzte vereinbarte Konstante in MAJORS ist. In jedem anderen Fall würde das Programm aussteigen, da es versuchen würde, M einen nicht vorhandenen Nachfolgewert von VISARTS zuzuweisen. Die SUCC verwandte "Vorgänger"-Funktion bewirkt genau das Gegenteil, z.B.:

```
M := PRED(CHEMISTRY)
```

weist M den Wert BIOLOGY zu. Bei PRED (ANTHROPOLOGY) würde das Programm aussteigen, da ANTHROPOLOGY keinen Vorgänger hat.

Die geschachtelte IF-Anweisung in den Zeilen 90 bis 96 bewirkt ähnliches wie die CASE-Anweisung am Anfang von Abschnitt 6 dieses Kapitels. Als erstes müssen wir bestimmen, ob M zu einer der

```
PROGRAM SETDEMO;
TYPE
  MAJORS=(ANTHROPOLOGY,  APPLPHYS, BIOLOGY,
          CHEMISTRY, COMMUNICATIONS, DRAMA, ECONOMICS,
          HISTORY, LINGUISTICS, LITERATURE,
          MATHEMATICS, MUSIC, PHILOSOPHY, PHYSICS,
          POLITSCI, PSYCHOLOGY, SOCIOLOGY, VISARTS);
  MAJSETS=SET OF MAJORS;
  AREAS=(ARTS, HUMAN, SOCSCI, NATSCI);
VAR
  ARTSET, HUMANSET, SOCSCISET, NATSCISET, :MAJSET);
  GRADES,COUNT: ARRAY[ARTS..NATSCI] OF INTEGER;
  MT: ARRAY[ANTHROPOLOGY..VISARTS] OF
                        PACKED ARRAY[1..4] OF CHAR;
  ABUF: PACKED ARRAY[1..4] OF CHAR;
  G,I,MAXI: INTEGER;
  CH: CHAR;
  M: MAJORS;
  A: AREAS;
  AREANAME: ARRAYS[ARTS..NSCI] OF STRING;
  NAME,S: STRING;

PROCEDURE CONFIRM;
BEGIN
  WRITELN;
  WRITELN(NMAE, ' ':3, G, ' ':3, AREANAME[A]);
  WRITELN;
END (*CONFIRM*);

PROCEDURE WRAPUP;
VAR G:INTEGER;
BEGIN
  WRITELN;  WRITELN('AVERAGES:');
  FOR A:=ARTS TO NATSCI DO
    BEGIN
      WRITE('  ', AREANAME[A],'     ');
      IF COUNT[A]>0 THEN
        G:=10RADES[A] DIV COUNT[A]
      ELSE
        G:=0;
      WRITLN(G DIV 10,'.', G MOD 10);
    END;
END (*WRAPUP*);

PROCEDURE INIT;
BEGIN
  ARTSET:=[DRAMA,MUSIC,VISARTS];
  HUMANSET:=[LINGUISTICS,LITERATURE,PHILOSOPHY];
  SOCSCISET:=[ANTHROPOLOGY,COMMUNICATIONS,
                 ECONOMICS,PSYCHOLOGY,SOCIOLOGY];
  NATSCISET:=[APPLPHYS,BIOLOGY,CHEMISTRY,
                 MATHEMATICS,PHYSICS];
```

```

   (*INITIALISIERUNG VON  MT MIT ABKUERZUNGEN*)
   MT[ANTHROPOLOGY]:='ANTH'; MT[APPLPHYS]:='APHY';
   MT[BIOLOGY]:='BIOL';       MT[CHEMISTRY]:='CHEM';
   MT[COMMUNICATIONS]:='COMM';   MT[DRAMA]:='DRAM';
   MT[ECONOMICS]:='ECON';        MT[HISTORY]:='HIST';
   MT[LINGUISTICS]:='LING'; MT[LITERATURE]:='LIT ';
   MT[MATHEMATICS]:='MATH';        MT[MUSIC]:='MUSI';
   MT[PHILOSOPHY]:='PHIL';       MT[PHYSICS]:='PHYS';
   MT[POLITSCI]:='POLI';     MT[PSYCHOLOGY]:='PSYC';
   MT[SOCIOLOGY]:='SOCI';        MT[VISARTS]:='VISA';

   (*INITIALISSIERUNG VON AREANAMES*)
   AREANAME[ARTS]:='ARTS';
   AREANAME[HUMAN]:='HUMANITIES';
   AREANAME[SOCSCI]:='SOC SCIENCE';
   AREANAME[NATSCI]:='NAT SCIENCE';
   FOR A:=ARTS TO NATSCI DO
     BEGIN  GRADES[A]:=0; COUNT[A]:=0; END;
END (*INIT*);

BEGIN (*HAUPTPROGRAMM*);
   INIT;
   WHILE NOT EOF DO
   BEGIN
     WRITE('NAME:');
     READ(NAME);
     WRITE('MAJOR:');
     READ(S);
     ABUF:='    ';
     IF LENGTH(S)>4 THEN MAXI:=4
                    ELSE MAXI:=LENGTH(S);
     FOR I:=1 TO MAXI DO ABUF[I]:=S[I];
     (*PRUEFEN DER UEBEREINSTIMMUNG DER ABK.  MIT MAJOR*)
     M:=ANTHROPOLOGY;
     WHILE (MT[M]<>ABUF) AND (M < VISARTS) DO
       M:=SUCC(M); (*M WIRD ZUM NACHFOLGER VON M*)
     IF M IN (SOCSCITEST + NATSCISET) THEN
       BEGIN
         IF M IN SOCSCISET THEN A:=SOCSCI
                           ELSE A:=NATSCI;
       END ELSE
         IF M IN ARTSET THEN ARTS
                        ELSE A:=HUMAN;
     WRITE('GRADE');  READ(G);   READ(CH);
     GRADES[A]:=GRADES[A]+G;
     COUNT[A]:=COUNT[A]+1;
     CONFIRM;
   END (*WHILE*);
   WRAPUP;
END.
```

```
ANZEIGE ZUM PROGRAMM SETDEMO

NAME:BROWN, BILL W.
MAJOR:ECON
GRADE:85
BROWN, BILL W.    85   SOC  SCIENCE

NAME:GREEN JOHN L.
MAJOR:PSYC
GRADE:80
GREEN, JOHN L.    80   SOC  SCIENCE

NAME:JONES, JENNY T.
MAJOR:PHYS
GRADE:88
JONES, JENNY T.    88   NAT  SCIENCE

NAME:MITCHELL, MARTHA Q.
MAJOR:VISA
GRADES:92
MITCHELL, MARTHA Q.    92   ARTS

NAME:PETERS, SALLY F.
MAJOR:LIT
GRADE:75
PETERS SALLY F.    75   HUMANITIES

NAME:PUBLIC, JOHN Q.
MAJOR:POLI
GRADE:95
PUBLIC, JOHN Q.    95   HUMANITIES

NAME:SMITH, ELEAZAR A.
MAJOR:CHEM
GRADE:77<ETX>
SMITH, ELEAZAR A.    77   NAT  SCIENCE

AVERAGES:
ARTS  92.0
HUMANITIES  85.0
SOC SCIENCE  82.5
NAT SCIENCE  82.5
```

beiden naturwissenschaftlichen Mengen gehört. Wenn ja, muß festgestellt werden, zu welcher. Wenn nein, muß es entweder zur Kunstwissenschaft oder zur Geisteswissenschaft gehören. Dies wird durch einen Test in Zeile 95 bestimmt. Diese Methode, IF-Anweisungen zu unterteilen, benötigt einen etwas geringeren Zeitaufwand als folgende:

```
IF M IN ARTSET THEN A:=ARTS
  ELSE IF M IN HUMANSET THEN A:=HUMAN
    ELSE IF M IN NATSCISET THEN A:=NATSCI
      ELSE A:=SOCSCI;
```

Beachten Sie hier die Verwendung der Variablen A vom skalaren <Typ> AREAS zur Steuerung der FOR-Anweisung in den Zeilen 34 und 70.

9. Verwendung von Zeichenmengen

Es gibt viele Anwendungsmöglichkeiten für Zeichenketten. Als Beispiel nehmen Sie sich noch einmal das Programm DEVOWEL in Kapitel 7 Abschnitt 10 vor. Die komplizierten Prüfungen in den Zeilen 14 und 15 des Programmes, d.h.

```
IF (CH<>'A') AND (CH<>'E') AND (CH<>'I')
     AND (CH<>'O') AND (CH<>'U') THEN
```

können ersetzt werden durch:

```
IF NOT (CH IN ['A','E','I','O','U']) THEN
```

In ähnlicher Weise können wir auch sagen:

```
VAR VOWELS,CONSONANTS,LETTERS: SET OF CHAR;
```

```
LETTERS :=['A'..'Z','a'..'z']
```

und

```
VOWELS := ['A','E','I','O','U'];
CONSONATS := ['A'....'Z'] - VOWELS;
```

wobei die Mengendefinition in der zweiten Zuweisungsanweisung alle Zeichen von 'A' bis 'Z' zu Elementen der Menge macht. Anschließend werden alle Vokale entfernt, so daß nur die Konsonanten übrigbleiben. Wir könnten auch eine Menge aus allen Buchstaben bilden, den Groß- und Kleinbuchstaben:

```
VAR VOWELS,CONSONANTS,LETTERS: SET OF CHAR;
```

Man kann darüberhinaus auch prüfen, ob zwei Mengen gleich sind oder nicht, wie in

```
IF S1 = S2 THEN ...
IF S2 <> S3 THEN ...
```

Schließlich kann man noch prüfen, ob eine Menge in einer anderen Menge enthalten ist. Dies Problem kann anhand des Musterprogrammes CHARSETS besser gezeigt werden. In Zeile 21 prüft der Satz

```
IF VOWELS <= LETTERS
```

ob die Menge der Vokale in der Menge der Buchstaben enthalten ist. Die Anzeige in Zeile 3 zeigt, daß diese Prüfung TRUE erbracht hat. In Zeile 23 dagegen wurde die Prüfung umgekehrt vorgenommen, d.h. es wurde geprüft:

```
IF VOWELS >= LETTERS
```

und damit ob LETTERS in VOWELS enthalten ist. In Zeile 4 sehen wir, daß diese Prüfung FALSE erbracht hat. Die beiden Prüfungen für Mengeneinbeziehungen sind also symmetrisch, d.h. wir könnten auch

```
PROGRAM CHARSETS;
TYOE SOFCH = SET OF CHAR;
VAR LETTERS, DIGITS, VOWELS, CONSONANTS,
                    ALPHA, SPECIAL:SOFCH;

PROCEDURE SHOWSET(S:SOFCH);
VAR CH:CHAR;
BEGIN
  FOR CH:='0' TO ' ' DO
    IF CH IN S THEN WRITE(CH) ELSE WRITE(' ');
  WRITELN;
END (*SHOWSET*);

BEGIN
  LETTERS:=['A'..'Z'];
  VOWELS:=['A','E','I','O','U'];
  CONSONANTS:=LETTERS - VOWELS;
  DIGITS:=['0'..'9'];
  ALPHA:=LETTERS + DIGITS;
  SPECIAL:=[' '.' '] - LETTERS  - DIGITS;
  IF VOWELS <= LETTERS THEN
    WRITELN('VOWELS <= LETTERS');
  IF NOT (VOWELS >= LETTERS) THEN
    WRITELN('NOT (VOWELS >= LETTERS)');
  WRITELN;
  SHOWSET(LETTERS);
  SHOWSET(VOWELS);
  SHOWSET(CONSONANTS);
  SHOWSET(DIGITS);
  SHOWSET(ALPHA);
  SHOWSET(SPECIAL);
END.
```

```
ANZEIGE ZU PROGRAMM  CHARSETS

VOWELS <= LETTERS
NOT (VOWELS >= LETTERS)

                 ABCDEFGHIJKLMNOPQRSTUVWXYZ
                 A   E   I     U     U
                  BCD FGH JKLMN PQRST VWXYZ
0123456789
0123456789       ABCDEFGHIJKLMNOPQRSTUVWXYZ
          :;<=>?&                          [/]^-
```

```
IF LETTERS >= VOWELS
```

verwendet haben, wobei der Vergleich den Wert TRUE erbringen müßte.

Die übrigen Zeilen des Programmes CHARSET zeigen die Werte der verschiedenen Mengen an, die in den Zeilen 15 bis 20 initialisiert wurden. Aufgrund der begrenzten Spaltenanzahl in diesem Buch, werden nur einige der Sonderzeichen gezeigt. Wenn Sie in Zeile 9 des Programmes '0' in ' ' ändern, können Sie alle 64 Zeichen der insgesamt 95 darstellbaren Zeichen in ASCII (American Standard Code for Information Interchange/Amerikanischer Standard Kode für Informationsaustausch) anzeigen. Die restlichen 31 Zeichen können gesondert angezeigt werden durch

```
FOR CH:=CHR(96) TO CHR(126) DO . . .
```

Da wir in diesem Buch bei der Druckverarbeitung von Zeichenmengen Probleme hatten, haben wir hier die Kodierungsfunktion CHR verwendet, die ganze Zahlen in Zeichen übersetzt.

Übung 9.1:

Wenn Sie das Programm SETDEMO so verwendeten, wie es hier im Buch abgedruckt ist, würden Sie feststellen, daß es gegen gewisse Eingabefehler nicht immun ist. Wir nennen Ihnen nachfolgend einige mögliche Fehler, bei denen das Programm entweder aussteigen oder falsche Ergebnisse erbringen würde:

a) MAJOR falsch abgekürzt oder im Feld MT (Studienfächer-Tabelle) nicht enthalten

b) GRADE falsch eingegeben und somit außerhalb des möglichen Datenbereiches, d.h. außerhalb 0 .. 100

c) Bei der Eingabe von NAME sind auch andere Zeichen als die alphabetischen Zeichen und ',' und '.' enthalten.

Ändern Sie das Programm SETDEMO so ab, daß es für jeden dieser oben genannten Fehler eine "elegante" Lösung findet. Dies sieht imgrunde so aus, daß bei jedem entdeckten Fehler eine Fehlermeldung auf dem Bildschirm erscheinen, der Summer des Rechners ertönen, das Programm zurückgehen und dieselbe Dateneingabe noch einmal aufrufen muß. Sie müssen das Programm u.a. so ändern, daß es beim Einlesen von GRADE auch mit allen anderen Zeichen als ['0' ... '9',' '] fertig werden kann (auch mit Leerzeichen aufgrund von <RET>). Prüfen und debuggen Sie Ihr Programm nach der Änderung mit den oben für diese Fehlerbedingungen genannten Prüfdaten.

Übung 9.2:

Das Musterprogramm CROSSFOOT in Kapitel 8 Abschnitt 8 nimmt keine Gültigkeitsprüfung des Hilfskodes vor, der für die Spalte des Übertragungsbetrages vorgesehen ist. Ändern Sie das Programm so ab, daß eine Fehlermeldung auf dem Bildschirm erscheint, wenn ein falscher Kode eingegeben wird und die Eingabe über die Tastatur anschließend noch einmal erfolgt. Prüfen Sie den korrekten Ablauf Ihres geänderten Programmes.

Übung 9.3:

Stellen Sie sich einmal vor, Sie wären Angestellter der Energiebehörde und müßten ein Programm erstellen, für alle laufenden und geplanten Energie-Lieferungen innerhalb Ihres Landes. Sie müssen dazu unbedingt Dateien über folgende Energiequellen und Energiegewinnungsmöglichkeiten zur Verfügung haben:

Öl, Erdgas, Kohle, Wasserkraft, Erdwärme, Sonnenenergie, Wind, Wälder, Städt. Müllverwertung, Kernspaltung, Kernverschmelzung, besondere Getreidesorten, anderes.

Die Aufgabe ist äußerst schwierig, da die ersten drei Produkte auch für die Brennstoff- und Kunststoffindustrie benötigt werden, die Kernenergie sehr umstritten ist und von einigen als gefährlich eingestuft wird, die Energiequellen Wasser, Sonne und Wind stark vom Wetter abhängig sind,usw.

Schreiben und debuggen Sie ein Programm, das folgende Daten für unbegrenzt viele Energiequellen akzeptiert: einen Namen für einen Energievertrag aus 20 Buchstaben, eine Abkürzung für die Energieart, die BTU-Menge (entspricht im Deutschen Steinkohleeinheit; A.d.Ü.) (in Milliarden) als zugesagte Liefermenge pro Jahr und den Preis (in Millionen Dollar). Das Programm muß außerdem die Gesamt-BTU-Anzahl aller Quellen für jede der nachfolgenden Gruppen speichern können:

Fossiler Brennstoff	(Öl, Erdgas, Kohle)
Atomenergie	(Kernspaltung und Kernschmelzung)
Natürliche Energiequellen, die sich ständig erneuern	(Wasser, Sonne, Wind, Städt. Abfälle, Getreide)
Energiequellen, die irgendwann ausgebeutet sein werden	(Öl, Erdgas, Kohle, Erdwärme, Kernspaltung)

Nach Eingabe einer Reihe von Daten mit diesen speziellen Angaben, muß das Programm die Gesamtmenge der BTUs und den Dollar-Betrag für jede Kategorie anzeigen. Darüberhinaus soll es für jede Gruppe die Verträge zusammenfassen und die einzelnen Vertragspartner namentlich aufführen. Denken Sie sich selbst Prüfdaten aus. Achten Sie darauf, daß jede Energiequelle dabei berücksichtigt wird, und daß mindestens 5 verschiedene Vertragspartner genannt werden. Prüfen Sie Ihr Rechnerergebnis per Hand nach, um sicherzustellen, daß es richtig ist.

Anmerkung: Bei dieser und auch der folgenden Übung würde die Datenverarbeitung normalerweise mit einem permanenten Speicher, wie etwa einer Magnetplatte, die die Daten für spätere Verwendungen speichert, vorgenommen werden. Leider können wir uns im Rahmen dieses Buches nicht mit den Einzelheiten dieser Speichergeräte befassen. Deshalb empfehlen wir Ihnen, Ihre Programme mit ganz kleinen Datenbeispielen zu prüfen, die eine halbwegs realistische Situation darstellen.

Übung 9.4:

Die meisten großen Stadtverwaltungen haben eigene regionale Planungsämter für Stadt- und Landplanung. Eine der wichtigsten Aufgaben dieser Ämter ist es, Unterlagen darüber zu führen, wie die einzelnen Stadtbezirke ihren Grund bebauen und nutzen. Für jede Baugenehmigung oder Industrieansiedlung, bei geplanten Schul- oder Transportveränderungen, wenn der Polizei- oder Feuerschutz in einer Gegend verbessert werden soll, wenn es um Luft- oder Wasserverschmutzung geht, wenn die Auswirkung von Naturkatastrophen vorweggeplant werden soll (wie bei Erdbeben oder Überschwemmungen), bei der Planung von neuen Parkanlagen und Erholungsgebieten usw., müssen diese Informationen jederzeit zur Verfügung stehen. Eine der großen Aufgaben, mit denen die Planungsgesellschaft CPO (San Diego Comprehensive Planning Organization) in jüngster Zeit konfrontiert ist, ist die Standortempfehlung für einen neuen internationalen Flughafen. Der heutige Flughafen liegt in Zentrumsnähe und wird in Kürze den Anforderungen nicht mehr gewachsen sein.

Zur Bewältigung seiner Aufgabe unterhält die CPO rechnergestützte Datensätze für jeweils kleine Gebiete, die insgesamt eine Karte des gesamten Stadtgebietes ergeben. Die Grenzen zwischen den einzelnen Gebieten werden von natürlichen Grenzen, wie Wasserläufen, Steilufer, Pazifikküste und von Menschen geschaffenen Grenzen, wie Siedlungen, Einkaufszentren, Industriegebieten, Landwirtschaftsgebieten usw. gebildet. In jeder Gebietskartei sind die besonderen Merkmale der jeweiligen Gegend aussagekräftig in Form einer Menge festgehalten. Die einzelnen Elemente der Menge unterteilen die Gebietsmerkmale in Kategorien, wie:

Bevölkerungsdichte	(ländliche Gebiete, Vorstädte, Stadtgebiet)
Industrie	(keine. landwirtschaftliche, Leichtindustrie, Schwerindustrie)
Luftverschmutzung	(kaum, durchschnittlich, stark, übermäßig stark)
Kriminaltität	(niedrig, durchschnittlich,hoch, überdurchschnittlich)

Nehmen wir einmal an, daß die einzelnen Gebietsregionen auf dem Stadtplan lediglich durch willkürlich festgelegte ganze Zahlen von 1 .. <Gebietsnummer> bezeichnet werden. Schreiben und debuggen Sie ein Programm, das die Datensätze von bis zu 20 Teilgebieten (dies ist nur eine kleine Menge für Prüfzwecke) sammelt. Die Datensätze müssen in Form eines Mengenfeldes angelegt sein und mindestens alle oben erwähnten Kategorien umfassen. Während der Dateneingabe ins Programm muß der Benutzer aufgefordert werden, genau anzugeben, für welches Gebiet die Daten eingegeben werden, und welche Kategorien des ausgewählten Datensatzes geändert werden sollen. Bevor das Programm endet, muß es die gespeicherten Daten aller Gebiete auf dem Bildschirm anzeigen. Um die Ananlyse möglichst realistisch zu gestalten, sollte das Programm auch Gebiete nach folgenden Kriterien unterscheiden:

a) Bevölkerungsdichte in den Vororten AND (und) übermäßig hohe Luftverschmutzung

b) Leichtindustrie OR (oder) Bevölkerungsdichte, beide verbunden mit einer hohen Kriminalitätsrate.

Denken Sie sich eigene Prüfdaten aus, und verwenden Sie für jedes der 20 Gebiete, die zur Programmprüfung zur Verfügung stehen, repräsentative Merkmale. Sorgen Sie dafür, daß Ihre Daten sowohl TRUE- wie auch FALSE-Bedingungen für die kombinierten Kategorien a) und b) prüfen können.

10. Grunddatenstrukturen – III. Verbunde

1. Zielsetzung

In diesem Kapitel zeigen wir Ihnen, daß man mehrere verwandte Datengrößen von unterschiedlichen <Typen> als eine Einheit, auch "Verbund" (oder Record) genannt, handhaben kann. Dies ist bei der Datenverarbeitung in Betrieben, bei der Softwareentwicklung sowie bei ähnlichen Tätigkeiten von großer Bedeutung.

1a. Lernen Sie, Verbund <Variablen>und Verbund <Typen> zu vereinbaren.

1b. Verarbeiten Sie Datenkomponenten innerhalb einzelner Verbunde.

1c. Verwenden Sie überall dort, wo es Ihnen angebracht erscheint, Verbund-Variable als ganze Einheiten, ohne sich dabei um die Datenkomponenten zu kümmern.

1d. Verwenden Sie Felder von Verbund-<Variablen> und außerdem Verbunde als Bestandteile anderer Verbunde.

1e. Ändern Sie ein etwas umfangreicheres Programm mit Hilfe von Verbunden.

2. Hintergrund

Es kommt häufiger vor, daß wir mehrere eng verbundene Datengrößen von unterschiedlichen <Typen> verarbeiten müssen. Beim Programm CROSSFOOT in Kapitel 8 z.B. waren die eingegebenen Daten in Gruppen von jeweils drei Datengrößen zusammengefaßt, wobei jede Gruppe als "Nachricht" für eine einzelne Durchführung diente. Beim Programmbeispiel SPORTSCORE2 bestand jede Gruppe aus dem Namen eines Spielers, dem 1 bis 10 ganze Werte folgten, die die erreichte Punktzahl dieses Spielers anzeigten. Die Namen wurden in einem Feld NAMES gespeichert, die Punktzahl in einem anderen Feld SCORES. Nachdem die Daten einmal in diesen Feldern gespeichert waren, gab es nur eine Möglichkeit, einen Namen mit der zugehörigen Punktzahl zu verbinden, man mußte beiden Feldreihen denselben Wert als Zeilenindex zuteilen. Das heißt mit anderen Worten, der Name in NAMES[ROW]entsprach der Punktzahl in SCORES[ROW] Bei sehr großen Feldern, in denen sich mehr als zwei Datengrößen entsprechen, ist es kaum zu vermeiden, daß bei Programmen mit solchen Verknüpfungen leicht Fehler gemacht werden.

PASCAL vermeidet diese Fehlermöglichkeit und bietet Ihnen eine gemischte <Variable>, einen sogenannten "Verbund" an, der aus zwei oder mehr Eingangsdaten von möglicherweise unterschiedlichen <Typen> besteht. Sie können sich eine RECORD-Variable etwa ähnlich den Daten auf einer Lochkarte oder denen in einem Bibliothekskatalog vorstellen. Im allgemeinen enthält jede Karte mehrere verwandte Werte von bestimmten Datengrößen. So kann eine Karte z.B. einen skalaren Wert für die Gruppen-Verschlüsselung eines Studenten enthalten, den Namen des Studenten in Form einer Kette und die Anzahl der abgelegten Prüfungen in Form einer ganzen Konstanten.

Es gibt Situationen, da würde man gern auf bestimmte Daten innerhalb eines Verbundes verweisen können. In anderen Fällen wiederum erscheint es vielleicht sinnvoller, auf den ganzen Verbund als Einheit verweisen zu können. PASCAL bietet Ihnen beide Möglichkeiten, ähnlich wie auch COBOL und PL/1. Bei allen anderen verbreiteten Programmiersprachen, die wir hier schon verschiedentlich genannt haben, ist dies nicht der Fall. In der betrieblichen Datenverarbeitung ebenso wie bei der Erstellung umfangreicher "Betriebssystem-Programme", wie etwa das Übersetzerprogramm, hält man Verbunde zur Strukturierung von Datengrößen für grundlegend wichtig. Auch bei der numerischen Anwendung in Wissenschaft und Mathematik könnten Verbunde noch viel mehr angewendet werden, wenn geeignetere Möglichkeiten leichter verfügbar wären.

3. Musterprogramm CLASSDATA

Mit den Ihnen bereits bekannten Fakten erscheint es uns am sinnvollsten zu sein, Ihnen die Anwendung von Verbunden anhand des Musterprogrammes CLASSDATA direkt vorzuführen. Das entsprechende Syntax-Diagramm hierfür finden Sie in Abb. 10-1. Das Programm CLASSDATA wurde so aufgebaut, daß zuerst einmal die Verwendung einer einfachen RECORD-Variablen gezeigt wird, die wir STUDENT genannt haben, und die in den Zeilen 5 bis 10 des Programmes vereinbart wird. Man hätte dieses Programm natürlich auch ohne RECORD-Variable schreiben können, doch die Verwendung der Verbund-Struktur ermöglicht es uns, die einzelnen Verbunde schrittweise hinzufügen zu können.

Die Syntax für die Vereinbarung eines <Verbund-Typs> ist in Abb. 10-1 gegenüber Anhang E etwas vereinfacht dargestellt. Die vollständige Syntax ermöglicht die Verwendung einer CASE-Klausel, die wiederum die Vereinbarung von mehreren "Varianten" desselben Verbundes ermöglicht. Dies Konzept ist in Verbindung mit externen Speichergeräten, wie z.B. Magnetplattenspeichern, recht nützlich. Eine genaue Beschreibung des Verbund-Konzepts mit verschiedenen Varianten liegt allerdings außerhalb der Möglichkeiten dieses Buches.

```
PROGRAM  CLASSDATA;
VAR I,FCNT,MCNT: INTEGER;
  FSUM,MSUM:REAL;
  CH:CHAR;
  STUDENT:
    RECORD
      NAME: STRING[20];
      GRADE: REAL;
      SEX: (FEMALE,MALE);
    END (*STUDENT*);

PROCEDURE ACCUMULATE;
BEGIN
  IF STUDENT.SEX=FEMALE THEN
  BEGIN
    FSUM:=FSUM+STUDENT.GRADE;
    FCNT:=FCNT+1;
  END ELSE
  BEGIN
    MSUM:=MSUM+STUDENT.GRADE;
    MCNT:=MCNT+1;
  END;
  WRITELN;
  WRITE(STUDENT.NAME,'  ':20-LENGTH(STUDENT.NAME),
          ' ',STUDENT.GRADE:3:1,'  ');
  IF STUDENT.SEX=FEMALE THEN WRITELN('F')
                         ELSE WRITELN('M');
  WRITELN;
END  (*ACCUMULATE*);

PROCEDURE  PUTRESULTS;

  PROCEDURE DETAIL(S:STRING; R:REAL; I:INTEGER);
  VAR DIVISOR:INTEGER;
  BEGIN
    IF I>0  THEN DIVISOR:=I  ELSE DIVISOR:=1;
    WRITELN(S,' ':13-LENGTH(S),
            R/DIVISOR:3:1,'  ':15, I);
  END   (*DETAIL*);

BEGIN
  WRITELN(' ':10,'AVG GRADE',' ':5,
                 'STUDENT COUNT');
  WRITELN;
  DETAIL('FEMALE', FSUM, FCNT);
  WRITELN;
  DETAIL('MALE', MSUM, MCNT);
END   (*PUTRESULTS*);
```

```
BEGIN (*HAUPTPROGRAMM*);
  FSUM:=0; MSUM;=0;
  FCNT:=0; MCNT:=0;
  WHILE NOT EOF DO
  BEGIN
    WRITE('NAME:');
    READ(STUDENT.NAME);
    IF NOT EOF THEN
    BEGIN
      WRITE(' GRADE:');
      READ(STUDENT.GRADE);
      READ(CH); (*<LEERTASTE> UND <RET> NICHT ANERKENNEN*)
      WRITE(' M/F:');
      READ(CH);
      IF CH IN ['F'] THEN
        STUDENT.SEX:=FEMALE;
      ELSE
        STUDENT.SEX:=MALE;
      ACCUMULATE;
    END;
  END (*SOLANGE NICHT EOF*);
  WRITELN;
  PUTRESULTS;
END.
```

```
ANZEIGE ZUM PROGRAMM CLASSDATA

NAME:ANDERSON, PAT
 GRADE:3.8
 M/F:F
ANDERSON, PAT          3.8   F

NAME:BROWN, ED
 GRADE:2.4
 M/F:M
BROWN, ED              2.4   M

NAME: CARLSON, ELIZABETH
 GRADE:2.9
 M/F:F
CARLSON, ELIZABETH     2.9   F

NAME:DANIELS, SHARON
 GRADE:3.3
 M/F:F
DANIELS, SHARON        3.3   F

NAME:EDWARDS, BILL
 GRADE:2.7
 M/F:M
EDWARDS, BILL          2.7   M

NAME:FRANKLIN, GENE
 GRADE:3.5
 M/F:M
FRANKLIN, GENE         3.5   M

NAME:GRANGER, JOHN
 GRADE:3.2
 M/F:M
GRANGER, JOHN          3.2   M

NAME:<ETX>

                AVG GRADE     STUDENT COUNT

FEMALE:          3.3                3

MALE:            3.0                4
```

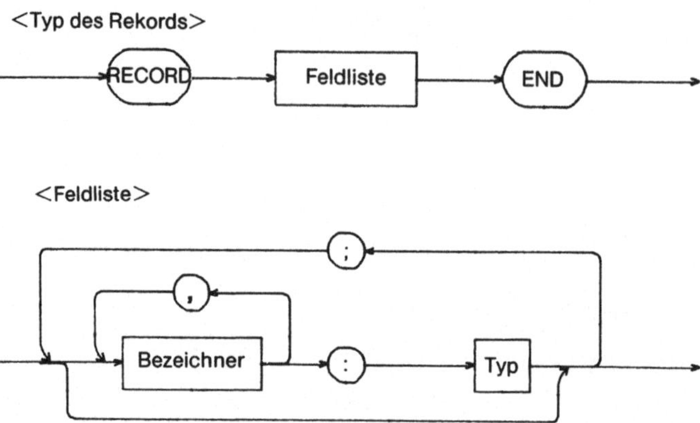

Abbildung 10–1

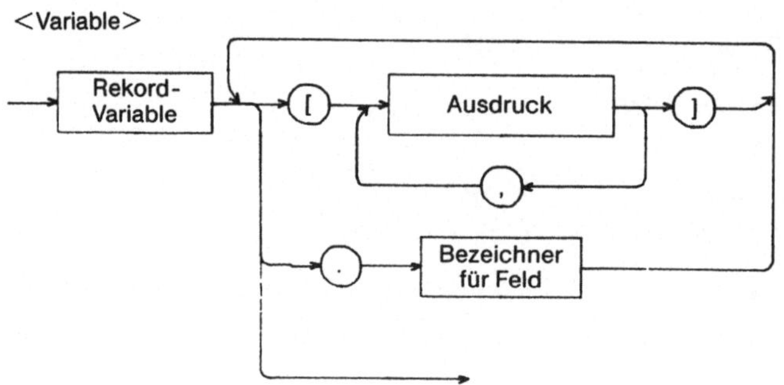

Abbildung 10–2

Die RECORD-Variable STUDENT wurde mit drei "Komponenten" vereinbart, den Komponenten NAME, GRADE und SEX. Diese drei Informationsgrößen werden im Rechnerspeicher in benachbarten Plätzen gespeichert. Wenn Sie von dieser Speicherfläche ein Diagramm anfertigen würden, sähe dies ähnlich wie eine Landkarte mit vielen einzelnen "Feldern" aus, daher auch der Ausdruck "Feld"*. Jede Komponente stellt eine Variable mit eigenen Rechten dar, deren <Typ> in der entsprechenden Zeile der RECORD-Vereinbarung bestimmt wurde. Die Komponente NAME besteht aus einer Zeichenkette, wie wir Sie schon ausreichend in diesem Buch verwendet haben, nur daß durch die Vereinbarung die Länge von STRING hier auf 20 Zeichen festgelegt wurde. Bei der Variablen SEX handelt es sich um eine skalare Variable, mit den beiden möglichen Werten FEMALE (weiblich) und MALE (männlich).

Der einfachste Weg, direkt auf eine Variable, die Komponente einer RECORD-Variablen ist, zu verweisen, ist der, daß man den Namen des Verbundes mit dem der Komponente verbindet und beide durch einen Punkt voneinander trennt. In den Zeilen 16, 20, 25 und 60 des Programmes wird z.B.

```
STUDENT.GRADE
```

verwendet. Da es möglich ist, im selben Programm denselben Komponentennamen innerhalb mehrerer unterschiedlicher Verbunde zu verwenden, verlangt der Übersetzer, daß Sie angeben, welcher Verbund-Name zu einem bestimmten Namen einer Komponenten-<Variablen> gehört.

In Abb. 10-2 wird die Syntax für eine erweiterte <Variable> gezeigt, die Verweise auf Komponenten innerhalb eines Verbundes enthält. Beachten Sie, daß es sich bei Namen um ein Feld (Kettenvariable) handelt, und man durch einen Verweis wie:

```
STUDENT.NAME[N]
```

*) Anmerkung des Übersetzers:
Im Englischen heißen die Komponenten eines Verbundes "fields". Im Deutschen kann 'Feld' leicht zur Verwechslung mit "arrays" führen. Deswegen wird im folgenden die Bezeichnung "Komponente"

auf das N-te Zeichen in NAME verweisen kann. Die Syntax in Abb. 10-1 zeigt uns, daß eine Komponente aus irgendeinem <Typ>, der auch ein <Verbund Typ> sein kann, bestehen kann und daher können Sie:

a) einen Verbund vereinbaren, der einen anderen Verbund als Komponente enthält

b) ein Feld vereinbaren, bei dem jedes Element aus einem Verbund besteht

c) einen Verbund vereinbaren, mit einer Komponenten, die aus einem Feld aus Verbunden besteht

usw. Die Verknüpfung von Daten kann in großen Programmen manchmal sehr umfangreich sein. Die Syntax für Verbund-Vereinbarungen ist hier ganz allgemein gehalten und bietet eine breite Palette von Datenverknüpfungen innerhalb einer Verbund-Struktur. Bei der Vereinbarung des Verbundes STUDENT handelt es sich um eine einfache baumstrukturierte Verknüpfung, d.h. um eine hierarchische, wie bei den Verknüpfungen im Strukturdiagramm eines Programmes oder in der entsprechenden Strukturtabelle.

Das Programm CLASSDATA akzeptiert drei Datengrößen, die jede einzeln vom Programm angefordert wird, wie wir in der oberen Hälfte der zugehörigen Programmanzeige sehen können. Diese drei Datengrößen werden anschließend in den entsprechenden Feldern des Verbundes STUDENT gesammelt und von der Prozedur ACCUMULATE in einer einzigen Zeile angezeigt. Wir haben hier erfolgreich vermieden, das Programm unnötig mit logischen Schritten vollzustopfen, um durch fehlerhafte Eingabe von GRADE oder M/F Kodes keinen Programmabbruch zu riskieren. Nach Beendigung der Eingabe durch ETX in Zeile 38 der Anzeige, zeigt die Prozedur PUTRESULTS eine Gesamttabelle der Durchschnittspunktzahl der beiden Geschlechter an und jeweils die Anzahl der Studenten beider Geschlechter.

4. Die WITH-Anweisung

Durch die Anwendung der WITH-Anweisung kann ein PASCAL-Programm mit RECORD-Variablen viel einfacher geschrieben werden. Die entsprechende Syntax hierfür finden Sie in Abb. 10-3 etwas ausführlicher dargestellt als in Anhang E.

Die Prozedur ACCUMULATE kann mit einer WITH-Anweisung etwa folgendermaßen aussehen:

```
PROCEDURE ACCUMULATE;
BEGIN
  WITH STUDENT DO
    BEGIN
      IF SEX=FEMALE THEN
      BEGIN
        FSUM:=SUM+GRADE;
        FCNT:=FCNT+1;
      END ELSE
      BEGIN
        MSUM:=MSUM+GRADE;
        MCNT:=MCNT+1;
      END;
      WRITELN;
      WRITE(NAME,' ':20-LENGTH(NAME),
             ' ',GRADE:3:1,'   ');
      IF  SEX=FEMALE THEN WRITELN('F')
                     ELSE WRITELN('M');
    END (*MIT*);
  WRITELN;
END (*AKKUMULIEREN*);
```

Vergleichen Sie diese Prozedur-Version mit der ursprünglichen im Programm CLASSDATA. Beachten Sie, daß hier die Verweise auf die drei Komponenten NAME, GRADE und SEX des Verbundes STUDENT nicht mehr ausdrücklich den Hinweis STUDENT als PRÄFIX enthalten müssen. Statt dessen dient hier der Satz "WITH STUDENT DO" als sogenanntes PRÄFIX und enthält die ganze folgende Anweisung, in diesem Fall eine Verbundanweisung (BEGIN ... END). Die Wirkung ist logisch etwa dieselbe, wie wenn Sie 'STUDENT' vor jeden Komponenten-Bezeichner, der innerhalb der durch WITH gesteuerten Anweisung mit STUDENT verbunden ist, gesetzt hätten. Verweise auf

<Mit-Anweisung>

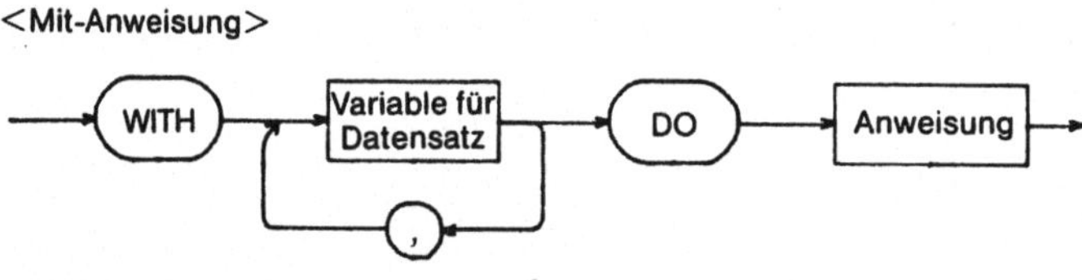

Abbildung 10–3

Variable, die nicht mit STUDENT verbunden sind, sind davon nicht betroffen.

5. Musterprogramm STURECORD

Dieses Programm soll in erster Linie die Anwendung von TYPE-Vereinbarungen in Verbindung mit RECORD <Typen> veranschaulichen. Das Programm, wie es hier abgedruckt ist, führt folgende einfache Aktivitäten durch: Wiederholtes Lesen von Personennamen, zuerst den Nachnamen und anschließend Bestätigung des vollständigen Namens in normaler Reihenfolge. Wie Sie sehen, wird hier im Programm der vereinbarte <Typ> ADDRESS nicht verwendet. Er wurde nur vorbereitend für eine spätere Übung in diesem Kapitel aufgenommen.

Beachten Sie, daß Sie einen bereits früher vereinbarten <Typ> teilweise zur Definition eines anderen <Typs> verwenden können. Beispiel: Der neue <Typ> ALPHA wird zur Definition der <Typen> NAME und ADDRESS verwendet und ADDRESS und NAME wiederum zur Definition von STUREC. Sie können auf diese Weise immer neue <Typen> mit Hilfe bereits vereinbarter Typen bestimmen. Rekursive <Typ>Vereinbarungen sind allerdings nicht zulässig.

Die in diesem Programm gezeigten geschachtelten Verbund-Vereinbarungen haben den Vorteil, daß mit ihrer Hilfe komplexe Datenstrukturen einfacher geschrieben werden können. Außerdem ermöglichen sie dem Übersetzer eine sehr viel wirkungsvollere <Typ>Überprüfung als die in Kapitel 9 beschriebene. Als Nachteil wirkt sich aus, daß Verweise auf Komponenten innerhalb der geschachtelten Verbund-Struktur sehr viel umfangreicher werden. Beispiel:

```
STUTABLE[I].STUNAME.FIRSTNAME[3]
```

bedeutet Hinweis auf das dritte Zeichen im Feld FIRSTNAME der Komponente STUNAME innerhalb des I-ten Elementes des Feldes STUTABLE. Sie würden es sicher schnell leid sein, wenn sie jedesmal auf eine so umfangreiche Reihe von Bezeichnern für ein Zeichen in FIRSTNAME verweisen müßten. Die beste Lösung für dieses Problem bietet die WITH-Anweisung, wie sie in den Zeilen 49 bis 51 des Musterprogrammes dargestellt ist.

Sie werden sicher schon bemerkt haben, daß es gar nicht so einfach sein wird, die in einem Verbund gespeicherten Werte in einen anderen Verbund vom selben <Typ> zu übertragen, zumindest dann nicht, wenn Sie ausdrücklich auf jede Komponente in beiden Verbunden verweisen müssen. In Zeile 41 des Musterprogrammes zeigen wir Ihnen, welche einfache Möglichkeit PASCAL für diese vom Konzept her einfache Aufgabe bietet. Hier wurden sowohl STUTABLE [I] . STUNAME wie auch NAMEREC vom <Typ> NAME vereinbart. Sie sind also <u>verträglich</u>, und der Übersetzer sorgt dafür, daß der Inhalt des gesamten Verbundes NAMEREC dem I-ten Element von STUTABLE zugewiesen wird. Dieselbe Zuweisungsmöglichkeit besteht zwischen beliebigen <Variablen> vom gleichstrukturierten <Typ>. Zum Beispiel bei folgender Vereinbarung.

```
VAR ,B: ARRAY [1..10] OF
          ARRAY [0..99] OF
            RECORD
              R: REAL;
              I: INTEGER;
              S: STRING[10]
            END;
```

sind die einfachen Zuweisungen:

```
A := B
```

oder

```
B[6] := A[3]
```

```
PROGRAM STURECORD;
CONST ARRAYROWS=10;

TYPE ALFA=STRING[20];
   NAME=
      RECORD
         LASTNAME: ALFA;
         FIRSTNAME: ALFA;
         MIDDLEINIT:CHAR
      END;
   ADDRESS=
      RECORD
        STREETADDR: ALFA;
        CITY: ALFA;
        STATECODE: PACKED ARRAY[1..2] OF CHAR;
        ZIPCODE:  INTEGER
      END  (*ADDRESS*);
   STUREC=
      RECORD
         STUNAME:  NAME;
         STUADDR:  ADDRESS;
         GRADE:  INTEGER;
         SEX:  (FEMALE, MALE)
      END;

VAR STUTABLE: ARRAY[1..ARRAYROWS] OF STUREC;
   I: INTEGER;

PROCEDURE GETDATA;
VAR MAMEREC: NAME;
BEGIN
   WITH  NAMEREC  DO
   BEGIN
      WRITE('LASTNAME:');
      READ(LASTNAME);
      WRITE('FIRSTNAME:');
      READ(FIRSTNAME);
      WRITE('MIDDLE INITIAL:');
      READLN(MIDDLEINIT);
   END (*WITH*);
   STUTABLE[I].STUNAME:=NAMEREC;
END  (*GETDATA*);

```

```
BEGIN (*HAUPTPROGRAMM*)
  I:=1;
  WHILE NOT EOF AND(I<=ARRAYROWS)  DO
  BEGIN
    GETDATA;
    WITH STUTABLE[I].STUNAME DO
      WRITELN(FIRSTNAME,' ',MIDDLEINIT,'.  ',
              LASTNAME);
    I:=I+1;
    WRITELN;
  END;
END.
```

```
ANZEIGE ZU PROGRAMM STURECORD
LASTNAME:BROWN
FIRSTNAME:BILL
MIDDLE INITIAL:W
BILL W.  BROWN
LASTNAME:GREEN
FIRSTNAME:JOHN
MIDDLE INITIAL:L
JOHN L.  GREEN
LASTNAME:JONES
FIRSTNAME:JENNY
MIDDLE INITIAL:T
JENNY T.  JONES
LASTNAME:<ETX>
```

erlaubt. Hin und wieder sind auch Zuweisungen zwischen strukturierten Variablen möglich, die nicht vom selben <Typ> aber doch verträglich sind. Einzelheiten über die Definition von Verträglichkeit würden hier allerdings den Rahmen sprengen. Im Bedarfsfall können Sie ja ein wenig experimentieren und dem Übersetzer die Entscheidung über Verträglichkeit strukturierter Variablen überlassen.

Am Schluß beachten Sie noch folgende Vereinbarung:

```
CONST ARRAYROWS = 10
```

in Zeile 2 des Programmes. Es handelt sich hier um eine "Konstanten"-Vereinbarung. Die entsprechende Syntax hierfür finden Sie in der Gesamtsyntax-Darstellung für <Block> in Anhang E. Bei einer Konstanten-Vereinbarung wird ein Bezeichner mit dem Konstantenwert auf der rechten Seite des Gleichheitszeichens ('=') verbunden. Anschließend erscheint im Programmtext immer anstelle des Bezeichners dieser Wert. Derselbe Konstantenwert erscheint wiederholt an verschiedenen Stellen im Programm; in unserem Fall aufgrund des Indexbereiches eines Feldes. Man kann also diese Konstanten in allen Fällen durch eine "CONST"-Vereinbarung ändern und neu übersetzen.

Wenn Sie mit umfangreichen Programmen arbeiten oder mit Programmen, die mit ständig wiederkehrenden gleich großen Konstanten arbeiten, kann man sich bei der Fehlersuche Zeit sparen, wenn man statt der Konstanten lieber die vereinbarten Konstanten-Bezeichner innerhalb des Programmes verwendet. Bei einer eventuellen Änderung muß dann nur die CONST-Vereinbarung geändert werden. Außerdem können Sie mit Hilfe des Editor-Befehls F(ind) (finden) relativ leicht alle gleichen Konstanten im Programm ausfindig machen. Achten Sie darauf, daß die Syntax verlangt, daß die CONST-Vereinbarung vor der Vereinbarung von TYPE innerhalb eines <Blockes> erfolgen muß. Man kann ohne weiteres als Wert für einen Konstanten Bezeichner eine <Konstante> vom <Typ> INTEGER, REAL oder STRING vereinbaren. Wir werden Ihnen weiter hinten in diesem Buch noch weitere Programmbeispiele hierfür geben.

Übung 10.1:

Eine sehr wichtige Aufgabe für Programmierer besteht in der Änderung bereits geschriebener und einige Zeit schon gelaufener Programme. Ihre Aufgabe in dieser Übung soll es sein, das Programm STURECORD folgendermaßen zu ändern:

a) Fügen Sie in Ihr Programm eine Möglichkeit ein, daß es alle Adressen der Studenten lesen kann, inklusive der Werte der vier in ADDRESS vereinbarten Felder.

b) Fügen Sie eine Möglichkeit ein, Werte der Variablen GRADE und der Variablen SEX eines Studenten "abfangen" zu können.

c) Fügen Sie eine Möglichkeit ins Programm ein, einen gerade in ein bestimmtes Element von STUTABLE eingegebenen Verbund durch Änderung irgendeiner ausgewählten Komponente abändern zu können. Dazu muß der Anwender die Möglichkeit erhalten, durch Angabe der (Index-) Zahl dieses Elementes bestimmen zu können, welches Element geändert werden muß.

d) Ersetzen Sie die Zeilen 50 und 51 der hier abgedruckten Programmversion durch eine Prozedur und fügen Sie eine sorgfältig formatierte Ausgabeanzeige aller in einem Verbund vom <Typ> STUREC enthaltenen Komponenten hinzu. Diese Prozedur muß den neuen Wert eines Verbundes, wie in den Zeilen 6, 11 und 16 der abgedruckten einfacheren Ausgabeanzeige des Programmes STUREC, bestätigen.

Darüberhinaus muß die Prozedur auch zur Prüfung des aktuellen Zustandes eines Verbundes vor seiner Änderung, wie in Schritt c), dienen.

Diese Art von Verbunden wird normalerweise auf einer Platte gespeichert, damit sie später jederzeit für die Verarbeitung zur Verfügung stehen. Leider können wir uns im Rahmen dieses Buches nicht mit der etwas komplizierten Speicherung von Verbunden auf Platten befassen.

Übung 10.2:

Wir werden jetzt, wie die meisten Lehrer irgendwann einmal, gemein sein und von Ihnen verlangen, daß Sie das Programm STURECORD noch einmal abändern sollen. Dabei soll die Prozedur GETDATA die Abkürzung eines Bundeslandes sowie die Postleitzahl des Wohnortes eines Studenten im selben Verbund in STUTABLE speichern wie den Namen. Ändern Sie die Vereinbarungen, damit auch Postleitzahlen, die größer als 32767 sind, ohne Programmausstieg in einem 16-Bit Mikrorechner gespeichert werden können.

Übung 10.3:

Bauen Sie auf STURECORD ein neues Programm auf, das die Semesterbewertung eines Studenten berechnet, der einen Kurs mit 8 Übungsarbeiten, einer Prüfung nach der ersten Semesterhälfte und einer Semesterabschlußprüfung absolviert hat. Zur Vereinfachung der Aufgabe gehen Sie davon aus, daß alle 10 Prüfungen gleiches Gewicht für die Abschlußbewertung haben. Sie müssen also lediglich die Bewertungen aller Übungsarbeiten und die der Prüfungen addieren und anschließend durch 10 dividieren. Entfernen Sie alle Hinweise im abgedruckten Programm STURECORD auf Adressenangaben und Geschlecht. Richten Sie Ihr Programm so ein, daß alle Bewertungen im modifizierten Feld STUTABLE für eventuelle Korrekturen fehlerhafter Eingaben gespeichert werden können. Errechnen Sie dann die Semesterdurchschnittsbewertung und lassen Sie diese zusammen mit dem Namen des Studenten am Ende des Programmes auf dem Bildschirm anzeigen.

11. Die GOTO-Anweisung

1. Zielsetzung

Die GOTO-Anweisung (auch Sprunganweisung genannt) ermöglicht es der Programmsteuerung ausdrücklich, von einer Programmstelle zu einer anderen bezeichneten Stelle zu springen. Grundsätzlich sollte die GOTO-Anweisung nur dann verwendet werden, wenn es darum geht, einen ungewöhnlichen Programmablauf zu ändern und dann auch nur innerhalb eines <Blockes>, wenn alle anderen PASCAL-Steuereinrichtungen zu umständlich wären.

1a. Lernen Sie mit dem Mechanismus der GOTO-Anweisung umzugehen, dazu gehört auch Vereinbarung und Setzen von Marken innerhalb der ausführbaren Anweisung.

1b. Lernen Sie die eingebaute EXIT-Prozedur anzuwenden, mit deren Hilfe man eine beschränkte GOTO-Anweisung ausführen kann, u.z. den Sprung aus einem <Block> heraus zurück in einen aufrufenden <Block>.

1c. Lernen Sie mit Hilfe der GOTO-Anweisung die wichtigsten PASCAL-Steueranweisungen nachzuvollziehen, als Vorbereitung auf andere Programmiersprachen, die keine solchen Steuereinrichtungen haben.

2. Hintergrund

Der normale Verarbeitungsablauf eines Digital-Rechners sieht so aus, daß ein Befehl ausgeführt wird und dann zum nächsten gespeicherten Befehl übergegangen wird. Alle Digital-Rechner bieten allerdings auch die Möglichkeit, innerhalb der Befehlsfolge der Maschinensprache von einer Stelle zur anderen zu "springen". Jede höhere Programmiersprache hat eine "GO TO"-Anweisung (manchmal auch nur "GO"-Anweisung oder wie in PASCAL "GOTO"-Anweisung genannt), durch die der Übersetzer veranlaßt wird, einen ausdrücklichen Sprungbefehl zu generieren.

Nachdem Tausende von Programmierern ihre Programme in den früh entwickelten Programmiersprachen (insbesondere in FORTRAN und COBOL) geschrieben hatten, erkannten die Fachleute endlich, daß die reichlich undisziplinierte Anwendung der GOTO-Anweisung zu schwer lokalisierbaren Fehlern im Programm führen kann. PASCAL wurde entwickelt, weil man die allgemeinen Fehlerquellen der früheren Programmiersprachen vermeiden wollte. Die Verwendung der GOTO-Anweisung wird in PASCAL nicht besonders hervorgehoben, aber auch nicht ganz weggelassen. Es kann nämlich durchaus vorkommen, daß ein Programm ganz ohne GOTO-Anweisungen sehr viel unhandlicher wäre als mit ein oder zwei dieser Anweisungen. Dies ist auch der Grund, weshalb PASCAL über eine GOTO-Anweisung verfügt, die aber so ausgelegt ist, daß man froh sein kann, wenn man sie nicht allzu häufig anwenden muß.

Man kann sagen, daß die strukturierte Programmierung im wesentlichen in weiten Kreisen der Fachwelt voll akzeptiert ist. Umstritten bleibt hier allerdings weiterhin die Anwendung der GOTO-Anweisung. Unser PASCAL-System ermöglicht es daher, mit Hilfe der GOTO-Anweisung von einer Stelle zur anderen innerhalb eines <Blockes> springen zu können, nicht aber von einem <Block> zum anderen.

Wir haben feststellen müssen, daß es bei größeren Programmen oft unangenehm sein kann, wenn man keine Möglichkeit hat, wenigstens in besonderen Fällen aus einer Prozedur herausspringen zu können. Dies ist häufig bei organisatorischen oder großen dialogfähigen Programmen erforderlich. Zur Lösung dieses Problems haben wir die Prozedur EXIT eingeführt, die eine ganz besondere, beschränkte Form einer GOTO-Anweisung darstellt. Sie werden in den folgenden Abschnitten feststellen, daß die Prozedur EXIT jede gerade laufende Prozedur beenden kann. Zusammen mit ihr werden alle Prozeduren, die durch diese Prozedur aufgerufen wurden,beendet, auch die Prozedur mit der EXIT-Anweisung.

Die PASCAL-Steueranweisungen (REPEAT, WHILE, FOR, IF und CASE) kann man imgrunde als sorgfältig begrenzte Sprungoperationen der Rechner-Hardware ansehen. Sie sind "sichere" GOTO-Anweisungen. Hat man erst einmal die PASCAL-Steueranweisungen richtig verstanden, kann man sie mit gleichem Erfolg auch in den anderen Programmiersprachen, die im allgemeinen den PASCAL-Steueranweisungen nichts Vergleichbares entgegenzusetzen haben und diese durch GOTO-Anweisungen nachzuahmen versuchen, verwenden. Einige Programmierer haben festgestellt, daß es äußerst wirkungsvoll ist, wenn sie für ihre Algorithmen"Programm"-Anweisungen in PASCAL oder einer ähnlichen Sprache verwenden und diese anschließend in die für ihre Rechner beste Sprache übersetzen. Diese Methode sieht auf den ersten Blick unbeholfen und umständlich aus, ist aber ausgeprochen wirkungsvoll, da man auf diese Weise Programmfehler vermeiden kann und somit Zeit für Fehlersuche spart.

3. Mechanismen der GOTO-Anweisung

Wenn Sie eine GOTO-Anweisung verwenden wollen, muß Ihr PASCAL-Programm vier spezifische Dinge enthalten und außerdem einen Pseudo-Kommentar als Steuermitteilung für den Übersetzer, daß dieser die Erlaubnis für die Anwendung einer GOTO-Anweisung geben kann. Bei den "spezifischen Dingen" handelt es sich um folgende vier:

a) Vereinbarung einer Marke

Wenn eine "Marke" vorhanden ist, muß diese als erste in einem <Block> vereinbart werden. Sehen Sie dazu das Syntax-Diagramm für <Block> in Anhang E. In PASCAL versteht man unter einer Marke eine <vorzeichenlose ganze Zahl>, die aus höchstens 4 Dezimalziffern besteht. Im Teil LABEL-Vereinbarung eines <Blockes> können mehr als nur eine Marke vereinbart werden, aber dies wird kaum notwendig sein.

b) Markierte Anweisungen

Wenn eine <vorzeichenlose ganze Zahl> erst einmal für eine Marke vereinbart wurde, kann sie zur Markierung jeder <Anweisung> in einem <Block> verwendet werden. Dieselbe Marke darf allerdings nur einmal in einem <Block> benutzt werden, sonst wäre die Bedeutung einer GOTO-Anweisung mit Verweis auf die Marke unklar. Die Syntax für diese LABEL-Anweisung finden Sie im Syntax-Diagramm für <Anweisung> in Anhang E. Dort wird die Marke als <vorzeichenlose ganze Zahl> erwähnt. Diese Art der Markierung einer Anweisung nimmt man vor, wenn man beabsichtigt, irgendwo im <Block> eine GOTO-Anweisung zu verwenden. Obgleich die Syntax es nicht ausdrücklich verlangt, halten wir es doch für wichtig, alle Marken ganz links im Programm zu plazieren, damit sie auf einen Blick erkennbar sind.

c) Die GOTO-Anweisung selbst

Die Syntax für die GOTO-Anweisung finden Sie im Syntax-Diagramm für <Anweisung> in Anhang E. Zum Beispiel bedeutet:

```
GOTO 5
```

daß die Programmsteuerung an den Anfang der <Anweisung>, die mit Marke "5:" gekennzeichnet ist, springen soll. Achten Sie bitte darauf, daß diese Art Marken sich von den Selektoren oder Markierern der CASE-Anweisung trotz oberflächlicher Ähnlichkeit grundsätzlich unterscheiden.

d) Übersetzungsanweisung G+

Imgrunde erlaubt der PASCAL-Übersetzer die Verwendung einer GOTO-Anweisung gar nicht. Man kann dies aber durch Lesen der folgenden Kommentarzeile am Anfang des Programmes umgehen:

```
(*$G+*)
```

Das Dollarzeichen als erstes Zeichen nach "(*" teilt dem Übersetzer mit, daß der Kommentar eine unmittelbare Anweisung an den Übersetzer ist und nicht Bestandteil des PASCAL-Programmes. Schreiben Sie den "Pseudo-Kommentar" hier genau ab, damit Sie lernen, GOTO-Anweisungen anzuwenden. Den meisten Übersetzern kann man direkt mitteilen, wie sie etwas ausführen sollen. Der "Dollarzeichen-Kommentar" in PASCAL entspricht in etwa den Abmachungen, die für gleiche Zwecke für andere Übersetzer getroffen wurden. Es gibt leider keine einheitliche standardisierten Abmachungen für alle Übersetzer.

4. Musterprogramm GOTODEMO

Beim Musterprogramm GOTODEMO muß die gleiche Ausgabe auf dem Bildschirm erscheinen wie beim Programm BOOLDEMO in Kapitel 3, Abschnitt 9.

Wir zeigen das Musterprogramm GOTODEMO in Abb. 11-1 in Form eines Strukturdiagrammes. Dem Diagramm wurden hier zwei neue Kästchenformen hinzugefügt, in denen der Ablauf während einer

GOTO-Anweisung dargestellt wird. Das achteckige Kästchen (es sieht wie ein Stop-Schild aus) ist für GOTO (und für EXIT) bestimmt, der kleine Kreis für eine Marke.

Der Grundalgorithmus dieses Programmes ist derselbe wie der für das Programm BOOLDEMO in Kapitel 3. Wir haben unser Musterprogramm etwas abgeändert, nicht so sehr um es zu verbessern, sondern um die Anwendung einer GOTO-Anweisung anschaulicher darstellen zu können. Sie werden unser Beispiel vielleicht etwas überspannt finden und spätestens jetzt dankbar sein, daß die GOTO-Anweisung in PASCAL nur in eingeschränktem Maße verwendet wird.

Bevor Sie die GOTO-Anweisung anwenden, sollten Sie sich noch einmal das Strukturdiagramm Ihres Algorithmus ansehen. Der Ablauf einer "sicheren" GOTO-Anweisung sieht so aus, daß Sie bei einer Verzweigung des Strukturdiagrammes, die auf dem unmittelbaren Weg von der Wurzel zur GOTO-Anweisung liegt, die Verarbeitung beenden. In unserem Musterprogramm GOTODEMO bedeutet die Sprunganweisung in Verzweigung 2b1a, daß die Verzweigung 2b mit allen eventuell vorhandenen weiteren Verzweigungen beendet wird. Da die Verarbeitung aber auf derselben Ebene wie 2b fortgesetzt wird, (an der nächsten Verzweigung rechts), wird die Marke (1:) zwischen die beiden Verzweigungen 2b und 2c gesetzt.

Die Sprunganweisung in Verzweigung 2a1b (Zeile 12) bewirkt, daß die Programmverarbeitung nach Verzweigung 2 springt, d.h. aus der gesamten REPEAT-Anweisung, die in Zeile 11 beginnt, heraus. In unserem Fall folgt der REPEAT-Anweisung keine weitere Anweisung. Die Marke muß daher im Strukturdiagramm als eine Art Phantom-Verzweigung gezeigt werden.

```
(*$G+*)
PROGRAM GOTODEMO;
LABEL 1,2;
VAR NAME,S:STRING;
  LN,LS,KS:INTEGER;
BEGIN
  S:='ALICE,BARBARA,CHARE,DORIS,ED,FRANK
  LS:=LENGTH(S);
  KS:=1;
  LN:=1;
  REPEAT
    IF S[KS]=' ' THEN GOTO 2
    FOR KS:=KS TO LS DO (*KNOTEN 2B*)
      IF S[KS] IN [',',' '] THEN GOTO 1;
1:  NAME:=COPY(S,LN,KS-LN);  (*KNOTEN 2C*)
    WRITELN(NAME);
    KS:=KS+1;
    LN:=KS;
  UNTIL KS>LS
2:
END
```

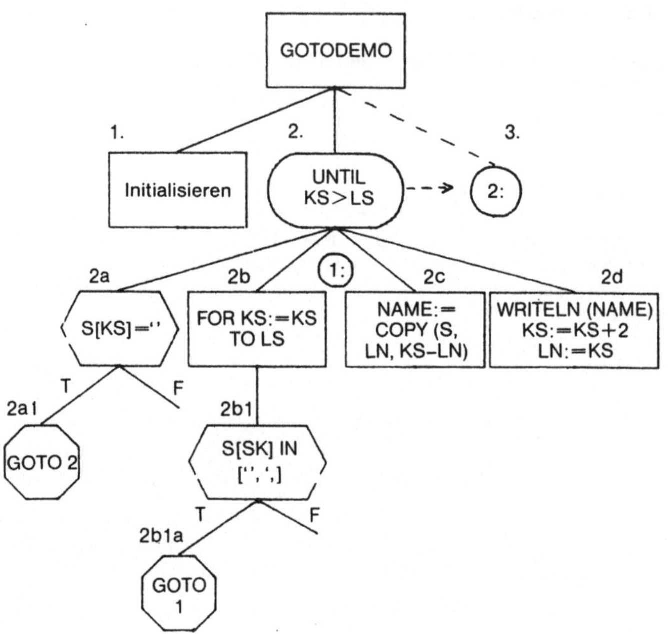

Abbildung 11-1

5. EXIT

Die GOTO-Anweisung in PASCAL wird durch unsere eingebaute EXIT-Prozedur noch in besonderer Weise erweitert. Einer der Parameter der EXIT-Prozedur bildet den <Bezeichner> einer gerade aktivierten Prozedur. Zur Erläuterung des Begriffes "aktivieren" verweisen wir Sie noch einmal auf das Strukturdiagramm für <Algorithmus>. Damit wir das Diagramm zur Beschreibung von Algorithmen verwenden können, haben wir den Prozedur- und Funktionsteil des Strukturdiagrammes vom Hauptprogrammteil abgetrennt. Man kann sich aber leicht vorstellen, wie das Diagramm aussähe, wenn alle Prozedur- und Funktionsaufrufe an der Aufrufstelle jeweils durch ihr gesamtes Diagramm ersetzt werden würden. Das eigentliche Diagramm würde dadurch viel umfangreicher und natürlich unhandlicher werden. EXIT erfüllt dieselbe Funktion wie GOTO, d.h. es beendet die Verarbeitung irgendeiner Prozeduraufruf-Verzweigung am Weg zwischen Wurzel und GOTO. Da die Prozedur durch ihren Bezeichner bekannt ist, ist es nicht notwendig, dem Übersetzer durch eine Marke die Sprungstelle mitzuteilen.

Das Programm EXITDEMO erläutert dieses Konzept noch ausführlicher. Folgende Programmausgabe erscheint auf dem Bildschirm:

```
INPUT TO P:ERSTE ZEILE
LEAVE P
LEAVE Q
LEAVE R

INPUT TO P:A RINGER
LEAVE R

INPUT TO P:ZWEITE ZEILE<ETX>
LEAVE P
LEAVE Q
LEAVE R
```

```
PROGRAM EXITDEMO
VAR S:STRING;
  CN: INTEGER;

PROCEDURE Q; FORWARD;

PROCEDURE P;
BEGIN
  WRITE('INPUT TO P:');
  READ(S);
  IF S[1]="A" THEN EXIT(Q);
  WRITELN('LEAVE P');
END (*P*);

PROCEDURE Q;
 BEGIN
   P;
   WRITELN('LEAVE Q');
END (*Q*);

PROCEDURE R;
BEGIN
  IF CN <=  10 THEN Q;
  WRITELN('LEAVE R');
 END (*R*);

BEGIN (*HAUPTPROGRAMM*);
  CN:=0;
  WHILE NOT EOF DO
  BEGIN
    CN:=CN+1;
    R;
    WRITELN;
  END;
END.
```

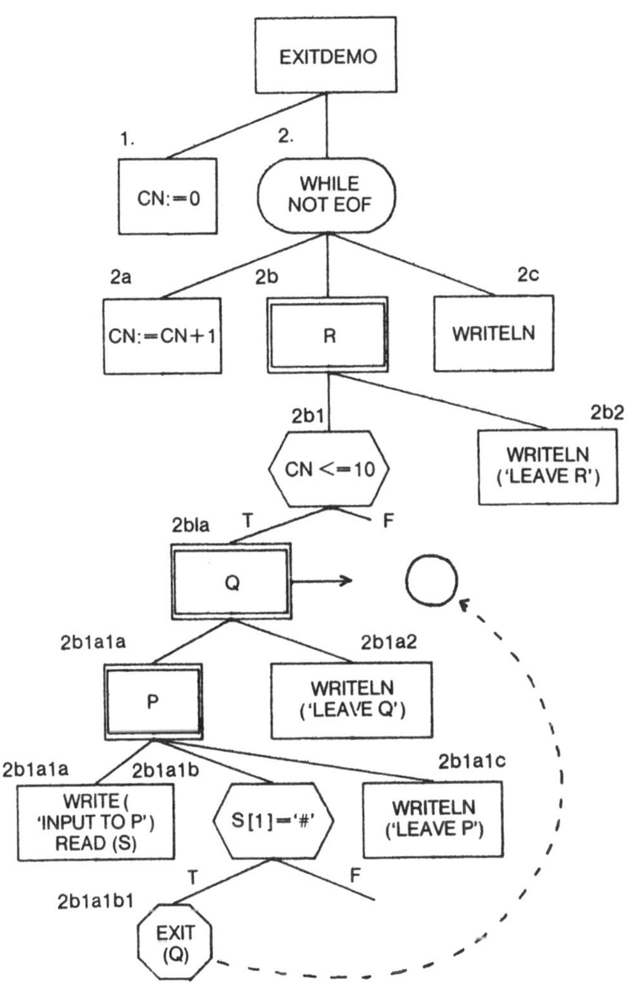

Abbildung 11-2

Das Musterprogramm EXITDEMO soll Ihnen zeigen, was ein Programm tut, wenn es auf einen ungültigen Eingabewert stößt. In Abb. 11-2 finden Sie das entsprechende Syntax-Diagramm in etwas abgewandelter Form. Die einzelnen Prozeduren werden hier so gezeigt, als wären sie in der Reihenfolge ihres Aufrufs ins Programm aufgenommen worden. Durch EXIT(Q) in Zeile 11 wird die Prozedur P beendet und anschließend Q. Die Programmverarbeitung setzt dann ganz normal in der Zeile nach der Aufrufzeile für Q fort, d.h. in Zeile 24. Nach der Eingabe "ÄRinger" folgt also nur noch die Ausgabezeile "LEAVE R" am Ende der Prozedur R. In den beiden Fällen, in denen EXIT nicht aufgerufen wird, wird die Programmverarbeitung nach normaler Beendigung der Prozeduren P und Q fortgesetzt.

Beachten Sie, daß die Durchführung der Anweisung EXIT(Q) dieselbe ist wie die der GOTO-Anweisung in der Verzweigung 2b1a1b1. Sie ermöglicht einen Sprung zur Marke unmittelbar rechts von der Verzweigung 2b1a. Dieser Sprung wird durch die gestrichelte Linie in Abb. 11-2 angedeutet.

Wir weisen Sie noch ausdrücklich darauf hin, daß wir es für notwendig erachtet haben, eine Prozedur Q FORWARD zu vereinbaren, damit EXIT innerhalb der Prozedur P richtig arbeiten kann. Hätten wir dies nicht getan, hätte der Hinweis auf Q als Parameter von EXIT eine Syntaxfehlermeldung aufgrund eines unvereinbarten Bezeichners bewirkt. Obgleich unsere PASCAL-Version eigentlich nicht erlaubt, daß Prozedurnamen als Parameter verwendet werden, ist Q hier als Parameter von EXIT erlaubt, da es sich bei EXIT um eine eingebaute Prozedur handelt und somit nicht dieser Beschränkung unterliegt.

6. GOTO-Anweisung zur Nachahmung von PASCAL-Steueranweisungen

Falls Sie später mit einer anderen Programmiersprache arbeiten werden, die keine PASCAL-Steueranweisungen enthält, können Sie mit gleichem Erfolg GOTO-Anweisungen verwenden. Wir geben Ihnen hier einige Beispiele für die vier wichtigsten PASCAL-Steueranweisungen. Aus:

```
IF BOOL
  THEN S1
  ELSE S2;
```

wird:

```
     IF NOT BOOL THEN GOTO 1;
       S1;
     GOTO 2;
1:     S2;
2:       ETC.    ETC.
```

oder:

```
     IF BOOL THEN GOTO 1;
       S2;
     GOTO 2;
1:     S1;
2:       ETC.   ETC.
```

S1 und S2 stehen hier für jede von Ihnen gewünschte Anweisung oder Anweisungsgruppe. Beachten Sie, daß hier Einrückungen verwendet wurden, um die Programmstruktur hervorzuheben, ähnlich wie unsere Einrückungen in den herkömmlichen PASCAL-Programmen. Die Einrückung kann so wie bei unseren Verbundanweisungen vorgenommen werden, da die meisten Programmiersprachen, in denen Sie PASCAL-Steueranweisungen simulieren wollen, über nichts den PASCAL-Verbundanweisungen Vergleichbares verfügen. Wir setzen unsere Beispiele fort. Aus:

```
WHILE I <= 10 DO
BEGIN
  PROCA;
  I := I+1;
END;
```

wird:

```
1:      IF I > 10 THEN GOTO 2;
          PROCA;
          I := I+1;
        GOTO 1;
2:        ETC.    ETC
```

ähnlich:

```
REPEAT
  PROCB;
  I := I+1;
UNTIL I > 10;
```

wird:

```
1:     (*EIN KOMMENTAR KANN HIER DIE STRUKTUR ZEIGEN*)
      PROCB;
      I := I+1;
   IF I <= 10 THEN GOTO 1;
        ETC.   ETC
```

Viele Programmierer,die z.B. strukturierte Programme in FORTRAN erstellen, fügen als Hilfe Kommentare mit einer genauen Beschreibung der zu simulierenden PASCAL-Steueranweisung in ihre Programme ein. Aus:

```
FOR CV := SV TO LV DO
BEGIN
  PROCA;
  X := Y*Z;
END;
```

wird

```
      CV := SV;
1:    IF CV > LV TN GOTO 2;
        PROCA;
        X := Y*Z;
      GOTO 1;
2:        ETC.   ETC.
```

Falls Ihnen eine der oben gezeigten Umwandlungen nicht ganz klar sein sollte, empfehlen wir Ihnen, sich noch einmal die Flußdiagramme für die vier Steueranweisungen IF, WHILE, REPEAT und FOR in Kapitel 3 anzusehen. In den drei letzten Beispielen sollen PROCA und PROCB Prozeduren sein, die irgendwo im Programm vereinbart wurden.

Übung 11.1:

Das Programm DATACHECK in Kapitel 7 ist aufgrund seiner vielen geschachtelten IF-Anweisungen etwas schwierig zu lesen und daher anfällig gegen Fehler. Schreiben Sie das Programm DATACHECK noch einmal neu und debuggen Sie Ihr Ergebnis anschließend. Verwenden Sie GOTO-Anweisungen, um die Verarbeitung fehlerhafter Datengrößen beenden und anschließend das Programm in der Hauptschleife weiterlaufen lassen zu können. Ansonsten soll das neue Programm bei gleicher Dateneingabe wie das alte Programm DATACHECK arbeiten.

Für diese Programmänderung müssen Sie lediglich vorwärtsweisende GOTO-Anweisungen ins Programm aufnehmen, d.h. Anweisungen, die auf Marken hinweisen, die weiter hinten im Programm erscheinen werden. GOTO-Anweisungen sollten Sie aber nur im äußersten Fall verwenden, und dann möglichst auch nur vorwärtsweisende GOTO-Anweisungen. Dies entspricht der weiter vorn in diesem Kapitel beschriebenen Regel für das Strukturdiagramm.

```
PROGRAM EXITTWO;
VAR CH: CHAR;
   LN: INTEGER;
    S: STRING;

PROCEDURE SCAN;
VAR  C:  CHAR;
  I: INTEGER;
BEGIN
   I:=I+1;
   WHILE I<=LENGTH(S) DO
      BEGIN
         C:=S[I];
         I:=I+1;
         IF C IN [';',','.'] THEN
            BEGIN
               WRITELN(C);
                IF (C='.') R (I>LENGTH(S)) THEN
                   EXIT(SCAN);
               LN:=LN+1;
               WRITE(LN:3,': ');
            END ELSE
               WRITE(C);
      END (*WHILE*);
END   (*SCAN*);

BEGIN  (*HAUPTPROGRAMM*);
   LN:=1;
   WHILE NOT EOF DO
      BEGIN
         WRITELN('INPUT  LINE:')
         READ(S);
         WRITE(LN:3,': ');
         SCAN;
         LN:=LN+1;
         WRITELN;
      END;
END.
```

Übung 11.2:

Die Anwendung von EXIT im Musterprogramm EXITTWO ist zwar ganz richtig aber durchaus nicht notwendig. Implementieren Sie das Programm in Ihren Rechner und testen Sie es anschließend mit folgenden Daten:

```
PROGRAM TEST; VAR X,Y: INEGER; BEGIN X:=1;
Y:=2; WRITELN(X+Y); END.
```

Beachten Sie dabei die vom Programm generierte Ausgabe. Ändern Sie anschließend das Programm so ab, daß der Aufruf von EXIT aus dem Programm entfernt wird, ohne sonstige Veränderung der Programmlogik. Anmerkung: Diese Änderung kann durchgeführt werden, indem Sie zwei Programmzeilen ändern und nicht mehr als vier neue Programmzeilen einfügen!

Übung 11.3:

Einige Programmiersprachen haben nichts Vergleichbares zu der CASE-Anweisung oder der zweiwertigen Anweisung IF .. THEN .. ELSE in PASCAL. Schreiben Sie das Programm CASEDEMO neu, so daß es mit GOTO-Anweisungen und einwegigen IF-Anweisungen dieselben Ergebnisse erzielt. Testen Sie anschließend das alte wie das neue Programm mit folgenden Eingabedaten. Stellen Sie sicher, daß die Ergebnisse in beiden Fällen dieselben sind:

```
+ 100 200
*  32  64
-  10  20
/  50 150
```

Übung 11.4:

Schreiben Sie das Programm DENOISE aus Kapitel 7 Abschnitt 9 neu, so daß weder die Anweisung REPEAT noch FOR oder CASE vorkommen.

Im abgeänderten Programm soll auch keine WHILE-Anweisung verwendet werden. Prüfen Sie anschließend, ob das neue Programm dieselben Ergebnisse erzielt wie die hier im Buch abgedruckten Ergebnisse für DENOISE.

Übung 11.5:

Schreiben Sie das Programm DEVOWEL aus Kapitel 7 Abschnitt 10 ohne WHILE-Anweisungen neu. Im abgeänderten Programm sollen auch keine REPEAT- oder FOR-Anweisungen erscheinen. Prüfen Sie anschließend, ob Ihr Programm dieselben Ergebnisse wie die hier in diesem Buch für DEVOWEL abgedruckten Ergebnisse erzielt.

```
PROGRAM CASEDEMO;
VAR CH:CHAR;
  X,Y:INTEGER;
  R:REAL;
BEGIN
  WRITELN('CASEDEMO');
  WHILE NOT EOF DO
  BEGIN
    WRITE('+ - * OR  / :');
    READ(CH);
    WRITE('  X:');
    READ(X);
    WRITE('  Y:');
    READ(Y);
    CASE CH OF
      '+': R:=X+Y;
      '-': R:=X-Y;
      '*': R:=X*Y;
      '/': R:=X/Y;
    END (*CASE*);
    READ(CH); (*KEIN LEERZEICHEN NACH READ(Y)*)
    WRITELN;
    WRITELN(X,' ',CH,' ',Y,' = ',R);
    WRITELN;
  END (*WHILE*);
END.
```

12. Formatierte Ausgabe

1. Zielsetzung

Sammeln Sie weitere Erfahrungen für Problemlösungen, indem Sie die Musterprogramme in diesem Kapitel gründlich durcharbeiten.

1a. Lernen Sie mit Hilfe der Programmlogik Zeichen an beliebige Stellen auf dem Bildschirm oder im Programmausdruck zu setzen.

2b. Falls Sie einen Bildschirm mit Graphikmöglichkeiten verwenden, verbessern Sie die in diesem Kapitel gegebenen Beispiele, so daß Sie eine bessere Auflösung erhalten.

2. Hintergrund

Bisher haben wir in jedem Kapitel entweder neue Programmierwerkzeuge oder weitere Anwendungskonzepte für Programmstrukturen zur Problemlösung vorgestellt. In diesem und allen noch folgenden Kapiteln geben wir Ihnen Programmbeispiele für einfache aber sehr typische Probleme. Wenn Sie sich bis hierher wirklich intensiv durchgearbeitet haben, kennen Sie jetzt die Möglichkeiten, die Ihnen der Rechner für Ihre Problemlösung anbietet, recht gut. Doch bei etwas umfangreicheren Problemen werden Sie wahrscheinlich noch Schwierigkeiten haben. Wenn Sie aber bis hierher einigermaßen leicht folgen konnten, werden Sie auch bei den folgenden Kapiteln keine allzugroßen Probleme haben. Wenn Sie diese Kapitel einfach verarbeiten, können Sie sich bestens mit weiteren Rechnerproblemen und/oder fortgeschrittener Programmierung beschäftigen.

Wir geben Ihnen in diesem Kapitel einige Beispiele, wie man Programmausgaben formatiert. Für die meisten Programmierer bedeutet das Formatieren der Ausgabe eine langweilige aber notwendige Beschäftigung. Die Methode, nach welcher Bilder nach dem Bit-Karten-Prinzip (siehe Abb. 0-1) auf einem graphischen Anzeigegerät dargestellt werden, ähnelt der, nach welcher Zeichen für verschiedenste Zwecke auf dem Bildschirm oder Ausdruck plaziert werden. In diesem Kapitel werden wir uns in erster Linie mit dem Formatieren von Zeichen beschäftigen, da Sie sich bei Ihrer späteren Programmierarbeit wahrscheinlich mehr mit Anzeige und Druck von Zeichen als mit Graphiken befassen werden müssen.

Viele wichtige Programmiersprachen verwenden einen Mechanismus zur Ausgabeaufbereitung, der als "Format" bekannt ist. Formate bedeuten erfahrungsgemäß für Programmieranfänger eine nicht unerhebliche Fehlerquelle. Imgrunde ist ein Format ein Programm, das intern im Rechner gespeicherte Datengrößen in Zeichenketten umwandelt zur Ausgabe über einen Drucker oder Bildschirm (oder zur entgegengesetzten Durchführung beim Lesen). Formate werden in einer Sprache geschrieben, die darauf beruht, besondere eingebaute Prozeduren aufzurufen, die die Datenumwandlung vornehmen. Die Syntax für Formate unterscheidet sich leider in den wichtigen Programmiersprachen völlig von der in den anderen Programmteilen verwendeten Syntax. Das bedeutet für einen Studenten, daß er zwei Sprachen auf einmal lernen muß, damit er die Informationsausgabe über den Drucker oder Bildschirm sinnvoll steuern kann.

Die Mechanismen für die Ausgabeformate sind bei PASCAL ganz einfach, und die meisten sind Ihnen bereits vertraut. Leider verfügt PASCAL nicht über dieselbe Formatvielfalt wie andere Programmiersprachen. Es gibt in PASCAL z.B. keinen eingebauten Mechanismus, der es ermöglicht, Zahlen im oktalen (Basis 8) oder hexadezimalen (Basis 16) Zahlensystem zu drucken, was bei vielen Rechenvorgängen erforderlich ist. Auch bietet unsere PASCAL-Version keine Steuerungsmöglichkeit für das Druckformat einer Zahl vom <Typ> REAL. Doch trotz aller Einfachheit können diese durch einen WRITE-Befehl für den Drucker oder Bildschirm bestimmten Absichten leicht in die Sonderformate anderer Programmiersprachen übersetzt werden.

Sie wissen bereits, daß man verschiedene voneinander unabhängige Datengrößen in ein und derselben Ausgabezeile anzeigen kann, indem man einfach WRITE mit passenden Parametern mehrmals aufruft. Wichtigste Neueinführung in diesem Kapitel ist ein Feld (Array), das für jede Zeichenposition auf dem Bildschirm oder einer Druckseite eine eigene Speicherzelle besitzt. So können die Ausgabedaten jederzeit während des Programmablaufs an die richtige Stelle gesetzt werden. Das Problem, daß Drucker nun einmal nur Daten akzeptieren, die ihnen Zeile um Zeile von links nach rechts und von oben nach unten angeboten werden, ist damit gelöst.

3. Musterprogramm FORMATDEMO

Dieses Programm soll Ihnen zusätzlich zu den in Kapitel 8 gegebenen Informationen weitere Möglichkeiten zeigen, wie man mit Hilfe der Angaben über Feldbreiten in einer WRITE-Anweisung die Anzahl der Spalten für die Ausgabe steuern kann. Dies bedeutet: wenn Zeilen, die aufgrund verschiedener Anweisungen angezeigt werden, zur besseren Anordnung gemischt werden müssen, man genau verfolgen muß, wieviele Spalten in jeder Zeile angezeigt werden. Man kann zu diesem Zweck entweder die Anzahl der Leerzeichen links von einem Operanden steuern oder, falls dies einen Sinn ergibt, die Anzahl der Informationsspalten selbst.

In den Zeilen 11 bis 14 dieses Programmes ist dies für die Anzeige reeller Zahlen dargestellt. Wenn gar keine Feldbreite bestimmt wurde, wird das vorgegebene Format soviele Spalten verwenden, wie zur Anzeige der gesamten Zahl notwendig sind. In Zeile 3 des Anzeigelistings wird links von "14" für die eventuelle Verwendung eines Minuszeichens ('-') bei einer negativen Zahl eine Spalte leer gelassen. Ist nur eine einzige Feldbreite angegeben, wie in den Zeilen 12 und 13 des Programmes, wird eine von zwei möglichen Aktivitäten durchgeführt. Reicht die festgelegte Feldbreite jedoch nicht aus, um die gesamte Zahl darzustellen, so wird die erforderliche Spaltenanzahl für diese Zahl verwendet und somit die festgesetzte Feldbreite überschritten. Ist eine größere Spaltenanzahl als notwendig festgelegt worden, dann bleiben die überflüssigen Spalten links von der angezeigten Zahl leer (Zeile 5 des Anzeigelistings).

Man kann bestimmen, daß nicht alle Dezimalstellen rechts vom Dezimalzeichen angezeigt werden sollen. Wir zeigen Ihnen dies in Zeile 14 des Programmes. In Zeile 6 des Anzeigelistings sehen Sie, daß die zweite Feldbreite mit drei Spalten nur eine begrenzte Dezimalstellenanzeige erlaubt.

```
PROGRAM FORMATDEMO;
VAR R:REAL;
    I:INTEGER;
    CH:CHAR;
    A:PACKED ARRAY[1..10] OF CHAR;
BEGIN
  R:=100/7;
  I:=16384;
  CH:='*';
  A:='FORMATDEMO';
  WRITELN('(REAL DEFAULT)',R);
  WRITELN('(R:6)',R:6);
  WRITELN('(R:16)',R:16);
  WRITELN('(R:10:3)',R:10:3);
  WRITELN;
  (*JETZT GANZE ZAHLEN*)
  WRITELN('(INTEGER DEFAULT)',I);
  WRITELN('(I:3)',I:3);
  WRITELN('(I:5)',I:5);
  WRITELN('(I:7)',I:7);
  WRITELN;
  (*EINZELNES ZEICHEN*)
  WRITELN('(CHAR DEFAULT)',CH);
  WRITELN('(CH:5)',CH:5);
  WRITELN;
  (*FELD VON ZEICHEN*)
  WRITELN('(DEFAULT FOR  CAHR ARRAY)',A);
  WRITELN('(A:5)',A:5);
  WRN('(A:15)',A:15);
END.
```

```
ANZEIGE ZU  PROGRAMM FORMATDEMO

(REAL DEFAULT) 14.28571
(R:6) 14.28571
(R:16)          14.28571
(R:10:3)    14.286

(INTEGER DEFAULT)16384
(I:3)16384
(I:5)16384
(I:7)  16384

(CHAR DEFAULT)*
(CH:5)    *

(DEFAULT FOR CHAR ARRAY)FORMATDEMO
(A:5)FORMA
(A:15)     FORMATDEMO
```

Die Regeln für ganzzahlige Operanden entsprechen in etwa denen für Operanden aus reellen Zahlen. Wenn es nicht ausdrücklich verlangt wird, wird für Minuszeichen keine Extraspalte freigehalten. Es wird entweder die Mindestanzahl an Spalten verwendet, die für die Anzeige eines ganzzahligen Wertes notwendig ist oder eine größere. Wenn eine Feldbreite zu eng für alle Ziffern eines ganzzahligen Wertes festgelegt wurde, dann wird die Feldbreite ganz einfach ignoriert und überschritten. Ist die Feldbreite jedoch weiter als erforderlich, werden links von der angezeigten Zahl Leerspalten gelassen.

Für Zeichenoperanden ist eine Spalte vorgesehen. Ist die festgelegte Feldbreite also größer als 1, werden links Leerzeichen eingefügt.

Für Ketten, d.h. für Felder, die mit CHAR-Operanden vollgepackt sind, entspricht die Vorgabe der vereinbarten Zeichenanzahl für die entsprechenden Felder. Hier muß man einen Unterschied machen zur Vorgabe für die in einer STRING-Variablen enthaltene Wertanzeige. Wird für die Anzeige einer STRING-Variablen S keine Feldbreite festgelegt, dann gilt als Anzeigevorgabe LENGTH(S) Zeichen. Das Anzeigelisting für FORMATDEMO zeigt, wenn weniger Spalten vorgegeben sind als Zeichen im Feld enthalten sind, dann wird die kleinere Spaltenanzahl angezeigt. Ist das Feld größer als der Feldinhalt werden, wie bei den anderen Operanden <Typen>, links Leerzeichen eingefügt.

4. Musterprogramm CHARPLOT

Die Ausgabenanzeige zum Programm CHARPLOT ist in Abb. 12-1 dargestellt. Dies Programm soll in erster Linie die Anwendung des zweidimensionalen Feldes PAGE als Zwischenspeicher für Zeichen, die dann Zeile um Zeile angezeigt werden sollen, darstellen. Durch diese Zwischenspeicherung kann das Programm in beliebiger Reihenfolge irgendwo auf einer Seite Zeichen "schreiben". Ohne

```
PROGRAM CHARPLOT;
CONST
   WIDTH=25;
  HEIGHT=11;
TYPE
  DX=-WIDTH .. +WIDTH;
  DY=-HEIGHT .. +HEIGHT; VAR
  PAGE:ARRAY[DY] OF
           PACKED ARRAY[DX]  OF  CHAR;
  X: DX;
  Y: DY;

PROCEDURE RECT(H,W:INTEGER; CH:CHAR);
VAR I,XMIN,XMAX:DX;
     J,YMIN,YMAX:DY;
BEGIN
  XMAX:=W; YMAX:=H;
  XMIN:=-W; YMIN:=-H;
  (*GRENZEN  FUER 'OBEN' UND 'UNTEN' DES RECHTECKS*)
  FOR  I:=XMIN TO  XMAX DO
  BEGIN
    PAGE[YMAX,I]:=CH;
    PAGE[YMIN,I]:=CH;
  END;
  (*GRENZEN  FUER SEITEN*)
  FOR J:=YMIN TO  YMAX DO
  BEGIN
    PAGE[J,XMAX]:=CH;
    PAGE[J,XMIN]:=CH;
  END;
END  (*RECT);

PROCEDURE BLANKPAGE;
VAR I:DX;
     J:DY;
BEGIN
  FOR J:=-HEIGHT TO  HEIGHT  DO
    FOR I:=-WIDTH TT  WIDTH  DO PAGE[J,I]:=' ';
END  (*BLANKPAGE*);

BEGIN  (*HAUPTPROGRAMM*)
  BLANKPAGE
  RECT(11,10,'*');
  RECT(5,25,'A');
  RECT(8,15,'&');
  FOR  Y:=HEIGHT DOWNTO -HEIGHT DO
  BEGIN
    FOR X:=-WIDTH TO WIDTH DO WRITE(PAGE[Y,X]);
    IF Y >  -HEIGHT  THEN  WRITELN
  END;
END.
```

a)

```
               *********************
               *                   *
               *                   *
          &&&&&&&&&&&&&&&&&&&&&&&&&&&&&&&
          &    *                   *    &
          &    *                   *    &
ÄÄÄÄÄÄÄÄÄÄ&ÄÄÄÄÄÄÄÄÄÄÄÄÄÄÄÄÄÄÄÄÄÄÄÄÄÄÄÄÄ&ÄÄÄÄÄÄÄÄÄÄ
Ä         &    *                   *    &         Ä
Ä         &    *                   *    &         Ä
Ä         &    *                   *    &         Ä
Ä         &    *                   *    &         Ä
Ä         &    *                   *    &         Ä
Ä         &    *                   *    &         Ä
Ä         &    *                   *    &         Ä
Ä         &    *                   *    &         Ä
Ä         &    *                   *    &         Ä
ÄÄÄÄÄÄÄÄÄÄ&ÄÄÄÄÄÄÄÄÄÄÄÄÄÄÄÄÄÄÄÄÄÄÄÄÄÄÄÄÄ&ÄÄÄÄÄÄÄÄÄÄ
          &    *                   *    &
          &    *                   *    &
          &&&&&&&&&&&&&&&&&&&&&&&&&&&&&&&
               *                   *
               *                   *
               *********************
```

Programmanzeige zum Programm CHARPLOT

b)

```
***************             ÄÄÄÄÄÄÄÄÄÄÄÄÄÄÄ
*             *             Ä             Ä
*             *             Ä             Ä
*             *             Ä             Ä
*             *             Ä             Ä
*             *             Ä             Ä
*             *             Ä             Ä
*             *             Ä             Ä
***************             ÄÄÄÄÄÄÄÄÄÄÄÄÄÄÄ


!!!!!!!!!!!!!!!             &&&&&&&&&&&&&&&
!             !             &             &
!             !             &             &
!             !             &             &
!             !             &             &
!             !             &             &
!             !             &             &
!             !             &             &
!!!!!!!!!!!!!!!             &&&&&&&&&&&&&&&
```

Abbildung 12-1.

diese Möglichkeit wäre selbst das hier abgebildete einfache Muster nur mit Schwierigkeit Zeile um Zeile auf dem Bildschirm darstellbar.

Als erstes setzt das Programm überall im Feld PAGE Leerzeichen. Anschließend können dann überall innerhalb des Feldes Zeichen zur Darstellung der Figur gesetzt werden. Achten Sie darauf, daß das Zeichen '*' sowohl durch 'Ä' wie auch durch '&' ersetzt wird, beide erscheinen später, während 'Ä' dort wo es auftritt durch '&' ersetzt wird. Zuletzt wird dann der Inhalt des Feldes PAGE Zeile um Zeile angezeigt.

Achten Sie darauf, daß in Zeile 46 die erste Zeile der Figur ganz oben angezeigt wird und die Anzeige dann langsam nach unten weitergeführt wird, d.h. durch PAGE in umgekehrter Reihenfolge. Wäre dies nicht der Fall, erschiene die angezeigte Figur umgekehrt. Bei der hier angezeigten symmetrischen Figur hat dies keine Folgen, aber bei nicht vertikalsymmetrischen Figuren ist es wichtig.

Beachten Sie weiter, daß der vertikale Abstand zwischen den Zeichen größer ist als der horizontale. Wäre der Abstand in beiden Richtungen derselbe, so würde die mit Sternchen '*' gezeichnete Figur fast quadratisch ausfallen. Wenn Sie auf einen der handelsüblichen Bildschirme oder Drucker eine Figur mit gleichem horizontalen und vertikalen Skalenfaktor zeichnen wollen, müssen Sie die horizontalen Abstände mit einem Ausgleichsfaktor multiplizieren oder die vertikalen Abstände durch einen Ausgleichsfaktor dividieren.

5. Musterprogramm CURVEPLOT

Mit diesem Programm soll gezeigt werden, wie man auf den alphanumerischen Bildschirm mit oder ohne Drucker Graphikentwürfe

```
PROGRAM CURVEPLOT;
CONST
  WIDTH:=25; HEIGHT=22;
TYPE= -WIDTH..+WIDTH;
  DY= 0 .. HEIGHT;
  DATAVECT= ARRAY[DX] OF REAL;
  VAR
    PAGE: ARRAY[DY] OF PACKED ARRAY[DX] OF CHAR;
    X:DX;
    Y:DY;
    F: DATAVECT;
    RX: REAL;
    YZERO: INTEGER;

PROCEDURE SCALE(VAR A:DATAVECT);
(*DATEN IN DIE VERTIKALE PLOTT-SKALA JUSTIEREN*)
VAR SFACTOR,DMIN,DMAX: REAL;
  I:DX;
BEGIN
  DMIN:=1.0E+30;
  DMAX:=-1.0E+30;
  FOR I:=-WIDTH TO WIDTH DO
  BEGIN
    IF A[I] < DMIN THEN DMIN:=A[I];
    IF A[I] > DMAX THEN DMAX:=A[I];
  END;
  IF DMAX<>DMIN THEN
    SFACTOR:=HEIGHT/(DMAX-DMIN);
  FOR I:=-WIDTH TO WIDTH DO
    A[I]:=(A[I]-DMIN)*SFACTOR;
  YZERO:=ROUND( - DMIN*SFACTOR);
END (*SCALE*)

PROCEDURE INIT;
BEGIN
  FOR Y:=0 TO HEIGHT DO
    FOR X:= -WIDTH TO WIDTH DO PAGE[X,Y]:=' ';
  (*VERTIKALE ACHSE*) FOR Y:=0 TO HEIGHT DO PAGE[,0]:='.'
END (*INIT*);
```

```
PROCEDURE XAXIS;
BEGIN
  IF YZERO IN [0..HEIGHT] THEN
    FOR X:= -WIDTH TO WIDTH DO
      PAGE[YZERO,X]:='.';
END (*XAXIS*);

PROCEDURE PLOT(VAR A:DATAVECT; CH:CHAR);
VAR J:DX;
BEGIN
  SCALE(A);
  FOR J:=-WIDTH TO WIDTH DO
    PAGE[ROUND(A[J]),J]:=CH
END (*PLOT*);

BEGIN(*HAUPTPROGRAMM*)
  INIT;
  FOR X:= -WIDTH TO WIDTH DO
  BEGIN
    (*RX IST X  MULTIPILIZIERT MIT WILLK. HORIZ. SKALENABST.*)
    RX:=X * 0.25;
    IF RX=0.0  THEN F[X]:=1.0 ELSE
      F[X]:=SIN(RX)/RX;  (*FUNKTION UM IN F ZU PLOTTEN*)
  END;
  PLOT(F,'*');
  XAXIS;
  (*AUSDRUCK DES  ERGEBNISSSES)
  FOR Y:=HEIGHT DOWNTO 0 DO
  BEGIN
    FOR X:=  -WIDTH TO WIDTH DO WRITE(PAGE[Y,X]);
    IF Y>0 THEN WRITELN;
  END;
END.
```

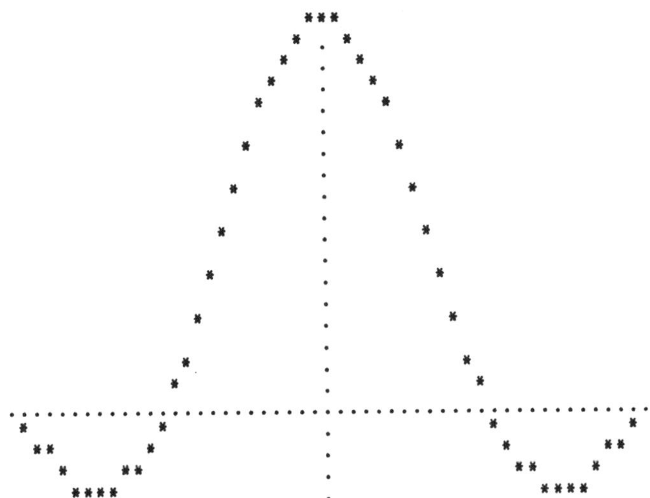

Abbildung 12-2 Bildschirmanzeige des Programmes CURVEPLOT

für errechnete Funktionen zeichnet. Die von diesem Programm gezeichnete Funktion, die in Abb. 12-2 dargestellt ist, werden die mathematisch orientierten Leser unter Ihnen als Funktion Sin(x)/x erkennen. Um dieses Programm verstehen zu können, ist es jedoch nicht notwendig, daß Sie die eingebaute SIN-Funktion kennen. Die hier dargestellte Zeichnung wurde mit Hilfe der SIN-Funktion in Zeile 64 angefertigt. Sie können noch viele solcher Graphiken auf derselben Seite oder auf dem Bildschirm hinzufügen, das Ergebnis muß nur aus dem Schaubild noch erkennbar sein.

Wir gehen hierbei ähnlich vor wie beim Zeichnen geometrischer Figuren im vorhergegangenen Abschnitt. Es ist auch hier notwendig, daß die reellen Zahlenwerte der Funktion, die den vertikalen Abstand bestimmen, gerundet werden, damit eine eindeutige Zeichenposition ausgewählt werden kann. Beim horizontalen Abstand kann man sich im allgemeinen bei der Wertbestimmung der unabhängigen Variablen X solange Zeit lassen, bis die Funktion zur Berechnung des entsprechenden Wertes aufgerufen wird. Wie im Hauptprogramm ersichtlich, muß man manchmal den ganzzahligen Wert von X mit einem "Skalenfaktor" (in unserem Fall Faktor 0,25) multiplizieren, damit die Funktion die gesamte horizontale Distanz ausfüllen kann.

Da es nur verhältnismäßig wenig Zeichenzeilen gibt, mit denen man arbeiten kann, sollte man darauf achten, daß das Schaubild den Bildschirm in vertikaler Richtung füllt, damit man eine möglichst glatte Kurve erhält. Gewöhnlich werden wir eine Funktion verwenden, deren Wert nicht zufällig gerade die richtige Anzahl von Zeilen benötigen, um den Bildschirm zu füllen. Daher müssen alle Y Werte mit einem Skalenfaktor multipliziert werden.

Als erstes berechnet dieses Programm für die Funktion, die gezeichnet werden soll, für jeden geplanten Wert von X einen Wert und setzt diesen dann in das Feld F in den Zeilen 63 und 64 ein. Die IF-Anweisung kümmert sich um die Schwierigkeit der Funktion Sin(x)/x, die entsteht, wenn x=0 ist. Dann wird der Funktionswert nämlich 1.0. Ohne IF-Anweisung würde das Programm beim Versuch Sin(0) durch 0 zu dividieren abbrechen. Nachdem schließlich alle Funktionswerte berechnet worden sind, wird PLOT mit F als Parameter aufgerufen. PLOT wiederum ruft SCALE auf, um die Werte in F (innerhalb von SCALE und PLOT mittels A angesprochen) anzupassen, so daß diese genau die Zeilen 0 .. HEIGHT ausfüllen. Am Ende von SCALE wird die globale Variable YZERO auf die NUMMER der Zeile gesetzt, in welcher Y=0 ist. Diese Zeile ist aber nicht unbedingt auf dem Bildschirm zu sehen. Dies hängt vom Umfang der Funktionswerte ab und wird beim Aufruf von XAXIS geprüft, wenn diese die horizontale Zeile der X-Achse zeichnet.

Beachten Sie, daß das durch dieses Programm gezeichnete Schaubild einige Geraden und Treppenstufen aufweist, wo eigentlich glatte Kurven sein sollten. Dies kommt daher, daß wir zwischen die Zeichen auf dem Bildschirm oder der Druckseite keine Punkte setzen können. Geräte, die eigens zum Zeichnen von Schaubildern bestimmt sind, würden dies natürlich viel besser machen. Dazu wäre dann aber wahrscheinlich ein sehr viel umfangreicherer Algorithmus notwendig.

6. Anmerkung zu Graphiken von Bit-Karten

Wenn Sie einen Mikrorechner zusammen mit einem Anzeigegerät verwenden, das Linien nach der Methode in Abb. 0-1 zeichnet, dann können Sie mit Hilfe der in diesem Kapitl vorgestellten Methode weitaus bessere Figuren anfertigen als die hier abgebildeten. Die UCSD-Betriebssoftware ermöglicht Ihnen eine direkte Programmsteuerung für jeden einzelnen Punkt auf dem Bildschirm. In diesem Abschnitt beschreiben wir Ihnen kurz diese Methode. Wir empfehlen Ihnen, Übungen mit umfangreicheren Zeichnungen als den hier gezeigten durchzuführen.

Die Figur, die wir nach der Methode in Abb. O-1 gezeichnet haben, nennen wir die "Bit-Karte", denn jeder einzelne Punkt auf dem Bildschirm entspricht einem bestimmten Bit im Hauptspeicher des Rechners. Würden Sie statt des Feldes PAGE in unserem Beispiel ein Feld SCREEN für denselben Zweck verwenden, sähe die Vereinbarung hierfür ungefähr folgendermaßen aus:

```
VAR SCREEN:  ARRAY[0..HEIGHT] OF
                PACKED ARRAY[0..ROWSIZE] OF BOOLEAN;
```

ROWSIZE bedeutet hier die Anzahl der Bits (minus 1) auf dem Bildschirm, u.z. von links nach rechts und HEIGHT die Anzahl der vertikalen Bit-Zeilen (minus 1). Zum Beispiel müßte der Wert für HEIGHT beim Rechner Terak 8510A 239 betragen und der für ROWSIZE 319; das entspräche einem Bildschirm von 240 zu 320 Punkten, im Vergleich zu 24 Reihen à 80 Zeichenstellen, wie wir sie bei den meisten alphanumerischen Bildschirmen antreffen. In unseren speziell für alphanumerische Bildschirme bestimmten Musterprogrammen in diesem Kapitel haben wir aus drucktechnischen Gründen nur eine Zeilenbreite von 51 Zeichen verwendet. Falls Sie einen Bildschirm mit Graphikmöglichkeiten haben, kann es sein, daß Ihre Werte für HEIGHT und ROWSIZE sich von denen des Terak-Rechners unterscheiden. Ihre Werte werden aber in jedem Fall erheblich über denen des Feldes PAGE in diesem Kapitel liegen.

Das Feld SCREEN unterscheidet sich aber nicht nur durch die Abstände vom Feld PAGE, sondern auch in anderer Hinsicht. PAGE speichert z.B. Zeichen, die später auch als Zeichen auf dem Bildschirm erscheinen sollen, während SCREEN ganz einfach einen booleschen Wert speichert, der bestimmt, ob ein Punkt auf dem Bildschirm hell oder dunkel erscheinen soll. Bei einem Wert TRUE erscheint ein heller Punkt bei FALSE ein dunkler.

Aufgrund unterschiedlicher Hardwareeigenschaften werden die notwendigen Vorkehrungen für die Kommunikation zwischen den

Bitwerten des Feldes SCREEN und dem Bildschirm von einem Gerät zum anderen unterschiedlich ausfallen. Beim Terak 8510A wird eine ganz einfache Technik angewendet. Während das Programm initialisiert wird, muß folgende Anweisung einfach eingefügt werden:

```
CH := F ;
GET(F);
```

dabei handelt es sich bei UNITWRITE um eine eingebaute Prozedur, die normalerweise nur für Programmierer der Betriebssoftware reserviert ist, die an Übersetzer-, Editor- und anderen großen System-Programmen arbeiten.

Der erste Parameter "3" bezieht sich auf die Bildschirmanzeige. Der zweite, SCREEN, muß der Name für das zweidimensionale Feld aus booleschen Werten sein, von der Art, die wir gerade besprochen haben. Während die Anweisung UNITWRITE ausgeführt wird, fordert sie das graphische Anzeigegerät auf, die im Speicher des Feldes SCREEN gespeicherten Bits anzuzeigen. Der dritte Parameter, der hier durch die ganzzahlige Konstante 63 dargestellt wird, wird zur Steuerung des Anzeigegerätes benötigt. Der Wert 63 bezieht sich einzig auf den Rechner Terak 8510A und wird für andere Geräte wahrscheinlich ein ganz anderer sein. Nachdem UNITWRITE ausgeführt worden ist, werden alle Bitänderungen innerhalb des Feldes SCREEN bis zur Beendigung Ihres Programmes auf dem Bildschirm sichtbar sein.

Wenn Sie weitere Informationen über die Verwendung von Bit-Karten für Bildschirme benötigen, sollten Sie sich die Betriebsanleitung Ihres Gerätes genau ansehen und sich eventuell eine zusätzliche Kommunikationsbeschreibung Ihres Gerätes mit der PASCAL-Betriebssoftware beschaffen.

Übung 12.1:

Ändern Sie das Programm CHARPLOT so, daß es die vier in Teil b der Abb. 12-1 gezeigten Rechtecke zeichnet. Anmerkung: Wenn Sie sich im klaren darüber sind, wie dies Programm ablaufen muß, dürfte diese Übung ganz einfach für Sie sein. Wir haben die Veränderung hierfür folgendermaßen vorgenommen: wir haben zwei neue Bezeichner (wir werden nicht verraten welche, da wir Ihnen damit die Lösung nennen würden) vereinbart, diese Bezeichner in die vier Anweisungen eingefügt und drei andere Anweisungen ausgewechselt.

Viele Studenten gehen mit der Einstellung "mal sehen was geschieht, wenn wir das oder das machen" an dies Problem heran, ohne das Programm wirklich zu verstehen. Dies ist aber reine Zeitvergeudung. Wenn Sie noch Schwierigkeiten haben, CHARPLOT zu verstehen, erleichtern Sie sich die Aufgabe, indem Sie erst einmal die Punkte von zwei oder drei Rechtecken löschen und mit den übrigen experimentieren. Es ist im Endeffekt so, daß die endgültige Anzeige des Gesamtinhaltes des Feldes PAGE auf eine umfangreiche Test-Anweisung hinausläuft. Sie können z.B. die Ausgabeschleife (Zeilen 46 bis 50) in eine neue Prozedur eingeben und anschließend die Prozedur an entscheidenden Stellen innerhalb RECT aufrufen, um festzustellen, wie die Seiten und die obere Linie des Rechtecks gezeichnet werden.

Erst wenn Sie wirklich verstanden haben, wie dieses Programm arbeitet, sollten Sie die gewünschten Änderungen folgendermaßen vornehmen: Jedes Rechteck ist symmetrisch um seinen Mittelpunkt angelegt. Der Mittelpunkt für alle drei Rechtecke des ursprünglichen Programmes liegt bei X=0, Y=0. Für neue Rechtecke müssen Sie also neue Werte für X und Y einsetzen.

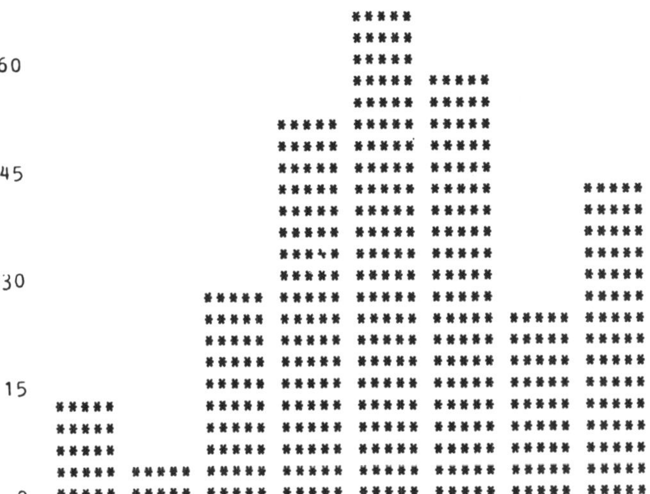

Abbildung 12-3 Säulendiagramm zu Übung 12.3

Übung 12.2:

Ändern Sie das Programm CURVEPLOT so ab, daß es beide eingebauten Funktionen SIN und COS zeichnet. Verwenden Sie zur Unterscheidung der beiden Kurven verschiedene Zeichen. Versuchen Sie die Konstante 0.25 in Zeile 62 des Musterprogrammes in die Werte 0.20 und 0.30 abzuändern und erklären Sie, wie sich die gezeichneten Figuren ändern.

Übung 12.3:

Für statistische Untersuchungen ist es oft nützlich, mit einem "Balkendiagramm" die relative Größe verschiedener Daten darstellen zu können, z.B. den jeweiligen Energieverbrauch mehrerer Jahre. Schreiben und debuggen Sie ein PASCAL-Programm, mit welchem Sie das in Abb. 12-3 gezeigte Balkendiagramm zeichnen können. Verwenden Sie dazu folgende Prozentzahlen:

12 5 29 51 66 59 25 43

Bevor Sie sich an die Lösung dieses Problems setzen,sollten Sie sich erst einmal überlegen, wie Ihr Algorithmus aussehen soll. Man kann die in Abb. 12-3 dargestellte Anzeige inklusive der am linken Rand stehenden Skalenwerte mit Hilfe eines Feldes PAGE, wie wir es in unseren Musterprogrammen in diesem Kapitel mehrfach verwendet haben, anfertigen. Überlegen Sie einmal, wie Sie dieses Problem nur mit den Kenntnissen aus den ersten 3 Kapiteln dieses Buches gelöst hätten. Danach erst machen Sie sich an die Problemlösung heran. (Zur Lehre: Im Leben sieht alles etwas anders aus als in einem Lehrbuch, wo Sie mit der Nase auf die Lösung gestoßen werden. Bevor Sie zuviel Zeit für die Aufstellung eines Algorithmus vergeuden, überlegen Sie sich erst einmal, welche der bereits bekannten Lösungsmethoden hier wohl die beste wäre).

Übung 12.4:

Wenn Sie ein Anzeigegerät für Bit-Karten haben, ändern Sie die Musterprogramme CHARPLOT und CURVEPLOT so, daß Sie Zeichnungen mittels Bit-Karten anfertigen. Berücksichtigen Sie bei Ihrer Überarbeitung die in den Übungen 12.1 und 12.2 gewünschten Änderungen. Versuchen Sie das Balkendiagramm von Übung 12.3 so zu zeichnen, daß die vertikalen Balken durch Schrägstriche in gleichmäßigem Abstand schraffiert werden. Wenn Sie mit Ihrem Anzeigegerät farbig zeichnen können, versuchen Sie, jeden Balken in einer anderen Farbe zu schraffieren!

Übung 12.5:

Rechner werden gerne bei der Anfertigung von Karten für Aufgaben verwendet, die wir Menschen besonders langweilig finden. Etwa zum Schraffieren von uneinheitlichen Gebieten, die aber doch einem gemeinsamen Kriterium unterliegen. Zum Beispiel kann das gesamte Gebiet eines Bundeslandes oder eines Landkreises in einer Farbe schraffiert werden und die angrenzenden Regierungsbezirke in anderen Farben. Bei Anzeigegeräten oder Druckern, die nicht farbig ausgeben können, kann eine entsprechende Schraffierung durch verschiedene Dichte oder unterschiedliche Winkel bei der Kreuzschraffierung erreicht werden. Falls die Karte mit einem Zeichenanzeigegerät oder einem Drucker auf einer unbearbeiteten Karte dargestellt werden soll, kann die Schraffierung durch unterschiedliche Zeichen angedeutet werden.

Als erstes sollten Sie bei dieser Aufgabe mit Hilfe von Turtle-Graphiken die uneinheitliche Karte auf den Bildschirm bringen. Begrenzungslinien sollen dabei folgende (X,Y) Koordinatenpunkte verbinden. Sie werden jede Zahl mit einem geeigneten Skalenfaktor etwa zwischen 5 und 24 multiplizieren müssen, damit die Karte Ihren Bildschirm einigermaßen ausfüllt. Die Abbildung wurde absichtlich in Form rechteckiger Schachteln angelegt, damit Sie die Linien der Turtle-Graphik ohne weiteres mit einfachen FOR- und WHILE-Schleifen simulieren können. Mit anderen Worten, die Begrenzungslinien werden wie ein Zaun oder Gatter aussehen. Nachfolgend die Koordinatenwerte:

(1,2) (4,2) (4,6) (-1,6) (-1,3) (-3,3)
(-3,5) (-6,5) (-6,1) (-2,1) (-2,-3) (3,-3)
(3,-1) (1,-1) und zurück nach (1,2)

Schreiben und debuggen Sie ein Programm, das diese Karte als Bit-Karte zeichnen kann oder eine entsprechende Karte aus Zeichen. Das Programm soll anschließend die gesamte Abbildung schraffiert darstellen, ohne eine freie Stelle innerhalb der Begrenzungslinien zu lassen. Gehen Sie davon aus, daß es sich hierbei nur um den Teil einer Gesamtkarte handelt und noch viele andere Teile angrenzen. Die Programmlogik kann also nicht einfach in jeder angezeigten Reihe am linken Rand des Bildes mit dem Schraffieren beginnen und bis zur rechten Begrenzung durchschraffieren, bis Sie auf die nächste Begrenzung stößt. Die Umgrenzung dieser Abbildung ist ganz ungleichmäßig, wie es bei einer echten Landkarte auch der Fall wäre. Die Prozedur für die Schraffierung sollte so aufgestellt sein, daß sie für alle ähnlich konzipierten Karten verwendbar ist und nicht nur für diese eine Karte.

Hinweis: Wenn jeder einzelne Graphikpunkt von einem bestimmten Punkt innerhalb der Abbildung aus erst einmal lokalisiert worden ist, kann dies Problem ganz einfach mit einer rekursiven Prozedur gelöst werden. Die Prozedur prüft von ihrer jeweiligen Grenzposition aus, ob sich oberhalb ihrer gegenwärtigen Position noch eine unschraffierte Reihe befindet. Ist dies der Fall, notiert sie sich, wo sie sich gerade innerhalb der lokalen Variablen oder des Parameters befindet, ruft sich dann selbst wieder auf und läßt die nächst obere Reihe prüfen. Gibt es in dieser Reihe keine unschraffierte Stelle, richtet sich die Aufmerksamkeit im entgegengesetzten Uhrzeigersinn auf die anderen Grenzpunkte. Wenn man sich dadurch eine Reihe weiter nach unten bewegt, kehrt die Prozedur zu ihrem Aufrufer zurück. Damit "kennt" der Aufrufer dann die Zeilennummer (Y-Position) und ebenfalls den linken und rechten horizontalen Grenzpunkt. Die Schraffierung kann vorgenommen werden, bevor die Prozedur zu ihrem Aufrufer zurückkehrt.

Wenn der erste Fall der Prozedur endet, ist das Problem logisch zur Hälfte gelöst. Jetzt muß die Prozedur aufgerufen werden, damit sie in den Zeilen unterhalb der aktuellen Zeile und nicht oberhalb fortfahren kann. Wenn alle Positionen geprüft sind und die Prozedur schließlich zum Ausgangspunkt zurückkehrt, muß die Karte vollständig schraffiert sein.

13. Suchvorgang

1. Zielsetzung

In diesem Kapitel und den beiden folgenden werden zur Übung Algorithmen zum Durchsuchen langer Datenlisten und zum Sortieren ungeordneter Daten verwendet. Wir haben dieses Thema über drei Kapitel verteilt, um besser auf die Lösungswege und nicht nur auf Einzelheiten über Such- und Sortiertechniken eingehen zu können. Sie sollen die Musteralgorithmen und Programme dieses Kapitels eingehend studieren und die Übungen durcharbeiten, um weitere Erfahrungen für Problemlösung und Programmierung zu sammeln.

2. Hintergrund

Für Such- und Sortiervorgänge wird bei mittleren und großen Rechnern so viel Laufzeit benötigt, wie sonst für keine andere Aktivität im Zusammenhang mit Rechenproblemen. Da bei diesen Geräten die Arbeitszeit kostspielig ist, hat man sich ungeheuer darum bemüht, schnellere und bessere Möglichkeiten für die Entwicklung von Such- und Sortieralgorithmen zu finden. Es gibt daher heute sehr viele verschiedene Such- und Sortieralgorithmen, die wir anhand von Beispielen untersuchen wollen.

Wenn es sich um Such- oder Sortierprobleme handelt, ist man im allgemeinen mit langen Folgen von Datenmengen befaßt, wie wir sie in Kapitel 10 kennengelernt haben. Datenbeispiele, die als Mengenfolgen gespeichert werden könnten, wären z.B.

a) Katalogkarten eines Bibliothekskatalogs

b) einzeilige Telefonbucheintragungen mit Namen und Anschrift des Fernsprechteilnehmers

c) der Index am Ende eines Lehrbuches

In allen oben genannten Beispielen enthält eine Menge mehrere Datenelemente. Die Menge eines Telefonbucheintrags enthält zum Beispiel folgende Datenfelder: Zunamen, Vornamen, zusätzliche Namensinitialen, Telefonnummer, Hausnummer, Straßenname und Ortsname.

Wenn Sie die Telefonnummer eines bestimmten Fernsprechteilnehmers finden wollen, "suchen" Sie im Telefonbuch nach dem entsprechenden Namenseintrag. Die zugehörige Telefonnummer finden Sie gleich neben dem Namen. Die Post macht Ihnen das Suchen einfach, indem sie alle Fernsprechteilnehmer in alphabetischer Reihenfolge im Telefonbuch aufführt. Können Sie sich vorstellen, einen Fernsprechteilnehmer zu finden, wenn die Eintragungen im Telefonbuch z.B. in ansteigender Reihenfolge der Telefonnummern vorgenommen werden würde? Da sich die Fernsprechteilnehmer nicht in alphabetischer Reihenfolge ihrer Namen um eine neue Telefonnummer bemühen, muß die Post also die Namensdatei ihrer Fernsprechteilnehmer so sortieren, daß die Namen schließlich in alphabetischer Reihenfolge im Telefonbuch erscheinen.

Wenn Sie zur Post gehen, um eine Eintragsänderung vornehmen zu lassen, wird der Postangestellte wahrscheinlich mit Hilfe eines Rechnerprogrammes Ihre Daten im Rechner suchen und herausholen. Dies ist ein typisches Beispiel für ein alltägliches Such- und Sortierproblem, das mit dem Rechner gelöst werden kann. Sortieralgorithmen werden in den Kapiteln 14 und 15 besprochen. In diesem Kapitel konzentrieren wir uns auf Suchalgorithmen, die bereits nach bestimmten Gesichtspunkten sortierte Daten durchsuchen.

3. Überblick, wie bei der Problemlösung vorzugehen ist

Wenn Sie die hier beschriebenen Algorithmen durchgehen, vergessen Sie nie, sich klar zu machen, wie diese Grundmethoden auf Ihre eigenen Probleme angewendet werden könnten. Hier noch einmal die bereits besprochenen Schritte:

a) Ist das Gesamtproblem zu umfangreich, um es auf einmal verarbeiten zu können, unterteilen Sie es in Teil-Algorithmen.

b) Stellen Sie einen Plan für jeden einzelnen Schritt in einem Teil-Algorithmus auf. Hierbei kann es Ihnen nützen, sich einige Prüfdaten aufzuschreiben oder in einem Diagramm darzustellen. Überdenken Sie dann Schritt für Schritt, wie Ihr Teilalgorithmus aussehen soll, der die einzelnen Prüfdaten aus ihrer ursprünglichen Form in eine neue Form übersetzen soll. Haben Sie erst einmal verstanden, <u>was</u>

der Algorithmus eigentlich durchführen soll, können Sie zum nächsten Schritt übergehen und entscheiden, wie die Durchführung zu erfolgen hat.

c) Zeichnen Sie ein Strukturdiagramm, aus welchem ersichtlich ist, wie Sie sich die Datenumsetzung in Schritt b) vorgestellt haben. Achten Sie dabei sorgfältig darauf, welche Schritte ein- oder zweimal wiederholt werden, wo Sie entscheiden müssen, welche von zwei oder mehr möglichen Aktivitäten in Ihrem Diagramm an mehreren verschiedenen Stellen auftreten (Teil-Algorithmus). Sie sollten erst einmal ein Rohdiagramm erstellen, damit Sie eine allgemeine Vorstellung bekommen, wie Ihr Algorithmus aussehen muß. Anschließend können Sie dann Einzelheiten einfügen und logische Unklarheiten korrigieren.

d) Nachdem Sie ein Strukturdiagramm erstellt haben, können Sie es nun in Anweisungen für jede gewünschte Programmiersprache übersetzen. Wenn Sie in PASCAL programmieren, ist das Übersetzungsproblem einfach. Für andere Programmiersprachen empfiehlt es sich, das Strukturdiagramm erst einmal in PASCAL zu übersetzen und anschließend dann in die entsprechende andere Programmiersprache.

e) Nun gilt es, daß in Schritt d) geschriebene Programm zu debuggen. Als erstes müssen Syntaxfehler entfernt werden, die der Übersetzer markiert. Als zweites, und das ist schwieriger, müssen logische "Laufzeitfehler" des Programmes gesucht und behoben werden. Hierzu müssen Prüfdaten verwendet werden, deren Laufergebnisse für dieses Programm oder Unterprogramm bekannt sind. Es erscheint uns ganz empfehlenswert, zu diesem Prüfzweck die Daten aus Schritt b) zu verwenden, die Sie für Ihr Konzept aufgeschrieben hatten. Erst wenn jede einzelne Prozedur und Funktion mit diesen wenigen Prüfdaten wirklich korrekt arbeitet, sollten Sie alle zusammen im Gesamtprogramm laufen lassen. Kein Programmteil sollte vorher mit mehr als diesen Prüfdaten geprüft.

werden. Anschließend erst darf dies Programm für "Betriebs"-Berechnungen verwendet werden.

4. Lineares Suchen

In diesem und den folgenden Kapiteln wollen wir Listen mit Zahlen durchsuchen und sortieren. Es kommt zwar sicher häufiger vor, daß Namens- oder andere Wort-Listen durchsucht und sortiert werden sollen, wir wählen hier aber Zahlen, weil wir uns damit die Programmierung etwas kürzer und damit einfacher machen können. Gleichzeitig erlauben Zahlenbeispiele, daß wir uns besser auf die Struktur der erforderlichen Algorithmen konzentrieren können.

Um Ihnen erst einmal eine Vorstellung von der linearen Suche zu vermitteln, beginnen wir mit einer kurzen Folge von Prüfdaten:

```
0687,3831,5138,1064,0730,4308,4687,8540,3667,9430
  0    1    2    3    4    5    6    7    8    9
```

Wie Sie vielleicht schon bemerkt haben werden, handelt es sich hierbei um Nummern aus dem örtlichen Fernsprechbuch. Dieses Buch ist eine hervorragende Quelle für Zufallsdaten, die zum Prüfen von Algorithmen geeignet sind. Unter jeder einzelnen Datengröße in dieser Reihe finden Sie die zugehörige Indexzahl für die jeweilige Größe, d.h. die Zahl, die die Reihenfolge der Datengröße bestimmt. Natürlich wissen wir schon im voraus, wofür diese Indexzahlen verwendet werden sollen, wenn die Datenfolge in einem Feld im Rechner gespeichert werden soll.

Bei der "linearen" oder "sequenziellen" (logisch fortlaufenden) Suche suchen wir in einer Liste systematisch nach einer bestimmten Datengröße, indem wir diese Liste Datum um Datum von Anfang an (oder auch vom Ende her, falls dies vorteilhafter ist) durchsuchen. Haben wir die gesuchte Datengröße schließlich gefunden, beenden wir den Suchvorgang. Lassen Sie uns z.B. in der obigen Liste die Zahl 4308 suchen. (Sollte es Sie irritieren, eine bestimmte Zahl suchen zu müssen, so versuchen Sie sich folgende Situation vorzustellen: Sie haben sich bei irgendeiner Gelegenheit eine Telefonnummer aufgeschrieben, um später dort eventuell einmal anzurufen. Sie haben aber leider versäumt, sich auch den zugehörigen Namen zu notieren und bemerken nun, daß Sie den Namen wissen müssen). Wir beginnen unsere Suche bei Platz "0" mit der Datengröße 8687. Dies ist nicht die gesuchte Nummer, also gehen wir einen Platz weiter. Auch hier finden wir die gesuchte Nummer nicht. Wir setzen unsere Suche weiter fort und weisen alle Datengrößen, die nicht die gesuchte Größe darstellen, zurück.

Es kann natürlich in einem typischen Präzedenzfall vorkommen, daß die gesuchte Größe gar nicht in der Liste vorhanden ist. Wir müssen uns deshalb eine Möglichkeit für den Algorithmus ausdenken, daß am Ende der Liste eine entsprechende Anzeige "Fehlen" erscheint, wenn die gesuchte Zahl nicht gefunden wurde.

Die Durchführung dieses Suchvorgangs haben wir vor Augen und können somit direkt zum zugehörigen Strukturdiagramm übergehen. Das Diagramm muß ganz eindeutig ein Wiederholungs-Kästchen enthalten. Bei jeder Wiederholung müssen wir die Index-Variable um 1 erhöhen, damit wir immer genau wissen, wo wir uns gerade innerhalb der Liste befinden. Die Wiederholung wird solange fortgesetzt, bis eine von zwei Voraussetzungen erfüllt ist, entweder:

a) Wir finden die gesuchte Datengröße

oder

b) Wir erreichen das Ende der Liste.

Bei Voraussetzung (a) wird die Suche beendet, weil die gesuchte Größe gefunden wurde. Unser Algorithmus könnte natürlich einfacher aussehen, wenn wir ihn alle Datengrößen in der Liste ansehen ließen, auch wenn die gesuchte Datengröße bereits gefunden worden ist. Wir müßten dann eine entsprechende "Markierungs"-Variable TRUE setzen, nachdem die Datengröße gefunden wurde. Aber Sie würden ganz sicher bei der Suche nach einer bestimmten Telefonnummer so nicht vorgehen. Wenn Sie wüßten, daß die gesuchte Nummer nur einmal in der Liste erscheint, würden Sie die Suche sofort abbrechen, wenn Sie sie gefunden haben. Alles andere wäre auch Zeitvergeudung. Das gleiche gilt beim Rechner für den Such-Algorithmus, denn sinnloser Zeitverlust ist hier kostspielig (zumindest bei den großen Geräten).

Nachdem wir uns mit der in einem Feld gespeicherten Datengröße befaßt haben, sollten wir uns überlegen, wie wir die Wiederholung statt durch die EOF-Bedingung durch einen "Stopper"-Wert beenden können. Ein solcher Stopper-Wert würde bei der ersten Eingabe ins Hauptprogramm üblicherweise ans Ende der Liste gesetzt werden. Daraus entsteht dann der in Abb. 13-1 gezeigte (boolesche Funktions-) Algorithmus. Die Abbildung stellt einen Teil-Algorithmus mit einem Parameter ITEM dar, der den von uns gesuchten Wert wiedergibt. Bei vergeblicher Suche wird der Funktionswert FALSE gesetzt, sonst TRUE. Der Wert des Stoppers darf logischerweise als Wert nicht in der Datenliste enthalten sein. In der oben gezeigten Liste mit vierstelligen ganzen Zahlen kann das Stopper-Datum z.B. den Wert -1 haben (denn es gibt keine negativen Telefonnummern) oder 0 (da man annehmen kann, daß die Telefonnummer 0000 nicht vergeben werden wird), oder auch den Wert 100000 oder einen größeren (da diese ganze Zahl nicht mit 4 Ziffern ausgedrückt werden kann).

Sehen Sie sich Abb. 13-1 genau an und beachten Sie dabei folgende Punkte:

a) Nachdem Sie für das Wiederholungsfeld die Form

REPEAT Anweisung UNTIL Bedingung

gewählt haben, wird der in der Bedingung erwähnte Feld-Platz LST [I] am Ende der durchgeführten Wiederholung geprüft. Da durch eine Anweisung der Wert der Indexvariablen I bei jeder Wiederholung erhöht werden muß, muß der Wert für I mit -1 initialisiert werden bevor das REPEAT-Kästchen durchgeführt wird. Andernfalls wäre LST[1]der erste geprüfte Platz.

b) Die Wahlmöglichkeit im Kästchen 3 ist notwendig, um feststellen zu können, ob die Durchführung des REPEAT-Kästchens beendet wurde, weil die gesuchte Datengröße gefunden wurde oder weil die Suche vergeblich war.

Abb. 13-2 zeigt eine weitere Möglichkeit, den linearen Suchvorgang darzustellen. Sehen Sie sich diese Version genau an, und vergleichen Sie sie mit Abb. 13-1. Beachten Sie dabei folgende Punkte:

a) Die einfache UNTIL-Bedingung im REPEAT-Kästchen macht die Verwendung eines zusätzlichen EXIT-Kästchens oder der vergleichbaren GOTO-Anweisung erforderlich, um aus der Schleife freizukommen, wenn sich die zweite Voraussetzung als richtig erweist.

b) Es ist einfacher, LINEAR während der Initialisierung FALSE zu setzen, um nicht durch eine zusätzliche Prüfung feststellen zu müssen, wodurch die Durchführung des REPEAT-Kästchens beendet wurde. LINEAR bleibt FALSE, bis die gesuchte Größe gefunden wird und anschließend wird das Feld 2.2.1 durchgeführt.

c) Wir hätten für die FALSE-Setzung von LINEAR auch ein Kästchen 3 verwenden können. Dann hätten wir aber dafür sorgen

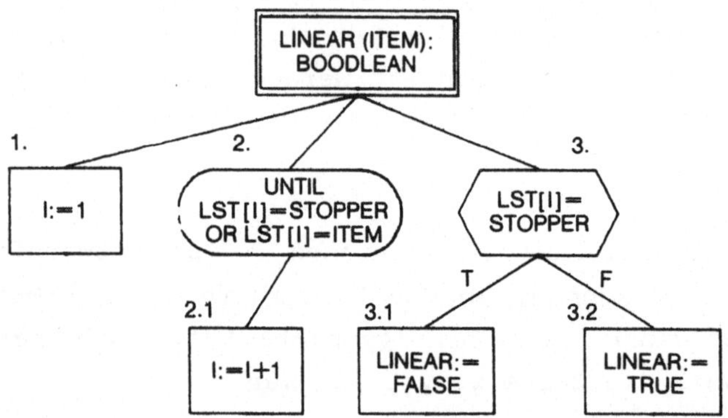

Abbildung 13-1

müssen, daß durch EXIT die Verzweigung an der Wurzel des Teil-Algorithmus verlassen wird, damit Kästchen 3 nicht mehr durchgeführt wird, wenn die gesuchte Datengröße bis dahin gefunden wurde.

Prüfen Sie beide Formen des Such-Algorithmus mit den weiter vorn in diesem Abschnitt gegebenen Prüfdaten und suchen Sie die folgenden Zahlen mit Hilfe der Funktion LINEAR:

a) 4308 (in der Mitte der Liste)
b) 8687 (erster Wert in der Liste)
c) 9430 (letzter Wert in der Liste)
d) 7777 (erlaubter aber nicht vorhandener Wert in der Liste)
e) -123 (ungültiger Wert aufgrund des festgelegten Wertebereichs)

Bauen Sie Ihr Prüfprogramm so auf, daß nach Beendigung der Funktion LINEAR der Wert der Variablen I angezeigt wird. Prüfen Sie in beiden oben erwähnten Fällen, ob der von Ihrem Programm gemeldete Wert für I mit der Prüfdatengröße übereinstimmt.

Wir wollen jetzt einmal davon ausgehen, daß Ihr Programm zwar richtig abläuft, aber falsche Ergebnisse anzeigt. Sie können aus Ihren Programm-Anweisungen nicht erkennen, woran das liegt. In einem solchen Fall empfiehlt es sich, die von der Funktion verwendeten unterschiedlichen Variablenwerte zu "überwachen". Dazu müssen Sie vorübergehend an strategisch wichtigen Stellen WRITE-Anweisungen in Ihr Programm einfügen. Sie können dann die Werte Schritt um Schritt in der Ausgabe überprüfen und feststellen, ob die Rechnerergebnisse Ihren Erwartungen entsprechen. Mit dieser schrittweisen Analyse können Sie meist schnell den Fehler finden.

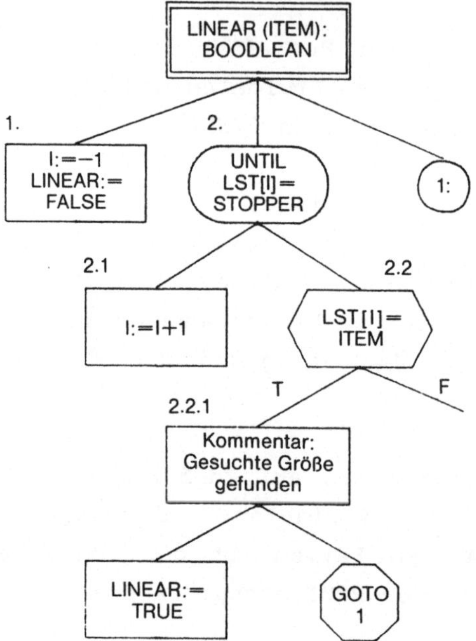

Abbildung 13-2

5. Binäres Suchen

Der im vorhergegangenen Abschnitt besprochene lineare Suchvorgang ist zwar einfach aber viel zu zeitraubend bei umfangreichen Datenlisten. Sie selbst würden sicher nie auf den Gedanken kommen, ein Fernsprechbuch oder Wörterbuch nach der linearen Methode zu durchsuchen. Es würde entschieden zu lange dauern, wenn Sie auf der Suche nach einem bestimmten Datenwert (im Fernsprechbuch einen Namen, im Wörterbuch ein Wort) am Anfang des Buches beginnen und solange die Reihe der Eintragungen durchgingen, bis Sie schließlich den gesuchten Datenwert gefunden haben. Sie wissen aus Erfahrung, daß es einen besseren Weg gibt. Aus denselben Gründen werden wir auch den Rechner bei umfangreicheren Datenlisten nicht nach dem linearen Suchvorgang vorgehen lassen, sondern wir wählen einen ähnlichen Weg wie Sie, wenn Sie z.B. in einem Fernsprechbuch oder Wörterbuch einen Namen oder ein Wort suchen. Die einfachste Form dieses Suchvorganges wird "binäres Suchen" genannt.

Um eine ungefähre Ahnung vom binären Suchvorgang zu erhalten, überlegen Sie sich einmal, wie Sie vorgehen würden, wenn Sie einen bestimmten Namen im Fernsprechbuch suchen. Sagen wir den Namen "Schmitt". Sie werden als erstes die Seiten mit dem Anfangsbuchstaben "S" suchen und dazu das Fernsprechbuch etwa in der Mitte aufschlagen. Sie prüfen dann die aufgeschlagene Seite, um festzustellen, ob "S" weiter vorn oder weiter hinten im Buch ist. Ist es weiter hinten, was bei "S" höchstwahrscheinlich der Fall sein wird, dann engen Sie Ihre Suche weiter ein und teilen die zweite Buchhälfte nochmals in zwei etwa gleichgroße Hälften. Die nun aufgeschlagene Seite prüfen Sie wieder, um festzustellen, ob Sie sich bereits bei den Seiten "S" befinden. Sind Sie erst bei "P", so werden Sie die Seiten noch weiter teilen und jetzt, aufgrund der ersten Teilung etwa bei der Hälfte eines Buchviertels weiter hinten angekommen sein. Waren Sie bei der zweiten Teilung allerdings bei dem Anfangsbuchstaben "T" gelandet, so werden Sie jetzt weiter nach vorn schlagen müssen.

Durch diesen fortlaufenden Teilungsprozess erreichen Sie dann irgendwann den Teil des Buches mit dem Anfangsbuchstaben "SCH". Sie werden nun Ihre Suche weiter einengen müssen und bei den Namen, die mit "Schm" beginnen nachschauen, dann bei "Schmi". Jedesmal werden Sie einen kleineren Buchteil weiter vor oder hinter der gerade erreichten Seite teilen. Wenn Sie schließlich die Seiten mit den Namen "Schmitt" erreicht haben werden, wird es sich für Sie wahrscheinlich empfehlen, den gesuchten Namen nach dem linearen Vorgang zu suchen.

Bei der linearen Suche ist es unwichtig, wie die Daten angeordnet sind, nicht so, bei der binären Suche. Hier müssen die Daten entweder in abnehmender oder zunehmender Reihenfolge gespeichert sein. Beim Fernsprechbuch oder auch dem Wörterbuch handelt es sich um die vertraute Anordnung in alphabetischer Reihenfolge. Lassen Sie uns zur Übung einmal statt der alphabetischen Anordnung eine 3-ziffrige Zahlenfolge verwenden, in der jede folgende Zahl entweder gleich oder größer als die vorhergegangene ist. Nachfolgend geben wir Ihnen eine Liste, die wieder mit Indexzahlen versehen ist. Anhand dieser Liste wollen wir den Algorithmus erklären:

Abb. 13-3.

```
105,172,221,279,324,324,331,392,426,439,541,615,684
 0   1   2   3   4   5   6   7   8   9   10  11  12
                         :
```

Mit Hilfe des gerade beschriebenen Suchvorganges werden wir jetzt durch diese Liste gehen und dabei die Zahl 392 suchen.

Abb. 13-4.

Schritt 1:

```
105,172,221,279,324,324,331,392,426,439,541,615,684
 0   1   2   3   4   5   6   7   8   9   10  11  12
                         :
```

Schritt 2:

```
392,426,439,541,615,684
 7   8   9   10  11  12
             :
```

Schritt 3:

```
392,426,
 7   8
 :
```

Im ersten Schritt haben wir die Liste bei der Indexzahl 6 geteilt und festgestellt, daß der dort plazierte Wert 331 kleiner als der gesuchte Wert ist. Die Zahl 331 wird also ausgeschlossen, da sie geprüft und abgelehnt wurde. Wir setzen unsere Suche in der zweiten Hälfte der Liste in Schritt 2 fort. Als "Mitte" dieser Hälfte bestimmen wir die Indexzahl 9. Die genaue "Mitte" wäre zwar 9,5, doch wir verfügen über keine Teilgrößen. Wir haben daher festgelegt, daß jeweils die nächst kleinere ganze Zahl die "Mitte" bilden soll. In unserem Fall stellt also die Indexzahl 9 die "Mitte" dar. An diesem Platz befindet sich der Wert 439, der größer als der gesuchte Wert ist. Indexstelle 9 wird also ausgeschlossen und allein die Indexzahlen 7 und 8 bleiben in der Liste übrig. Wir bestimmen nach derselben Regel wie in Schritt 2 wieder die "Mitte" dieser kleinen Folge, erhalten 7,5 und reduzieren auf 7. Der Wert in Platz 7 beträgt 392 und somit wurde der gesuchte Wert gefunden. Der Suchvorgang wird nach Schritt 3 beendet.

Lassen Sie uns jetzt nach demselben Suchvorgang einen anderen Datenwert suchen, sagen wir die Zahl 279. Sehen Sie sich dazu Abb. 13-5 an.

Abb. 13-5.

Schritt 1:

```
105,172,221,279,324,324,331,392,426,439,541,615,684
 0   1   2   3   4   5   6   7   8   9   10  11  12
                         :
```

Schritt 2:

```
105,172,221,279,324,324
 0   1   2   3   4   5
         :
```

Schritt 3:

```
            279,324,324
             3   4   5
                 :
```

Schritt 4:

```
            279
             3
             :
```

Sie werden in der Zwischenzeit sicher schon erkannt haben, wie das Strukturdiagramm für den Such-Algorithmus aussehen könnte. Bevor wir uns aber dem Such-Algorithmus zuwenden, wollen wir sinnvollerweise erst noch sehen, was geschieht, wenn wir einen Wert suchen, sagen wir 329, der gar nicht in der Liste vorhanden ist. Dies ist in Abb. 13-6 dargestellt.

Abb. 13-6.

Schritt 1:

```
105,172,221,279,324,324,331,392,426,439,541,615,684
 0   1   2   3   4   5   6   7   8   9   10  11  12
                         :
```

Schritt 2:

```
105,172,221,279,324,324
 0   1   2   3   4   5
         :
```

Schritt 3:

```
            279,324,324
             3   4   5
```

Schritt 4:

324

5

:

6. Algorithmus für den rekursiven binären Suchvorgang

Lassen Sie uns jetzt versuchen, den Teil-Algorithmus für den binären Suchvorgang mit Hilfe des Rechners aufzustellen. Wir wollen dabei davon ausgehen, daß die entsprechende Datenliste in einem Feld LST gespeichert ist und daß uns bekannt ist, welche Indexwerte dem ersten und letzten Listenwert für die Parameter des Teil-Algorithmus zugewiesen wurden. In unserem Beispiel handelt es sich um die Werte 0 und 12.

Es genügt eine oberflächliche Betrachtung der Abbildungen 13-4 bis 13-6 um zu wissen, wo ein Wiederholungsfeld zur Steuerung der erforderlichen Schritte verwendet werden könnte. Einfacher ist es jedoch, wenn man sich den Teil-Algorithmus rekursiv vorstellt. Das bedeutet: wir teilen die Liste in Schritt 1 in drei Teile (die untere "Hälfte", die "mittlere" und die obere "Hälfte") und beschließen dann, jedenfalls in den meisten Fällen, einen dieser drei Teile zu untersuchen. Falls es sich bei dem neuen Teil, der geprüft werden soll, um die obere oder untere "Hälfte" handelt, kann diese "Hälfte" mit demselben Algorithmus wie eine neue Liste geprüft werden. Das Ergebnis der binären Suche durch die Liste LST[0], ..., LST[12] in Abb. 13-6 ist eine binäre Suche durch die Liste LST [0], ..., LST [5]. Hieraus wiederum resultiert eine binäre Suche durch die Liste LST[3], ..., LST[5]. Als Ergebnis von Schritt 3 werden wir schließlich eine Liste mit höchstens einem Element nach dem binären Vorgang durchsuchen. Wenn wir einmal soweit sind, ist der Teil-Algorithmus nicht länger anwendbar. In Abb. 13-7 zeigen wir die rekursive Form des Teil-Algorithmus.

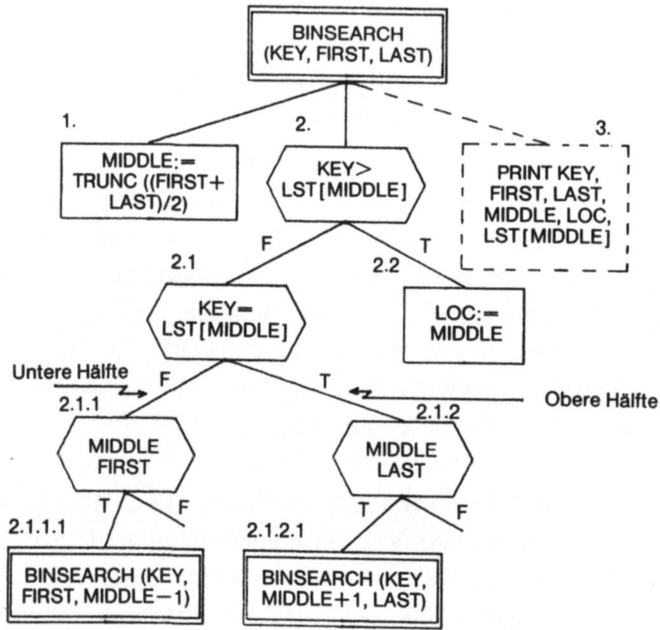

Abbildung 13–7

Nachfolgend einige wichtige Punkte zu Abb. 13-7:

a) Der Begriff "Schlüssel"

Der <Bezeichner> KEY (Schlüssel) in Abb. 13-7 steht für den gesuchten Wert. Der Begriff "Schlüssel" wird bei Such- und Sortiervorgängen häufig als Bezeichner für das gesuchte Datenelement oder zur Bestimmung der endgültigen Reihenfolge einer Liste verwendet. Im Fernsprechbuch wird z.B. die Reihenfolge der Namen durch folgende Verkettung als Schlüssel bestimmt:

Nachname Vorname mittlere Namensinitialen

Würde man aber die Telefonnummern als Schlüssel verwenden, so erschienen die Nummern im Fernsprechbuch in ansteigender Zahlenreihenfolge. Ähnlich verhält es sich bei einem Wörterbuch. Hier bildet das zu definierende Wort den Schlüssel für die Reihenfolge der Eintragungen. Alle anderen Daten in einem Wörterbuch "laufen nur so mit" bei der Sortierung des Wörterbuches.

b) Beendigung des Algorithmus

Wenn das zuletzt aufgerufene Feld in einem Strukturdiagramm keinen weiteren Aufruf von BINSEARCH beinhaltet, bedeutet dies die Beendigung des Teil-Algorithmus BINSEARCH. In unserem Beispiel heißt das, wenn Feld 2.2 durchgeführt wurde oder Feld 2.1.1.1 oder 2.1.2.1 nicht durchgeführt wurde, wird der Algorithmus beendet und hinterläßt die Variable LOC mit irgendeinem Wert. LOC soll eine globale Variable sein, die in dem <Block> vereinbart wurde, in welchem BINSEARCH zum erstenmal aufgerufen wurde. Vor dem ersten Aufruf von BINSEARCH wird der Variablen LOC der Wert -1 zugewiesen. Ist der gesuchte Wert gefunden, so bildet LOC die Indexzahl für diesen Wert und bezeichnet seinen Platz innerhalb des Feldes LST. Wird der gesuchte Wert nicht in der Liste gefunden, bleibt LOC auf -1 festgesetzt. Dieser Wert kann mit keinem Platz innerhalb des Feldes übereinstimmen.

Übung 13.1:

Man kann den binären Suchvorgang mit Hilfe der Rekursionsmethode ganz gut erklären, aber imgrunde kann derselbe Algorithmus ebensogut ohne Rekursion aufgestellt werden. Schreiben und debuggen Sie ein Programm mit einer ganzzahligen Funktion BINSEARCH die die Lage des Schlüssels als ihren Wert zurückgibt.

Prüfen Sie Ihr Programm mit der in diesem Kapitel für andere Darstellungszwecke bereits verwendeten Datenliste. Geben Sie die Prüfdaten in Ihr Programm ein, und testen Sie dieses anschließend mit den folgenden Schlüsselwerten:

a) 105 (kleinster Listenwert)
b) 684 (größter Listenwert)
c) 331 (mittlerer Listenwert)
d) 426 (ein beliebiger mittlerer Listenwert, aber nicht der mittlere)
e) 200 (nicht vorhandener Listenwert, wäre sonst in der Mitte angesiedelt)
f) 0 (Wert kleiner als der kleinste Listenwert)
g) 999 (Wert größer als der größte Listenwert)
h) 324 (doppelt aufgeführter Wert)

Lassen Sie das Programm nun zum zweitenmal durchlaufen und entfernen Sie dabei einen der beiden Werte 324. Wiederholen Sie anschließend die Programmprüfung mit der gegebenen Datenliste. (Binäre Suchprogramme sind häufig etwas heikel mit ungeraden/geraden Längenproblemen). Achten Sie darauf, daß das Programm in jedem dieser Fälle richtige Ergebnisse liefert. Nur wenn alle Ergebnisse richtig sind, kann man davon ausgehen, daß das Programm auch bei wesentlich längeren Datenlisten richtig arbeiten wird.

Stellen Sie eine Datenliste mit Zahlen von 0 bis 1000 auf und versuchen Sie auch diese Liste mit Hilfe der Such-

Funktion zu durchsuchen. Verwenden Sie dazu die Schlüsselwerte 497, 498, 499, 500, 501, 502 und 503. Der Platz eines Schlüssels muß sich mit dem Schlüssel decken oder, abhängig von der Feldvereinbarung LST, um eins geringer sein als der Schlüssel. Fügen Sie bei diesem letzten Versuch eine Logik ins Programm ein, damit Sie zählen können, wie oft die Prozedur den Schlüssel mit dem Feld LST[MIDDLE] vergleicht und Sie die Anzahl nach Beendigung der Funktion erfahren. Keiner der in der kurzen Liste oben aufgeführten Schlüssel darf insgesamt mehr als 10 Vergleiche notwendig machen, trotz der Länge der Liste. Im allgemeinen darf der binäre Suchvorgang nicht mehr als

$$\log_2(N)$$

Suchvorgänge benötigen (auf die nächst höhere ganze Zahl aufgerundet), wobei N die Anzahl der Daten in der durchsuchten Liste bezeichnet. Die lineare Suche würde hier N/2 Vergleiche nötig machen, was sehr viel mehr ist.

14. Sortiervorgang – I. Einfache Algorithmen

1. Zielsetzung

Wir zeigen Ihnen in diesem Kapitel zwei einfache Sortier-Algorithmen und den damit eng verbundenen Mischvorgang. Sie sollen auch hier wieder in erster Linie weitere Erfahrungen für die Problemlösung sammeln, indem Sie Rechnerprogramme mit diesen Algorithmen erstellen und anschließend Ihre Programme debuggen.

2. Hintergrund

Einer der wichtigsten Gründe, warum wir Listendaten nach bestimmten Gesichtspunkten sortieren möchten, ist der, daß der Suchvorgang dadurch ganz wesentlich erleichtert wird. Außerdem hilft das vorherige Sortieren bei späteren "Änderungen", die wir eventuell bei einigen Daten in einer langen Liste vornehmen wollen.

Wenn Hauptliste und Änderungsliste beide nach denselben Gesichtspunkten sortiert sind (etwa in alphabetischer oder numerischer Reihenfolge), muß man nur ein einziges Mal durch die beiden Listen gehen und kann die Änderungen dann zusammen mit den ursprünglichen Eintragungen in die Hauptliste eingeben. Diesen Vorgang nennt man "mischen". Wir werden uns mit diesem Thema hier nur kurz befassen.

Es gibt eine ganze Reihe verschiedenster Sortier-Algorithmen, zum einen deshalb, weil sie die Rechenzeit verkürzen helfen, zum anderen,weil sie für Tüftler eine interessante intellektuelle Herausforderung sind. Welchen Algorithmus Sie verwenden, hängt u.a. von Ihrem Rechnertyp ab und davon, nach welchen Gesichtspunkten die Daten sortiert werden sollen, welcher Art die Daten sind, die sortiert werden sollen, wie lang die zu sortierende Liste ist und noch einigen anderen Faktoren. Nicht zu vergessen natürlich auch besondere ästhetische Gesichtspunkte.

Wir werden Ihnen in diesem Kapitel zwei Sortier Algorithmen kurz vorstellen, damit Sie eine ungefähre Vorstellung erhalten, wieviele verschiedene Algorithmen möglich sind. Wir empfehlen Ihnen, sich diese Algorithmen sehr sorgfältig anzusehen, um den Aufbau immer umfangreicherer Algorithmen kennenzulernen.

3. Sortiervorgang bei Einfügungen

Den einfachen Sortier-Algorithmus für Einfügungen nennt man "absinkenden Sortiervorgang" (Sinking Sort); manchmal auch "durchsiebenden Sortiervorgang" (Sifting Sort), wenn nur geringe Änderungen durchgeführt werden. Der Sortieralgorithmus führt in etwa dasselbe aus wie Sie, wenn Sie Spielkarten in Ihrer Hand sortieren. Sie beginnen mit der ersten gegebenen Karte und ordnen die zweite Karte entweder vor oder hinter der ersten Karte ein. Die dritte Karte ordnen Sie dann entweder vor, zwischen oder hinter den beiden ersten Karten ein, entsprechend ihrem Wert. Die vierte Karte vergleichen Sie mit allen bereits erhaltenen Karten in Ihrer Hand und beginnen dabei bei der ersten Karte. Sie fügen Sie schließlich zwischen zwei Karten ein, von denen die eine wertmäßig höher, die andere wertmäßig niedriger als diese ist. Dieser Vorgang wiederholt sich für jede neu gegebene Karte, bis alle Karten ausgeteilt und eingeordnet sind. Sie halten Ihre Karten nun in sortierter Reihenfolge in der Hand.

Wir werden Ihnen auch diesen Algorithmus wieder mit Zahlen darstellen, obgleich er mit Namen oder anderen nicht-numerischen Daten imgrunde gleich arbeitet. In Abb. 14-1 zeigen wir Ihnen den Sortiervorgang für Einfügungen.

Achten Sie darauf, daß bei jedem Schritt die neueingefügte Datengröße mit einem Sternchen ('*') gekennzeichnet ist. Achten Sie ferner darauf, daß die größeren Zahlen (die schwereren) weiter nach unten zum "Boden" der Liste absinken. In unserem Fall hier haben wir für den "Boden" den größten Wert als Platzindex für LOC gewählt.

In unserem Beispiel können die Einfügungen in den von der ursprünglichen Datenliste besetzten Feldkomponenten vorgenommen werden. Wir benötigen lediglich eine einfache Variable, sagen wir die Variable HOLD, um die Werte, die eingefügt werden sollen, vorübergehend zu speichern. Wir beginnen am Anfang (in unserem

Beispiel beim kleinsten Indexwert) der vorhandenen Liste und vergleichen den Wert in HOLD mit dem Listenwert. Ist der Listenwert kleiner wird er einen Platz weiter nach oben gerückt. Anschließend wird HOLD mit dem nächsten Listenwert verglichen. Dabei werden alle kleineren Listenwerte jeweils um einen Platz weiter nach oben versetzt. Wird ein größerer Listenwert als HOLD gefunden, so wird der Wert im Platz von HOLD unmittelbar über dem größeren Listenwert gespeichert.

Abb. 14-1.

PLATZ	URSPRÜNDL. LISTE											
0	43											12
1	87										12	23
2	29									12	23	29
3	38								12	23	29	34
4	34							12	23	29*	34	38
5	46						12	23	34	34	38	39
6	12					12*	23	34*	38*	38	39	43*
7	68				23	23	39	39	39	39	46	46
8	23			23*	39	39	46*	46	46	46	55	55
9	75		39	39	55	55	55	55	55	55	68	68
10	55	39	55	55	68*	68	68	68	68	68	75	75
11	39*	55*	75*	75	75	75	75	75	75	75	87*	87
SCHRITT		2	3	4	5	6	7	8	9	10	11	12

Abb. 14-2 zeigt das Strukturdiagramm für den Sortiervorgang für Einfügungen. Bei Ablaufbeginn des Teil-Algorithmus durchlaufen die unsortierten Datenelemente im Feld LST die Plätze LST[0], ..., LST[N]. Die Variablen HOLD, I und J können hier lokale Variable des Teil-Algorithmus sein, da sie nur während des Sortiervorganges benötigt werden.

Damit Sie eine Vergleichsmöglichkeit mit anderen Sortier-Algorithmen erhalten, versuchen Sie zu schätzen, wie oft die Berechnungen für den Sortiervorgang dieser Einfügungen wiederholt werden müssen. Kästchen 1 in Abb. 14-2 ruft N Wiederholungen bei N+1 Datenelementen, die zu sortieren sind, auf. Schritt 1.2 ruft am Anfang nur eine Wiederholung auf und am Ende N Wiederholungen höchstens. Schritt 1.2 wird beendet, wenn für ein neues Datum bereits vor Listenende durch GOTO im Kästchen 1.2.1.2.2 der richtige Platz gefunden wurde. Hier haben wir ein Beispiel für eine GOTO-Anwendung, wie wir sie in Kapitel 11 noch nicht besprochen hatten. GOTO wird hier als Austrittsmöglichkeit aus dem Wiederholungs-Kreis verwendet, der innerhalb des vom Kästchen 1 gesteuerten Algorithmusbereiches liegt. Die Verarbeitung beginnt dadurch wieder bei Kästchen 1.1, falls Kästchen 1 eine erneute Wiederholung aufruft.

Die von Kästchen 1.2 (Wiederholung wird von Kästchen 1 gesteuert) aufgerufenen Wiederholungen werden höchstens N*(N/2) mal durchgeführt, d.h. die Hälfte von N-Quadrat. Dieser Fall würde aber nur dann auftreten, wenn die ursprüngliche Liste genau entgegengesetzt der gewünschten Reihenfolge angeordnet wäre. Alle neuen Datengrößen müßten dann auf den Boden der Liste "sinken". Tatsächlich aber ist es so, daß die neuen Daten meist nur bis zur Hälfte des bereits sortierten Listenteils absinken. Der Algorithmus wird also etwa N*(N/4) Wiederholungen von Kästchen 1.2.1 fordern. Befindet sich die ursprüngliche Liste bereits in der gewünschten Reihenfolge wenn der Teil-Algorithmus aktiviert wird, dann sind für seine Beendigung nur N Wiederholungen des Kästchens 1.2.1 erforderlich.

Damit Sie sich noch besser vorstellen können, was bei diesem Algorithmus wirklich geschieht, empfehlen wir Ihnen, sich die ersten fünf oder mehr Schritte der Abb. 14-1 genau anzusehen und dabei im Auge zu behalten, was im Strukturdiagramm der Abb. 14-2 von Kästchen zu Kästchen passiert. Erkennen Sie die Notwendigkeit des Kästchens 1.3??

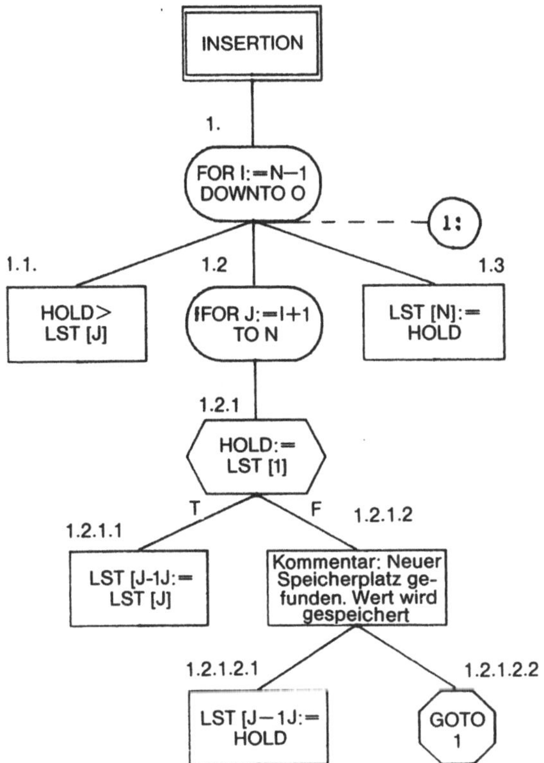

Abbildung 14–2

Bei einem Sortierprogramm für Einfügungen sollten zur Fehlersuche und -beseitigung vorübergehend Anzeigeanweisungen in die Kästchen 1.2.1.1, 1.2.1.2.1 und 1.3 eingefügt werden. Jede Anzeigeanweisung sollte zur Identifizierung ihre Kästchennummer enthalten. Darüberhinaus sollte sie die Werte für LST[J-1], LST [J] und für HOLD angeben können. Durch zusätzliche READLN-Anweisungen können Sie den Ablauf der gerade durchgeführten Schleife stoppen und ihr Ergebnis prüfen. Anschließend geben Sie dann <RET> ein, und das Programm läuft weiter.

Achtung: Nach Beendigung der FOR-Anweisung in Kästchen 1.2 ist auch bei PASCAL der Wert für J nicht eindeutig definiert. Es hängt von der Implementierung der Programmiersprache ab, ob der Wert der Steuervariablen auch nach Beendigung der FOR-Anweisung noch verwendbar ist oder nicht. Selbst wenn er verwendbar bleibt, kann es vorkommen, daß dieser Wert derselbe ist wie der Grenzwert der FOR-Anweisung, oder daß er um eins über oder unter diesem Grenzwert liegt, oder auch ein ganz anderer Wert ist. Sie sollten sich daher nach Beendigung der FOR-Anweisung besser nicht auf J verlassen und warten, bis J ein neuer Wert zugewiesen wurde.

Wenn Ihnen die Debugging-Beispiele noch nicht ausreichen, und Sie sich immer noch nicht recht vorstellen können, was bei diesem Algorithmus geschieht, dann ist es an der Zeit, daß Sie weitere Test-Anweisungen in Ihr Programm einfügen, damit Sie die Sortierergebnisse nach jedem einzelnen Schritt beobachten können. Zu diesem Zweck fügen Sie als Kästchen 1.4 eine Anweisung ein, die die Datenmenge von Adresse I bis N in der Liste anzeigt. Sie können diese Datenliste horizontal in einer einzigen Ausgabezeile anzeigen. Das ist besser als unsere vertikale Anzeige in Abb. 14-1. In diesem Teststadium werden Sie höchstwahrscheinlich nur relativ kurze Datenlisten austesten.

4. Sortieren wie mit Blasen

Der Algorithmus zum Sortieren wie mit Blasen (wir werden ihn Blasen-Sortiervorgang nennen) gehört zur Familie der Algorithmen, die benachbarte Datenwerte "austauschen" und so eine neue Datenanordnung schaffen. Der Ausdruck "Blasen" deshalb, weil hier leichtere (kleinere) Werte zum oberen Ende der Liste "aufsteigen". Wenn Daten nur teilweise geordnet werden sollen, bietet diese Sortiermethode eine relativ schnelle Sortierung, denn man kann leichter erkennen, wann kein weiterer Austausch mehr erforderlich ist. Er ähnelt aber auch dem in Abschnitt 3 dieses Kapitels beschriebenen Algorithmus für den Sortiervorgang für Einfügungen. Sehen Sie sich Abb. 14-3 an, um eine ungefähre Vorstellung von der Arbeitsweise dieses Sortier-Algorithmus zu erhalten.

Wir haben in dieser Abbildung in jedem Schritt die "Blasen" durch ein Sternchen ('*') markiert. Sehen Sie sich zum Beispiel einmal Schritt 1 an. In der Ausgangsliste ist 39 kleiner als 55. Die beiden Werte werden also ausgetauscht. Anschließend wird dann 39 gegen 75 ausgetauscht. Beim nächsten Vergleich zeigt sich, daß 39 größer als 23 ist, und es findet hier kein Austausch statt. Da 23 jedoch kleiner ist als 68 haben wir schon die nächste Blase. Am Schluß erweist sich 12 als kleinster Listenwert und steigt zum oberen Ende der Liste auf.

Abb. 14-3.

PLATZ	AUSGANGS-LISTE										
0	43	12*	12	12	12	12	12	12	12	12	12
1	87	43	23*	23	23	23	23	23	23	23	23
2	29	87	43	29*	29	29	29	29	29	29	29
3	38	29	87	43	34*	34	34	34	34	34	34
4	34	38	29	87	43	38*	38	38	38	38	38
5	46	34	38	34*	87	43	39*	39	39	39	39
6	12	46	34	38	38	87	43	43	43	43	43
7	68	23*	46	39*	39	39	87	46*	46	46	46
8	23	68	39*	46	46	46	46	87	55*	55	55
9	75	39*	68	55*	55	55	55	55	87	68*	68
10	55	75	55*	55	68	68	68	68	68	87	75*
11	39	55	75	75	75	75	75	75	75	75	87
SCHRITT		1	2	3	4	5	6	7	8	9	10

Wenn wir uns auf Schritt 2 vorbereiten, wissen wir bereits, daß der kleinste Listenwert inzwischen auf Platz 0 gelandet ist. Dieser Wert muß also nicht mehr mit den anderen Werten verglichen werden. In Schritt 2 ist der Wert, der in Platz 2 steht, der letzte Wert oben in der Liste, der verglichen werden muß. Der Anfangswert beträgt in Schritt 2 also 43. Im Verlauf wird dann der nächste nunmehr kleinste Listenwert zu Platz 1 aufsteigen. Der Wertevergleich in Schritt 3 braucht nur noch bis Platz 2 durchgeführt zu werden. Die gestrichelte horizontale Linie zeigt in jedem Schritt, bis wohin der letzte Vergleich und der damit verbundene Datenaustausch bereits durchgeführt wurde. In Schritt 7 hätte der letzte Austausch zwischen den Plätzen 6 und 7 (43 und 46) vorgenommen werden können. Es war aber kein Austausch notwendig, da die Werte bereits in der richtigen Reihenfolge standen. Dadurch konnte die restliche Liste in einem Schritt um zwei Plätze gekürzt werden.

Mit einer einfachen Variablen EXCH können Sie immer feststellen, wo in jedem Listendurchlauf der letzte Datenaustausch vorgenommen wurde. Initialisieren Sie EXCH am Anfang jedes Durchlaufs mit N-1 und weisen Sie am Ende des Durchlaufs einer Variablen BOUND den Wert EXCH+1 zu. Der nächste Durchlauf braucht dann nur vom N-ten Datenfeld bis BOUND abwärts zu reichen.

Sie sehen, daß die Blasen-Sortierung weniger Durchführungen erfordert, wenn die Ausgangsliste am Anfang des ersten Durchlaufs schon teilweise sortiert ist. Beispiel: Sehen Sie sich Abb. 14-3 an, und stellen Sie sich dabei vor, der neue Wert 10 wäre zwischen die Werte 55 und 68 in die Liste eingefügt worden. Ein einziger Durchlauf hätte genügt, und der Wert 10 hätte an den Anfang der Liste aufsteigen können. Am Ende dieses Durchlaufs hätte die Variable EXCH immer noch den Wert N-1. BOUND wäre also auf den Wert N gesetzt und es würde keine weitere Wiederholung stattfinden.

Es kann natürlich auch vorkommen, daß ein sehr großer Wert ganz oben in einer ziemlich gut geordneten Liste erscheint. Ein Gegenbeispiel zu dem gerade besprochenen Beispiel. Gehen Sie einmal davon aus, daß der Wert 90 innerhalb der sortierten Liste in Schritt 10 (Abb. 14-3) direkt hinter dem Wert 12 eingeordnet ist. Jetzt wären N-1 Durchläufe erforderlich, um den Wert 90 auf seinen richtigen Platz am Ende der Liste zu setzen. Wir können also feststellen, daß der Blasen-Sortiervorgang für kleine Werte, die nach oben steigen, besser funktioniert als für große Werte, die nach unten sinken sollen.

Es ist eine ganz gute Methode, erst einen Abwärtsdurchlauf und gleich anschließend einen Aufwärtsdurchlauf durchzuführen. Diese beiden Durchläufe könnten jeweils paarweise durchgeführt werden, mit oberen und unteren Werten für BOUND, die sich progressiv annähern. Bei den ungeraden Schritten würde der Austausch bei dem unteren Wert für BOUND beginnen und sich weiter nach oben durcharbeiten, wie in Abb. 14-3. Bei den geraden Schritten dagegen, würde der Austausch beim oberen Wert für BOUND beginnen und sich nach unten fortsetzen. Wenn der obere und untere Wert schließlich gleich sind, endet der Algorithmus. Diese Version des Hin- und Herlaufens wird manchmal "Sortieren wie im Cocktail-Shaker" genannt. Der Vorteil dieser Methode ist, daß der Sortiervorgang relativ schnell abgeschlossen werden kann, wenn die ursprünglichen Daten einigermaßen gut geordnet sind. Die Lage der wenigen außerhalb der Reihenfolge liegenden Schlüssel ist dabei unwichtig.

5. Mischen von Daten

Beim Sortieren oder Durchsuchen von Daten hat man häufig die Möglichkeit, zwei oder mehr Datenlisten zu einer geordneten Datenliste zusammenzufügen. Sind alle Listen, bevor sie zusammengelegt werden, bereits in geordneter Reihenfolge, dann bietet das "Mischen" der Listen den besten und unmittelbarsten Weg. Nehmen wir nun aber einmal an, wir wollen zwei Listen, sagen wir Liste-A und Liste-B, die bereits in ansteigender Reihenfolge geordnet (kleinste Größe zuerst) sind, zu einer neuen Liste-M vermischen. Dazu werden wir jeweils den ersten Wert der beiden Listen A und B miteinander vergleichen, den kleineren Wert von beiden auswählen und ihn in die Liste-M setzen. Gleichzeitig löschen wir diesen Wert aus der entsprechenden Ausgangsliste. Anschließend erfolgt ein erneuter Vergleich der nun ganz oben stehenden Werte der beiden Listen A und B, und der kleinere der beiden Werte wird wiederum in die langsam anwachsende Liste-M eingefügt. Am Ende sind alle Daten in die Liste-M übertragen worden und Liste-A und Liste-B leer. Abb. 14-4 zeigt diesen Vorgang. Beachten Sie, daß die beiden Listen nicht gleich lang sein müssen.

Hier einige beachtenswerte Punkte zu diesem Vorgang:

a) Für den Fall, daß die ersten Werte in den beiden Listen A und B gleich groß sind, muß eine Regel für das weitere Vorgehen aufgestellt werden. In unserem Beispiel haben wir immer zuerst die Datengrößen aus Liste-A übertragen.

Abbildung 14-4.

```
START
9   15  16  18  25  37  44              Liste-A
3    6   9  17  25  34  45  47  48      Liste-B

Schritt 1
3                                       Liste-M
9   15  16  18  25  37  44              Liste-A
     6   9  17  25  34  45  47  48      Liste-B

Schritt 2
3    6                                  Liste-M
9   15  16  18  25  37  44              Liste-A
         9  17  25  34  45  47  48      Liste-B

Schritt 3
3    6   9                              Liste-M
    15  16  18  25  37  44              Liste-A
         9  17  25  34  45  47  48      Liste-B

Schritt 4
3    6   9   9                          Liste-M
    15  16  18  25  37  44              Liste-A
            17  25  34  45  47  48      Liste-B

Schritt 5
3    6   9   9  15                      Liste-M
        16  18  25  37  44              Liste-A
            17  25  34  45  47  48      Liste-B

Schritt 6
3    6   9   9  15  16                  Liste-M
            18  25  37  44              Liste-A
            17  25  34  45  47  48      Liste-B

                etc.  etc.  etc.
```

b) Früher oder später werden alle Eintragungen der einen Liste in die neue Liste übertragen worden sein, während in der anderen Liste durchaus noch einige Daten vorhanden sein können. Ihr Algorithmus muß so aufgestellt sein, daß er diese Situation erkennt und die restlichen Werte der zweiten Liste auch noch überträgt.

c) Dieser Algorithmus macht mindestens doppelt soviele Zwischenspeicherplätze notwendig, wie insgesamt Daten vorhanden sind. Der Algorithmus arbeitet verhältnismäßig schnell, da jede Datengröße nur einmal bearbeitet werden muß.

Der Mischvorgang wird im allgemeinen erst im späteren Sortierstadium hinzugezogen, wenn die zu sortierende Liste nicht mehr vollständig im Hauptspeicher des Rechners gespeichert werden kann. Es wird eine zusätzliche Speichermöglichkeit notwendig, wie etwa ein Magnetband oder eine Magnetspeicherplatte. Der Sortiervorgang wird dann schrittweise vorgenommen. Im ersten Abschnitt werden Datenreihen aus der unsortierten Liste in den Hauptspeicher übertragen, bis dieser voll ist. Diese kurzen Datenreihen werden dann von schnelleren "internen" Sortier-Algorithmen sortiert. "Intern" bedeutet hier, daß der Sortiervorgang ohne Rückgriff auf irgendein anderes Hilfsspeichergerät, intern im Hauptspeicher vorgenommen wird. Eine so sortierte Datenreihe wird auf einer Platte oder einem Magnetband gespeichert, und eine neue ähnliche Datenreihe wird in den Hauptspeicher übertragen.

Schließlich ist die gesamte Liste in kurze Datenreihen aufgeteilt, und diese Reihen sind intern sortiert und gespeichert worden. Im nächsten Sortierabschnitt werden die kurzen Datenreihen dann paarweise gemischt, so daß man nun längere Datenreihen, weiterhin in geordneter Reihenfolge, erhält. Der Mischvorgang verlangt nicht, daß alle Informationen der einzelnen kurzen Datenreihe gleichzeitig im Hauptspeicher gespeichert sind. Durch das Mischen werden mehrere längere neue Unterreihen gebildet, die wiederum auf Platten oder Bändern gespeichert werden. Diese Unterreihen werden wieder gemischt und bilden noch längere Unterreihen. Dies setzt sich solange fort, bis alle Daten der ursprünglichen Liste schließlich in die neue Liste eingemischt sind, und alle Daten in der richtigen Reihenfolge stehen.

Ein dem Mischen recht ähnlicher Vorgang wird sehr häufig zur Verarbeitung von Daten im Verwaltungsbereich verwendet. Bestimmte Verwaltungsstellen führen häufig eine "Stamm-Liste" aus Personen, von denen sie Datensätze führen: (z.B. Daten über Studenten einer Universität, Kunden der Stadtwerke, Angestellte irgendeiner Gesellschaft etc.) Jeden Monat werden neue "Vorgänge" gesammelt. Aufgabe des Rechners ist es hierbei, mit Hilfe dieser neuen Daten die Datensätze der einzelnen Personen "auf dem laufenden" zu halten. Die Stammliste wird immer in geordneter Reihenfolge geführt, und die Liste mit den monatlichen Vorgängen wird ziemlich am Anfang der Verarbeitung sortiert. Liegt für eine Person sowohl ein Stamm-Datensatz wie auch ein Vorgang vor, wird der Datensatz korrigiert, d.h. er wird unter Berücksichtigung der neuen Vorgänge "auf den neuesten Stand gebracht".

In der Kundenkreditabteilung eines Warenhauses kann ein Vorgang z.B. aus einem Einkauf bestehen oder aus einem Zahlungseingang. Die Stammdatei wird mit den neuen Vorgängen "gemischt" und der korrigierte Datensatz kann dann in einer neuen Kopie der Stammliste gespeichert werden. Wenn es keinen entsprechenden Vorgang zu einem Stamm-Datensatz gibt, wird der alte Stamm-Datensatz in die neue Liste übertragen. Wenn es zwar einen Vorgang gibt, aber keinen entsprechenden Stamm-Datensatz, muß irgendein Fehler vorliegen. Das Programm muß also für diesen Fall eine Möglichkeit vorsehen, d.h. es muß besondere Vorkommnisse dieser Art anzeigen oder ausdrucken können. Fehlerhafte Eingaben können dann korrigiert oder neue Stamm-Datensätze angelegt werden.

Übung 14.1:

Zeichnen Sie ein ungefähres Strukturdiagramm für den Blasen-Sortiervorgang. Anschließend schreiben und debuggen Sie ein Programm mit einem Blasen-Sortiervorgang als Prozedur. Prüfen Sie das Programm mit den Daten, die wir für den in Abb. 14-3 dargestellten Algorithmus verwendet haben. Versuchen Sie anschließend Ihr Programm mit einer längeren Datenreihe zu prüfen. Die Daten hierfür können sie aus einem zufälligen Zahlengenerator zusammenstellen, wie jenem in den Programmen FOURLETTER und RANDOMWALK in Kapitel 5 Abschnitt 11. Sollte ein fehlerhafter Programmablauf Ihnen Schwierigkeiten bereiten, so fügen Sie fehlersuchende WRITE-Anweisungen in Ihr Programm ein.

Übung 14.2:

Schreiben und debuggen Sie ein Programm, das zwei sortierte Zahlenreihen wie in Abb. 14-4 mischt. Erstellen Sie als erstes ein oberflächliches Strukturdiagramm zur Beschreibung des Algorithmus. Prüfen Sie Ihr Programm mit der in Abb. 14-4 verwendeten Datenreihe. Anschließend prüfen Sie es dann mit zwei längeren Datenreihen aus Zufallsdaten, die während des Blasen-Sortiervorganges geordnet werden. Jede Datenreihe soll aus etwa 100 Daten bestehen, und eine der beiden Reihen soll mindestens um 10 Daten kürzer sein als die andere. Sehen Sie die gemischte Liste sorgfältig durch, ob auch alle Daten gemischt wurden. Vor allen Dingen stellen Sie fest, ob die Daten am Anfang und Ende der Ausgangsliste auch wirklich in die gemischte Liste aufgenommen wurden.

15. Sortiervorgang – II. Schnell-Sortierung (QUICKSORT)

1. Zielsetzung

Wir stellen Ihnen in diesem Kapitel einen weiteren wichtigen Sortier-Algorithmus vor, der nicht allzu umfangreich ist und "SCHNELL-SORTIERUNG" genannt wird. Vergessen Sie nicht, daß Ihr wesentliches Ziel auch hier darin besteht, weitere Erfahrungen für Problemlösungen zu sammeln, u.z. indem Sie den hier beschriebenen Algorithmus in ein korrekt ablaufendes Rechner-Programm umwandeln.

2. Hintergrund

Die beiden Sortier-Algorithmen, die wir in Kapitel 14 beschrieben haben, sind angenehmerweise recht einfach aber leider viel zu langsam, besonders wenn es um wahllos geordnete Daten geht. Für die "Schnell-Sortierung", die wir hier in diesem Kapitel beschreiben, muß man aus den vielen möglichen Algorithmen einen auswählen, der ungefähr

$$N * \log_2(N)$$

Operationen benötigt und keinen mit

$$\frac{N^2}{2}$$

Operationen, wie beim Blasen-Sortiervorgang oder beim Sortieren mit Einfügungen. Wir treffen hier wiederum auf die Methode "teile und herrsche", die sich schon bei dem binären Suchvorgang verdient gemacht hat. Auch hier sehen wir wieder eine gewisse Ähnlichkeit zwischen der Baumstruktur und der allgemeinen Struktur für den schnelleren Algorithmus. Und auch hier erreichen wir durch rekursives Vorgehen eine wesentliche Vereinfachung des Algorithmus.

Damit Sie sich wirklich eine Vorstellung von der relativ größeren Geschwindigkeit der Schnell-Sortierung machen können, nehmen Sie sich einmal eine Datenreihe mit 1000 Datengrößen vor, die sortiert werden soll. Verglichen mit der Länge der Datenreihen, die im Verwaltungsbereich verarbeitet werden, ist dies eine ziemlich kurze Reihe. Je länger die Datenreihe ist, desto sinnvoller ist die Anwendung der Schnell-Sortierung. Die einfachen Algorithmen benötigen hierfür etwa (N*N/2) oder etwa 500.000 Operationen. Die Schnell-Sortierung dagegen benötigt etwa 1000 * Log(N) oder etwa 10.000 Operationen. Wenn N=1000 ist, benötigen die einfachen Algorithmen also ca. 50mal soviel Verarbeitungszeit wie die Schnell-Sortierung.

Die Schnell-Sortierung wurde als Ausgangsbasis zur Entwicklung einer ganzen Reihe wichtiger höher entwickelter Sortier-Algorithmen verwendet, die sehr viel Anwendung finden.

3. Beschreibung der Schnell-Sortierung

Um eine ungefähre Vorstellung von den Operationen der Schnell-Sortierung zu bekommen, sehen Sie sich Abb. 15-1 genau an. Hier wird der Sortiervorgang für unsere Prüfzahlenliste unter Anwendung dieses Algorithmus gezeigt.

Der Hauptgedanke dieses Algorithmus ist die Teilung der Datenliste in verschiedene Teile. Ein Teil besteht nur aus Daten, die größer sind als ein entsprechender Vergleichswert, der andere Teil nur aus solchen, die kleiner sind. Jeder Teil wird dann als selbständige Reihe betrachtet, die getrennt sortiert wird. Der Algorithmus wird rekursiv aufgerufen und teilt jeden dieser beiden Teile wieder unabhängig von einander. Dies wird solange wiederholt, bis die einzelnen Teile so kurz sind, daß sie leicht mit dem einfachen Sortier-Algorithmus des Blasen-Sortiervorgangs sortiert werden können.

Die Schritte 1 bis 5 in Abb. 15-1 sind vorgesehen, um die Ausgangsliste in drei Teile aufzuteilen, für die der Vergleichswert derselbe ist. Hierzu müssen wir als erstes raten oder schätzen, welcher Wert der ursprünglichen Liste nach Beendigung der Algorithmus-Operation etwa in der Mitte der endgültig sortierten Liste stehen wird. In unserem Fall haben wir geschätzt, daß dies der Wert 43 sein dürfte, der ursprünglich ganz oben in der Liste erscheint. In den Schritten 1 bis 5 setzen wir die Werte, die kleiner als der geschätzte Wert 43 sind, nach und nach an Listenplätze oberhalb des geschätzten Wertes (kleinerer Indexwert). Dies geschieht in Schritt 1 (zu Schritt 2), sowie in Schritt 3 und 5, d.h. in allen Schritten mit abwärtsweisendem Pfeil. In den anderen Schritten, den geraden, setzen wir die Werte, die größer sind als der geschätzte Wert, an Listenplätze unterhalb des geschätzten Wertes (größere Indexwerte). Damit die Abbildung nicht allzu unübersichtlich wird, haben wir die Listenplätze, an denen sich nichts ändert, leer gelassen.

Abbildung 15-1.

PLATZ	AUSGANGS-LISTE														
0	43	43ǂ	39	39	39	39	39	39	39	39ǂ	12ǂ	12	12	12	12
1	87		87°	43ǂ	23	23	23			23		23ǂ	23	23	23
2	29				29	29	29			29			29ǂ	29	29
3	38				38	38	38			38				38ǂ	34
4	34				34	34	34			34				34*	38
5	46				46*	43ǂ	12			12*	39	39	39	39	39
6	12					12*	43	43	43	43	43	43	43	43	43
7	68					68	68ǂ	55	55ǂ	46	46	46	46	46	46
8	23			23*	43ǂ	46	46	46	46*	55	55	55	55	55	55
9	75			75	75	75	75	75*	68	68	68	68	68	68	68
10	55			55	55	55	55*	68ǂ	75*	75	75	75	75	75	75
11	39	39*	43ǂ	87	87	87	87	87	87	87	87	87	87	87	87
SCHRITT		1	2	3	4	5	6	7	8	9	10	11	12	12	14

Die Plätze, die in der Abbildung mit einem Nummernzeichen (ǂ) versehen sind, sind in jedem Schritt jeweils für den Schätzwert bestimmt. Die durch einen Stern ('*') markierten Plätze zeigen an, wo jeweils eine Änderung vorgenommen wurde. Zum Beispiel in Schritt 3 suchen wir einen Wert, der kleiner ist als der Schätzwert. Die Suche beginnt in Platz 10, da aufgrund des Ergebnisses von Schritt 2 in Platz 11 ein größerer Wert als der Schätzwert zurückgelassen wurde. Der erste Wert kleiner als der Schätzwert ist der Wert 23. Er wird gegen den Schätzwert ausgetauscht und Schritt 3 damit beendet. Als nächstes wird dann von Platz 2 aus nach unten ein Wert gesucht, der größer ist als der Schätzwert. Wir können ohne weiteres mit der Suche erst in Schritt 2 beginnen, da wir ja wissen, daß die Werte in Platz 0 und 1 kleiner sind als der Schätzwert. Als ersten größeren Wert finden wir in Schritt 4 den Wert 46, der dann gegen den Schätzwert ausgetauscht wird.

Die Listenteilung wird in Schritt 5 beendet, da die Listenplätze während der Aufwärts- und Abwärtssuche so geändert wurden, daß alle Plätze dem Schätzwert entsprechend eingeordnet sind. Die Liste, die in Schritt 6 beginnt, (und die Aktivität von Schritt 5 oberhalb der Markierung von Schritt 6 beendet, wie aus der Abbildung ersichtlich ist) ist nun in drei Teile geteilt u.z. in:

a) den Teil von Platz 0 bis Platz 5, der nur Werte kleiner als der Schätzwert enthält

b) den Teil mit dem Schätzwert selbst

c) den Teil, der von Platz 7 bis Platz 11 reicht und nur Werte größer als der Schätzwert enthält.

Bei der Auswahl unserer Liste haben wir eines nicht berücksichtigt, doppelt auftretende Datenwerte. Bevor Sie weiterlesen, sollten Sie sich einmal überlegen, wie Sie das Problem lösen würden, wenn z.B. der Schätzwert mehr als einmal in der Ausgangsliste erscheinen würde.

Nach Beendigung der ersten Teilung in Schritt 5 teilen wir dann in Schritt 6 einen der beiden Teile aus dem ersten Teilungsvorgang. Wir haben für die zweite Teilung ganz willkürlich den Teil von Platz 7 bis 11 gewählt. Die Teilung erfolgt in den Schritten 6 und 7, und es ergibt sich die Liste oberhalb der Markierung von Schritt 8. Wir haben auch hier wieder den ersten Wert der neuen Liste als Schätzwert genommen (den Wert 68).

Wiederum erhalten wir eine Dreiteilung. Sowohl der größere wie auch der kleinere Teil ist jetzt klein genug, so daß zwei einfache Tauschaktionen in Schritt 8 ausreichen, um für alle Werte, die größer sind als der ursprüngliche Schätzwert 43, den Sortiervorgang zu beenden. Das Ergebnis bis zu diesem Punkt steht unmittelbar neben der Markierung für Schritt 9. Der Listenteil mit den Werten, die kleiner sind als der ursprüngliche Schätzwert, bleibt unverändert wie am Ende von Schritt 5, d.h. so wie er unmittelbar neben der Markierung für Schritt 6 steht.

In Schritt 9 sehen wir uns jetzt den Teil der Liste an, dessen Werte kleiner sind als der ursprüngliche Schätzwert von 43. In den Schritten 9 bis 11 können wir die schrittweise Teilung dieses Listenteils verfolgen. Vergleichen Sie die beiden Teilungsvorgänge in den Schritten 9 bis 11 und 6 bis 8. Sie sehen, daß die Teilung für diesen Teil nicht so gut vonstattengeht. Dies liegt daran, daß der jeweilige Schätzwert in den einzelnen Schritten nur annähernd die "Mitte" der Liste erreicht (Statistiker nennen diese Mitte den "Zentralwert"). Es ist in der Tat so, daß die Schritte 9 bis 13 in eine Art "Cocktail-Shaker "Sortierung entartet, wie wir sie kurz am Ende des Blasen-Sortiervorganges in Kapitel 14 erwähnt haben. Wir müssen hier eine Gegenmaßnahme ergreifen, damit nicht durch eine schlecht geschätzte Mitte der eigentliche Zeitvorteil, den dieser Teilungs-Algorithmus vor dem der Blasen-Sortierung hat, wieder aufgehoben wird.

4. Bessere Schätzung des Zentralwertes

Ganz allgemein kann festgestellt werden, daß der Algorithmus der Schnell-Sortierung nicht ständig auf schlechte Schätzung hereinfällt, sondern nur dann, wenn die ursprüngliche Liste von Anfang an schon gut sortiert war. Wenn aber eine lange Datenliste vor Sortierbeginn willkürlich geordnet ist, muß man bei der Schnell-Sortierung keine Gegenmaßnahmen für schlechte Schätzungen ergreifen. Seit man weiß, wie schlecht die Schätzung des Zentralwertes im allgemeinen ausfällt, werden immer wieder in zahlreichen Publikationen sichere Wege zur Schätzung des Zentralwertes oder der Mitte vorgeschlagen. Der einfachste Weg scheint uns folgender zu sein:

In jedem neuen Teilungsschritt sollten drei Datenfelder für die gewünschte Schätzung bestimmt werden. Nehmen Sie dafür das erste und letzte Datenfeld der Ausgangsliste und zusätzlich noch das Datenfeld, das der Mitte am nächsten liegt. Bei einer geraden Anzahl von Datenfeldern wählen Sie das kleinere der beiden "mittleren" Datenfelder. In unserem Beispiel handelt es sich also um folgende Datenfelder:

ERSTES = 43, MITTLERES = 46, LETZTES = 39

Sortieren Sie die drei Werte, um den nicht kleinsten und nicht größten Wert herauszufinden. Der festgestellte mittlere Wert soll bei der nächsten Teilung als "Schätzwert" dienen. Dieser mittlere Wert muß eventuell mit dem ersten Wert ausgetauscht werden, damit vor Teilungsbeginn der richtige Schätzwert festgelegt wird.

In Abb. 15-2 wird gezeigt, wie diese Algorithmus-Verfeinerung arbeitet. Die Darstellung beginnt bei Schritt 9. Beachten Sie, daß die im ersten Teilungsprozess vorgenommene Schätzung für die Ausgangsliste denselben Schätzwert ermittelt hat, den wir auch erhalten hätten, wenn die Verfeinerung des Algorithmus schon ab Schritt 1 angewendet worden wäre.

Abb. 15-2.

PLATZ	AUSGANGS-LISTE						
0	43	39	29ǂ	12	12	12ǂ	12
1	87	23	23	23	23	23*	23
2	29	29ǂ	39	39*	29	29	29
3	38	38	38	38ǂ	34	34	
4	34	34	34	34*	38	38	
5	46	12	12*	29ǂ	39	39	39
SCHRITT		9a	9b	10	11a	11b	12

In unserer Abbildung hier wird Schritt 9 geteilt, um besser demonstrieren zu können, wie die verbesserte Schätzung für den Zentralwert zustandekommt. Aus demselben Grund wird auch Schritt 11 geteilt. Hier besteht der fragliche Teil dann allerdings nur noch aus drei Werten. Es besteht also keine Veranlassung den Teilungsvorgang als Vorbereitung für den nächsten Schritt noch weiter zu führen, nachdem diese drei Werte sortiert worden sind.

Lassen Sie sich nicht täuschen. Die Schnell-Sortierung (in beiden Formen) erspart bei kurzen Datenlisten wie unsere Prüfdatenlisten hier, nicht viel Verarbeitungszeit gegenüber der Blasen-Sortierung. Bei einer Liste aus etwa 100 ungeordneten Zufallsdaten allerdings nimmt die Blasen-Sortierung ca. 5000 Vergleiche von Datenfeldpaaren vor, die Schnell-Sortierung dagegen nur etwa 700. Sie sehen, der Vorteil der Schnell-Sortierung macht sich erst bei längeren Datenlisten wirklich bemerkbar.

Bevor wir uns das Strukturdiagramm zu diesem Algorithmus ansehen, wollen wir uns erst noch fragen, was geschähe, wenn der Schätzwert z.B. mehr als einmal in einer Datenliste, die sortiert werden soll, erschiene. Was hätten Sie in unserem Beispiel hier getan, wenn der Wert 43 häufiger aufgetreten wäre?? Im ersten

Teilungsvorgang, in den Schritten 1 bis 5, wäre es die beste Lösung gewesen, die überzähligen Schätzwerte in den oberen oder unteren Teil aufsteigen oder sinken zu lassen. Damit wäre die Entscheidung über die endgültige Plazierung dieser Werte allerdings nur aufgeschoben worden. Sie werden aber vielleicht schon festgestellt haben, daß diese überschüssigen Schätzwerte schon im nächsten Teilungsvorgang auf die unmittelbar an den ursprünglichen Schätzwert angrenzenden Plätze gesetzt worden wären.

5. Rekursives Strukturdiagramm

Lassen Sie uns jetzt das Strukturdiagramm für den Algorithmus der Schnell-Sortierung aufstellen. Diese Aufgabe ist einigermaßen kompliziert, und man sollte sich überlegen, ob hier nicht die Verwendung eines Teil-Algorithmus angebracht wäre. Der Ablauf eines Teilungsprozesses ist für einen Teil-Algorithmus sehr geeignet. Ein Teil-Algorithmus PARTITION (FIRST, LAST) würde z.B. für die Schritte 1 bis 5 in Abb. 15-1 nur einmal aufgerufen werden, einmal für Schritt 6 und 7 und einmal für die Schritte 9 bis 11 (in verfeinerter Form). Der Teil-Algorithmus müßte in der Lage sein, kleine Teile aus nur zwei oder drei Datenfeldern handhaben zu können.

In der Praxis muß der Teil-Algorithmus so aussehen, daß er mitteilen kann, ob weitere Teilungen vorgenommen werden sollen, oder ob für einen bestimmten Listenbereich "Ende der Zeile" erreicht ist. Als erster Versuch könnte eine rekursive Definition des Algorithmus das einfachste sein. Eine solche rekursive Definition finden Sie in Abb. 15-3. Sehen Sie sich diesen Algorithmus sorgfältig an und prüfen Sie, ob die Durchführung dieses Algorithmus denen in Abb. 15-1 entspricht. Beim ersten Versuch lassen Sie die Operation von Kästchen 1.1 (ruft die Blasen-Sortierung auf) und die des Kästchens 1.2.2 (ruft den Teil-Algorithmus MAKEGUESS auf) außer acht. LAST stellt den größten Indexwert

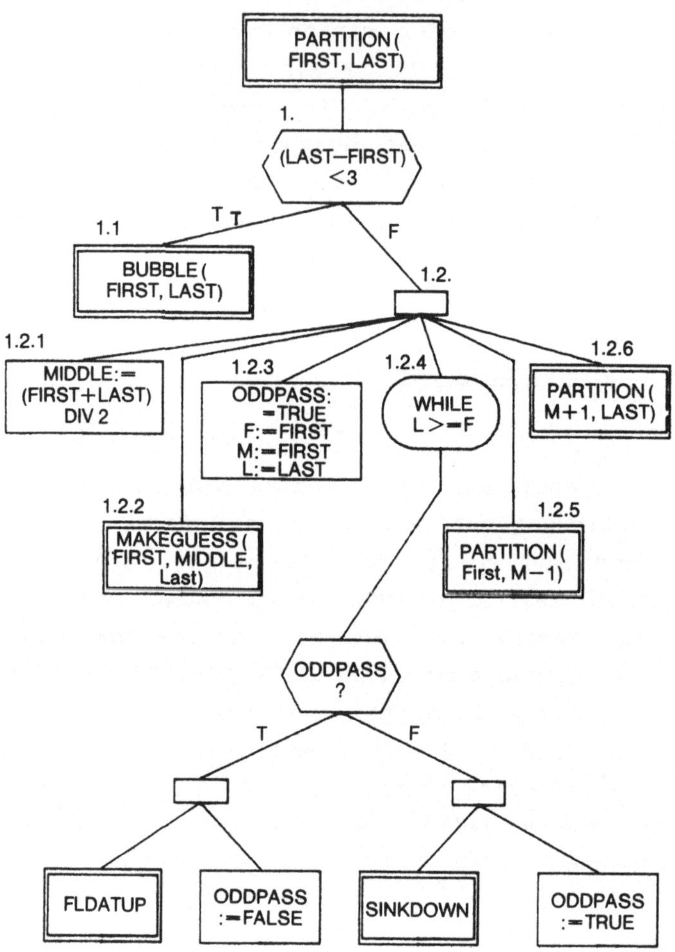

Abbildung 15-3

eines Datenfeldes innerhalb des zu sortierenden Listenteils dar, FIRST den kleinsten Indexwert dieses Teiles. In unserem Beispiel in Abb. 15-1 beginnt PARTITION in Schritt 1 mit den Werten FIRST=0 und LAST=11.

Beachten Sie bei diesem Algorithmus folgende Punkte:

a) Der größte Teil der Durchführung des Teil-Algorithmus PARTITION wird von den Teil-Algorithmen FLOATUP und SINKDOWN vorgenommen. FLOATUP ist für die ungeraden Schritte 1,3, 5,..., zuständig, SINKDOWN für die geraden Schritte. Diese beiden Teil-Algorithmen sind so einfach, daß man sie nicht als Prozeduren in ein Programm aufnehmen würde.

b) M weist auf den Schätzwert, F auf den Wert hin, der FIRST am nächsten liegt und als nächster Wert mit dem Schätzwert verglichen werden soll. Ähnlich verhält es sich bei L. L weist auf den Wert hin, der LAST am nächsten liegt und als nächster Wert mit dem Schätzwert verglichen werden soll und dann wahrscheinlich ausgetauscht wird.

c) Ein einzelner Teilungsvorgang (wie der von Schritt 1 bis 5 in unserem Beispiel) gilt als durchgeführt, wenn L nicht länger größer als F ist. Das heißt, wenn FLOATUP endet, muß L gleich M sein.

d) Im allgemeinen bedeutet das Ende eines Teilungsvorganges, daß zwei neue Teile sortiert werden müssen. Der Teil mit den kleineren Werten wird durch den Aufruf von PARTITION (FIRST,M-1),in Kästchen 1.2.5 sortiert, der andere Teil durch den Aufruf PARTITION(M+1,LAST) in Kästchen 1.2.6.

e) Den Teil-Algorithmus BUBBLE haben wir Kapitel 14 entnommen. Er wird nur dann aufgerufen, wenn ein Listenteil aus drei oder weniger Datenfeldern besteht, wie in Abb. 15-3. Aufgrund der zusätzlichen Berechnungszeit für den Schätzwert, ist der gesamte Sortier-Algorithmus für lange Datenlisten wahrscheinlich sehr viel wirkungsvoller, wenn der Teil-Algorithmus BUBBLE für kurze Listenteile nicht nur aus 3 sondern etwa 10 oder weniger Datenfeldern aufgerufen wird.

f) Die gesamte Schnell-Sortierung wird durch den Aufruf dieser rekursiven Form von PARTITION durchgeführt. Der Wert für FIRST wird dazu auf den kleinsten, der für LAST auf den größten Indexwert der zu sortierenden Liste gesetzt. Es wird dabei vorausgesetzt, daß beim ersten Aufruf von PARTITION die ursprünglichen Daten im Feld LST enthalten sind.

Übung 15.1:

Programmieren Sie einen Algorithmus für die Schnell-Sortierung, und debuggen Sie diesen anschließend. Prüfen Sie Ihren Algorithmus zuerst mit der Datenreihe aus Abb. 15-1 und anschließend mit einer Datenreihe aus mindestens 100 Zufallsdaten, die in willkürlicher Reihenfolge angeordnet sind.

Das Programm hierfür wird sehr umfangreich sein. Wir empfehlen Ihnen daher unbedingt, Ihr Programm schrittweise zu entwickeln und zu prüfen, um unnötige Zeitvergeudung zu vermeiden. Bei der Verarbeitung der kurzen Prüfdatenliste aus unserem Buch sollten Sie eine Testanzeige einplanen, die Ihnen die Ergebnisse der einzelnen Sortiervorgänge anzeigt. Prüfen Sie jeden einzelnen Schritt, und vergewissern Sie sich, daß die in den Abb. 15-1 und 15-2 gezeigten Ergebnisse auch dupliziert werden.

Damit Sie alle Daten eines einzigen Schrittes auf einmal auf dem Bildschirm anzeigen können, müssen Sie dafür sorgen, daß diese Daten in einer horizontalen und nicht in einer vertikalen Zeile erscheinen, wie in unserem Beispiel. Ihre Testanzeige sollte vielleicht noch eine zweite Zeile für jeden Schritt vorsehen, in der die Werte wichtiger Variablen wie etwa F, L, M, ODDPASS usw. gezeigt werden können. Falls Sie es irgendwie ermöglichen können, sollten Sie den Testvorgang anhand einer ausgedruckten Kopie Ihres Programmes verfolgen, wobei Sie sich jeweils die Zeilen in Ihrem Ausdruck ansehen, die den angezeigten Debugging-Anweisungen folgen. Wie bereits schon vorher, empfehlen wir Ihnen auch hier READLN-Anweisungen einzufügen, um die Ergebnisse der einzelnen Verarbeitungsschritte nach jeweils einer Gruppe von WRITE-Anweisungen überprüfen zu können, bevor Sie (durch Eingabe von <RET>) zum nächsten Verarbeitungsschritt übergehen.

Anhang A. Unterschiede zwischen UCSD-PASCAL und Standard-PASCAL

Die in diesem Buch beschriebene PASCAL-Version enthält im wesentlichen alle wichtigen Merkmale, die bei K. Jensen und N. Wirth in PASCAL User Manual and Report (Springer-Verlag, 1975) beschrieben sind. Die von Jensen und Wirth definierte PASCAL-Version gilt aufgrund seiner weitverbreiteten Anerkennung als "Standard" PASCAL. Eine internationale Standardisierung dieser Sprache ist allerdings bisher noch nicht erfolgt. Die PASCAL-Version des vorliegenden Buches wurde an der University of California San Diego (UCSD) in eine komplette Betriebssoftware für selbständig arbeitende Mikrorechner implementiert. Diese Version nennen wir "UCSD-PASCAL". Sie unterscheidet sich von Standard-PASCAL lediglich durch einige Weglassungen, geringfügige Änderungen und mehrere Erweiterungen. Wir geben Ihnen hier im Anhang A eine kurze Zusammenfassung der Unterschiede. Dabei werden wir nur die in unserem Buch erwähnten PASCAL-Erweiterungen erwähnen. Nähere Unterlagen über UCSD-PASCAL können von den Mitarbeitern des Autors an der UCSD angefordert werden.

1. CASE-Anweisung (Fall-Anweisung)

   Jensen & Wirth legen fest; wenn kein Kennsatz dem Wert des Selektors für die CASE-Anweisung entspricht, bleibt das Ergebnis der CASE-Anweisung undefiniert. Bei UCSD-PASCAL wird die CASE-Anweisung dann ganz einfach ohne Durchführung verlassen.

2. EOF(F)

   Um EOF für eine Textdatei inklusive der Standarddatei INPUT TRUE zu setzen, muß der Anwender die Taste <ETX> oder <ENTER> drücken (sind diese Tasten nicht vorhanden, dann CONTROL-

C). Der für diesen Zweck verwendete Kode kann nach Wunsch auch von <ETX> umgeändert werden.

Ist die Datei F abgeschlossen, wird EOF wieder TRUE gesetzt. Wenn EOF TRUE ist und die Datei F vom <Typ> TEXT, dann ist auch EOLN für dieselbe Datei TRUE. Nach Eingabe von RESET(F) wird EOF wieder FALSE, falls die Datei wieder aufnahmebereit ist. Wenn ein Programm initialisiert wird, führt die Betriebssoftware für INPUT, OUTPUT und KEYBOARD automatisch ein RESET aus.

3. EOLN(F)

EOLN(F) ist nur dann definiert, wenn die Datei F vom <Typ> TEXT ist. EOLN(F) wird nur nach einer READ-Anweisung, die das Zeichen "Ende-der-Zeile" empfangen hat, (<RET> durch Vorgabe) und vor der nächsten READ-Anweisung TRUE gesetzt.

4. Gepackte Variable

UCSD-PASCAL unterstützt die Verwendung gepackter Zeichenfelder sowie gepackter RECORDs. Es kommen jeweils 2 Zeichen auf ein 16-Bit Wort. Innerhalb eines Records wird das Packen und Entpacken automatisch innerhalb von Gruppen von Komponenten mit höchstens 16 Bit Länge vorgenommen. UCSD-PASCAL verfügt nicht über die bei Jensen & Wirth beschriebenen eingebauten Prozeduren PACK und UNPACK.

5. GOTO- und EXIT(P)-Anweisungen

In UCSD-PASCAL kann eine GOTO-Anweisung nur innerhalb des Blockes durchgeführt werden, der auch die Vereinbarung der Zielmarke enthält. EXIT ist in eingeschränktem Maße ähnlich wie GOTO anzuwenden, nur erscheint die Zielmarke hier unmittelbar nach dem letzten Aufruf der Prozedur P. In Anhang C finden Sie weitere Erklärungen zu EXIT. Wenn die Betriebssoftware für Lehrzwecke initialisiert wird, wird in UCSD-

PASCAL die Anwendungsmöglichkeit der GOTO-Anweisung vorsätzlich gesperrt. Durch die Übersetzungsanweisung (*$G+*) kann GOTO jederzeit wieder aktiviert werden.

6. Kommentare

In UCSD-PASCAL erscheint zwischen den beiden Begrenzungssymbolen "(*" und "*)" ein Kommentar. Folgt dem ersten Begrenzer links sofort ein Dollarzeichen, z.B. "(*$", wird der restliche Kommentar zur Anweisung für den Übersetzer. Wir erwähnen in diesem Buch lediglich die Übersetzeranweisung (*$G+*), die den Übersetzer anweist, die Verwendung von GOTO-Anweisungen zu gestatten. Geschachtelte Kommentare werden vom UCSD-Übersetzer nicht korrekt gehandhabt.

7. Mengen

In UCSD-PASCAL kann eine Menge größenmäßig aus maximal 255*16 Elementen bestehen, d.h. aus bis zu 255 16-Bit Wörtern. Alle Mengen-Operationen, die bei Jensen & Wirth beschrieben werden, gibt es auch in UCSD-PASCAL.

8. Programm-Kopf

Bei früheren Versionen von UCSD-PASCAL durfte in der Zeile PROGRAM die Liste der Standard-Dateinamen nicht als Pseudo-Parameter enthalten sein. Bei neueren Versionen ist dies möglich und kann wahlweise zusammen mit dem Befehl X(ecute) des Betriebssystems verwendet werden.

9. Prozeduren und Funktionen als Formal-Parameter

UCSD-PASCAL erlaubt es nicht, Funktions- oder Prozedurbezeichner als Parameter zu verwenden. Eine Ausnahme hiervon besteht bei der eingebauten Prozedur EXIT.

10. READ und READLN

Bei Jensen & Wirth entspricht READ(F, CH) der Folge

```
CH := F^;
GET(F);
```

In UCSD-PASCAL wird diese Folge umgekehrt, wenn es sich bei F um eine der beiden standardisierten Konsoleingabedateien INPUT oder KEYBOARD handelt. Ohne diese Änderung wäre es reichlich schwierig, Programme zu schreiben, die eng im Dialog mit dem Anwender stehen.

11. RESET(F)

In UCSD-PASCAL verweist RESET(F) das Dateifenster zum Anfang einer Datei, lädt aber nicht die Fenster-Variable F^. Die der Standard-Definition entsprechende UCSD-Definition lautet

```
RESET(F);
GET(F);
```

12. REWRITE(F)

Die Standard Prozedur REWRITE gibt es in UCSD-PASCAL nicht. Ihr entspricht etwa OPENNEW.

13. STRING-Variable

UCSD-PASCAL verfügt über einen vorvereinbarten <Typ> STRING. Eine Variable vom <Typ> STRING ist im wesentlichen ein PACKED ARRAY [1..80] OF CHAR mit einem Längenattribut vom <Typ> INTEGER. Die vorgegebene Länge von 80 Zeichen kann durch eine Vereinbarung, in der die gewünschte Länge in eckige Klammern gesetzt wird, geändert werden, wie bei:

```
TITLE: STRING [30];
```

Die absolute, verfügbare Maximallänge besteht hier aus 255 Zeichen. Die Anwendung von STRING-Variablen wird in diesem Buch sehr eingehend beschrieben.

14. Turtle Graphiken

Für die in diesem Buch beschriebenen und von UCSD-PASCAL verwendeten Möglichkeiten für Turtle Graphiken gibt es in Standard-PASCAL keine Entsprechung.

15. WRITE und WRITELN

Im Gegensatz zu Standard-PASCAL erlaubt UCSD-PASCAL bei WRITE- und WRITELN-Anweisungen keine Parameter vom <Typ> BOOLEAN. Die im Hauptteil dieses Buches beschriebenen Ergebnisse werden mit Parametern vom <Typ> STRING erzielt.

Anhang B. Glossar der Fachausdrücke

In dem vorliegenden Glossar haben wir einige Wörter und Begriffe zusammengestellt, die sich in ihrer Bedeutung hier im Buch von der Umgangssprache unterscheiden. Jeden Begriff haben wir außerdem mit einer kurzen Erklärung versehen. Wenn Sie Näheres über den jeweiligen Begriff wissen wollen, schlagen Sie im entsprechenden Kapitel nach. Die Seitennummer hinter einem Begriff gibt an, auf welcher Seite dieser Begriff zum ersten Mal erklärt wird.

Abschneiden (S. 250)

Die wertniedrigsten Bits einer Binärzahl, die durch eine arithmetische Operation entstanden ist, gehen verloren, da nicht alle Bits in einem bestimmten Speicherwort gespeichert werden können.

Abtasten (S. 148)

Dieser Begriff beschreibt den Prüfvorgang, mit welchem das Vorhandensein eines bestimmten Musters oder eines Zeichens innerhalb einer Zeichenkette geprüft wird.

Adresse (S. 372)

Man kann sich die Adresse eines Wortes im Rechnerspeicher als Nummer des Registers vorstellen, in welchem das Wort gespeichert ist.

Aktivieren (S. 457)

Man sagt, eine Prozedur oder Funktion wird aktiviert, wenn sie aufgerufen wird und mit der Durchführung beginnt. Sobald sie normal beendet wird, ist sie nicht länger aktiv, oder auch nach Beendigung durch die Anweisung EXIT. Eine rekursive Prozedur oder Funktion kann mehrere Kopien von sich selbst gleichzeitig aktivieren.

Aktualparameter (S. 66)

Ein Aktualparameter ist eine Variable oder ein Ausdruck, der als Teil eines Aufrufs einer Prozedur oder Funktion zur Verfügung gestellt wird. Er ersetzt also den Formal-Parameter, der Teil der Prozedur- oder Funktionsvereinbarung ist.

Algorithmus (S. 4/S. 284)

Eine Anweisung, die eine Reihe von Aktivitäten beschreibt, die für eine bestimmte Aufgabe erforderlich sind.

Analog-Rechner (S. 231)

Dieser Begriff wird für Geräte verwendet, die durch elektrische Signale, mechanische Hebel, Luftdruck oder ähnliche Hilfsmittel das Verhalten anderer Systeme simulieren.

Anspruchsvolle Rechenoperation (S. 232)

Im allgemeinen kann eine Rechner-Hardware nur ganz primitive Operationen durchführen. Eine anspruchsvollere Rechenoperation besteht aus einer Reihe dieser primitiven Operationen, die insgesamt eine umfangreichere Operation ausführen kann. Eine höhere Programmiersprache ist so angelegt, daß sie in leicht verständlicher Form anspruchsvolle Rechenoperationen aufrufen kann.

Anzeige (S. 47)

In unserem Buch bedeutet "Anzeige" die Darstellung von Ausgabeinformationen eines Rechners auf dem Sichtgerät. Dieses ähnelt häufig einem normalen Fernsehbildschirm.

Arbeitsdatei (S. 34)

Eine behelfsmäßige Arbeitskopie des Programmes, die ständig mit Hilfe des Editors geändert wird. Wenn die Befehle R(un) und C(ompile) benutzt werden, entnimmt der Übersetzer seine PASCAL-Programmanweisungen der Arbeitsdatei.

Argument (S. 203)

Ein Daten-Wert, der als Aktualparameter verwendet wird.

Arithmetischer Ausdruck (S. 72)

Ein Mittel in PASCAL, um Rechengrößen mit numerischen Werten zu verbinden, so daß arithmetische Operationen wie Addition, Subtraktion, Multiplikation und Division ausgeführt werden können.

ARRAY (Feld (S. 371)

Eine Datenstruktur, die viele Datengrößen ("Elemente" genannt) vom selben <Typ> enthalten kann.

ASCII (S. 231)

Amerikanischer Standardkode für Informationsaustausch. Eine willkürliche Zuordnung numerischer Werte zu 96 druckbaren Zeichen und 32 Steuerzeichen.

Assembler Sprache (S. 234)

Eine der Maschinensprache ähnliche Methode, einen Rechner zu programmieren. Der Bediener verweist hier jedoch mit einem abgekürzten Spezifikations-Bezeichner und nicht mit einem numerischen Kode auf jede einzelne Operation. Die Assemblersprache wird durch ein Programm, den sogenannten "Assembler", in die Maschinensprache übersetzt.

Auf dem neuesten Stand (S. 523)

Wenn dem Inhalt eines Datensatzes in einer Datei die neuesten Daten eingegeben wurden, sagt man, der Datensatz ist auf dem neuesten Stand.

Aufrufen (S. 56)

Ein Vorgang, bei welchem ein Teil des Programmes seine eigene Durchführung vorübergehend unterbricht, um zu veranlassen, daß eine benannte Prozedur durchgeführt wird.

Aufrufzeile (S. 21)

Bei einigen Rechnersystemen, u.a. auch bei UCSD-PASCAL, erscheinen Aufrufzeilen gewöhnlich in einer eigenen gesonderten Zeile auf dem Bildschirm.

Austauschen (S. 517)

Beschreibt den Vorgang beim Vertauschen des Dateninhalts zweier Variablen.

Balkendiagramm (S. 486)

Ein Balkendiagramm, in welchem jeder Balken (meist vertikal) den Wert einer einzelnen Datengröße darstellt.

Baum (S. 211)

Eine sich verzweigende logische Struktur, die von jeder Verzweigung einen möglichen Weg zur Wurzel zuläßt.

Befehl (S. 21)

Anweisung an ein Betriebssystem oder ein Programm, irgendeine Aktivität vorzunehmen, oder Anweisung, durch welche ein bestimmter Programmteil durchgeführt wird.

Begrenzen (S. 47)

Begrenzen bedeutet, die Stelle markieren, an der eine bestimmte Konstruktion, wie etwa eine Textkette oder ein Kommentar, beginnt oder endet. Begrenzer nennt man das für diesen Zweck verwendete Symbol.

Benutzer (S. 332)

Mit "Benutzer" bezeichnet man eine Person, die ein Programm laufen läßt oder sonstwie mit einem Rechner arbeitet.

Bereich (S. 374)

Bezieht sich im allgemeinen auf eine bestimmte Anzahl von Werten, die eine Variable annehmen kann. Man sagt, der Bereich erstreckt sich von der unteren Grenze (kleinstmöglicher Wert) bis zur oberen Grenze (größtmöglicher Wert).

Betriebssystem (S. 20)

Eine Ansammlung von dialogführenden Einheiten, die oft sehr umfangreich sein kann. In diesem Buch verwenden wird den Begriff "System" im allgemeinen für die umfassende Betriebssoftware, die die erforderlichen Hilfsmittel für die Erstellung und den Ablauf der PASCAL-Programme liefert.

Bezeichner (S. 37)

Der Name, der einer bestimmten Programmgröße zugewiesen wird. Der Name sollte möglichst plastisch sein und etwas über den Zweck der entsprechenden Größe aussagen.

Binäres Suchen (S. 501)

Ein Suchvorgang, bei welchem eine bestimmte Datenmenge etwa in der Mitte halbiert wird. Die Hälfte mit der gesuchten Datengröße wird wiederum halbiert und anschließend das Viertel mit der gesuchten Datengröße, usw.

Bit (S. 231)

Eine Binärziffer, deren Wert entweder 0 oder 1 sein kann.

Bit-Feld (S. 244)

Ein Bit-Feld besteht aus einer zusammenhängenden Gruppe von Bits oder Zeichen innerhalb eines Datums. Die gesamte Gruppe stellt dabei den Speicherraum für eine Variable dar. Eine Gleitkommazahl besteht aus mehreren Feldern, Mantisse und Exponent eingeschlossen.

Bitkarte (S. 482)

Dieser Begriff beschreibt ein graphisches Anzeigegerät, das eine Vielzahl von Rasterpunkten zur Verfügung stellt, an denen ein Programm einen hellen Punkt setzen oder wegnehmen kann.

Blockdiagramm (S. 170)

Ein Blockdiagramm veranschaulicht den Anwendungsbereich für einen vereinbarten Bezeichner innerhalb eines PASCAL-Programmes.

Bug (S. 44)

Ein logischer Programmierfehler, aufgrund dessen das Programm aussteigt oder falsche Ergebnisse erbringt.

CONST, Konstante (S. 445)

Ein reserviertes Wort, welches in PASCAL eine Reihe von Konstanten-Vereinbarungen einleitet. Durch diese Vereinbarung werden bestimmten Bezeichnern innerhalb eines Programmes feste Werte zugewiesen.

CPU (S. 232)

Siehe "Zentraleinheit".

Datei (S.29)

Der Begriff Datei wird häufig für eine Ansammlung von Daten verwendet, die auf Magnetband oder-platte gespeichert sind, oder auf einer Lochkarte oder irgendeinem anderen Hilfsmittel, das gewöhnlich aus einem externen Gerät besteht. Oft wird dieser Begriff aber auch im engeren Sinne als Hinweis auf den logischen Mechanismus verwendet, durch welchen Daten aufgrund der Programmsteuerung zwischen CPU und einem externen Gerät ausgetauscht werden können.

Daten (S. 4)

Informationen, die dem Rechner eingegeben werden. Aufgabe des Rechners ist es meist, diese Daten zu ändern, aufzusummieren oder mit ihrer Hilfe entsprechende Entscheidungen zu treffen.

Datenstation (S. 329)

Ein Gerät, über welches der Benutzer mit dem Rechner Informationen austauscht. Gewöhnlich besteht dieses Gerät aus einem Sichtgerät oder einem Bildschirm mit einer Tastatur.

Datenstruktur (S. 372)

Eine logische Speicherorganisation für zusammengehörige Variable, die die Verbindung zwischen verschiedenen Datengrößen wiederspiegeln.

Debugging (S. 44)

Debuggen bedeutet in diesem Buch, logische Programmierfehler ("Bugs") aufzuspüren und zu beseitigen.

Definition (S. 413)

Dieser Begriff wird im Zusammenhang mit einer Liste von Konstantenwerten verwendet, die in eckige Klammern gesetzt sind und einen neuen Wert aufbauen sollen, der dann einer Menge zugeordnet wird.

Dialogstation (S. 330)

Ein Rechner, der mit dem Anwender einen Dialog führt, indem er seine Ausgabe auf einem Bildschirm anzeigt, oder über einen Drucker ausdruckt, und Eingabeinformationen meist über eine Tastatur erhält.

Differenz (S. 414)

Unter Differenz verstehen wir im allgemeinen eine arithmetische Operation. Der Begriff "Differenz" kann in PASCAL aber auch auf Mengen angewendet werden. Wenn z.B. die Zuweisungsanweisung S3:=S1-S2 gegeben ist, wird S3 die Differenz von S2 minus S1 zugewiesen. Alle Mengenelemente von S1, die nicht auch zu S2 gehören, werden zu S3 hinzugefügt.

DIV (S. 249)

Der ganzzahlige Divisionsoperator in PASCAL. Verlangt ganzzahlige Rechengrößen und gibt dann einen ganzzahligen Quotienten als Ergebnis zurück.

Durchschnitt (S. 414)

Der Durchschnitt zweier Datenmengen ist eine Menge, die nur aus den Elementen besteht, die in beiden ursprünglichen Mengen enthalten sind.

Editieren/Editor (S. 29)

Ein Programm editieren bedeutet, seinen Inhalt ändern. In der Fachwelt versteht man unter einem "Editor" gewöhnlich ein Programm, das uns bei der Aufbereitung anderer Programme unterstützt und weniger einen Menschen, der Aufbereitungs- oder Editierarbeit leistet.

Eingabe/Ausgabe (S. 234)

Der Vorgang, bei welchem Daten von/zu dem Hauptspeicher zu/von einem Peripheriegerät übertragen werden.

Eingebaut (S. 85)

Ein Adjektiv, das sich auf vorvereinbarte Prozeduren und Funktionen bezieht, die Teil der Betriebssoftware sind.

Einrücken, Einrückung (S. 156)

Eine bestimmte Programmzeile wird eingerückt, indem links von ihr funktionslose Leerräume eingefügt werden. Wenn man dies sorgfältig vornimmt, kann man durch Einrückungen eine ähnliche Wirkung erzielen, wie mit einem Strukturdiagramm für ein PASCAL-Programm.

Einzelschritt (S. 45)

Das Verfahren, bei dem ein Programm Schritt für Schritt, d.h. die Anweisungen einzeln, ausgeführt wird.

Element (S. 372)

Der Begriff Element bezieht sich auf eine einzelne Datengröße. Meist handelt es sich dabei um ein einzelnes Datum innerhalb eines Feldes von Daten.

Ende der Datei/(EOF) (S. 331)

Die Bedingung "Ende der Datei" ist dann erreicht, wenn alle in einer Datei verfügbaren Daten gelesen worden sind. Der Begriff "Datei" bezieht sich hierbei auf jedes externe Gerät.

Endpunkt (S. 291)

Ein Kästchen in einem Strukturdiagramm ohne Verzweigungen zu niedrigeren Ebenen des Diagrammes. Wird auch für gleichartige Kästchen in einem Baumdiagramm verwendet.

Exponent (S. 244)

Der Teil einer Gleitkommazahl, der bestimmt, in welche Potenz die Zahl 2 oder 8 z.B. erhoben werden soll.

Fall-Anweisung (CASE) (S. 211)

Die Fall-Anweisung ermöglicht es, aus vielen Anweisungen eine zur Durchführung auszuwählen. Sie unterscheidet sich von der IF-Anweisung, bei welcher nur eine von zwei Anweisungen ausgeführt werden kann.

Feld (siehe ARRAY)

Flußdiagramm (S. 107)

Ein Diagramm, welches den logischen Verarbeitungsablauf eines Programmes zeigt. Anhand eines Flußdiagrammes verfolgt man den Programmablauf ähnlich wie die Straßen zwischen Städten auf einer Landkarte.

Formalparameter (S. 66)

Ein Bezeichner, der in der Kopfzeile einer Prozedur- oder Funktionsvereinbarung als Parameter vereinbart wird, nennt man einen Formalparameter. Wenn die Prozedur oder Funktion später aufgerufen wird, wird der Formalparameter durch den Aktualparameter ersetzt.

Format (S. 469) / Formatierung (S. 329)

In der Fachsprache bedeutet Format eine in einer besonderen Sprache abgefaßte Spezifikation, wie Zeichen bei der Eingabe in die Binärform, und bei der Ausgabe umgekehrt, umgewandelt werden. Welches Format in PASCAL notwendig ist, um eine Zahl vom <Typ> INTEGER oder REAL aus der Zeichenform in die Binärform zu übersetzen, oder umgekehrt, hängt vom <Typ> der Variablen oder des Ausdrucks in der READ- oder WRITE-Anweisung ab.

FORWARD (S. 172)

Ein reserviertes Wort, das in Verbindung mit einer Prozedurvereinbarung verwendet wird, so daß andere Prozeduren sich hierauf beziehen können, bevor der "Rumpf" (Hauptteil) der Prozedur selbst im Programm erscheint. Häufig auch eine Möglichkeit für zwei Prozeduren, sich gegenseitig aufrufen zu können.

Führende Nullen (S. 263)

Nullen, die innerhalb einer Zahl links von der werthöchsten Ziffer, die keine Null darstellt, erscheinen.

Funktion (S. 83)

Eine Prozedur, die so ausgelegt ist, daß sie bei ihrer Beendigung einen Wert zurückgibt. Eine Funktion wird dadurch aufgerufen, daß man den Funktionsbezeichner in einem <Ausdruck> verwendet.

Ganzzahlige Konstante (S. 63)

Eine positive oder negative ganze Zahl. Beispiele: -34, 109, 1, 3, 0, -102.

Gepackt (S. 381)

Unter einem gepackten Feld (oder einem gepackten Verbund) versteht man ein Feld (oder Verbund), das den kleinstmöglichen Speicherplatz benötigt und genügend Bits für die Speicherung jedes Wertes vom entsprechenden <Typ> zur Verfügung stellt.

Gleitkommazahl (=Gleitpunktzahl, S. 244)

Eine Gleitkommazahl ist eine Zahl, die so im Rechner gespeichert ist, daß das Dezimalkomma (oder Binärkomma) keine feste Beziehung zu den Bits im Speicherwort hat.

Globale Variable (S. 72)

Eine Variable nennt man "global", wenn sie im Block des Hauptprogrammes vereinbart wurde, um auszudrücken, daß man sie im Hauptprogramm oder irgendeiner Prozedur verwenden kann.

GOTO-Anweisung (S. 450)

Eine Anweisung, die in fast allen Programmiersprachen vorhanden ist und die Programmsteuerung plötzlich von einer Stelle zur anderen springen läßt.

Grundaufbau (S. 232)

Die wichtigsten Hardwareteile eines Rechnersystems.

Gültigkeitskontrolle (S. 357)

Bei der Gültigkeitskontrolle wird geprüft, ob sich die Eingabewerte innerhalb angemessener Grenzen bewegen und aller Wahrscheinlichkeit nach nicht fehlerhaft sind.

Hardware (S. 20)

Die Rechnerausrüstung, die man sehen und anfassen kann. Eine CPU z.B., eine Dialogdatenstation, Plattenlaufwerk, Drucker und Tastatur gehören alle zur Hardware.

Hauptspeicher (S. 235)

Sehr viele Speicherregister, die entsprechend der numerischen Reihenfolge ihres Erscheinens zusammengefaßt und adressiert werden. Im Hauptspeicher erfolgt die Zwischenspeicherung der Variablenwerte während der Programmverarbeitung.

Hierarchische Struktur (S. 291)

Ein anderer Ausdruck für "Baum"-Struktur. In einer hierarchischen Struktur entspringen alle logischen Verbindungen aus der Wurzel, und keine der Verbindungen kann eine Schleife zu sich selbst zurück durchlaufen.

Index (S. 372)

Ein Index oder Zeigerwert, der den Zugriff zu einem bestimmten Element innerhalb eines Feldes ermöglicht.

Indizierte Variable (S. 374)

Hinweis auf ein Feldelement, welches aus dem Feldbezeichner besteht, gefolgt von einem oder mehreren Indexausdrücken, die in eckige Klammern gesetzt sind.

Informationsaustausch (S. 185)

Soll in unserem Buch zeigen, wie Information mit Hilfe von Parametern und globalen Variablen von einem Programmteil zum anderen übertragen wird.

Initialisieren (S. 124)

Wenn einer Variablen ein Anfangswert zugewiesen wird, sagt man, sie wird "initialisiert".

Interaktiv (S. 330)

Bei einem interaktiven Rechnersystem kann der Anwender sich mit dem Rechner "unterhalten". Der Rechner kann ihm über ein Anzeigegerät oder einen Fernschreiber Nachrichten übermitteln und der Rechner kann von ihm über eine Tastatur Informationen erhalten.

Interne Form (S. 329)

Im Rechner drinnen werden Zahlen in einer internen Binärform gespeichert. Bei der Ausgabe wird diese Binärform gewöhnlich in Zeichen umgewandelt. Bei der Eingabe findet die entsprechend entgegengesetzte Umwandlung statt.

Karte (S. 329)

Ein Datensatz, der dieselben Informationen enthält wie die entsprechende Lochkarte.

Keller (siehe Stapel)

Kennzeichen (S. 361)

Wird in diesem Buch im gleichen Sinne verwendet wie das Umschaltzeichen. Eine logische Einrichtung, gewöhnlich ein unwahrscheinlicher oder unmöglicher Datenwert, der darauf aufmerksam macht, daß das Programm eine bestimmte Aktivität durchführen soll.

Kette (S. 46)

Eine Ansammlung von Zeichen, die in PASCAL als einzelne Datengröße gehandhabt wird.

KEYBOARD (S. 343)

Bei UCSD-PASCAL ist KEYBOARD die nicht rückmeldende Entsprechung der Datei INPUT bei Standard-PASCAL!

Kode (S. 231) / Kodiert (S. 401)

Ein numerischer Wert oder eine Folge von Bits, die für irgendeinen entsprechenden nicht-numerischen Wert stehen. Der Begriff "Kode" wird oft auch als Hinweis auf eine ganze Folge von Maschinenbefehlen verwendet.

Kommentar (S. 29)

Teil eines PASCAL-Programmes, der ausschließlich zum Anwenderverständnis bestimmt ist und vom Übersetzer nicht beachtet wird.

Kommunikation (S. 185)

Siehe "Informationsaustausch".

Kopfzeile (S. 66)

Dieser Begriff bezieht sich hier auf den Teil einer Funktions- oder Prozedurvereinbarung, der vor den ersten Vereinbarungen für CONST, TYPE oder VAR im selben <Block> erscheint.

Laufzeit (S. 493)

Der Zeitabschnitt, in welchem ein Programm tatsächlich auf einem Rechner läuft. Steigt ein Programm aus, so sagt man, es hat einen Laufzeitfehler.

Laufvariable (S. 124)

Eine Variable, die aus einer ganzen Zahl, einem Zeichen oder einer skalaren Größe besteht. Sie erhält einen Anfangswert und wird dann während der Steuerung einer FOR-Anweisung aufwärts oder abwärts gezählt.

Leer, Leere Anweisung (S. 43)

Ein bestimmter Programmteil, der in den Syntaxdiagrammen beschrieben ist, der aus nichts besteht und gewöhnlich in einem wahlfreien Teil der Syntax enthalten ist.

Liste / Listing (S. 45)

Gedruckte Kopie eines Programmes oder einer Programmausgabe.

Lokale Variable (S. 72)

Eine Variable ist dann lokal, wenn sie in dem <Block> vereinbart wurde, in welchem sie auch verwendet wird.

Mantisse (S. 244)

Der ganzzahlige Teil einer Gleitkommazahl. Bei den meisten Rechnern geht man davon aus, daß der Wert der Mantisse dem ganzzahligen Wert dividiert durch 2 zur N-ten Potenz erhoben entspricht. N entspricht hierbei der Bit-Anzahl im Mantissenfeld.

Marke (S. 452)

Eine Marke bestimmt den Platz, an welchen ein Programm aufgrund einer GOTO-Anweisung springen soll.

Maschinensprache (S. 232)

Die Kodewerte, die die Rechner-Hardware als Befehle versteht.

Maxirechner (S. 8)

Ein sehr großer Rechner, mit dem viele Benutzer gleichzeitig arbeiten können.

Menge (S. 402)

In PASCAL versteht man unter einer Menge eine Variable, die ähnlich aufgebaut ist, wie ein Feld aus nur Booleschen Werten. Jedes auf TRUE gesetzte Element einer Menge nennt man ein "Mitglied" der gerade "betrachteten" Menge. Eine Menge kann dem erlaubten Wertebereich eines skalaren, Unterbereichs- oder CHAR-<Typs> entsprechen.

Mengen-Definition (S. 413)

Dieser Begriff wird im Zusammenhang mit einer Liste von Konstantenwerten verwendet, die in eckige Klammern gesetzt sind und einen neuen Wert aufbauen sollen, der dann einer Menge zugeordnet wird.

Mikrorechner (S. 8)

Ein kleiner Rechner, der normalerweise nur ein paar tausend Mark kostet und gewöhlich einen integrierten Mikroprozessor als CPU verwendet.

Minirechner (S. 8)

Ein kleiner bis mittelgroßer Rechner, der häufig von mehreren Anwendern gleichzeitig benutzt wird. 1977 verstand man unter einem Minirechner ein Gerät, das zwischen 10.000,-- und 100.000,-- Dollar kostete.

Mischen (S. 511)

Ein Vorgang bei welchem zwei (oder auch mehr) sortierte Datenlisten zu einer sortierten Liste vereinigt werden.

Modell (S. 310)

Diesen Begriff verwendet man oft für Rechnerprogramme, die Vorgänge in der Natur oder im täglichen Leben simulieren.

Modul (S. 253)

Ein logisch unabhängiger Teil eines größeren Programms oder Geräts. Ein "modulares" System, ist ein System, das aus Modulen aufgebaut ist.

Mustervariable (S. 85)

Dieser Begriff steht für eine <Kette>, mit deren Hilfe eine zweite <Kette> abgetastet wird, um festzustellen, ob die erste <Kette> in der zweiten enthalten ist.

Nachfolger (S. 417)

Bei der skalaren Typ-Definition versteht man unter dem Nachfolger einer Datengröße das Datum, welches diesem in der Vereinbarung unmittelbar folgt.

Namensaufruf-Parameter (S. 193)

Dasselbe wie ein Variablen-Parameter. Ein aktueller Variablenparameter wird überall dort anstelle des entsprechenden formalen Variablen-Parameters eingesetzt, wo dieser innerhalb einer Prozedur oder Funktion erscheint.

Normierung (S. 264)

Ziffern einer Zahl so ausrichten, daß sie den Anforderungen für Addition/Subtraktion oder für Informationsspeicherung mit größtmöglicher Genauigkeit entsprechen.

Operand (S. 236)

Eine Informationsgröße innerhalb eines Kontextes, in welchem diese Größe entsprechend der Spezifikation beliebig vom Rechner

Operator (S. 81)

Dieser Begriff bezieht sich jeweils auf ein PASCAL-Symbol das bestimmte Ausführungen aufruft. Das Symbol ":=" z.B. ruft immer eine Wertzuweisung auf und wird daher "Zuweisungsoperator" genannt.

Parameter (S. 62)

Ein Hilfsmittel, um von der Stelle im Programm, an welcher eine Prozedur oder Funktion aufgerufen wird, eine Nachricht an die entsprechende Prozedur oder Funktion übergeben zu können.

Parameterliste (S. 72)

Eine Liste mit Datenfeldern in der Kopfzeile einer Prozedur- oder Funktionsvereinbarung, die die <Bezeichner> und die zugeordneten <Typen> der Parameter darstellen, die in der Prozedur oder Funktion verwendet werden sollen.

Peripheres Gerät (S. 234)

Ein Gerät, das zur Ergänzung des Systems an einen Rechner angeschlossen wird. Es kann sich dabei u.a. um einen Zeilendrucker, Plattenlaufwerk, Lochkartenleser oder Dialogstation handeln.

Positionsanzeiger (S. 30)

Ein Stellenmarkierer, der dem Benutzer anzeigt, wo er sich gerade innerhalb des Textes auf dem Bildschirm befindet.

Priorität (S. 82)

In einem Ausdruck mit unterschiedlichen Operator- Symbolen wird die Reihenfolge, in der die entsprechenden Ausführungen vorgenommen werden sollen,durch bestimmte Regeln festgelegt.

Problem (S. 2)

Die Probleme, die in den ersten Kapiteln dieses Buches vorgestellt werden, sollen mit Papier und Stift ausgearbeitet oder beantwortet werden, im Gegensatz zu den Übungen, die mit Hilfe des Rechners gelöst werden sollen.

Programm (S. 5)

Eine Folge von Variablenvereinbarungen, denen ausführbare Anweisungen oder Befehle folgen, die eine logische Folge von Berechnungen darstellen, die ausgeführt werden sollen.

Programmiersprache (S. 5)

Regeln, besondere Wörter und Symbole, aus denen ein Programm zusammengesetzt ist.

Programmkonzept (S. 16)

Für Fachleute besteht ein Programmkonzept häufig aus schriftlichen Programmbeschreibungen, die gleichzeitig Hinweise enthalten, wie die beschriebene Sache angewendet werden soll.

Programmverfolgung (S. 58)

Man kann den logischen Ablauf eines Programmes schrittweise verfolgen. Dazu fügt man an strategisch wichtigen Punkten WRITE-Anweisungen ins Programm ein und kann so die Werte bestimmter Variablen während des Programmablaufs jeweils an diesen Punkten erfahren. Das Programm kann vorübergehend gestoppt werden, und die angezeigten Werte können genau untersucht werden. Dies erreicht man durch zusätzliche READLN-Anweisungen, die jeweils einer WRITE-Anweisung folgen.

Prozedur (S. 50)

Ein Teil-Programm, d.h. ein eigenständiger Programmteil, der mittels seines Namens zur Durchführung aufgerufen werden kann.

REAL (S. 245)

Ein in PASCAL vorher-vereinbarter <Typ>, der zur Speicherung der Gleitkommazahlen bestimmt ist.

Register (S. 235)

Eine Gruppe binärer Speichermöglichkeiten, die gemeinschaftlich benutzt wird. Dieser Begriff wird häufig für die sehr schnellen Speicherplätze, die Teil der Rechner-CPU sind, verwendet. Obwohl sich der Hauptspeicher aus vielen langsamen Registern zusammensetzt, wird der Begriff Register dafür nur sehr selten benutzt. Man verweist normalerweise auf eine Speicheradresse, -platz, -element oder -zeile.

Reihe (S. 266)

Ein arithmetischer Ausdruck, der sehr viele (möglicherweise eine unendliche Anzahl) Teilausdrücke, sogenannte "Terme", enthält. Alle sind nach ganz bestimmten logischen Regeln aufgebaut.

Rekursion / Rekursiv (S. 165)

Unter einer rekursiven Prozedur oder Funktion versteht man, daß diese sich selbst aufruft. Die im Zusammenhang mit der rekursiven Prozedur oder Funktion durchgeführte Verarbeitung nennt man Rekursion.

Reserviertes Wort (S. 40)

Ein Wort, das in einer Programmiersprache eine vorherbestimmte Bedeutung oder eine besondere Bestimmung für das Übersetzerprogramm hat.

Rückmeldung, rückmelden (S. 332)

Der Begriff sagt aus, daß jedes über die Tastatur eingegebene Zeichen sofort auf dem angeschlossenen Bildschirm oder der Schreibmaschine erscheint.

Rücktaste (S. 335)

Diese Taste ist auf so gut wie allen Tastaturen zu finden. Sie wird im allgemeinen dazu verwendet, den Positionsanzeiger, der die aktuelle Textstelle anzeigt, um eine Position zurückzunehmen. Diese Einrichtung ist nicht bei allen Druckern vorhanden. Fehlt die Rücktaste auf der Tastatur eines Ausgabegerätes, übernimmt meist <control-H> die Funktion der Rücktaste.

Runden (S. 250)

Eine Gleitkommazahl runden, heißt, sie in den nächstmöglichen Wert, der mit der begrenzten Bitanzahl des Rechners darstellbar ist, umzuwandeln. Der Wert einer Variablen vom Typ REAL wird durch die eingebaute Funktion ROUND in den nächstmöglichen ganzzahligen Wert umgewandelt.

Schaltdraht (S. 236)

Die Methode, nach welcher Teile der Rechner-Hardware direkt mit Drähten verbunden werden. Für die Rechner werden heutzutage nur noch selten Schaltdrähte verwendet, sondern man zieht logische Verbindungen durch Festspeicher (ROM), die leicht ausgewechselt werden können, vor.

Schleife (S. 109)

Dieser Begriff wurde geprägt, als die wiederholte Ausführung mehrerer Programmschritte die Anwendung der GOTO-Anweisung erforderlich machte. Daraus entstanden Darstellungen in Flußdiagrammen, die schleifenförmig zu sich selbst zurückkehrten.

Schlüssel (S. 507)

Bei einem Suchvorgang ist der Schlüssel das Datenelement, für das innerhalb einer Liste oder einer Datei ein Beispiel gesucht wird. Beim Sortiervorgang ist der Schlüssel ein Teil der Datensatz-Spezifikation, die als Vergleichsmittel für die Anordnung der endgültigen Liste dient.

Schrittweise Verfeinerung (S. 300)

Es ist grundsätzlich bei der Programmerstellung empfehlenswert, diese schrittweise vorzunehmen, d.h., erst eine grob umrissene Programmbeschreibung anzufertigen, die dann schrittweise verfeinert wird durch das Hinzufügen immer neuer Details.

Seiteneffekt (Nebenwirkung, S. 165)

Wenn ein Variablenwert durch eine Prozedur (in welcher derselbe Bezeichner lokal vereinbart werden sollte) unabsichtlich so geändert wurde, daß andere Programmteile nun nicht mehr korrekt ablaufen können, so spricht man vom "Seiteneffekt" einer Prozedur.

Semantik (S. 333)

Festgelegte Regeln in einer Programmiersprache, aufgrund derer bestimmte Aktivitäten und Ergebnisse zu erwarten sind.

Signal (S. 235)

Elektrischer Impuls, durch welchen ein Teil der Rechner-Hardware irgendeine bestimmte Aktivität durchführt.

Skalenfaktor (S. 480)

Eine Konstante zur Größenangleichung einer graphischen Darstellung an den Bildschirm oder die Druckseite, ohne Darstellungsverlust an den Rändern des Bildschirmes oder der Druckseite.

Skalare Variable (S. 402)

In PASCAL handelt es sich bei einer skalaren Variablen um eine Variable, die einen von mehreren nicht-numerischen Werten aus einer Bezeichner-Liste annehmen kann, die in der Vereinbarung des skalaren <Typs> steht.

Software (S. 20)

Eine Auswahl von großen Programmen, durch welche die primitiven Befehle der Rechner-Hardware so aufgewertet werden, daß der Anwender nun auch umfangreichere Funktionen handhaben kann.

Spalte (S. 390)

Eine Gruppe vertikaler Eintragungen in einem Feld oder einer Tabelle. Kann aber auch auf eine bestimmte Zeichenstelle in einer Zeile oder Textreihe verweisen. Beide Bedeutungen sind imgrunde dieselben, da Text ja in Form eines Feldes gespeichert wird.

Springen (S. 450)

Dieser Begriff beschreibt einen Vorgang, bei welchem ein Rechner seinen normalen Programmablauf unterbricht, um ihn plötzlich an einer ganz anderen Stelle des Programmes fortzusetzen.

Stapel, Keller (S. 165)

Eine Liste von Datenwerten, die so angeordnet sind, daß der zuletzt hinzugefügte Wert als erster wieder entfernt wird.

Stapel, Stapelbetrieb (S. 332)

Dieser Begriff sagt etwas darüber aus, wie Programme von bestimmten Rechnersystemen (meist großen Systemen) ausgeführt werden, von Systemen, die die Programmeingabe in Form eines Lochkartensatzes akzeptieren und die Ausgabe dann über einen Drucker vornehmen.

Stellenwert (S. 254)

Die Potenz der "Basiszahl" des Zahlensystems, die der Position einer Ziffer. entspricht. Zum Beispiel, der Stellenwert der Ziffer "2" in der Zahl 234 ist im Dezimalsystem 100. Der Stellenwert der Ziffer "1" ganz links in der Binärzahl 0101 ist

Steuerzeichen (S. 115)

Nicht-druckbare Zeichen, die dazu dienen, Ausgabegeräte wie Bildschirm oder Zeilendrucker zu steuern. Solche Steuerzeichen sind z.B. Wagenrücklauftaste, Rücktaste und Löschtaste.

Strukturierte Programmierung (S. 7)

Systematischer Programmiervorgang, bei welchem große und logisch komplizierte Programmfolgen in kleinere Module aufgeteilt werden, die jeweils eine vom übrigen Programm in sich geschlossene unabhängige Aufgabe durchführen.

Suchen (S. 491)

Ein systematischer Prüfvorgang, um festzustellen,ob ein bestimmter Wert in einer Datenmenge vorhanden ist und wo.

Syntax(-Diagramm) (S. 36)

Regeln, die bei der Programmerstellung beachtet werden müssen, damit das Programm richtig ablaufen kann. In einem Syntax-Diagramm werden diese Regeln anschaulich dargestellt.

Term (S. 266)

Besonderes Wort für eine Konstruktion, die im Zusammenhang mit arithmetischen und booleschen Ausdrücken verwendet wird.

Typ (S. 63)

Beschreibt die Art einer Information, die in einem PASCAL-Programm durch eine Variable gespeichert werden kann.

TOP-DOWN ("von oben nach unten", S. 300)

Beschreibung, wie man bei der Algorithmus- und Programmentwicklung vorgeht. Man beginnt an der Wurzel des Strukturdiagrammes und verzweigt das Diagramm nach und nach weiter "nach unten", indem man immer mehr ins Detail geht.

Übergeben (S. 66)

Man sagt, der Wert oder Name eines Parameters wird beim Aufruf einer Funktion oder Prozedur (als Nachricht) "übergeben".

Übersetzer-Programm (S. 15)

Eines der großen Betriebs-Programme, welches die in PASCAL (oder einer anderen Programmiersprache) geschriebenen Programme in eine Form übersetzt, die die Rechner-Hardware unmittelbar als eine Reihe einfacher Durchführungsanweisungen versteht.

Übersetzer (S. 232)

Ein Programm, das auf einem im wahrsten Sinne des Wortes "gastgebenden" Rechner läuft, damit der Gastgeber wie ein anderer logischer Rechner erscheint.

Überwachen (S. 499)

Ein Programm überwachen, heißt während seines Ablaufs die einzelnen Durchführungen verfolgen. Gewöhnlich wird dabei der Inhalt der ausgewählten Variablen angezeigt.

Umkehrung (S. 137)

Bei der Umkehrung einer Sache handelt es sich um ihr Gegenteil. Die Umkehrung von TRUE ist FALSE, d.h. NOT TRUE. Die Umkehrung von I> J ist I<=J, wobei es sich bei I und J um Variable vom <Typ> INTEGER oder REAL handelt.

Umschaltzeichen (S. 361)

Beim Umschaltzeichen handelt es sich um ein Zeichen, das für ein Programm als Signal dient und ihm mitteilt, daß irgendeine bestimmte Aktivität durchzuführen ist. Das Umschaltzeichen erscheint im allgemeinen in einem Kontext, in welchem dieses Zeichen unmöglich als Teil eines normalen Datums zu erwarten ist.

Undefiniert (S. 131)

Man bezeichnet eine Variable als undefibiert, solange ihr kein Wert zugewiesen wurde oder nach Beendigung bestimmter Anweisungen.

Ungültiger Index (S. 411)

Wenn ein Index ungültig ist, bricht das Programm ab. Dies kann bei folgenden Gelegenheiten der Fall sein: a) Verwendung eines Feldelements, das nicht innerhalb des Feldbereiches vereinbart worden ist; b) Wertzuweisung an eine Unterbereichs-Variable außerhalb des entsprechenden Bereiches ihrer <Typ> Vereinbarung.

Unterbereichs-Variable (S. 403)

Ein Teil des gesamten Wertbereichs, den Variable eines jeweiligen Typs annehmen können. Ein Unterbereich umfaßt alle Werte von einem kleinstmöglichen (untere Grenze) bis zu einem größten (obere Grenze).

Variable (S. 50)

Der Name für eine Adresse im Rechnerspeicher, in welcher ein Datenwert oder eine ganze Gruppe von zusammengehörigen Werten zur späteren Verwendung gespeichert werden.

Variablen-Parameter (S. 189)

In einer Prozedur- oder Funktionsvereinbarung steht vor den Bezeichnern der Variablen-Parameter der reservierte Bezeichner "VAR". Bei einem Variablen-Parameter handelt es sich um einen Pseudonamen, der bei der Übersetzung verwendet wird, aber durch den Bezeichner des aktuellen Parameters ersetzt wird, wenn die Funktion oder Prozedur aufgerufen wird.

Variante (S. 432)

Dieses Hilfsmittel erlaubt, daß die letzte Komponente einer Verbund-Vereinbarung mehrere unterschiedliche Bedeutungen haben kann.

Verarbeiten (S. 4)

Der Rechner verarbeitet ein Programm, indem er die Programmanweisungen Schritt für Schritt ausführt. Wenn ein Programm, oder ein Teil eines Programmes, verarbeitet wird, sagt man auch, das Programm wird "ausgeführt" oder "läuft".

Verbund, RECORD (S. 430)

Eine Datenstruktur, die mehrere artverwandte Datengrößen, auch unterschiedlicher <Typen> enthält.

Verbundanweisung (S. 102)

Eine Gruppe von Anweisungen, die zwischen den beiden reservierten Bezeichnern BEGIN und END stehen. Eine angenehme Möglichkeit, alle Anweisungen innerhalb dieser Gruppe gemeinsam zu steuern.

Vereinbaren (S. 57)

Alle Programmierer-Variablen in einem PASCAL-Programm müssen entsprechend den Syntaxregeln vereinbart werden, damit der Übersetzer über die geplante Verwendung der Variablen informiert wird.

Vereinigung (S. 414)

Die Vereinigung zweier Mengen ist eine Menge, die aus allen Elementen der beiden vereinigten Mengen besteht.

Verfolgen (S. Programmverfolgung)

Verketten (S. 90)

Eine Kette wird mit einer anderen verkettet, indem man die erste Kette ans Ende der zweiten Kette anhängt. Wenn wir z.B. das Wort "Vogel" mit "Raub" verketten, erhalten wir "Raubvogel".

Verschachtelung (S. 153)

Eine Situation, in der eine logische Konstruktion wiederum eine ähnliche Konstruktion beinhaltet. So kann z.B. ein in Klammern gesetzter <Ausdruck> in einen umfassenderen Ausdruck eingeschachtelt sein. Eine Prozedur kann in eine andere Prozedur eingeschlossen, eine Verbundanweisung in eine andere Anweisung eingeschachtelt sein, usw.

Verzweigung (S. 289)

Eine Verzweigungsstelle oder ein Blatt in einem "Baum"-Diagramm.

Vorgänger (S. 77 / 417)

Bei der Definition eines skalaren Typs handelt es sich beim "Vorgänger" einer Datengröße um das Datum, das direkt vor dieser Größe steht.

Vorgang (S. 385)

Dieser Begriff kommt aus der betrieblichen Datenverarbeitung und bezieht sich auf den Verarbeitungsablauf, der aufgrund der Eingabe eines Datensatzes erfolgt und mit der entsprechenden Ausgabe endet.

Wahrheitstabelle (S. 150)

Eine Tabelle, die die Beziehung zwischen dem Wert eines booleschen Ausdrucks und den zugehörigen Variablenwerten zeigt.

Wertaufruf-Parameter (S. 193)

Bei einem Wertaufruf-Parameter, oder einfach <u>Wertparameter</u> genannt, handelt es sich in Wirklichkeit um eine lokale Variable, der am Anfang einer Prozedur- oder Funktionsdurchführung der Wert des Aktualparameters zugewiesen wird.

Werthöchstes Bit (S. 243)

Das Bit in einem Rechnerwort mit dem höchsten Stellenwert nennt man werthöchstes Bit. Im allgemeinen steht es ganz links in der Bit-Darstellung eines Wortes, genau wie in einer Zahl die wichtigste Ziffer immer ganz links steht.

Wertparameter (S. 193)

Dasselbe wie Wertaufruf-Parameter (S. 193).

Wort / Wortlänge (S. 235)

Die Bits, aus denen sich der Inhalt eines Speicherregisters zusammensetzt. Wortlänge bedeutet die Bitanzahl, die in einem Wort enthalten ist.

Wurzel (S. 289)

Dieser Ausdruck wird in unserem Buch für den Ausgangsknoten in einem Strukturdiagramm oder einer anderen Baumstruktur verwendet.

Zeiger (S. 148)

In unserem Buch bezieht sich der Begriff "Zeiger" meist auf eine ganzzahlige Variable, deren Wert auf ein ganz bestimmtes Element in einem Feld oder einer STRING-Variablen hinweist. In PASCAL können Variable vom <Typ> POINTER (Zeigertyp) verwendet werden. Wir können aber im Rahmen dieses Buches leider nicht näher darauf eingehen.

Zeile (S. 390)

Horizontale Eintragungen in einer Tabelle oder einer tabellarischen Felddarstellung.

Zentraleinheit (S. 232)

Hierbei handelt es sich um den wichtigsten Teil der Rechner-Hardware. Die Zentraleinheit entschlüsselt die Maschinenbefehle und führt sie aus. Wird sehr häufig auch einfach "CPU" genannt.

Zufallszahl (S. 270)

Eine zufällig gewählte Zahl, die blind aus einem Hut gezogen worden sein kann. Jede neu gezogene Zufallszahl dürfte im Prinzip keine Beziehung zur vorher gezogenen Zahl haben.

Zurückgeben (S. 83)

Wenn eine Prozedur endet, werden die Programmausführungen unmittelbar an dem Punkt fortgesetzt, der dem Prozeduraufruf folgt. Wenn eine Funktion zurückkehrt, läßt ("gibt") sie anstelle ihres Bezeichners einen Wert zurück.

Zustand (S. 234)

Der Zustand eines Rechners oder einer logischen Einheit, die mit binärer Logik arbeitet, wird durch die Werte aller Bits in den gesamten Binärregistern beschrieben. Man kann also von irgendeinem Zustand zu einem anderen zurückkehren, indem man alle Bits wieder auf die entsprechenden Werte des alten Zustands setzt.

Zuweisen (S. 69) / Zuweisungs-Operator (S. 74)
Zuweisungsanweisung (S. 69)

Die Zuweisung eines Wertes an eine Variable bedeutet, daß der Wert, der in der mit der Variablen benannten Speicheradresse gespeichert war, durch einen neuen Wert ersetzt wird, unabhängig davon, ob bereits ein Wert gespeichert war. Das Symbol (":=") für den Zuweisungs-Operator soll in PASCAL auf eine Zuweisungsanweisung aufmerksam machen, durch welche der Variablen links vom Operator ein neuer Wert zugewiesen werden soll.

Zyklus (S. 239)

In diesem Buch: ein Arbeitsschritt in der CPU des Rechners.

Anhang C. Eingebaute Prozeduren und Funktionen

1. ABS(X)

   Eine Funktion, die den absoluten Wert des Parameters X vom <Typ> REAL oder INTEGER zurückgibt. Der zurückgegebene Wert ist vom selben <Typ> wie der Aktualparameter.

2. ATAN(X)

   Eine Funktion, die als Gleitkommaergebnis den Wert des Arcustangens (X) zurückgibt, wobei X vom <Typ> REAL ist.

3. CHR(X)

   Eine Funktion, die ein Ergebnis vom <Typ> CHAR zurückgibt, dessen Ordinalwert der ganzzahlige Wert von X ist. Z.B. sind folgende zwei Anweisungen aquivalent:

   ```
   CH:=' ';      CH:=CHR(32)
   ```

   unter der Annahme, daß CH eine Variable vom <Typ> CHAR ist.

4. CLEARSCREEN

   Eine UCSD Prozedur, durch die die Anzeige auf dem Bildschirm einer Datenstation mit Graphikeinrichtung gelöscht werden kann. Die Turtle bleibt dabei in ihrer Grundstellung in der Bildschirmmitte belassen.

5. CONCAT (S1, S2,...)

   Eine UCSD Funktion, die ein Ergebnis vom <Typ> STRING zurückgibt. Dieses Ergebnis besteht aus einer Verkettung von allen String-Parametern S1, S2,..., wozu zwei oder mehr Aktualparameter verwendet werden können.

6. COPY (SOURCE, INDEX, SIZE)

Eine UCSD Funktion, die ein Ergebnis vom <Typ> STRING zurückgibt. Der Aktualparameter SOURCE ist vom <Typ> STRING, während INDEX und SIZE vom <Typ> INTEGER sind. Die zurückgegebene Textkette entstand dadurch, daß Zeichen von der Ketten-Variablen SOURCE kopiert wurden, angefangen beim Zeichen SOURCE [INDEX]. Die Anzahl der kopierten Zeichen ist SIZE.

7. COS(X)

Eine Funktion, die als Gleitkommaergebnis Cosinus(x) zurückgibt. Bei X handelt es sich um einen aktuellen Parameter vom <Typ> REAL, der in Winkelgraden angegeben wird.

8. DELETE (SOURCE, INDEX, SIZE)

Eine UCSD Prozedur, die Zeichen aus SOURCE entfernt, angefangen bei SOURCE [INDEX] . Die Anzahl der gelöschten Zeichen ist SIZE. SOURCE ist vom <Typ> STRING, während INDEX und SIZE vom <Typ> INTEGER sind.

9. EOF(F)

Boolesche Funktion, die TRUE zurückgibt, wenn für die Datei F das Zeichen <ETX> (Ende-der-Datei) gelesen worden ist. In allen anderen Fällen würde FALSE zurückgegeben werden. Wenn der Bezeichner F der Datei und die ihn einschließenden Klammern fehlten, würde automatisch die Datei INPUT vermutet werden.

10. EOLN(F)

Boolesche Funktion, die TRUE zurückgibt, falls nach der zuletzt ausgeführten READ-Anweisung das Zeichen für Zeilenende (<RET> oder Wagenrücklauf RETurn durch Vorgabe) gelesen wurde. In allen anderen Fällen würde FALSE zurückgegeben werden. Wenn der Bezeichner F der Datei und die ihn einschließenden Klammern fehlten, würde automatisch die Datei INPUT vermutet werden.

11. EXIT(P)

Eine UCSD Prozedur, die den Bezeichner einer Prozedur als ihren einzigen Parameter akzeptiert. Die allerletzte Aktivierung dieser Prozedur wird ganz normal beendet. Wenn P nicht gerade aktiviert ist, sind die Ergebnisse nicht definiert und das Programm wird wahrscheinlich aussteigen.

12. EXP(X)

Eine Funktion, die als Gleitkommaergebnis den Wert der mathematischen Konstanten "e", zur entsprechenden Potenz des ganzzahligen oder Gleitkomma-Parameters X erhoben, zurückgibt.

13. INSERT (SOURCE, DESTINATION, INDEX)

Eine UCSD Prozedur, die vor das Zeichen DESTINATION [INDEX] den Wert der Variablen SOURCE in die Variable DESTINATION einfügt. SOURCE und DESTINATION sind beide vom <Typ> STRING, während INDEX vom <Typ> INTEGER ist.

14. LENGTH(S)

Eine UCSD Funktion, die als ganzzahliges Ergebnis die in S enthaltene Anzahl an Zeichen zurückgibt. S ist vom <Typ> STRING.

15. LN(X)

Eine Funktion, die als Gleitkommaergebnis den Wert des natürlichen Logarithmus des ganzzahligen oder Gleitkomma-Parameters X zurückgibt.

16. LOG(X)

Eine Funktion, die als Gleitkommaergebnis den Wert des Logarithmus, mit der Basiszahl 10, des ganzzahligen oder Gleitkomma-Parameters X zurückgibt.

17. MOVE (DISTANCE)

Eine UCSD Prozedur, die dazu dient, die Turtle einer Turtlegraphik um DISTANCE Bildschirmpunkte in ihrer gerade angezeigten Richtung zu bewegen. DISTANCE ist vom <Typ> INTEGER.

18. MOVETO (XPOS, YPOS)

Eine UCSD Prozedur, die dazu dient, die Turtle einer Turtlegraphik in die Position (XPOS, YPOS) zu bewegen. Diese Position liegt XPOS Bildschirmpunkte rechts von der Bildschirmmitte und YPOS Punkte über der Bildschirmmitte. Ist XPOS negativ, so bewegt sich die Turtle statt nach rechts nach links von der Bildschirmmitte aus. Ist YPOS negativ, bewegt sich die Turtle statt nach oben nach unten von Bildschirmmitte aus. Während MOVE die Turtle relativ in die gerade angezeigte Richtung bewegt, bewegt MOVETO die Turtle genau an eine bestimmte Stelle auf dem Bildschirm.

19. ODD(X)

Boolesche Funktion, die TRUE zurückgibt, wenn der ganzzahlige Parameter X einen ungeraden Wert hat, sonst FALSE.

20. ORD(X)

Funktion, die als ganzzahliges Ergebnis den Ordinalwert des Parameters X zurückgibt. X muß dabei vom <Typ> CHAR oder BOOLEAN oder von einem skalaren <Typ> sein.

21. PAGE(F)

Eine Prozedur, die dafür sorgt, daß die nächste WRITE- oder WRITELN-Anweisung an die Datei F auf einer neuen Seite erscheint, vorausgesetzt, daß die Ausgabe der Datei F über einen Drucker erfolgt. Bei einer interaktiven Datensichtstation sorgt PAGE dafür, daß die Bildschirmanzeige gelöscht und der Positionsanzeiger in die linke obere Ecke bewegt wird.

22. PENCOLOR (COLOR)

Eine UCSD Prozedur, die dazu dient, die vom Positionsanzeiger (d.h. von der "Turtle") einer Turtlegraphik verwendete "Tinte" farblich zu verändern. Der Parameter COLOR ist vom skalaren <Typ> und kann jeden der folgenden Werte annehmen:

NONE (keinen): Während die Turtle sich bewegt, schreibt sie nicht und zerstört auch nicht die Bildschirmanzeige.

WHITE (weiß): Wenn die Turtle sich bewegt, zeichnet sie helle Linien auf den Bildschirm.

BLACK (schwarz): Die Turtle zeichnet Linien, indem sie helle Punkte von einem Bildschirm, der mit einer BIT-Karte ausgestattet ist, "wegnimmt". (Dies ist nur bei Bildschirmen mit einer Bit-Karte möglich).

23. POS (PATTERN, SOURCE)

Eine UCSD Funktion, die als ganzzahliges Ergebnis den Indexwert von SOURCE zurückgibt, bei welchem PATTERN das erste Mal auftrat. PATTERN und SOURCE sind beide vom <Typ> STRING. Wird PATTERN nicht gefunden, so wird 0 (Null) als Wert zurückgegeben.

24. PRED(X)

Eine Funktion, die den Vorgänger des skalaren Parameters X als ihr Ergebnis zurückgibt. Handelt es sich bei dem Wert X um den unteren Grenzwert des skalaren <Typ>-Bereiches, dann ist das Ergebnis ein Programmabbruch wegen ungültigem Index.

25. ROUND(X)

Eine Funktion, die als ganzzahliges Ergebnis den Wert des Gleitkomma-Parameters X zurückgibt, der entsprechend folgender Definition auf den nahestmöglichen ganzzahligen Wert gerundet wurde:

```
ROUND(X) = (TRUNC(X + 0.5) wenn X>0
         = (TRUNC(X - 0.5) wenn X<0
```

26. SIN(X)

Eine Funktion, die als Gleitkommaergebnis den Wert von Sinus (X) zurückgibt, wobei es sich bei X um einen Gleitkomma-Parameter handelt, dessen Wert in Winkelgraden ausgedrückt ist.

27. SUCC(X)

Eine Funktion, die als Ergebnis den Nachfolger des skalaren Parameters X zurückgibt. Wenn der Wert von X gleich dem oberen Grenzwert des skalaren <Typ>-Bereiches ist, dann wird das Programm aufgrund eines ungültigen Indexes abgebrochen.

28. SQR(X)

Eine Funktion, die als ihr Ergebnis den quadrierten Wert des ganzzahligen oder Gleitkomma-Parameters X zurückgibt. Das Ergebnis wird vom selben <Typ> sein wie der Parameter.

29. SQRT(X)

Eine Funktion, die als Gleitkommaergebnis den Wert der Quadratwurzel des Gleitkomma-Parameters X zurückgibt.

30. TRUNC(X)

Eine Funktion, die als ganzzahliges Ergebnis den Wert des Gleitkomma-Parameters X zurückgibt, verkürzt auf den größtmöglichen ganzzahligen Wert, der entweder kleiner als oder gleich X ist, wenn X>0 ist oder den kleinsten ganzzahligen Wert, der größer als oder gleich X ist, wenn X<0 ist.

31. TURN (ANGLE)

Eine UCSD Prozedur, die dafür sorgt, daß die Anzeigerichtung der Turtle um ANGLE GRAD dreht, wobei ANGLE vom <Typ> INTEGER ist. Ist der Wert von ANGLE positiv, erfolgt die Drehung im Gegenuhrzeigersinn, ist sie negativ, im Uhrzeigersinn.

32. TURNTO (ANGLE)

Eine UCSD Prozedur, die die Anzeigerichtung der Turtle eindeutig auf den Wert ANGLE abändert. TURN bewirkt eine relative Änderung zur momentanen Richtung, während TURNTO die Turtle in eine absolute Richtung setzt.

33. WHEREAMI (XPOS, YPOS, DIRECTION)

UCSD Prozedur für eine Turtlegraphik mit drei Variablen-(Namensaufruf-)Parametern, in denen die aktuellen Koordinatenwerte für Lage und Anzeigerichtung der Turtle zurückgegeben werden.

Alle drei Aktualparameter müssen vom <Typ> INTEGER sein. XPOS und YPOS beschreiben Entfernungen, die von der Bildschirmmitte aus berechnet werden. Unter Richtung versteht man einen Winkel, der gegen den Uhrzeigersinn von der horizontalen Richtung nach rechts in Grad gemessen wird.

Anhang D. Index

Der vorliegende Index enthält im wesentlichen nur spezifische PASCAL-Begriffe und -Konstruktionen. Im Glossar, Anhang B, finden Sie weitere allgemein gebräuchlichere Begriffe. Jeder Begriff verweist auf eine Seitenzahl.

Anhang E. Syntax-Diagramme

<Bezeichner>

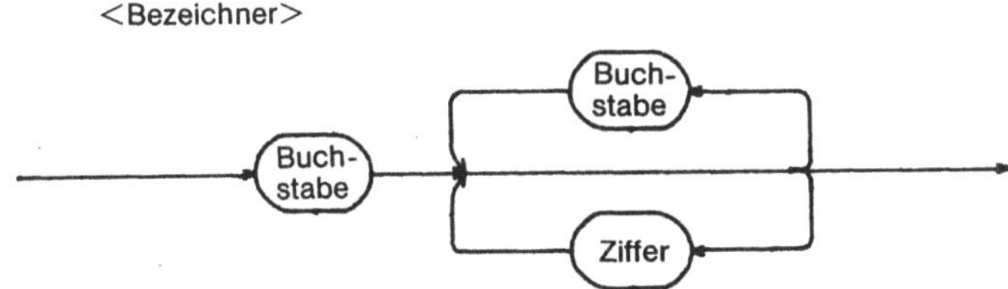

vorzeichenlose ganze Zahl

<vorzeichenlose Zahl>

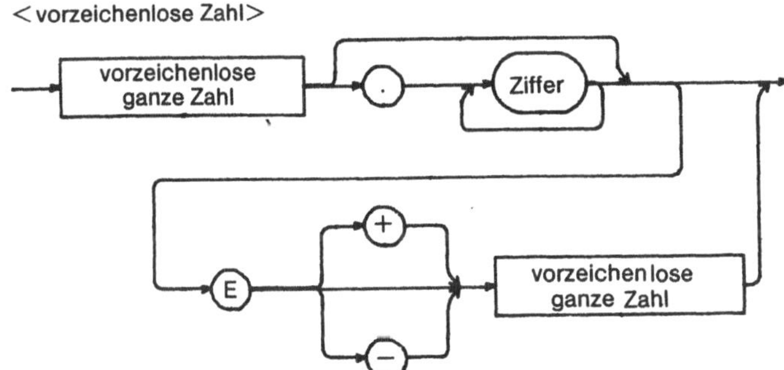

<vorzeichenlose Konstante>

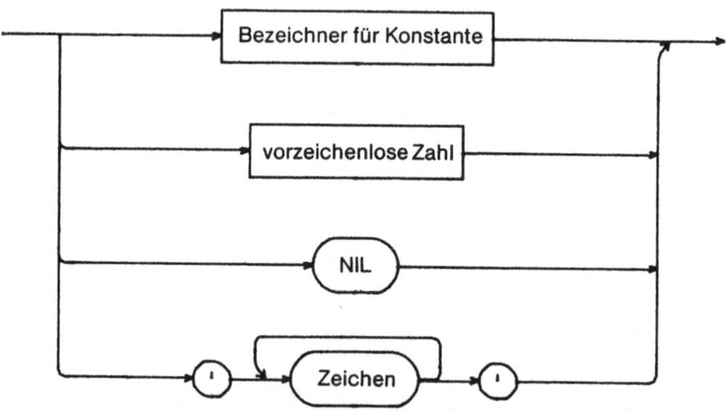

<Vorzeichenlose Konstante>

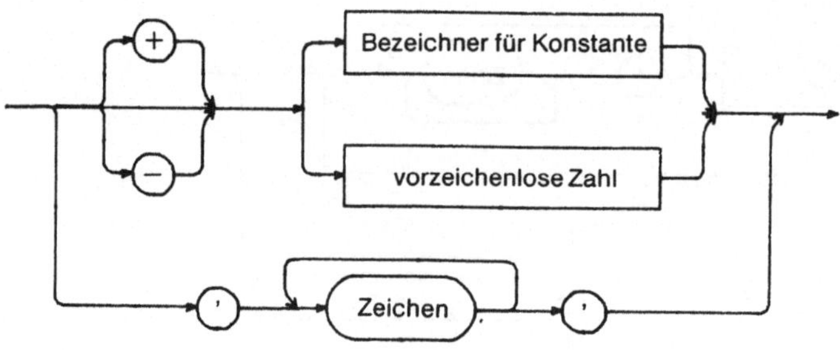

<einfacher Typ>

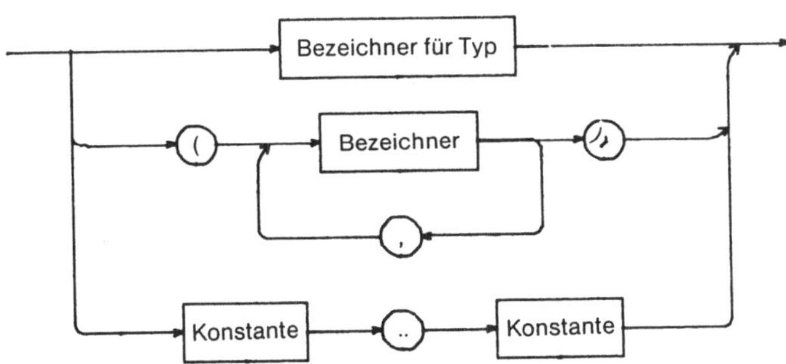

<Feldliste>

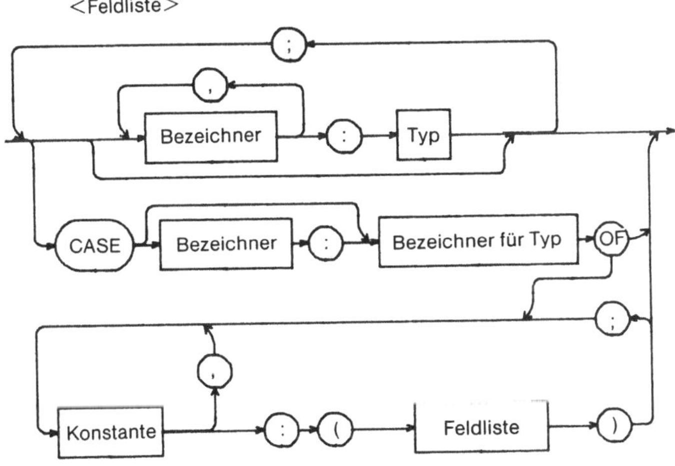

<Typ>

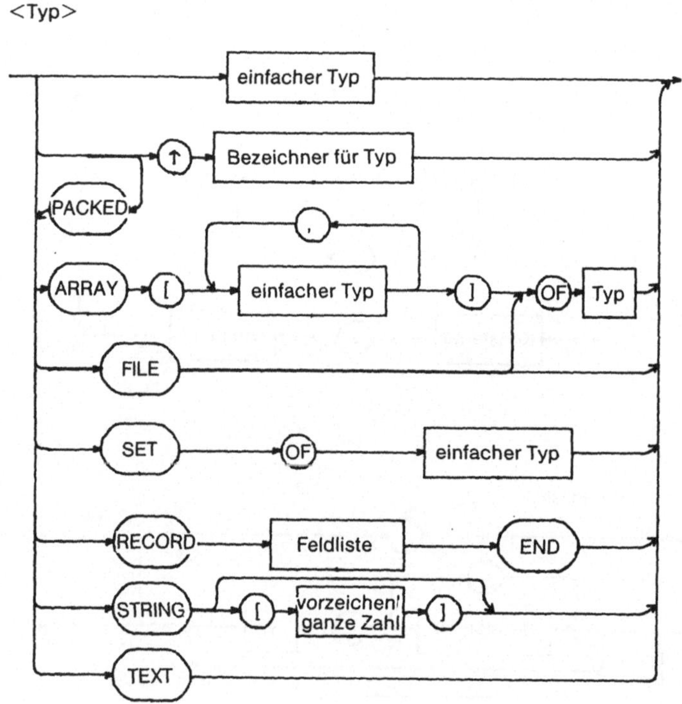
einfacher Typ
↑
Bezeichner für Typ
PACKED
,
ARRAY
[
einfacher Typ
]
OF
Typ
FILE
SET
OF
einfacher Typ
RECORD
Feldliste
END
STRING
[
vorzeichen/
ganze Zahl
]
TEXT

<Variable>

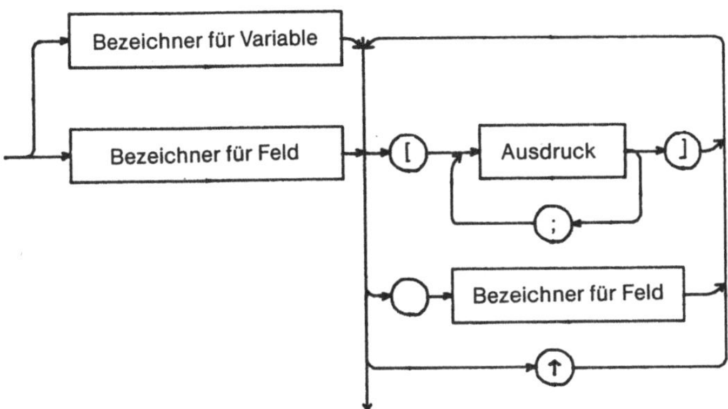

< einfacher Ausdruck>

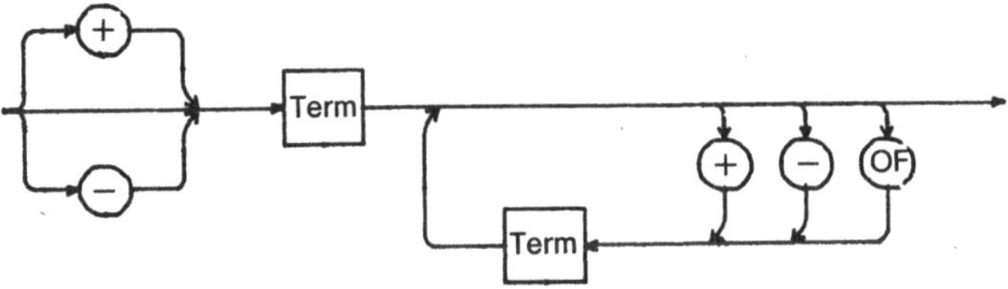

<Term>

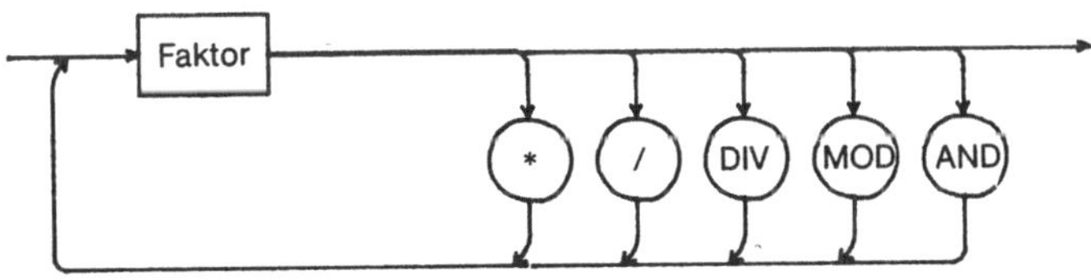

<Faktor>

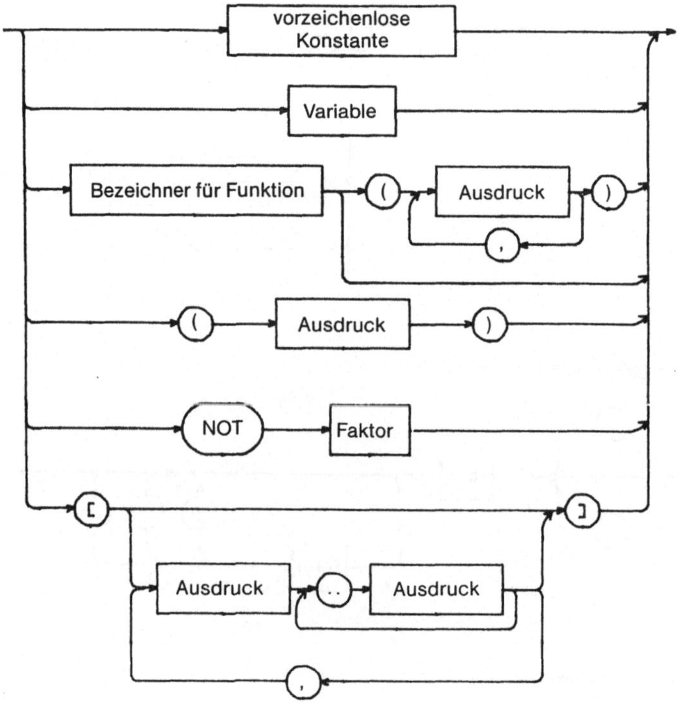

vorzeichenlose Konstante

Variable

Bezeichner für Funktion (Ausdruck ,)

(Ausdruck)

NOT Faktor

[Ausdruck .. Ausdruck ,]

<Ausdruck>

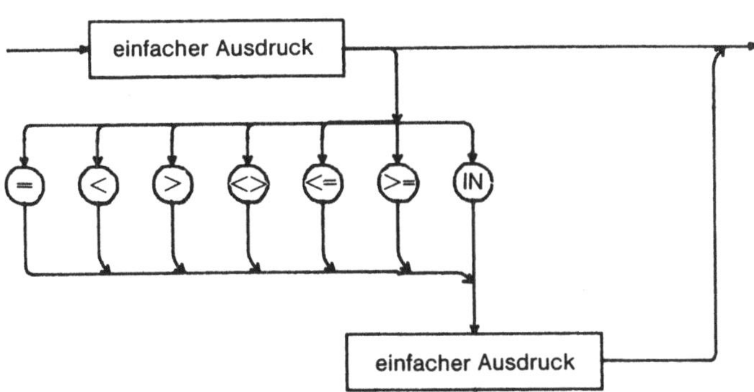

<Parameterliste>

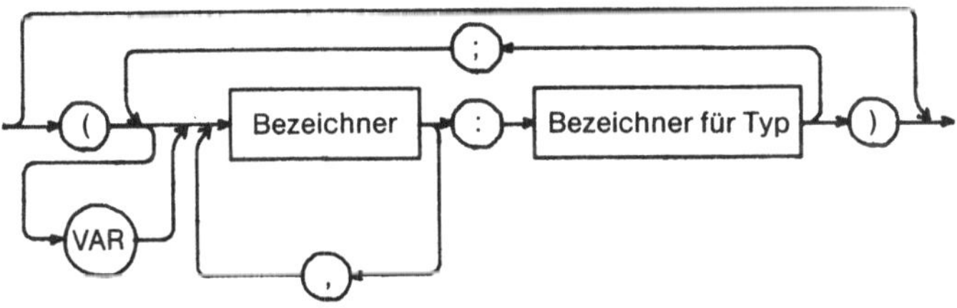

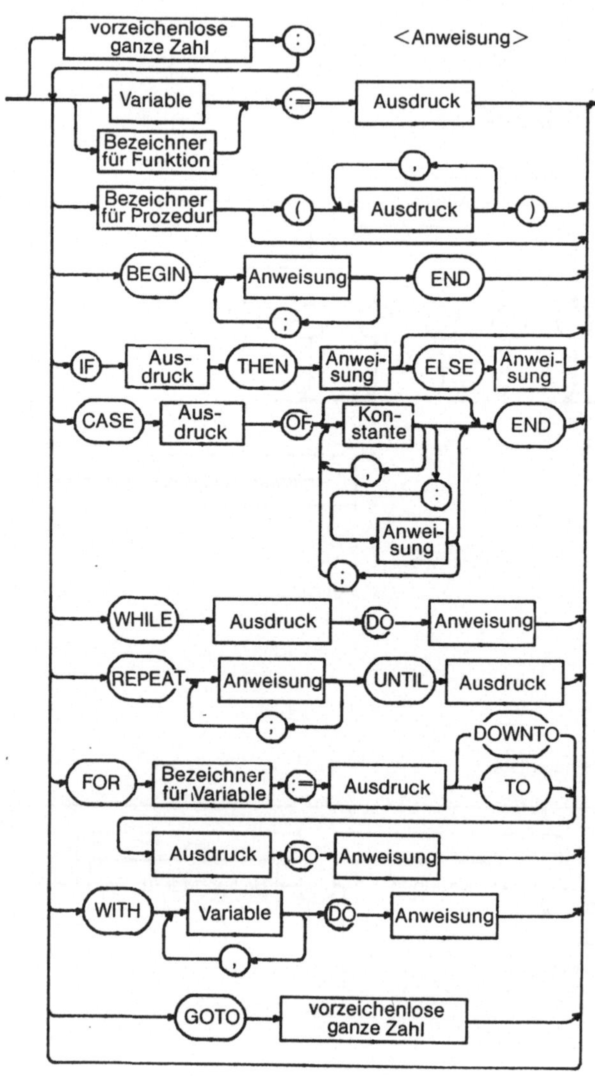
<Anweisung>
vorzeichenlose ganze Zahl
:
Variable
Bezeichner für Funktion
:=
Ausdruck
Bezeichner für Prozedur
(
Ausdruck
,
)
BEGIN
Anweisung
;
END
IF
Ausdruck
THEN
Anweisung
ELSE
Anweisung
CASE
Ausdruck
OF
Konstante
,
:
Anweisung
;
END
WHILE
Ausdruck
DO
Anweisung
REPEAT
Anweisung
;
UNTIL
Ausdruck
FOR
Bezeichner für Variable
:=
Ausdruck
DOWNTO
TO
Ausdruck
DO
Anweisung
WITH
Variable
,
DO
Anweisung
GOTO
vorzeichenlose ganze Zahl

<Block>

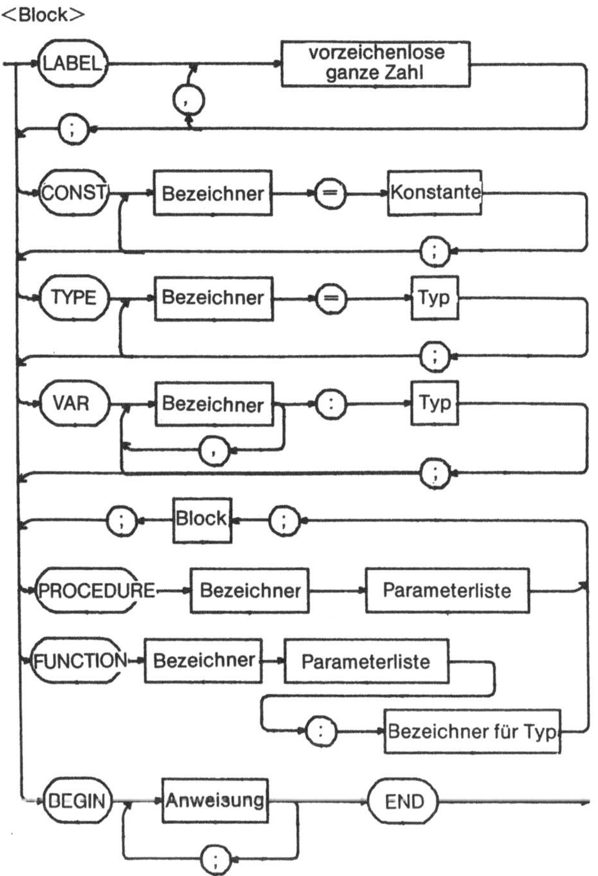

<Programm>

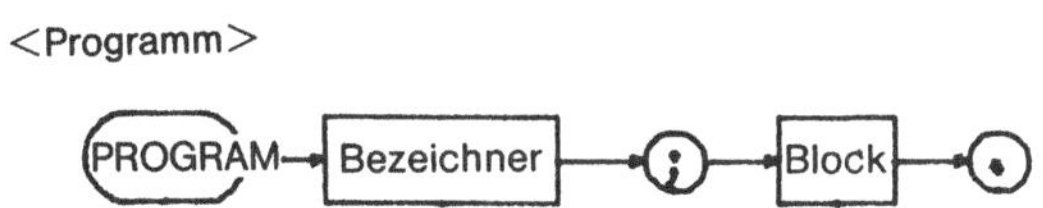